Ludwig Uhland

Lied der Nibelungen

»alte hoch- und niederdeutsche Volkslieder«

www.elv-verlag.de

Uhland, Ludwig
Lied der Nibelungen
»alte hoch- und niederdeutsche Volkslieder«
ISBN: 978-3-86267-184-7
Auflage: 1
Erscheinungsjahr: 2011
Erscheinungsort: Bremen, Deutschland
Cover: Ausschnitt aus dem Gemälde von Peter von Cornelius „Hagen versenkt den Nibelungenhort" (1859).
Europäischer Literaturverlag GmbH, Fahrenheitstr. 1, 28359 Bremen (www.elv-verlag.de).

Lied der Nibelungen

»alte hoch- und niederdeutsche Volkslieder«

www.elv-verlag.de

Inhalt:

Lied der Nibelungen 2
Aus der Abhandlung über »alte hoch- und niederdeutsche Volkslieder« 13
   1. Einleitung. 13
   2. Fabellieder. 26
   3. Wett- und Wunschlieder. 105
   4. Liebeslieder. 204

Lied der Nibelungen

In Burgunden erwuchs Jungfrau Kriemhild, die schönste in allen Landen. Drei königliche Brüder haben sie in Pflege, Gunther, Gernot und der junge Giselher. Zu Worms am Rheine wohnen sie in großer Macht; kühne Recken sind ihre Dienstmannen: Hagen von Tronje und sein Bruder Dankwart, der Marschalk; deren Neffe, Ortwin von Metz; Gere und Eckewart, zwei Markgrafen; Volker von Alzei, der Spielmann; Sindolt, der Schenke; Hunolt, der Kämmerer und Rumolt, der Küchenmeister. In diesen hohen Ehren träumt Kriemhilden, wie ein schöner Falke, den sie gezogen, von zwei Aaren ergriffen wird. Ute, ihre Mutter, deutet dieses auf einen edeln Mann, den Kriemhild frühe verlieren möge. Aber Kriemhild will immer ohne Mannes Minne leben. Viele werben vergeblich um sie. Da hört auch Siegfried, Sohn des Königs Siegmund und der Siegelind zu Santen in Niederlanden, von ihrer großen Schönheit. In früher Jugend schon hat er Wunder mit seiner Hand getan; den Hort der Nibelunge hat er gewonnen, samt dem Schwerte Balmung und der unsichtbar machenden Tarnkappe, den Lindwurm erschlagen und in dem Blute seine Haut zu Horn gebadet. Selbzwölfte zieht er jetzt aus, Kriemhilden zu erwerben, umsonst gewarnt von den Eltern vor der burgundischen Recken Übermut. Köstlich ausgerüstet, reitet er zu Worms auf den Hof und fordert den König Gunther zum Kampf um Land und Leute. Doch im Gedanken an die Jungfrau lässt er sich begütigen und bleibt ein volles Jahr in Freundschaft und Ehre dort, ohne Kriemhilden zu sehen. Sie aber blickt heimlich durch das Fenster, wenn er auf dem Hofe den Stein oder den Schaft wirft. Siegfried heerfahrtet für Gunthern gegen die Könige Liudeger von Sachsenland und dessen Bruder, Liudegast von Dänemark; beide nimmt er gefangen. Als Kriemhilde ein Bote meldet, wie herrlich vor allen Siegfried gestritten, da erblüht rosenrot ihr schönes Antlitz; reichen Lohn lässt sie dem Boten geben. Gunther aber bereitet seinen Helden ein großes Fest, bei dem Siegfried Kriemhilden sehen soll; denn die Könige wollen ihn festhalten. Wie aus den Wolken der rote Morgen, geht die Minnigliche hervor; wie der Mond vor den Sternen, leuchtet sie vor den Jungfrauen, die ihr folgen. Sie grüßt den Helden, sie geht an seiner Hand; nie in Sommerzeit noch Maientagen gewann er solche Freude.

Fern über See, auf Island, wohnt die schöne Königin Brünhild. Wer ihrer Minne begehrt, muss in drei Spielen ihr obsiegen, in Speerschießen, Steinwurf und Sprung; fehlt er in einem, so hat er das Haupt verloren.

Auf sie stellt König Gunther den Sinn und gelobt seine Schwester dem kühnen Siegfried, wenn der ihm Brünhilden erwerben helfe. Mit Hagen und Dankwart besteigen die beiden ein Schifflein und führen selbst das Ruder. Sie fahren mit gutem Winde den Rhein hinab in die See. Am zwölften Morgen kommen sie zur Burg Isenstein, wo Brünhild mit ihren Jungfrauen im Fenster steht. Als die Helden an das Land getreten, hält Siegfried dem Könige das Ross, damit er für dessen Dienstmann gehalten werde. Sie reiten in die Burg, Siegfried und Gunther mit schneeweißen Rossen und Gewanden, Hagen und Dankwart rabenschwarz gekleidet. Brünhild grüßt Siegfrieden vor dem Könige. Die Kampfspiele heben an. Unsichtbar durch die Tarnkappe, steht Siegfried bei Gunthern; er übernimmt die Werke, der König die Gebärde. Brünhild streift sich die Ärmel auf, einen Schild fasst sie, den vier Kämmerer kaum hergetragen, einen Speer, gleichmäßig schwer, schließt sie auf Gunthers Schild, dass die Schneide hindurchbricht und die beiden Männer straucheln; aber kräftiger noch wirft Siegfried den umgekehrten Speer zurück. Einen Stein, den zwölf Männer mühlich trügen, wirft sie zwölf Klafter weit; über den Wurf hinaus noch springt sie in klirrendem Waffenkleid; doch weiter wirft Siegfried den Stein, weiter trägt er den König im Sprunge. Zürnend erkennt Brünhild sich besiegt und heißt ihre Manne Gunthern huldigen.

Brünhild wird nun heimgeführt und zu Worms herzlich empfangen. Am gleichen Tage führt Gunther Brünhilden, Siegfried Kriemhilden in die Brautkammer. Doch Brünhild hat geweint, als sie Kriemhilden bei Siegfried am Mahle sitzen sah; vorgeblich, weil ihr leid sei, dass des Königs Schwester einem Dienstmann gegeben werde; und in der Hochzeitnacht will sie nicht Gunthers Weib werden, bevor sie genau wisse, wie es so gekommen. Sie erwehrt sich Gunthers, bindet ihm mit ihrem Gürtel Füße und Hände zusammen und lässt ihn so die Nacht über an einem Nagel hoch an der Wand hängen. Siegfried bemerkt am andern Tage des Königs Traurigkeit, errät den Grund und verspricht, ihm die Braut zu bändigen. In der Tarnkappe kommt er die nächste Nacht in Gunthers Kammer, ringt gewaltig mit Brünhilden und bezwingt sie dem Könige. Einen Ring, den er heimlich ihr vom Finger gezogen, und den Gürtel nimmt er mit sich hinweg.

Bald hernach führt er Kriemhilden in seine Heimat nach Santen, wo sein Vater ihm die Krone abtritt. Zehn Jahre vergehen und stets denkt Brünhild, warum Siegfried von seinem Lande keinen Lehensdienst leiste. Sie beredet Gunthern, den Freund und die Schwester zu einem großen Fest auf nächste Sonnenwende zu laden. Der alte Siegmund reitet mit ihnen nach Worms. Beim Empfange blickt Brünhild unterweilen auf Kriemhilden, wie ihre Farbe gegen dem Golde glänzt. In festlicher Freude verbringen sie zehn Tage. Am elften, vor Vesperzeit, als Ritterspiel auf dem Hofe sich hebt, sitzen die zwei Königinnen zusammen. Da rühmt Kriemhild ihren Siegfried, wie er herrlich vor allen Recken gehe. Brünhild entgegnet, dass er doch nur Gunthers Eigenmann sei. So eifern sie in kränkenden Worten, und als man nun zur Vesper geht, kommen sie, die sonst immer beisammen gingen, jede mit besondrer Schar ihrer Jungfrauen zum Münster. Brünhild heißt Kriemhilden als Frau eines Unfreien zurückstehn; da wirft Kriemhild ihr vor, Siegfried habe ihr das Magdtum abgewonnen, und geht in das Münster vor der weinenden Königin. Nach dem Gottesdienste wartet Brünhild vor dem Münster und verlangt von Kriemhilden Beweis jener Rede. Kriemhild zeigt Ring und Gürtel, die Siegfried ihr gegeben, und abermals weint die Königin. Umsonst schwört Siegfried im Ringe der Burgunden, dass er Brünhilden nicht geminnet. Hagen gelobt, ihr Weinen an Siegfried zu rächen, und er zieht die Königin in den Mordrat.

Falsche Boten werden bestellt und reiten zu Worms ein, als hätten sie von Liudeger und Liudegast, die man auf Treu und Glauben freigelassen, neuen Krieg anzusagen. Siegfried, der seinen Freunden stets gerne dient, erbietet sich alsbald, den Kampf für sie zu bestehen. Als das Heer bereit ist, nimmt Hagen von Kriemhilden Abschied. Sie bezeigt Reue über das, was sie Brünhilden getan, und bittet ihn, über Siegfrieds Leben in der Schlacht zu wachen. Deshalb vertraut sie ihm, dass Siegfried an einer Stelle, zwischen den Schultern, verwundbar sei, wohin ihm ein Lindenblatt gefallen, als er sich im Blute des Drachen gebadet. Diese Stelle zu bezeichnen, näht sie, nach Hagens Rat, auf ihres Mannes Gewand ein kleines Kreuz. Hagen freut sich der gelungenen List und kaum ist Siegfried ausgezogen, so kommen andre Boten mit Friedenskunde. Ungerne kehrt Siegfried um; statt der Heerfahrt soll nun im Wasgenwald eine Jagd auf Schweine, Bären und Wisente (wilde Ochsen) gehalten werden. Weinend ohne Maß, entlässt Kriemhild den Gemahl. Ihr hat geträumt, wie ihn zwei wilde Schweine über die Heide gejagt und die Blumen von Blute rot geworden, wie zwei Berge über ihm zusammengefallen und sie ihn nimmermehr gesehen.

Mit Gunthern, Hagen und großem Jagdgefolge reitet Siegfried zu Walde. Gernot und Giselher bleiben daheim. Viel Rosse, mit Speise beladen, werden über den Rhein geführt auf einen Anger vor dem Walde.

Die Jagdgesellen trennen sich, damit man sehe, wer der beste Weidmann sei. Siegfried nimmt sich einen alten Jäger mit einem Spürhund; kein Tier entrinnt ihm, Berg und Wald macht er leer, er gewinnt Lob von allen. Schon wird zum Imbiss geblasen, als Siegfried einen Bären aufjagt. Er springt vom Rosse, läuft dem Tiere nach, fängt und bindet es auf seinen Sattel. So reitet er zur Feuerstätte; herrlich ist sein Jagdgewand, mächtig der Bogen, den nur er zu spannen vermag, reich der Köcher, von Golde das Horn. Als er abgestiegen, lässt er den Bären los, der unterm Gebell der Hunde durch die Küche rennt, Kessel und Brände zusammenwirft, zuletzt aber von Siegfried ereilt und mit dem Schwert erschlagen wird. Die Jäger setzen sich zum Mahle; Speise bringt man genug, aber die Schenken säumen. Hagen gibt vor, er habe gemeint, das Jagen solle heut im Spessart sein, dorthin hab' er den Wein gesandt. Doch hier nahe sei ein kühler Brunnen. Zu diesem beredet er mit Siegfried einen Wettlauf. Sie ziehen die Kleider aus, Siegfried legt sich vor Hagens Füße; wie zwei Panther laufen sie durch den Klee; Siegfried, all sein Waffengerät mit sich tragend, erreicht den Brunnen zuerst. Doch trinkt er nicht, bevor der König getrunken. Wie er sich zur Quelle neigt, fasst Hagen den Speer, den Siegfried an die Linde gelehnt, und schießt ihn dem Helden durch das Kreuzeszeichen, dass sein Blut an des Mörders Gewand spritzt. Hagen flieht, wie er noch vor keinem Manne gelaufen. Siegfried springt auf, die Speerstange ragt ihm aus der Wunde, den Schild rafft er auf, denn Schwert und Bogen trug Hagen weg; so ereilt er den Mörder und schlägt ihn mit dem Schilde zu Boden. Aber dem Helden weicht Kraft und Farbe, blutend fällt er in die Blumen; die Verräter scheltend, die seiner Treue so gelohnt, und doch Kriemhilden dem Bruder empfehlend, ringt er den Todeskampf.

In der Nacht führen sie den Leichnam über den Rhein. Hagen heißt ihn vor Kriemhilds Kammertür legen. Als man zur Mette läutet, bringt der Kämmerer Licht und sieht den blutigen Toten, ohne ihn zu erkennen. Er meldet es Kriemhilden, die mit ihren Frauen zum Münster gehen will. Sie weiß, dass es ihr Mann ist, noch ehe sie ihn gesehen; zur Erde sinkt sie und das Blut bricht ihr aus dem Munde. Der alte Siegmund wird herbeigerufen; Burg und Stadt erschallen von Wehklage. Am Morgen wird der Leichnam auf einer Bahre im Münster aufgestellt. Da kommen Gunther und der grimme Hagen; der König jammert. »Räuber,« sagt er, »haben den Helden erschlagen.« Kriemhild heißt sie zur Bahre treten, wenn sie sich unschuldig zeigen wollen; da blutet vor Hagen die Wunde des Toten. Drei Tage und drei Nächte bleibt Kriemhild bei ihm; sie hofft, auch sie werde der Tod hinnehmen. Messopfer und Gesang für seine Seele rasten nicht in dieser Zeit. Als darauf Siegfried zu Grabe getragen wird, heißt Kriemhild den Sarg wieder aufbrechen, erhebt noch einmal sein schönes Haupt mit ihrer weißen Hand, küsst den Toten und ihre lichten Augen weinen Blut. Freudlos kehrt der König Siegmund heim. Kriemhild lässt sich am Münster eine Wohnung bauen, von wo sie täglich zum Grabe des Geliebten geht. Vierthalb Jahre spricht sie kein Wort mit Gunthern und ihren Feind Hagen sieht sie niemals. Hagen aber trachtet, dass der Nibelungenhort in das Land komme. Gernot und Giselher bringen die Schwester erst dahin, dass sie Gunthern, mit Tränen, wieder grüßt; dann wird sie beredet, den Hort, ihre Morgengabe von Siegfried, herführen zu lassen. Als sie aber das Gold freigiebig austeilt, fürchtet Hagen den Anhang, den sie damit gewinne. Da werden ihr die Schlüssel abgenommen, und als sie darüber klagt, versenkt Hagen den ganzen Schatz im Rheine.

Dreizehn Jahre hat Kriemhild im Witwentum gelebt. Da stirbt Frau Helke, des gewaltigen Hunnenkönigs Etzel Gemahlin. Ihm wird geraten, um die edle Kriemhild zu werben, und er sendet nach ihr den Markgrafen Rüdiger mit großem Geleite. Den Königen zu Worms ist die Werbung willkommen; Hagen aber widerrät. Kriemhild selbst widerstrebt lange: Weinen geziem' ihr und andres nicht. Erst als Rüdiger heimlich mit ihr spricht und ihr schwört, mit allen seinen Mannen jedes Leid, das ihr widerfahre, zu rächen, hofft sie noch Rache für Siegfrieds Tod und reicht ihre Hand das. Sie fährt mit den Boten hin, im Geleit ihrer Jungfrauen und des Markgrafen Eckewart, der mit seinen Mannen ihr bis an sein Ende dienen will. Ihr Weg geht über Passau, wo der Bischof Pilgrim, ihrer Mutter Bruder, sie wohl empfängt, dann über Pechlarn, wo sie in Rüdigers gastlichem Hause einspricht. Bei Tuln reitet König Etzel ihr entgegen mit all den Fürsten, die ihm dienen, Heiden und Christen. Die Hochzeit wird zu Wien begangen; zu Wiselburg schiffen sie sich auf die Donau ein. So kommen sie gen Etzelnburg, wo Kriemhild fortan gewaltig an Helken Stelle sitzt. Sie genest eines Sohnes, der Ortlieb genannt wird.

Aber in dreizehn Jahren solcher Ehre vergisst sie nicht ihres Leides; allezeit denkt sie, wie sie es räche. Sie klagt dem Gemahle, dass man sie für freundlos halte, weil ihre Verwandten noch niemals zu ihr gekommen. So bewegt sie ihn, ihre Brüder zu einem Fest auf nächste Sonnenwende herzuladen. Werbel und Swemmel, des Königs Spielleute, werden als Boten gesandt und Kriemhild empfiehlt ihnen, dass Hagen nicht zurückbleibe, der allein der Wege kundig sei. König Gunther bespricht sich mit seinen Brüdern und Mannen über die Botschaft. Hagen, des Mordes eingedenk, rät ab von der Reise; als aber Gernot und Giselher ihn der Furcht zeihen, schließt er zürnend sich an, rät jedoch, mit Heeresmacht auszufahren. Rumolts, des Küchenmeisters, Rat ist, daheim zu bleiben, bei guter Kost und schönen Frauen. Als sie zur Fahrt bereit sind, hat Frau Ute einen bangen Traum, wie alles Geflügel im Lande tot sei.

Mit tausendundsechzig ihrer Mannen, dazu tausend Nibelungen, und mit neuntausend Knechten erheben sich die Könige; durch Ostfranken ziehen sie zur Donau, zuvorderst reitet Hagen. Der Strom ist angeschwollen und kein Schiff zu sehen. Hagen geht gewappnet umher, einen Fährmann suchend. Er hört Wasser rauschen und horcht; in einem schönen Brunnen baden Meerweiber. Er schleicht ihnen nach, aber ihn gewahrend entrinnen sie und schweben, wie Vögel, auf der Flut. Ihr Gewand jedoch hat er genommen und die eine, Hadeburg, verspricht ihm, wenn er es wiedergebe, das Geschick der Reise vorherzusagen. Wirklich verkündet sie, dass die Fahrt in Etzels Land wohl ergehen werde. Als er darauf die Kleider zurückgegeben, rät die andre, Sieglind, jetzt noch umzukehren, sonst werden sie alle bei den Hunnen umkommen, nur des Königs Kaplan werde heimgelangen. Noch sagen sie ihm, wenn er die Fahrt nicht lassen wolle, wie er über das Wasser komme. Jenseits des Stromes wohnt der Ferge des bayrischen Markgrafen Else; laut ruft Hagen hinüber und nennt sich Amelrich, einen Mann des Markgrafen; hoch am Schwerte bietet er einen Goldring als Fährgeld. Der Ferge rudert herüber, als er sich aber betrogen sieht und Hagen nicht vom Schiffe weichen will, schlägt er den Helden mit dem Ruder. Hagen greift zum Schwerte, schlägt dem Fergen das Haupt ab und wirft es an den Grund. Dann bringt er das Schiff, das von Blute raucht, zu seinen Herrn und fährt selbst, den ganzen Tag arbeitend, das Heer über. Den Kaplan aber schwingt Hagen aus dem Schiffe und stößt ihn, als er zu schwimmen versucht, zürnend zu Grunde; dennoch kommt der Priester unversehrt an das Ufer zurück. Hagen sieht daraus, dass unvermeidlich sei, was die Meerweiber verkündet; da schlägt er das Schiff zu Stücken und wirft es in die Flut, damit, gibt er zuerst vor, kein Zager entrinnen könne. Bald aber sagt er den Recken ihr Schicksal, davor manches Helden Farbe wechselt.

Über Passau kommen sie auf Rüdigers Mark, wo sie den Hüter schlafend finden, dem Hagen das Schwert nimmt. Es ist Eckewart, der mit Kriemhilden hingezogen. Beschämt über seine üble Hut, empfängt er das Schwert zurück und warnt die Helden. Zu Pechlarn erfahren sie die Gastfreiheit des Markgrafen Rüdiger und seiner Hausfrau Gotelind. Sie schöne Tochter des Hauses wird Giselhern verlobt; keiner von ihnen geht unbeschenkt hinweg. Rüdiger selbst mit fünfhundert Mannen begleitet die Helden zum Feste. Dietrich von Bern, der bei den Hunnen lebt, reitet mit seinen Amelungen den Gästen entgegen. Auch er warnt, dass die Königin noch jeden Morgen um Siegfried weine.

Kriemhild steht im Fenster und blickt nach ihren Verwandten aus, der nahen Rache sich freuend. Als die Burgunden zu Hofe reiten, fragt jedermann nach Hagen, der den starken Siegfried schlug. Der Held ist wohl gewachsen, von breiter Brust und langen Beinen; die Haare grau gemischt, schrecklich der Blick, herrlich der Gang. Zuerst küsst Kriemhild Giselhern; als Hagen sieht, dass sie im Gruß unterscheide, bindet er sich den Helm fest. Ihn fragt sie nach dem Horte der Nibelunge; Hagen erwidert, er habe an Schild und Brünne (Brustharnisch), Helm und Schwert genug zu tragen gehabt. Als die Helden ihre Waffen nicht abgeben wollen, merkt Kriemhild, dass sie gewarnt sind; wer es getan, dem droht sie den Tod. Zürnend sagt Dietrich, dass er gewarnt. Hagen nimmt sich Volkern zum Heergesellen; sie setzen sich Kriemhilds Saale gegenüber auf eine Bank. Die Königin, durchs Fenster blickend, weint und fleht Etzels Mannen um Rache an Hagen. Sechzig derselben wappnen sich; als ihr diese zu wenig dünken, rüsten sich vierhundert. Die Krone auf dem Haupte, kommt sie mit dieser Schar die Stiege herab. Der übermütige Hagen legt über seine Beine ein lichtes Schwert, aus dessen Knopf ein Jaspis scheint, grüner denn Gras; wohl erkennt Kriemhild, dass es Siegfrieds war. Furchtlos sitzen sie da und keiner steht auf, als die Königin ihnen vor die Füße tritt. Sie wirft Hagen vor, dass er ihren Mann erschlagen; da spricht Hagen laut aus, dass er es getan, räch' es, wer da wolle! Die Hunnen sehen einander an und ziehen ab, den Tod fürchtend.

König Etzel, von all dem nichts wissend, empfängt und bewirtet die Helden auf das Beste. Zu Nachtruhe werden sie in einen weiten Saal geführt, wo kostbare Betten bereitet sind. Hagen und Volker halten vor dem Hause Schildwacht. Volker lehnt den Schild von der Hand, nimmt die Fiedel und setzt sich auf den Stein an der Türe. Süßer und süßer lässt er seine Saiten tönen, bis alle die Sorgenvollen entschlummert sind. Mitten in der Nacht glänzen Helme aus der Finsternis; es sind Gewaffnete, von Kriemhilden geschickt; doch als sie die Türe so wohl behütet sehn, kehren sie wieder um.

Morgens, da man zur Messe läutet, heißt Hagen seine Gefährten statt der Seidenhemde die Harnische nehmen, statt der Mäntel die Schilde, statt der Kränze die Helme, statt der Rosen die Schwerter. Etzel fragt, ob ihnen jemand Leides getan. Hagen antwortet, es sei Sitte seiner Herren, bei allen Festen drei Tage gewappnet zu gehen. Aus Übermut sagen sie dem König ihren Argwohn nicht. Nach der Messe beginnen Ritterspiele. Dietrich verbietet seinen Recken teilzunehmen; auch Rüdiger hält die seinigen ab, weil er die Burgunden unmutig sieht. Einem Hunnen, der bräutlich aufgeputzt daher reitet, sticht Volker den Speer durch den Leib. Die Verwandten des Hunnen rufen nach Waffen, Etzel selbst muss schlichten; er reißt einem das Schwert aus der Hand und schlägt die andern hinweg. Ehe sie zu Tische sitzen, sucht Kriemhild Dietrichs Hilfe; doch er verweist ihr den Verrat an ihren Blutsfreunden. Williger findet sie Blödeln, Etzels Bruder, dem sie das Land des erschlagenen Nudung und dessen schöne Braut verheißt. Mit tausend Gewappneten zieht er feindlich zur Herberge, wo Dankwart, der Marschalk, mit den Knechten speist. Nach kurzem Wortwechsel springt Dankwart vom Tisch und schlägt ihm einen Schwertschlag, dass ihm das Haupt vor den Füssen liegt. Das ist die Morgengabe zu Nudungs Braut. Ein grimmer Kampf erhebt sich. Die Hälfte der Hunnen wird erschlagen; aber andre zweitausend kommen und lassen nicht vom Streite, bis all die Knechte tot liegen. Dankwart allein haut sich zum Saale durch, wo die Herren sind. Eben wird Ortlieb, Etzels junger Sohn, seinen Oheimen zu Tische getragen. Da tritt Dankwart in die Tür, mit bloßem Schwert, alle sein Gewand mit Hunnenblut beronnen. Laut rufend verkündet er den Mord in der Herberge. Hagen heißt ihn der Türe hüten, dass kein Hunne hinauskomme. Dann schlägt er das Kind Ortlieb, dass sein Haupt in der Königin Schoss springt. Dem Erzieher des Knaben schlägt er das Haupt ab und dem Spielmann Werbel, zum Botenlohne, die rechte Hand auf der Fiedel. So wütet er fort im Saale. Kriemhild ruft Dietrichs Hilfe an. Der Held, auf dem Tische stehend und mit der Hand winkend, lässt seine Stimme schallen wie ein Wisenthorn. Gunther hört im Sturme den Ruf und gebietet Stillstand. Dietrich verlangt, dass man ihn und die Seinigen mit Frieden aus dem Hause lasse. Gunther gewährt es. Da nimmt der Berner die Königin unter den Arm, an der andern Seite führt er Etzeln, mit ihm gehen sechshundert Recken. Auch Rüdiger mit fünfhunderten räumt ungefährdet den Saal. Einem Hunnen aber, der mit Etzeln hinaus will, schlägt Volker das Haupt ab. Was von Hunnen im Saal ist, wird niedergehauen. Die Toten werden die Stiege hinabgeworfen.

Vor dem Hause stehen viel tausend Hunnen. Hagen und Volker spotten ihrer Feigheit; umsonst beut die Königin einen Schild voll Goldes, samt Burgen und Land, dem, der ihr Hagens Haupt bringe. – Noch vor Abend werden zwanzigtausend Hunnen versammelt; bis zur Nacht währt der harte Streit. Da versuchen die Könige noch, Sühne zu erlangen. Kriemhild begehrt vor allem, dass sie ihr Hagen herausgeben. Die Könige verschmähen solche Untreue. Darauf lässt Kriemhild die Helden alle in den Saal treiben und diesen an vier Enden anzünden. Vom Winde brennt bald das ganze Haus. Das Feuer fällt dicht auf sie nieder, mit den Schilden wehren sie es ab und treten die Brände in das Blut. Rauch und Hitze tut ihnen weh; von Durst gequält trinken sie, auf Hagens Anweisung, das Blut aus den Wunden der Erschlagenen; besser schmeckt es jetzt denn Wein. Am Morgen sind ihrer noch sechshundert übrig zu Kriemhilds Erstaunen. Mit neuem Kampfe bietet man ihnen den Morgengruß. Die Königin lässt das Gold mit Schilden herbeitragen, den Streitern zum Solde.

Markgraf Rüdiger kommt und sieht die Not auf beiden Seiten. Ihm wird vorgeworfen, dass er für Land und Leute, die er vom König habe, noch keinen Schlag in diesem Streite geschlagen. Etzel und Kriemhild flehen ihn fußfällig um Hilfe. Jener will ihn zum Könige neben sich erheben; diese mahnt ihn des Eides, dass er all ihr Leid rächen wolle. Was Rüdiger lässt oder beginnt, so tut er übel. Er hat die Burgunden hergeleitet, sie in seinem Hause bewirtet, seine Tochter, seine Gabe ihnen gegeben. Land und Burgen, was er vom Könige hat, heißt er wiedernehmen und will zu Fuß ins Elend gehen. Doch er muss leisten, was er gelobt, steht auch Seele und Leib auf der Wage. Weib und Kind befiehlt er den Gebietern und heißt seine Mannen sich rüsten. Kriemhild ist freudenvoll und weint. Als Giselher den Schwäher mit seiner Schar daherkommen sieht, freut er sich der vermeinten Freundeshilfe. Rüdiger aber stellt den Schild vor die Füße und sagt den Burgunden die Freundschaft auf. Umsonst mahnen sie in aller Lieb' und Treue. Er wünscht, dass sie am Rheine wären und er mit Ehren tot; aber den Streit kann niemand scheiden. Schon heben sie die Schilde, da verlangt Hagen noch eines. Der Schild, den ihm Frau Gotelind gegeben, ist ihm vor der Hand zerhauen; er bittet Rüdigern um den seinigen. Rüdiger gibt den Schild hin, es ist die letzte Gabe, die der milde Markgraf geboten. Manches Auge wird von heißen Tränen rot, und wie grimmig Hagen ist, erbarmt ihn doch die Gabe. Er und sein Geselle Volker geloben, Rüdigern nicht im Streite zu berühren. Hinan springt Rüdiger mit den Seinen; sie werden in den Saal gelassen,

10

schrecklich klingen drin die Schwerter. Da sieht Gernot, wie viel seiner Helden der Markgraf erschlagen, und springt zum Kampfe mit diesem. Schon hat er selbst die Todeswunde empfangen, da führt er noch auf Rüdigern den Todesstreich mit dem Schwerte, das der ihm gegeben. Tot fallen beide nieder, einer von des andern Hand. Die Burgunden üben grimmige Rache, nicht einer von Rüdigers Mannen bleibt am Leben.

Ungeheure Wehklage erhebt sich von Weib und Mann; wie eines Löwen Stimme erschallt Etzels Jammerruf. Helfrich bringt die Kunde, dass Rüdiger samt seinen Mannen erschlagen sei. Der Berner will von den Burgunden selbst erfahren, was geschehen sei, und schickt den Meister Hildebrand. Als dieser gehen will, tadelt ihn Wolfhart, dass er ungewaffnet gehe und so dem Schelten sich aussetze. Da waffnet sich der Weise nach der Unbesonnenen Rat. Zugleich rüsten sich, ohne Dietrichs Wissen, all seine Recken und begleiten den Meister. Hildebrand befragt die Burgunden und Hagen bestätigt Rüdigers Tod; Tränen rinnen Dietrichs Recken über die Bärte. Der Meister bittet um den Leichnam, damit sie nach dem Tode noch des Mannes Treue vergelten. Wolfhart rät, nicht lange zu flehen. Sie sollen ihn nur aus dem Hause holen, erwidert Volker; mit trotzigen Reden reizen sich die beiden. Wolfhart will hinanspringen, aber Hildebrand hält ihn fest, an Dietrichs Verbot mahnend. »Lass ab den Leuen!« spottet Volker. Da rennt Wolfhart in weiten Sprüngen dem Saale zu; zornvoll alle Berner ihm nach. Ein wütender Kampf beginnt. Niemand bleibt lebend als Gunther und Hagen und von den Bernern Hildebrand, der mit einer starken Wunde von Hagens Hand entrinnt. Blutberonnen kommt er zu seinem Herrn, der traurig im Fenster sitzt. Dietrich fragt, woher das Blut. Hildebrand erzählt, wie sie Rüdigern haben wegtragen wollen, den Gernot erschlagen. Als Dietrich den Tod Rüdigers bestätigen hört, will er selbst hingehen und befiehlt dem Meister, die Recken sich waffnen zu heißen. »Wer soll zu euch gehn?« sagt Hildebrand; »Was ihr habt der Lebenden, die seht ihr bei euch stehn.« Mit Schrecken hört der Berner den Tod seiner Mannen; das Haus erschallt von seiner Klage. Da sucht er selbst sein Waffengewand, Hildebrand hilft ihn wappnen. Dietrich geht zu Gunthern und Hagen, hält ihnen vor, was sie ihm Leides getan, und verlangt Sühne. Sie sollen sich ihm zu Geiseln ergeben, dann woll' er selbst sie heimgeleiten. Hagen nennt es schmählich, dass zwei wehrhafte Männer sich dem einen ergeben sollen. Schon als er den Berner kommen sah, vermass er sich, allein den Helden zu bestehen. Des mahnt ihn jetzt Dietrich. Sie springen zum Kampfe. Dietrich schlägt dem Gegner eine tiefe Wunde, aber töten will er nicht den Ermüdeten; den Schild lässt er fallen und umschlingt ihn mit den Armen. So bezwingt er ihn und führt ihn gebunden zu der Königin. Das ist ihr ein Trost nach herbem Leide. Dietrich verlangt, dass sie den Gefangenen leben lasse. Dann kehrt er zu Gunthern; nach heißem Kampfe bindet er auch diesen und übergibt ihn Kriemhilden mit dem Beding der Schonung. Sie aber geht zuerst in Hagens Kerker und verspricht ihm das Leben, wenn er wiedergebe, was er ihr genommen. Hagen erklärt, er habe geschworen, den Hort nicht zu zeigen, solang seiner Herren einer lebe. Da lässt Kriemhild ihrem Bruder das Haupt abschlagen und trägt ihn am Haare vor Hagen. Dieser weiß nun allein den Schatz; nimmer, sagt er, soll sie ihn erhalten. Aber ihr bleibt doch Siegfrieds Schwert, das er getragen, als sie ihn zuletzt sah. Das hebt sie mit den Händen und schlägt Hagen das Haupt ab. Der alte Hildebrand erträgt es nicht, dass ein Weib den kühnsten Recken erschlagen durfte. Zornig springt er zu ihr, nichts hilft ihr Schreien, mit schwerem Schwertstreich haut er sie zu Stücken. So liegt all die Ehre darnieder; mit Jammer hat das Fest geendet, wie alle Lust zujüngst zum Leide wird.

Aus der Abhandlung über
»alte hoch- und niederdeutsche Volkslieder«

1. Einleitung.

Handschriftliche Sammlungen aus dem deutschen Mittelalter haben uns eine Fülle von Liedern aufbewahrt, wie sie seit der Mitte des 12. bis in den Anfang des 14. Jahrhunderts für den Gesang gedichtet wurden. Diese Lieder sind zumeist Erzeugnisse des Ritterstandes und waren bestimmt, auf den Burgen, an den Höfen weltlicher und geistlicher Herren lautbar zu werden, als Minnesang um den Beifall edler Frauen zu werben. Sie sind, was gewöhnlich zusammengeht, nicht bloß Standes-, sondern zugleich Kunstdichtung, denn wie sie dem Inhalte nach in den Vorstellungen und Sitten des bevorrechteten Kreises sich bewegen, dem sie entwachsen und dem sie zum Genusse geboten sind, so tragen sie äußerlich das Abzeichen einer gewählteren, reicheren Kunstform. Sänger aus geistlichem oder bürgerlichem Stande, die letztem mehr erst gegen den Schluss des bemerkten Zeitraums hinzutretend, folgen, wie sie den Höfen nachgingen, auch demselben Kunstgebrauche. Vor und neben solcher Kunstübung auf Burgen und am Hofe ward aber, laut mannigfacher Meldungen, auch von den Bauern, an den Straßen, im Volke gesungen, und es ist anzunehmen, dass dieser überall gangbare Gesang, wie mit gemeingültigen Gegenständen, so auch in schlichterem Stil und einfacheren Formen sich hervorgestellt habe, dem Hof- und Kunstliede gegenüber das Volkslied. Zwar fehlt es nicht gänzlich an Überresten dieses alten Volksgesangs, seine aus unvordenklichen Zeiten vorschreibende Entwicklung, seine Verbreitung unter allen Ständen und über alle deutschen Stämme, dazu die ausdrücklichen Geschichtszeugnisse geben zureichende Gewähr, dass er nicht weniger fruchtbar war, als der auf einen engeren Kreis und auf einen bestimmten Zeitverlauf angewiesene Kunstgesang; der letztere selbst zeigt in seinen ältesten Denkmälern einen ursprünglichen Zusammenhang mit der Volksweise, besonders aber sind die zahl- und umfangreichen Heldengedichte der heimischen Sagen wesentlich aus Liedern des Volkes hervorgegangen. Gleichwohl ist nicht zu verkennen, dass durch die großen, gelehrten und kunstmäßigen Dichtungskreise, die im geistlichen und Ritterstande sich herangebildet hatten, der Volksgesang mehr und mehr zurückgedrängt, dass durch solche Absonderung und neue Geistesrichtung dem Gemeinsamen, Volksmäßigen ein bedeutender Teil dichterischer Kräfte entzogen, das Gebiet geschmälert und die Aufmunterung verkümmert, dass durch die Ausbildung zu künstlichen Liedesformen, durch die Einverleibung in umfassende Schriftwerke das Volkslied aufgesogen und, wie es vornherein in mündlicher Überlieferung gelebt hatte, nun um so weniger mehr von denen, die schreiben konnten oder schreiben ließen, der Aufzeichnung in unveränderter Weise wert erachtet wurde. Sowie jedoch im Laufe des 14. Jahrhunderts jene mittelalterlichen Dichtungskreise sich ausleben, rührt sich in den poetischen Leistungen der Zeit alsbald wieder die unverlorene Volksart. Es schlägt der Ton durch, es entbindet sich der Geist, darin die geschiedenen Stände sich als Volk zusammenfinden und verstehen. Bearbeitungen deutscher Heldensagen kommen hervor, denen man Wendungen und Handgriffe der Volkssänger abhört und deren altertümlicher Stil über die Zeit hinaufweist, in welcher das ausgebildete Rittertum sich dieser Stoffe zur Darstellung in seinem Geiste bemächtigte. Liederbücher vom Eingang des 15. Jahrhunderts, wie schon einzelne Anklänge aus dem 14., ergeben eine Mittelgattung zwischen dem abscheidenden Minnesang und dem wieder andringenden Volkstone; der Adel sowohl, der seines früheren Kunstgeschicks nicht mehr mächtig ist, als auch bürgerliche Meister, die noch an den Höfen umherziehn und noch nicht im schulmäßigen Zunftgesang abgeschlossen sind, haben sich leichteren, freieren Liederformen zugewandt. Die zerfallende Kunstbildung des Ritterstandes ist ein Zeichen, dass überhaupt die glänzendste Zeit seiner Herrschaft vorüber war, der auflebende Volksgesang geht gleichen Schrittes mit dem erstarkenden Selbstgefühl des Bürgerstands und örtlich auch der Bauerschaft. Der Kampf selbst, in dem Ritter und Bischöfe mit Bürgern und Bauern zusammenstießen, drängte zu gemeinsamer Sangweise, denn wie mit den Waffen traten die Stände sich mit Liedern gegenüber und diese mussten, um zu wirken, nach allen Seiten verständlich sein, wie man sich auf demselben Felde schlug, musste man auch mit den Liedern auf gleichem Boden stehn. Ihres geschichtlichen Inhalts wegen wurden derlei Lieder vor andern aufgezeichnet, besonders auch, so weit sie noch erreichbar waren, den Zeitbüchern eingeschaltet, seit man diese deutsch abzufassen begonnen hatte. So erweist sich schon das 14. Jahrhundert ausgiebig an noch vorhandenen geschichtlichen Volksliedern, deren Reihe sich im 15. und 16. dichtgedrängter fortsetzt. Geistliche Lieder in Handschriften des 15. sind mehrfach auf Grundlage und Singweise weltlicher Volksgesänge gedichtet und beurkunden damit, dass letztere zuvor schon gangbar waren. In Menge jedoch kommen Volkslieder aller Art erst mit dem

Eintritt des 16. Jahrhunderts zum Vorschein, nicht bloß in Handschriften, sondern hauptsächlich auch in Folge rüstiger Verwendung der Druckkunst zu diesem Zwecke. Wenn auch das gedruckte Wort die Herrschaft des mündlichen in Sang und Sage zuletzt gebrochen hat, so war doch die neue Erfindung, einmal eingeübt, das bereite Mittel, alten und neuen Liedern den raschesten und weitesten Umlauf zu geben. Fliegende Blätter, gleich Bienenschwärmen, und wohl- feile Liederbüchlein gingen von den Druckanstalten der gewerbsamen Städte in alles Land hinaus; was die Flugblätter brachten, wurde zu Büchern gesammelt; was die Bücher enthielten, in Blätter verspreitet. Wirklich ist der größere Teil der vorhandenen Lieder nur noch im Druck erhalten. Singnoten waren häufig beigefügt oder bildeten den Hauptbestand der ausgegebenen Stimmhefte; von den berühmtesten Tonkünstlern, fürstlichen Kapellmeistern, wurden die alten Volksweisen mehrstimmig bearbeitet und ausgeschmückt, wohl auch durch eigene ersetzt. Immerhin mochten die Lieder oft nur ihrer Singweise die Aufnahme verdanken, aber auch das zeugt von neuer Geltung des Volksmäßigen, dass Stimmen aus Feld und Wald an den Höfen, vor allen auf der Pfalz zu Heidelberg, willkommen waren. Dieser lebhafte Vertrieb zog sich noch in das 17. Jahrhundert hinein, aber in denselben Jahren, in welchen die letzten namhaften Liederbücher der alten Art gedruckt wurden, erschienen auch schon Weckherlins Oden und die erste Ausgabe Opitzscher Gedichte, womit einer neuen Liederdichtung des gelehrten Standes die Bahn geöffnet war. Einzelne der alten Volkslieder trifft man noch jetzt auf fliegenden Blättern, gedruckt in diesem Jahr; mannigfach verkümmert und entstellt, aber mit trefflichen Singweisen, haben sich ihrer viele bis auf die letzte Zeit im Munde des Volkes erhalten, besonders in Gegenden, die von der Heerstraße weiter abliegen.

Die Quellenangabe zu meiner Sammlung zeigt, dass diese zumeist auf Handschriften und Drucke des 16. Jahrhunderts oder weniger Jahrzehnte vor- und rückwärts, gegründet ist. Daraus ergab sich das Hauptgut, das den Zuwachs aus früheren und späteren Quellen an sich zog. Alles zusammen kann wohl als ein Ganzes betrachtet werden, sofern die einzelnen Bestandteile entweder gleichzeitig und auf gleiche Weise verbreitet waren, oder doch durch eine allgemeine Verwandtschaft des Tones, sowie durch viele besondere Berührungen, unter sich verbunden sind. Aber neben dem Gemeinsamen stellen sich innere und äußere Unterschiede so bedeutend hervor, dass man, wenn auch die Lieder im 15. und 16. Jahrhundert miteinander umliefen, doch ihren Ursprung in ganz verschiedenen Zeiten und Zeitbestimmungen suchen muss. Allerdings gibt sich ein ansehnlicher Teil derselben häufig schon durch den geschichtlichen Inhalt als eigenes Erzeugnis der bemerkten Jahrhunderte kund. Andern dagegen ist nicht bloß durch Sprache, Vers und Stil ein früherer Ursprung angewiesen, sondern es waltet auch die innere Unmöglichkeit ob, dass sie mit jenen aus dem Geist einer und derselben Zeit hervorgegangen seien. Während die Leistungen des genannten Zeitraums ihr vorzügliches Verdienst darin erweisen, dass sie tatkräftig in die Kämpfe der Gegenwart eingreifen, gebührt der Vorzug des poetischen Wertes unbestreitbar den älteren Überlieferungen; nachdem den Liedern des Volks überhaupt wieder Boden bereitet war, kam mit der neuen Saat manch seltene Blume von längst vergangenen Sommern zum Lichte. Die späteren Lieder sind durch zeitige Feststellung in Schrift und Druck im allgemeinen wohl erhalten und lassen sich leicht in den Zusammenhang ihrer Zeit einreihen, wogegen jene des älteren Schlags in beider Hinsicht die Forschung in Anspruch nehmen. Lange schon mündlich umgetrieben, dem jüngeren Geschlechte bereits fremdartig geworden, als man sie in Liederbücher und Flugblätter aufnahm, erscheinen manche schon hier mangelhaft und verunstaltet. Außer den absichtlichen Umwandlungen im Sinn und für den Gebrauch einer andern Zeit führten Vergesslichkeit, Missverstehen, vorherrschender Bedacht auf die Singweise, die vielleicht allein den Text noch fristete, zu allmählicher Entstellung und Zersetzung des letzteren; Stücke verschiedener Lieder auf denselben Ton warf man zusammen, besonders wenn zugleich der Inhalt einigen Anklang darbot; die Gewohnheit, in Notenbüchern nur die ersten Gesätze mitzugeben, ließ die folgenden verloren gehn, und sie wurden durch neue oder aus andern Liedern herübergenommene ersetzt; der Druck selbst war nur behilflich, diese Verderbnisse festzuhalten und fortzupflanzen. Des Zustandes solcher Lieder im heutigen Volksgesang ist schon gedacht worden. So konnte sich aus altem und neuem Wirrsal die Meinung bilden, als gehöre die Zerrissenheit, das wunderliche Überspringen, der naive Unsinn zum Wesen eines echten und gerechten Volkslieds. Schon die bessere Beschaffenheit andrer Lieder gleichen Stils weist darauf hin, dass auch den nun zerrütteten die ursprüngliche Einheit und Klarheit nicht werde gefehlt haben. Aber nicht allein der üble Zustand vorhandener Texte, noch weit mehr ist der gänzliche Verlust so vieler Lieder eben dieser älteren, dichterisch belebteren Gattung zu beklagen. Von ihrem vormaligen Dasein zeugen noch die Anfangzeilen, welche andern nach ihrem Tone gesungenen geistlichen und weltlichen Liedern eben zur Bezeichnung der Singweise vorgesetzt oder den im 16. Jahrhundert beliebten Quodlibeten eingefügt sind und vom Inhalt und der Art des Verlorenen eine Ahnung geben. Mag es aber auch gelingen, manches dieser vermissten oder ähnlicher Stücke nachträglich beizutreiben, so wird dennoch der versunkene Schatz des mittelalterlichen Volksgesangs damit keineswegs gehoben sein.

Erscheint hiernach die Sammlung als solche lückenhaft und bruchstückartig, so ist es um so nötiger, dass die Forschung erläuternd und ergänzend sich beigeselle. Dieser liegt es ob, die verunstalteten Lieder, wenn nicht dem Wortbestande nach, der überhaupt wandelbar ist, doch für die innere Anschauung herzustellen, den rätselhaft gewordenen ihre Deutung, den vereinzelten ihren Zusammenhang zu geben, das Neuere an seine Vorgeschichte anzuknüpfen, von dem Erhaltenen in die verdunkelte Zeitferne Licht zu werfen und so wenigstens annähernd auf ein volles und frisches Geschichtsbild der deutschen Volksliederdichtung hinzuarbeiten.

Mittel und Wege dieser Forschung sollen hier vorläufig bezeichnet werden.

Der eine Weg führt hinauf in die Geschichte der deutschen Poesie ältester und mittlerer Zeit. Hier ergeben sich mannigfache Beziehungen unserer Lieder zu den Nachrichten von früherem Volksgesang und zu dessen sparsamen Überbleibseln. Auch schrift- und kunstmäßige Dichtungskreise, wie das Heldengedicht mit der ihm einverleibten Göttersage, Tierfabel, Minne- und Meistergesang, wenn sie schon dem Bereiche des Volksliedes weit entwachsen sind, verleugnen doch nicht ihre Abstammung von diesem; Nachklänge des Volksgesangs sind noch vielfach aus jenen vernehmbar, und sie haben den einstigen Inhalt desselben nicht so gänzlich aufgezehrt, dass nicht den vorhandenen Volksliedern noch manches mit ihnen gemeinsam wäre. Es wird sich vielmehr herausstellen, dass die verschiedenen Klassen der Volkslieder größtenteils je einer bestimmten Gattung der mittelalterlichen Dichtkunst entsprechen. Besonders blühend ist der Stand des deutschen Volkslieds für diejenige Zeit vorauszusehen, in welcher die starre Hülse seiner ältesten Formen gesprengt und doch seine Triebkraft noch unerschöpft genug war, um die neuen Bildungen des Minnesangs und des größeren Heldengedichts aus sich zu erzeugen. Die jugendliche Frische der ersten Minnelieder, wie sie eben aus der Volksweise hervorkommen, und von der andern Seite der poetische Glanz einiger auf Flugblättern erhaltenen Volkslieder, die in altertümlichem Vers und Stil zu jenen hinaufreichen, gibt einige Vorstellung von solcher Blüte der Volkspoesie im Laufe des 12. Jahrhunderts.

Zweitens wendet sich die Forschung nach den Volksdichtungen des Auslands. Viele der älteren deutschen Lieder wurden auch anderwärts gesungen, und manche haben dort noch minder verkümmerte Gestalt; andre, von denen sich nachweisen oder leicht erraten lässt, dass sie einst auch in Deutschland gangbar waren, sind nur in befreundeten Sprachen noch vorhanden. Auch über das einzelne hinaus zeigt sich in Anschauungsweise und äußerer Haltung eine weitgreifende, gegenseitig aufhellende Gemeinschaft ganzer volkstümlicher Liederschätze. Die Niederlande, vormals ein Glied des Reiches und in der Sprache nur mundartlich verschieden, standen mit dem übrigen Deutschland in so vollkommener Liedergenossenschaft, dass die älteren hoch- und niederdeutschen Volkslieder mit den niederländischen füglich in ein Liederbuch gebracht werden können; England und Schottland, Dänemark und Schweden sind unter sich, wie mit den deutschen Stammgenossen, durch das Lied von alters her nahe verbunden, und nicht selten wird man bis zu angelsächsischen Gedichten und den Eddaliedern hinaufgeführt. Aber auch die fremderen Sprach- und Liederstämme, die romanischen, die slawischen und der neugriechische, selbst noch die zurückgedrängten keltischen und finnischen laden zu mannigfacher Anknüpfung ein. Mittellateinische Lieder deutschen Ursprungs zählen, sofern ihr Inhalt volkstümlich ist, nicht zu den fremden. Von romanischer Seite hat besonders Nordfrankreich in manchen Bestandteilen seiner mittelalterlichen Poesie die germanischen Blutsbande nicht verleugnet, und auch die noch wenig erschlossenen französischen Volkslieder bieten Gemeinsames; ebenso die altspanischen Romanzen und Liebeslieder. Auf slawischem Gebiete klingen altrussische Lieder überraschend an, ohne Zweifel durch normannische Vermittlung. Je altertümlicher das Gepräge des Liedes, um so weiter wird meist die Gemeinschaft sich erstrecken, demnach vorzugsweise bei Stücken, die dem Bereiche des Mythus und der ältesten Naturanschauung heimfallen, ja, es begegnen sich in solchen Fällen oft eben die sonst geschiedenen Stämme, als erinnerten sie sich engerer Befreundung aus längst vergangenen Tagen. Anziehend ist es überall, zu beobachten, wie bald dieses, bald jenes Volk den gemeinsamen Grundgedanken am reinsten und vollkommensten ausgedichtet oder bewahrt hat.

Ursachen und Anlässe, Mittel und Träger der Völker verbindenden Liedesgemeinschaft sollen hier nur angedeutet werden. Gleichmäßige Bildungsstufe und ähnliche Lebensweise müssen im Liede sich übereinstimmend abspiegeln, und die gemeinsamen Bedingungen aller Volkspoesie zielen auf ein gleichförmiges Ergebnis, bestimmter jedoch wirken erst die besondern, tatsächlichen Verhältnisse der Einigung und des Austausches. Als solche sind namhaft zu machen: Stammverwandtschaften verschiedenen Grades, Völkerzüge, Eroberung, Grenznachbarschaft; das Wanderleben der Sänger und die Festlichkeiten, wobei Sänger und Gäste von nah und fern sich zusammenfanden. Ritterfahrten, Kreuzheere aus allen Nord- und Westländern, Wallfahrten und einzelne Pilgerschaften nach allen Gnadenorten; ausgebreitete Verbrüderungen der Mönchsorden und die Vermittlung auch volksmäßiger Gegenstände durch die Gemeinsprache des Mönchslateins; der Handelsverkehr, besonders die Verbindungen und Ansiedlungen der deutschen Hanse; das Umherschweifen fahrender Schüler, sanglustiger Reiter und Landsknechte, wandernder Handwerker und Bergleute. Die Art der Lieder selbst, die einfache Form, der kunstlose Ausdruck, vermittelte leicht zwischen verschiedenen Sprachen und Mundarten: Tonweisen sind eine überall verständliche Sprache. Eigentliche Übersetzungen, nicht bloß mundartlich umlautend, fallen erst in die Zeit der aufkommenden Mitteilung durch Schrift und Druck.

Die Stellung der deutschen Volkslieder in diesem Gemeinleben ist nicht durchaus günstig. Wie sie jetzt gesammelt vorliegen, fehlt ihnen der gleiche Schnitt, der eine Guss, der durchgehende volkspoetische Charakter, wodurch viele Sammlungen aus andern Ländern sich auszeichnen, besonders solchen, in denen die alte Volksweise noch bis auf den heutigen Tag sich ungestört erhalten konnte. Dies war in Deutschland nicht möglich, über das alle Zeitbewegungen und Bildungszüge auf breitester Straße hingingen, wo schon im Mittelalter aus und neben dem Volksgesange so reiche poetische Entwicklungen sich hervordrängten, und wo nun großenteils nur der Nachwuchs, ein zweites, nachgeborenes Geschlecht von Volksliedern sich dem Sammler darbietet. Ist aber auf dieser Stufe das poetische Verdienst nicht das vorherrschende, so ist es gleichwohl eine lebensvolle Erscheinung, wie der deutsche Volksgesang vom 13. Jahrhundert an immer mehr der wichtigsten Ereignisse und Zeitfragen sich bemächtigt, wie er im 16. der gewaltigsten Bewegung der Geister so unentbehrlich sich erweist, dass Murner sich in Bruder Veiten Ton wehren muss, dass der klassisch geschulte Hutten ein Reiterlied anhebt und Luther selbst die Psalmen zu Volksliedern stimmt. Auf solche Weise fallen Erzeugnisse namhafter, gelehrter Dichter dem Kreise des sonst namenlosen Volksgesanges anheim. Dieselben Umstände, die einer vollständigeren Abrundung und Geschlossenheit des deutschen Liederwesens hinderlich waren, dagegen der Vielseitigkeit und Wirksamkeit seiner innern Entwicklung zustatten kamen, haben auch sein Verhältnis nach außen bedeutend und beziehungsreich gemacht. Das Haupt- und Stammgebiet germanischer Bevölkerung, das europäische Mittelland, war nach Lage und Geschichte mehr als irgendein andres berufen, gebend und empfangend nach allen Seiten anzuknüpfen; da nun zur Erforschung seines eigenen früheren Liederbestandes unerlässlich ist, diese mannigfachen Anknüpfungen zu verfolgen, so führen oft unscheinbare Reste jenes vormaligen Besitzes zu den weitesten Ausblicken in den gesamten Volksgesang.

Endlich ein dritter Weg der Erläuterung senkt sich hinab in das innere Leben und Wesen des Volkes, das die Lieder gesungen hat. Die Liederbildung kann noch halb fertig und unabgelöst von ihren Anlässen im Volksleben aufgewiesen werden, wie sie aus mancherlei Beschäftigungen und Bedürfnissen, aus sinnbildlichen Handlungen, Festlichkeiten, Spielen und andern öffentlichen oder häuslichen Vorkommnissen erst nur formelhaft, spruchartig und rufsweise auftaucht. Aber auch ausgestaltete Lieder geben gleichartigen Ursprung durch ihre typische Beschaffenheit kund, ihre Grundanlage ist überliefert und in altherkömmlichen Gebräuchen vorgebildet, doch triebkräftig genug, dass die Ausführung sich in freiem und mannigfachem Wechsel bewegen kann. Es fehlt nicht an solchen, die Ort und Zeit ihrer Entstehung, selbst, wie schon berührt, den Namen ihres Dichters an der Stirne tragen; andre der besten Art bewähren in der Einheit des Gedankens und der Empfindung, sowie in der abgerundeten Darlegung die ungeteilte Tat des unbekannten Urhebers. Obgleich aber ein geistiges Gebilde niemals aus einer Gesamtheit, einem Volke, unmittelbar hervorgehen kann, obgleich es dazu überall der Tätigkeit und Befähigung einzelner bedarf, so ist doch gegenüber derjenigen Geltung, die im Schriftwesen der Persönlichkeit und jeder besondersten Eigenheit oder augenblicklichen Laune des Dichters zukommt, in der Volkspoesie das Übergewicht des Gemeinsamen über die Anrechte der einzelnen ein entschiedenes. Und wenn auch zu allen Zeiten die natürliche Begabung ungleich und mannigfach zugemessen ist, die einen schaffen und geben, die andern hinnehmen und fortbilden, so muss doch für das Gedeihen des Volksgesangs die poetische Anschauung bei allen lebendiger, bei den einzelnen mehr im Gemeingültigen befangen vorausgesetzt werden; hervorstechende Besonderheit kann hier schon darum nicht als dauernde Erscheinung aufkommen, weil die vorherrschend mündliche Fortpflanzung der Poesie das Eigentümliche nach der allgemeinen Sinnesart zuschleift und nur allmähliches und gemeinsames Wachstum gestattet. Bedingt ist diese Beteiligung eines ganzen Volkes am Liede dadurch, dass in jenem die Geistesbildung nach Art und Grad soweit gleichmäßig verteilt sein muss, um einer durchgreifenden Gemeinschaft des geistigen Hervorbringens und Genießens stattzugeben. Im Begriffe der Volkspoesie und im Worte selbst liegt jedoch nicht bloß die eine Anforderung, dass die Poesie *volksmäßig*, sondern auch die andre, dass die gemeinsame Bildung und Sinnesart des Volkes *poetisch* geartet sei. Vollständig wird letzteres dann zutreffen, wenn in einem Volke noch alle Geisteskräfte unter dem vorwaltenden Einfluss derjenigen, welche eigentümlich zur Poesie wirken, der Einbildungs- und der Gefühlskraft, gesammelt sind, wenn von denselben Einflüssen das gesamte vom Geiste stammende Volksleben durchdrungen und danach in Sprache, Geschichte, Glauben, Recht und Sitte ausgeprägt ist. Hat nun dieses poetisch gestimmte Gesamtleben sich zu Liedern gestaltet, dann sind es die wahren und echten Volkslieder. Man kann zweifeln, was höher anzuschlagen sei: diese fertigen, besondern Gestaltungen oder die innewohnende, allgemeine Grundstimmung, jener alles Volksleben tränkende und durchströmende Quell der Poesie. Jedenfalls hat die Beleuchtung der Lieder nicht nur auf die Geschichten und Gebräuche des Volkes, woran der Gesang sich heftet, sondern auch auf die poetischen Vorstellungen, die durch alle Lebensgebiete walten, soweit einzugehen, als je die Liedergattung oder das einzelne Lied dazu Anlass gibt.

Die Abhandlung wird im Ganzen derselben Anordnung folgen, welche für die Sammlung angemessen erachtet wurde. Nur dass in dieser solche Liedertypen, die nur sparsam vertreten waren, anderwärts eingereiht werden mussten, während einige derselben in der Abhandlung mittels der sich hier darbietenden Ergänzungen eigene Abschnitte bilden. Es wird überhaupt eine stets wiederkehrende Aufgabe sein, die poetischen Grundgedanken und Grundanschauungen, ja ihre ganze Leiter von Farben und Tönen aus verschiedenen Zeiten und Ländern durchspielen zu lassen, ihren vollendeten Ausdruck in einzelnen Musterstücken, wo solche zu Gebote stehn, aufzuweisen oder eben im wechselnden Spiele die gemeinsame Bedeutung, die Seele des Beweglichen zu erfassen. Wie alles natürliche Wachstum mit einem Zustande der Geschlossenheit, des eingeblätterten Keimes, anhebt, so erscheint auch die jugendliche Volksdichtung nicht nur im Verbande mit den ihr verschwisterten Künsten des Gesanges und des Tanzes, sondern es sind auch in ihrem eigenen Bereiche die poetischen Grundformen, lyrisch-didaktisch, episch, dramatisch, erst noch ohne schärfere Abgrenzung beisammen gehalten und entwickeln ihre besondern Ansätze nur allmählich, je nach Gegenstand und Bedürfnis, zu verschiedenen Dichtgattungen. Hiernach war es auch nicht die Form, sondern der Inhalt, wodurch die Einteilung der Lieder sich zu bestimmen hatte. Nach ihren Anlässen im Volksleben treten sie fast von selbst gruppenweise zusammen, und der Bildungsgang des Volkes von den ältesten Zuständen bis in die geschichtlichen Bewegungen des 15. und 16. Jahrhunderts ordnet die Reihenfolge dieser größeren oder kleineren Liedergruppen auch für die nachstehende Ausführung. Stil, Vers und Strophenbau, Singweisen und Vortrag, der ganze Betrieb dieses Liederwesens, sollen am Schlusse noch eigens besprochen werden.

In den ursprünglichsten Volkszuständen wurzelt eine der deutschen Volkspoesie zum Wahrzeichen gewordene und verbliebene Eigenschaft, der lebendige Sinn, womit überall die umgebende Natur in Teilnahme gezogen ist. Dieser Eigenschaft ist schon hier zu gedenken, eben weil sie dem Ganzen zukommt; nicht nur entstammen ihr die besondern Liederklassen, von denen die vordern Abschnitte handeln werden, sondern auch durch andre Gattungen, welche dem Gegenstande nach ferner liegen, windet sich, voller oder leichter, dieselbe frischgrüne Ranke. Blättert man nur im Verzeichnis der Liederanfänge, so grünt und blüht es allenthalb. Sommer und Winter, Wald und Wiese, Blätter und Blumen, Vögel und Waldtiere, Wind und Wasser, Sonne, Mond und Morgenstern erscheinen bald als wesentliche Bestandteile der Lieder, bald wenigstens im Hintergrund oder als Rahmen und Randverzierung. Anfänglich mag ein Naturbild an der Spitze des Liedes, weniger Schmuck als Bedürfnis, der unentbehrliche Halt gewesen sein, woran der nachfolgende Hauptgedanke sich lehnte; die uralten Lieder der Chinesen berühren sich in dieser Form mit den noch täglich aufschießenden Schnaderhüpfeln des bayerischen und österreichischen Gebirges, dort wie hier ist nicht einmal durchaus ein bestimmter Zusammenhang des Bildes mit dem Gegenstande ersichtlich. Die schönsten unsrer Volkslieder sind freilich diejenigen, worin die Gedanken und Gefühle sich mit den Naturbildern innig verschmelzen; aber auch wo diese mehr in das Außenwerk zurücktreten, selbst wo sie nur noch herkömmlich und sparsam geduldet sind, geben sie doch immer dem Lied eine heitere Färbung, wenn sie völlig absterben, geht es auch mit der deutschen Volksweise zur Neige.

Das angegebene Wahrzeichen ist, wie schon berichtet, so wenig ein zufälliges, dass im Gegenteil auch hierbei die Kunst des Volkes gänzlich in der Art desselben ihren Ursprung hat. Das altgermanische Sonderwohnen am Quell, im Feld und Holz (*Germ. c.* 16) ergab einen täglichen, trauten Verkehr mit allem, was im Freien sichtbar und regsam ist: dieses ländliche Einzelleben setzte sich im Burgwesen fort, das nur stolzer und weitschauender in Wind und Wolken hinausgebaut war. Von den Einflüssen dieses Naturverkehrs, von der angestammten Wald- und Feldlust war nun das deutsche Leben auch in allen geistigen und sittlichgeselligen Richtungen durchdrungen. Laut der frühesten Kunde vom religiösen Geiste der Germanen fassten sie ihre Götter nicht in Bilder und Wände, sondern verehrten ein Unsichtbares im Schatten geweihter Haine (*Germ. c.* 9. 39); so verwob sich ihnen das heiligste Geheimnis des ahnenden Geistes mit dem Eindrucke der tiefgrünen Waldesnacht. Jährlich wiederkehrende Volksfeste behielten auch in christlicher Zeit das Gepräge, den sinnbildlichen Aufschmuck alter Naturfeiern. Das deutsche Recht, wie es zu großem Teile das Eigentum und die Nutzungen an Feld und Forst, Jagd und Weide, Fluss und Teich betrifft, so ist es auch in seinen Bezeichnungen, Formeln, Symbolen voll der lebendigsten Naturanschauung. Von den Künsten ist es nicht bloß die Poesie, die, auf dem Land und umwaldeten Burgen erwachsen, davon ihre grüne Farbe trägt; der alten Musik wird es nicht an Nachhallen des Jägerschreis und Berghirtenrufes fehlen; aber auch diejenigen Künste, die innerhalb der städtischen oder klösterlichen Ringmauern groß geworden sind, verleugnen nicht das tief gepflanzte Naturgefühl: Die deutsche Baukunst auf ihrem Höhepunkte hat das Steinhaus in einen Wald von Schäften, Laubwerk und Blumen wieder umgesetzt, die Malerei hat, während sie dem menschlichen Angesichte den reinsten Seelenausdruck gab, die Hinterwand durchbrochen, die Aussicht in das Grüne aufgetan und dadurch die alte Verbindung des Geistes mit der Natur wieder hergestellt, ja sie hat weiterhin für die Landschaft ein eigenes Fach ausgebildet, in welchem, wie in jenen Götterhainen, der Geist nur unsichtbar seine Nähe fühlen lässt. Es wird im Folgenden nachgewiesen werden, wie zur Bezeichnung des irdischen Lebensglückes überhaupt deutsche Dichter im Mittelalter nichts Köstlicheres anzugeben wissen, als die

Sommerwonne, die unendliche Freude an Blumen und Klee, am belaubten Wald und der duftenden Linde, am Gesänge der Waldvögel.

Hat diese Naturliebe als Grundzug des Lebens und der Poesie sich bei den Deutschen besonders innig und bis in die geistigsten Beziehungen nachhaltig erwiesen, so ist sie doch keineswegs ein ausschließliches Vorrecht derselben, sie wirkt in aller Volksdichtung und bekundet sich anderwärts noch in der unmittelbaren Kraft des sinnlichen Ausdrucks, sie beruht in dem allgemeinen Bedürfnis, das menschliche Dasein in die Gemeinschaft der ganzen Schöpfung gestellt zu wissen. Die Natur ist dem Menschen, der in ihr lebt, nicht bloß nützlich oder schädlich als nährende, hilfreiche Macht oder als feindliche, zerstörende Gewalt, sie nimmt nicht bloß seine werktätige Kraftanstrengung oder wissenschaftlich seinen Scharfsinn und Forschungstrieb in Anspruch, auch mit seiner dichterischen Anlage, seinem Schönheitssinne findet er sich auf ihre Schönheit, die milde und die erhabene, hingewiesen. Er sucht in ihr nicht bloß Gleichnis, Sinnbild, Farbenschmuck, sondern, was all diesem erst die poetische Weihe gibt, das tiefere Einverständnis, vermöge dessen sie für jede Regung seines Innern einen Spiegel, eine antwortende Stimme hat. Es ist nicht die Selbsttäuschung eines empfindsamen Zeitalters, dass Lenzeshauch und Maiengrün, Morgen- und Abendrot, Sonnenaufgang, Mondschein und Sternenglanz das Gemüt erfrischen, rühren, beruhigen, dass der Anblick des Meeres, dass Sturm und Gewitter den Geist zum Ernste stimmen. Eben die jugendkräftige Poesie der unverbildeten Völker ist von diesen Einwirkungen durchdrungen. Sage man immerhin, der Mensch verlege nur seine Stimmung in die fühllose Natur, er kann nichts in die Natur übertragen, wenn sie nicht von ihrer Seite auffordernd, selbsttätig anregend entgegenkommt. Die wissenschaftliche Forschung hat überall den Schein zerstört, der alte Glaube an die götterbeseelte Natur ist längst gebrochen, und dennoch bleibt jene Befreundung des Gemütes mit der Natur eine Wahrheit, das Mitgefühl, das in ihr geahnt wurde, rückt nur weiter hinauf, in den Schöpfer, der, über dem Ganzen waltend, die Menschenseele mit der schönen Natur zum Einklang verbunden hat und damit sich selbst dem empfänglichen Sinne stündlich nahebringt.

Indem nun gezeigt worden, dass die deutschen Volkslieder aus dem Volksleben zu erläutern und zu ergänzen seien, so konnte sich zugleich bemerklich machen, dass auch umgekehrt das Volk ohne Beziehung seiner Poesie nur unvollständig erkannt werde. Wenn die Sonne hinter den Wolken steht, kann weder Gestalt noch Farbe der Dinge vollkommen hervortreten; nur im Lichte der Poesie kann eine Zeit klar werden, deren Geistesrichtung wesentlich eine poetische war. Das dürftige, einförmige Dasein wird ein völlig andres, wenn dem frischen Sinne die ganze Natur sich befreundet, wenn jeder geringfügige Besitz fabelhaft erglänzt, wenn das prunklose Fest von innerer Lust gehoben ist; ein armes Leben und ein reiches Herz. Erzählt die Geschichte meist von blutigen Kämpfen, sprechen die Gesetze von roher Gewalttat, so lässt das Lied, die Sage, das Hausmärchen, in die stillen Tiefen des milderen Gemütes blicken. Besonders aber wird im alten Götterreich und im weiten Gebiete des Aberglaubens sich manches vernunftgemäßer ausnehmen, wenn es vom Standpunkte der Poesie beleuchtet wird. Die Herrschaft des dumpfesten Irrwahns hebt eben da an, wo die poetischen Vorstellungen im Wandel der Zeiten zum Gespensterspuk verdunkelt oder zu unverstandenen Formeln erstarrt sind. Es ist des Versuches wert, diesen Bann zu lösen und den gebundenen Geist, wo er es fordern kann, in seine Freiheit herzustellen.

2. Fabellieder.

Ein reiches Gebiet ältester Naturanschauung lassen diejenigen Dichtungen durchblicken, welche die Tierwelt zum Gegenstande haben. Die *Tierfabel* hat sich das Mittelalter entlang in lateinischen, französischen, hoch- und niederdeutschen Gedichten größeren Umfangs zu einem Epos ausgearbeitet, dem sich auch die einzelnen kleineren Erzählungen rhapsodisch anschließen. Als Heimat dieses umfassenden Fabelkreises erweisen sich die romanischdeutschen Grenzlande Nordfrankreich und Flandern. Was niederländisch oder deutsch abgefasst ist, kommt zwar unmittelbar oder mittelbar aus altfranzösischer Quelle; dagegen ist der germanische Ursprung des Ganzen schon durch die Namen der zwei Haupthelden *Reginhart* und *Isengrim* unauslöschlich verurkundet. Wurzel des weitastigen Gewächses aber ist die sinnenscharfe, mitfühlende und ahnungsvolle Beobachtung der Tierwelt durch Menschen, die im gemeinsamen Waldleben ihr noch täglich nahe standen. Während nun das Epos, seiner Art gemäß, die Tiere auf dem festen Boden ausgeführter Handlung und strenger Charakteristik darstellt, hat das Volkslied mehr noch die ursprüngliche Gefühlsstimmung bewahrt und, wo es dieselbe weiter entwickelt, seine luftigen Wege teils in das Märchenhafte, teils in die sinnbildliche Vergeistigung genommen.

Im tiefen Urwald trifft man bei mehreren Volksstämmen auf eine mythische Gestalt, den *Tiermann*, Herrn und Pfleger der Waldtiere. Die finnische Götterlehre hat ihren Tapio, den persönlichen Wald, der nebst seiner Gemahlin, der Waldmutter, von den Jägern angerufen wird, dass er seine Tiere springen lasse und, wenn sie nicht herbei wollen, an den Ohren auf den Waldweg hebe oder aus der fernen Lappmark herabgeißle. In dem dänischen Liede von Vonved erscheint der Tiermann (*dyre karl*), den Eber auf dem Rücken und den Bären im Arme, auf jedem Finger seiner Hand spielen Hase und Hindin; Vonved verlangt von ihm Teilung der Tiere und kämpft mit ihm darum. Dem nördlichen Frankreich war der große Wald von Brecheliande in der Bretagne ein Inbegriff von Wundern; dort finden nach dem Gedichte von Iwein die abenteuernden Ritter mitten unter furchtbar kämpfenden Tieren aller Art, Wisenten und Uren, einen riesenhaften *Waldmann* von grausiger Gestalt mit Eulenaugen, Wolfrachen, Eberzähnen, selbst ein Abbild und Inbegriff seines wilden Reichs; mit frischabgezogenen Stierhäuten bekleidet und auf eine große, eiserne Keule sich stützend, sitzt er auf einem Baumstrunke; sein Amt ist, der wilden Tiere zu pflegen, die ihm als ihren

Herrn und Meister bebend gehorchen; er weist die Irreführenden zurecht, und als er vor dem Gewitter warnt, das von dem ausgegossenen Wasser des Wunderbrunnens ausbrechen würde, denkt er zuerst daran, dass vor diesem Ungestüm weder Wild noch Vogel im Walde verbleiben können. Ein deutsches Gedicht, dessen Stil auf das 12. Jahrhundert weist, König Orendel von Trier, beschreibt das goldne Gusswerk in der Helmkrone eines Riesen: eine Linde voll Vögelein, unter der ein Löwe und ein Drache, ein Bär und ein Eberschwein gestreckt liegen, dabei steht der »*wilde Mann*«.

Der Erzähler in einem Gedichte des 15. Jahrhunderts kommt auf nächtlicher Wanderung in ein Gebirgstal, wo die Tiere überall laufen, sich der Maienzeit freuend, und er bei Mondschein den gewaltigen Streit eines wilden Mannes mit einem großen Eberschwein ansieht; jener zieht eine junge Tanne aus und läuft damit das Wildschwein an, das sich zur Wehre setzt, sie fechten wie ein großes Heer, bis zuletzt der Mann dem Eber obsiegt, wie auch der Waldmann im Iwein seine Tiere mit der Eisenkeule in Zucht halten muss. Im Ringe, gleichfalls aus dem 15. Jahrhundert, kommt ein wilder Mann auf einem großen Hirsch in die Schlacht geritten, schlägt mit seinem ungetanen Eisenkolben Mann und Weib nieder, wirft sie in seinen Schlund oder beißt sie mit seinen langen und scharfen Zähnen tot, wie auch der Hirsch mit seinen Hörnern drauf- und dreinsticht. Milder und mehr zauberartig gestaltet sich die Waldherrschaft im Leben Merlins des Wilden, der sich weltmüde in die dichtesten Wälder versenkt hat, dort mit dem Wilde lebt und, auf einem Hirsche reitend, eine Herde von Hirschen und Rehen vor sich hertreibt.

In Dietrichs Drachenkämpfen, freilich einem der spätesten Stücke des deutschen Heldenkreises, wird erzählt, wie der Berner im Walde von Tirol ein wildes Schwein mit dem Schwerte gefällt hat und sein Horn erschallen lässt, worauf ein ungefüger Riese gelaufen kommt und ihm die Beute abkämpfen will; die Missgestalt des Riesen vergleicht sich jener des Waldmanns im Iwein, auch er führt einen mit Nägeln beschlagenen Kolben, trägt einen Waffenrock von Bärenhäuten, den er sich selber »gebaut«, alles Wild im Walde und dieser selbst ist sein: Es erhebt sich ein gewaltiger Kampf, vor dem die Waldtiere fliehen, der Riese wird von Dietrich bezwungen, muss mit ihm gehen und ihm das Wildschwein tragen. Noch in neuerer Zeit scheuen Weidleute des südtirolischen Grenzlandes den wilden Mann, andre die Waldfrau, und ist jener auch im Graubündner Oberlande gewaltig. An Dietrichs Eberjagd reiht sich eine andre in der altenglischen, wieder aus nordfranzösischer Quelle genommenen Erzählung von Eglamour: Von drei gefahrvollen Abenteuern, welche dieser Ritter um die Hand der Tochter seines Herrn, des Grafen von Artois, bestehen muss, ist eines: dass er das Haupt eines ungeheuern Ebers bringe, dessen Hauer über einen Fuß lang sind und der schon viele wohlgewaffnete Männer getötet hat; auch ihm ist ein furchtbarer Riese befreundet, der ihn zum Verderben der Christenmänner fünfzehn Jahre lang aufgezogen hat und nun hinzukommt, als das Haupt des nach viertägigem Gefechte besiegten Wildes auf Speerspitze gesteckt ist. »Ach!« ruft er aus, »bist du tot? Mein Vertrauen auf dich war groß, mein klein, gesprenkelt Eberlein, teuer soll dein Tod erkauft sein!« Der Ritter muss hierauf noch den Riesen bekämpfen und bringt dessen Haupt samt dem verlangten des Ebers seinem Gebieter. Neben mancher fremdartigen Zutat und Wendung ist doch in allen diesen Zeugnissen die altertümliche Vorstellung offenbar, dass die Tiere der Wildnis, unter einer besondern Obhut stehend, der menschlichen Willkür nicht gänzlich preisgegeben seien. Höher hinauf in die deutsche Vorzeit würde der mythische Ausdruck dieser Vorstellung rücken, wenn sich die folgende Wahrnehmung durch weitere Anzeigen bestätigte. Orion, der klassische Name des leuchtenden Gestirns, wird in Glossen, die sich mehr altsächsisch als angelsächsisch anlassen, durch ein schwieriges, in verschiedenen Formen wechselndes Wort übertragen: *eburdring, eburdrung, ebirdring, ebirbiring*. Die Richtigstellung desselben neigt sich jetzt dahin, dass dieses Wort nicht Eberhaufe, Trupp wilder Eber, besage, sondern gleich dem übertragenen, ein persönliches sei, zusammengesetzt und in den drei ersten Formen zusammengezogen aus »Eber« und »Thüring«; mag nun mit letzterem ein Insasse des waldreichen Thüringerlandes oder irgendeine allgemeinere Bedeutung des Volksnamens selbst gemeint sein, jedenfalls ergibt sich ein Mann mit dem Eber. Und ein solcher ist in dem bisher abgehandelten Waldriesen aufgezeigt. Es war angemessen, den mythischen Orion durch ein entsprechendes Wesen deutscher Sage zu erläutern und welches andre ließ sich jenem riesigen Weidmann, der noch in der Unterwelt, die eherne Keule in Händen, das gescharte Wild vor sich herjagt, besser gegenüber stellen, als der gleichfalls riesenhafte Tiermann, der zwar seine Waldtiere nicht verfolgt, aber sie doch auch mit dem Eisenkolben gewaltig meistert? So würde zwar nicht notwendig folgen, dass Eberthüring, gleich Orion, auch unter die Sterne versetzt sei, und es konnte lediglich bezweckt sein, einen mythischen Namen mittels des andern in Kürze verständlich zu machen; da jedoch die Erhebung mythischer Gebilde an den

Gestirnhimmel sonst der germanischen Vorstellung nicht fremd ist, so mag wohl auch die deutsche Waldlust den Tiermann mit seinen Lieblingen in einer Sterngruppe wieder gefunden haben.

Wie dem finnischen Tapio eine Waldmutter zur Seite steht und mit dem wilden Mann in Tirol eine Waldfrau gleich geht, so kennt auch der nordische Volksglaube weibliche Pflegerinnen der Waldtiere. Den Namen *Wolfmutter (wargamor)* gibt man in Schweden alten, einsam im Walde wohnenden Weibern, von denen man glaubt, dass die Wölfe der Wildnis unter ihrem Schutz und Befehle stehen und vor den Jägern von ihnen verborgen werden. Dem *Tiermann (dyre karl)* des dänischen Liedes entspricht aber auch bestimmter noch die *Tiermutter (djura mor)* in einem selten mehr vernommenen Volkslied. Der junge Sämung, der kundige Schrittschuhläufer, kommt zu der alten Tiermutter, wie sie drinne sitzt und mit der Nase die Kohlen schürt. Mit dieser dürftigen Überlieferung eröffnet sich ein weiter Durchblick in die altnordische Götterwelt. Ynglinga-Saga lässt den norwegischen Jarl Hakon den Mächtigen die Reihe seiner Vorväter bis zu dem Helden Säming hinaufführen, einem Sohn Odins, mit Skadhi, die in einer beigefügten Skaldenstrophe als Eisenwaldfrau, Schrittschuhläuferin des Gebirges, bezeichnet wird. Nach den Edden ist sie die Tochter des Sturmriesen Thiassi, wohnt, wie er einst, auf dem Gebirge Thrymheim, fährt viel auf Schrittschuhen und mit dem Bogen, und schießt Tiere, darum heißt sie auch Schrittschuhgöttin; mit ihrem Gemahl Niörd, einem Luftgotte der mildern Küstengegend, kann sie sich nicht vertragen, ihn bedünkt das Geheul der Wölfe im Gebirg übel gegen den Gesang der Schwäne, und sie kann an der See nicht schlafen vor dem Geschrei der Möwen. Getrennt von Niörd verbindet sich Skadhi, laut der Ynglingensage, mit Odin und wird so durch Säming die Ahnfrau der Jarle von Hladhir. Als Abkömmlinge Odins' zählen diese zu den gottentstammten Heldengeschlechtern, ihre Herkunft von Skadhi aber kennzeichnet sie als rüstige Söhne des Gebirges, als gepriesene Weidleute und Schrittschuhläufer, wie noch das schwedische Volkslied den jungen Sämung erscheinen lässt. Von der Tiermutter dieses Liedes sprechen zwar die Zeugnisse über Skadhi nicht, aber indem der Skalde sie Jarnvidhja, Bewohnerin des Eisenwalds, nennt, ist dennoch eine Anknüpfung gegeben. »Östlich im Eisenwalde« – sagt das Eddalied – »saß die Alte und gebar dort Fenris (des Wolfes) Geschlechter.« Umschrieben wird diese Alte in der j. Edda: »Eine Riesin *(gŷgr)* wohnt östlich von Midhgardh (der bewohnten Erde) in dem Walde, der Eisenwald heißt; in diesem Walde wohnen die Zauberweiber *(tröllkonar)*, die Jarnvidhjen heißen.« Es sind hauptsächlich mythische, dem Mond und der Sonne nachstellende Wölfe, die vom dem Riesenweib im Eisenwalde, d. h. wohl im reif- und schneebedeckten Winterwalde, zur Welt gebracht werden. Gleichartig, vielleicht dasselbe Wesen mit dieser Wolfmutter ist die Riesin Angrbodha in Jötunheim, mit welcher Loki, der Verderber, die drei Ungeheuer, den Wolf Fenrir selbst, die Midhgardsschlange und die grausige Hel erzeugt. Nun rühmt aber Loki sich bei Ägis Gastmahl vertrauten Umgangs mit Skadhi, diese selbst ist eine Riesentochter, und im Skaldenliede wird sie Jarnvidhja benannt. So vermittelt sich allerdings ein Zusammenhang, wenn auch nicht ein ursprünglicher, der unheilgebärenden Alten im Eisenwalde mit der leicht beschwingten Jagdgöttin des beschneiten, von Wolfsgeheul widerhallenden Sturmgebirgs. Die Gebärerin jener mythischen Wölfe selbst aber ist doch sichtlich erst der älteren und leibhafteren Vorstellung von einer Urmutter der Waldtiere, von einem bösen Zauber, der namentlich das feindselige Wolfsgeschlecht geschaffen, in bildlicher Anwendung entliehen. Von Skadhi ist nur noch zu sagen, dass ihr zur Sühne die Augen ihres von Thorr erschlagenen Vaters durch Odin als Sterne an den Himmel geworfen wurden, ein Seitenstück zu der Gestirnung Eberthyrings.

Die Waldgeister, von denen die Rede war, treten bald mehr als Leiter und Begünstiger der Jagd, bald mehr als Pfleger und Beschirmer des gejagten Wildes hervor: gerade so ist der Jäger, der tödliche Verfolger desselben, doch zugleich dessen Freund und Bewunderer; die Kraft und Schönheit, die Tapferkeit und Schlauheit der Tiere, mit denen er in Kühnheit, Gewandtheit und List wetteifert, erregen sein Wohlgefallen und seine Zuneigung, im Altertum war es mehr als dies, eine abergläubische Verehrung, eine heilige Scheu, das Erahnen einer hinter diesen Geschöpfen stehenden höheren Gewalt, eines aus ihren Augen blickenden dämonischen Wesens. Wie diese Stimmungen und Gegensätze in der Volkspoesie mannigfach sich aussprechen und ineinander spielen, soll nunmehr an denjenigen Waldtieren, mit denen die Lieder sich vornehmlich befassen, der Reihe nach dargetan werden.

Noch bis in das 16. Jahrhundert war der Bär in deutschen Bergwäldern kein besonders seltenes Jagdtier, gleichwohl nehmen volksmäßige Lieder von ihm nur sparsam und auch in den wenigen Fällen nur schwankweise Kenntnis. Im Nibelungenliede macht Siegfried mit einem Bären, den er bindet und dann unter die Kessel rennen lässt, den Jagdgesellen gute »Kurzweil«; später wurde von drei Bauern gesungen, die den

Bären aufsuchen und, als er sich gegen sie auflehnt, die Mutter Gottes anrufend auf die Knie niederfallen. Galt er auch nach einem Zeugnis aus dem 10. Jahrhundert ursprünglich für den Herrscher des epischen Tierreichs, so muss er sich doch, nachdem ihn der Löwe verdrängt hat, mit Isengrim in die undankbare Rolle teilen, von dem treulosen Fuchs überall in die Falle geführt zu werden, wobei sich die zwei Misshandelten nur durch ihre eigentümlichen Essgelüste unterscheiden. Nur im höheren Norden, seiner rechten Heimat, und bei einem Volke, dessen Poesie noch gänzlich im alten Naturmythus haftet, hat sich auch der Bär noch im angestammten, unverkümmerten Ansehen behauptet. Das finnische Epos Kalevala, das in einer Folge mythischer Gesänge, Runen, die Schöpfung der Welt und die Befruchtung des Landes, die Erfindung und vorbildliche Ausübung menschlicher Kunstfertigkeiten und Geschäfte darstellt, hat auch eine eigene Rune der Schilderung einer Jagd, und zwar der bedeutendsten, der Bärenjagd, gewidmet. Der Herr des Hofes zieht zu Walde, um Ohto (Breitstirn), das goldene Tier, zu fangen und zu fällen, damit es nicht Pferde und Viehherden töte. Erst ruft er die Waldgöttinnen, Tapios Frau und Tochter, um Beistand an, dann richtet er an den wackern Ohto selbst Worte der Beschwichtigung und allerlei Schmeichelnamen: Waldesäpfel, schöner runder Knollen, Honigtatze; solcher Namen folgen weiterhin noch viele: Glattpfote, Blinzelauge, Schwarzstrumpf, Leichtfuß, Langhaar, Held, stolzer Mann, alter Kämpe, kleiner, goldner Vogel, Stolz, Gold, Silber, Nebel, Schaum des Waldes. Die Erlegung des Bären wird nicht ausgesprochen, vielmehr derselbe fortwährend, sogar nachdem er aufgezehrt ist, als lebendes Wesen angesehen und angeredet. Es wird entschuldigend vorgegeben, er sei nicht gefällt worden, sondern habe sich selbst, über die Zweige stolpernd, totgefallen. Hierauf wird er eingeladen, mit nach dem Hofe zu wandern und sich dort herrlich bewirten zu lassen. Unter Hornklang wird er dahin geführt und die Ankunft durch schallendes Blasen verkündigt. Die Hausgenossen eilen hinaus und fragen, was der Waldgebieter beschert habe, da die Jäger mit Gesang wiederkehren, jubelnd auf den Schrittschuhen daherschreiten? Nie Antwort ist: ein Gegenstand der Rede und des Sanges sei ihnen gegeben, Ohto selbst, der ersehnte Gast, dem die Tür sich öffne. Freudig wird derselbe begrüßt und feierlich in die Stube gebracht; unter unermüdlichen Schönreden wird ihm der Pelz abgezogen, sein Fleisch in blanken Kesseln und Töpfen ans Feuer gesetzt, dann auf den Tisch getragen, auch vergisst der Wirt nicht, die Waldmutter und ihre schöne Tochter zu Ohtos Hochzeit laden. Das Mahl wird durch die Rune von der wunderbaren Geburt des den Gestirnen entstammenden und von der Waldfrau groß gewiegten Bären gewürzt. Zuletzt nimmt der Hausherr dessen Nase, Ohren, Augen und Zähne, fordert den armen Ohto nochmals verbindlich zu einem Waldgang auf und bringt jene geringen Reste desselben auf einen Berggipfel, wo er sie in der Krone einer heiligen Fichte aufstellt, die Zähne nach Osten, die Augen nach Nordwesten gerichtet. Verschiedene Züge dieses höchst altertümlichen Jagdstücks werden Weiterem zur Erläuterung dienen, vor allen der, dass es Sitte war, die Einbringung des erjagten Wildes mit Gesang und Wechselrede zu begleiten und beim Gastmahl von dem Tiere, das verspeist wurde, zu singen und zu sagen. Der göttliche Wäinämöinen, der Pfleger des Gesangs, der Erfinder und Meister des Saitenspiels, dem die wilden Tiere horchen und der Waldesherr, der Bär, auf zwei Füßen tanzt, ist auch Veranstalter und Leiter der Bärenjagd und des damit verbundenen Mahles, und so erscheint diese Jagdfeier als vorbildliche Einsetzung des menschlichen Gebrauchs.

Ein angelsächsischer Spruchdichter bedauert den freundlosen Mann, besser wär' es ihm, einen Bruder zu haben, damit sie zusammen den Eber angriffen oder den Bären, das grimmige Tier. Hier stehen Eber und Bar auf gleicher Stufe der Wehrhaftigkeit gegen den Angriff mutiger Weidleute. Der Geltung des Bären aber musste das Eintrag tun, dass er sich zur Belustigung der Menschen dienstbar machen ließ.

Schon das alemannische Gesetz bekundet, dass er zum Zeitvertreibe gehegt wurde; nachmals, in Gedichten aus dem Kreise deutscher Heldensage und in geistlichem Verbot, erscheint er einmal als Eimertrager und mehrfach im Geleite von Spielleuten, selbst Spielweibern, die ihn umführen und zum Tanz anhalten. Anders nun der Eber. Dieser Auserkorne des Tiermanns beharrt in ungebrochener Wildheit. Seine Kühnheit und sein Zorn dienen herkömmlich zur Bezeichnung verwegener und ergrimmter Helden; *iöfur* (Eber) ist altnordischer Dichterausdruck für König, fürstlicher Held, eben wie auch *gramr* (der Zornige); der althochdeutsche Name *Ebernand* (gleich dem gotischen *Jornandes*) bedeutet: eberkühn. Das unschöne Tier galt doch in seiner Zorngebärde nicht für unedel, und so kann ein altfranzösisches Heldengedicht den zürnenden König Karl, wie er die Augen rollt und die Brauen aufzieht, dem Wildeber vergleichen, der anderwärts gerne mit diesen Zügen in seinem Grimme geschildert wird. Hiernach wird es nicht mehr befremden, wenn dem ältern Königsstamme der Merovingen, als Zeichen ursprünglicher Kühnheit, Schweinsborsten auf dem Rücken wuchsen. Viel später noch hieß ein Adelsgeschlecht derselben Heimat: Eber der Ardennen.

Demgemäß ist denn auch der Eber, zumal in ungewöhnlicher, dichterisch verstärkter Größe der Heldenwaffe kampfgerecht, und an ihm macht der jugendliche Recke sein Probestück. Den bereits angeführten Beispielen können andre zugefügt werden. Auf der schon erwähnten Jagd des Nibelungenliedes erschlägt Siegfried einen großen Eber, der ihn zornig anläuft, mit dem Schwerte; ein andrer Jäger, heißt es, hätte das nicht so leicht vollführt. Im lothringischen Epos beschließt der Herzog Begues auf dem Wege zu seinem Bruder Garin, den er nach sieben Jahren wiedersehen will, einen Eber, von dem man Wunder erzählt, zu jagen und das Haupt desselben dem Bruder nach Metz zu bringen; die Klauen des Ungetüms stehen über fußbreit auseinander, die Zähne ragen einen vollen Fuß hervor, seine Kraft ist so groß, dass er, aufgescheucht, fünfzehn Meilen in einem Zuge rennt; der Herzog sprengt nach, Reiter und Hunde bleiben hinter ihm, nur zwei Bracken hat er zu Roß unter den Armen: Endlich hält der Eber stand, zerreißt die Hunde und läuft gegen den kühnen Jäger an, der ihm den Speer in den Leib stößt; aber das Jagen war in fremdem Walde, von dessen Hütern der Herzog, gänzlich alleinstehend, angefallen und, nachdem er vier derselben niedergestreckt, durch einen Bogenschuss ins Herz getroffen wird. Dem Bruder wird statt des Eberhaupts die Leiche des Helden in einer *Hirschhaut* gebracht; kaum versöhnte Feindschaft ist wieder geweckt, und es entbrennt ein fortwuchernder Rachekrieg; die Jagd ist hier, wie bei Siegfrieds Tode, der waldfrische Hintergrund blutiger Geschichten, der Mord geschieht am Fuße einer Zitterespe.

Auch Guy von Warwick, der englische Volksheld, erlegt einen Eber, desgleichen man nie in England fand, und von dessen Riesenbeinen, laut der alten Ballade, einige im Warwicker Schlosse liegen, ein Schulterblatt in der Stadt Coventry aufgehängt ist. Der harte Kampf, der mit so gewaltigen, tapfer um sich hauenden Jagdtieren geführt werden muss, ist es eben, was sie zum Bilde des »fechtenden« Helden selbst tauglich macht, und namentlich ist in deutschen Heldenliedern diese Vergleichung eine gangbare. Wie es aber Eigenschaft des Wildschweins ist, dass es nicht eher, denn verfolgt oder verwundet, nach den Hunden haut und auf den Jäger losrennt, so lässt sich ihm besonders der kampfbedrängte und blutgereizte Recke vergleichen. Lebendig ausgeführt ist dies in der Stelle des Nibelungenliedes, wie der kühne Dankwart sich zu seinem Herrn durchschlägt: alle Ritter und Knechte sind ihm getötet, ihn selbst wagen die Hunnen nicht mit den Schwertern zu bestehen, sie schießen soviel Speere in seinen Schild, dass er ihn der Schwere wegen von der Hand lassen muss; nun, ohne den Schild, wähnen sie ihn zu bezwingen, auf beiden Seiten springen sie ihm zu, während er tiefe Wunden durch die Helme schlägt; da geht er vor den Feinden, wie ein Eberschwein vor Hunden zu Walde geht, wie könnt' er kühner sein! sein Weg ist nass von heißem Blute, nie hat ein einziger Recke besser gestritten, herrlich sieht man ihn zu Hofe gehn; großes Wunder hat seine gewaltige Kraft getan.

Hier nun greifen deutsche Liedesstücke (Volksl. Nr. 131) aus dem 10. oder 11. Jahrhundert ein, des Inhalts: »Wenn Rascher andrem Raschen begegnet, dann wird schleunig Schildrieme zerschnitten. Der Eber geht an der Halde, trägt den Speer in der Seite, seine rüstige Kraft lässt ihn nicht fällen. Ihm sind die Füße fudermäßig, ihm sind die Borsten gleichhoch dem Forste und seine Zähne zwölfellig.« Diese Strophen sind einer lateinischen Rhetorik aus St. Gallen als Beispiele rednerischer Figuren einverleibt, nicht zu einem Ganzen verbunden, aber mit geringer Unterbrechung einander folgend. Dass sie, wenn auch nur als Bruchstücke, zusammengehören, ist nach dem Vorausgeschickten kaum zu bezweifeln. Im heftigen Zusammenstoß ist dem Helden der Schild abgehauen und jetzt, wie Dankwart, schirmlos sich durchkämpfend, hat er sein Gleichnis an dem Eber, der, in der Seite den Speer, dennoch mit aufrechter Kraft riesenmäßig dahergeht. Die ungeheure Größe des Ebers übersteigt alle die früheren Schilderungen, aber hier ist auch nicht Erzählung, sondern spruchartiger Preis der Tapferkeit in fabelhaftem Bilde.

Im heidnischen Norden war es, nach den Sagen, gebräuchlich, am Julabend beim Trinkmahl auf Haupt und Borsten des vorgeführten Sühnebers Gelübde abzulegen; dieser Juleber war dem Frey oder der Freyja geweiht und aufgezogen, er wird einmal geschildert: groß, wie der größte Ochse, und so schön, dass jedes Haar von Golde zu sein schien. Die Geschwister Frey und Freyja waren keine Kriegsgottheiten, sie walteten, wie ihr Vater Niörd, der milden, gedeihlichen Witterung, weshalb sie um fruchtbares Jahr und Frieden angerufen wurden; auch der Goldeber ist, wie schon die Farbe zeigt, ein zahmer und seine Bedeutung eine friedliche, er wird um Jahressegen geopfert, und die altnordische Sage setzt ihn mit einem Gerichte, der Bürgschaft des Friedens, in dieselbe Beziehung, die noch am reinen Goldferch eines hessischen Weistums zum Vorschein kommt. Gleichwohl sind die Julgelübde, auch die auf den Eber, mehrfach auf gewagte Unternehmungen gerichtet, auf streitfertige Werbung um eine Königstochter, um die Braut eines andern; beim Jultrinken, dem Feste der Wintersonnenwende, wurde nicht bloß an den wirtschaftlichen Segen des angehenden Jahres gedacht, rüstige Männer fassten und weihten auch ihre kecken Vorsätze für die wieder beginnende Zeit der Heldenfahrten. Es scheinen sich in jener sagenhaften Julfeier ursprünglich verschiedene Handlungen zusammengefunden zu haben, heldenhaftes Gelöbnis auf die Jagdbeute, den streitbaren Waldeber, und ländliches Jahresopfer. Verwandte Gebräuche in Altengland betreffen noch durchaus den wilden Eber. So kommt in dem strophischen Gedichte von Arthurs Gelübde, aus dem 14. Jahrhundert, an den Hof zu Carlisle die Nachricht von einem grimmen Eber im Ingulwalde, der, höher als ein Roß, breiter als ein Stier, die Hunde niederschlage, den Jagdspeeren trotze, und beim Wetzen seiner drei Fuß langen Hauer die Büsche mit den Wurzeln ausreiße; sofort ruft König Arthur drei seiner Ritter auf, tut vor ihnen das Gelübde, bis zum nächsten Morgen, ohne jemands Hilfe, den wilden Satan niederzuwerfen, und befiehlt ihnen, gleichfalls Gelübde zu tun, worauf sie bereitwillig Wagnisse oder schwierige Vorsätze andrer Art angeloben; er selbst aber hetzt und bekämpft den wütenden Eber, dessen Lager mit erschlagenen Männern und Hunden bedeckt ist; schon ist des Königs Speer zersplittert, sein Schild zertrümmert, sein Roß getötet, er kniet nieder und betet, dann lässt er das Untier in sein blankes Schwert rennen, zerlegt weidmännisch die Beute und steckt das Haupt »dieses Kühnen« auf einen Pfahl, kniet abermals und preist Gott; auch die drei Ritter erledigen ihre Wette. Die Angelöbnisse geschehen hier nicht auf Haupt und Borsten des Riesenebers, dennoch ist es sein wunderhaftes Erscheinen, was dieselben hervorruft, und das eine hat in der Aufsteckung des Oberhauptes sein Ziel erreicht. Auch der vermessenen Jagd des Herzogs Begues wird, obgleich nicht ausgesprochen, ein Gelübde zu unterstellen sein, das nämlich: seinem lange nicht gesehenen Bruder das Haupt des Ungeheuern Ebers zu bringen. Wieder in altenglischem Gedichte verheißt der junge Tristrem, den Tod seines Vaters an Herzog Morgan zu rächen oder von dessen Hand zu fallen: Eher soll niemand ihn wieder in England sehen: mit einem Gefolg andrer Jünglinge kommt er an den Hof des Herzogs, als dieser eben sein Brot schneidet, sie geben sich für zehen Königssöhne ans, deren jeder ein Eberhaupt zum Geschenke bringt, aber nach kurzem Hader trifft Tristrems Schwert den Trotzigen, der ihm den Vater und das Erbe geraubt: Abermals lässt sich ein erloschener Zusammenhang zwischen den Eberhäuptern und dem vorgesetzten Heldenwerk mutmaßen. Die Einbringung des Oberhauptes in die Festhalle war, gleich jenem Wettstreit zwischen Holst und Epheu, ein wichtiger Teil der englischen Weihnachtfreude. Diese gemahnt durchaus an das alte Opfermahl zur Feier der Sonnenwende, wie ihr auch der vorchristliche Festname Jul geblieben ist. Unter dem Spiele der Minstrels wurde der Eberkopf »dem Herkommen gemäß« auf die königliche Tafel getragen. Noch 1607 wird der Hergang in der Gelehrtenschule zu Oxford so beschrieben: das erste Gericht war ein Eberhaupt, das von dem Größten und Stärksten der Wache getragen wurde, vor ihm gingen als seine Diener, zuerst einer im Reiterrock, einen Eberspieß in der Hand, nächst diesem ein andrer, grüngekleideter Jäger mit bloßem, blutigem Weidmesser, hinter ihm zwei Pagen in Taftkleidern, jeder mit einer Senfschüssel, hierauf kam der Träger des Eberhauptes mit grüner Seidenschärpe, an der die leere Scheide des vorgetragenen Weidmessers hing: Beim Eintritt in die Halle sang er ein Weihnachtslied, und die drei letzten Zeilen jedes Gesätzes wurden von der ganzen Gesellschaft wiederholt. Bis in die letzte Zeit trugen die Schüler von Oxford einen aus Holz geschnitzten, bekränzten Eberkopf in feierlichem Umzug und sangen dazu ein halblateinisches Lied. Unter den altern Gesängen, die zu diesem Weihnachtbrauche gehörten, entspricht vor allen einer dem weidmännischen Aufzuge: »Neues bring' ich und sag' ich euch, was mir im wilden Walde zustieß, da ich mit einem wilden Getier mich befassen musste, einem unwirschen Eber: Er verfolgte mich und stürmte heftig an, mich zu töten, da bändigt' ich ihn und schlug ihm alle Glieder ab; zum Beweise, dass es wahr ist, schlug ich sein Haupt mit meinem Schwert herab und schaffte diesen Tag euch neue Lust; esset und lasst's euch wohl bekommen, nehmt Brot und Senf dazu, freut euch mit mir, dass ich so getan, seid fröhlich all zusammen.« Frisch aus dem Walde kommt hier der Bezwinger des Ungetüms herbeigerannt, verkündigt seinen Sieg und weist zum Zeichen desselben den abgeschlagenen Eberkopf vor, wie die Sagenhelden das Haupt des erlegten Riesen oder Recken an den Sattel binden und in den Königssaal bringen. Eines Gelübdes auf den Eber gedenken diese Lieder nicht, und ein Teil derselben wendet sich lediglich der Lust des Schmauses zu, andre dagegen wahren das Gepräge eines gottesdienstlichen Brauches, indem sie auf sehr wunderliche Weise die Erinnerungen der christlichen Weihnachtstage hereinziehen. So wird gesungen, wie der heilige Stephan, der als Diener des Königs Herodes den Eberkopf aus der Küche herbeiträgt, einen leuchtenden Stern über Bethlehem stehen sieht, woraufhin er sogleich den

Eberkopf niederwirft, die Geburt des göttlichen Kindes in der Halle verkündigt, dem weltlichen Herrn den Dienst aufsagt und darum auf Befehl des Königs gesteinigt wird. Noch seltsamer wird das Eberhaupt auf den Fürsten ohnegleichen, der heute geboren worden, gedeutet; der Eber sei ein fürstliches Tier, bei jedem Feste willkommen, so müsse der göttliche Herr das Erste und Letzte sein; ihm zu Ehren werde dies Oberhaupt eingebracht, der von einer Jungfrau entsprossen sei, um alles Unrecht gut zu machen. Was in der Julfeier des heidnischen Nordens verbunden war, der Sühneber und das Gelübde, das liegt in den Gedichten und Gebräuchen des englischen Mittelalters auseinander. Um so ergiebiger zeigt sich hier das Singen vom Eber bei feierlicher Einbringung der Jagdbeute, auf anglische Weise, wie man in Finnland den Bären empfing und begrüßte. Für die althochdeutschen Liederreste vom Kampfe der Recken und von der rüstigen Kraft des Riesenebers ist ein entsprechender Festgebrauch noch aufzuspüren.

Der Wolf, wenigstens der einzeln gehende, erschien nur für Hof und Herde, nicht für den wehrhaften Mann gefährlich. Er wurde nicht wie der Eber, bekämpft, sondern, wo er sich blicken ließ, mit Geschrei und Hundegebell, mit Knütteln und Stangen verfolgt. Mit der Heldenwelt tritt er hauptsächlich nur dadurch in Beziehung, dass er beutegierig dem Heere folgt und die Walstätte sucht. Demgemäß hat Odin, der Heldenvater, zwei Wölfe, die er von seinem Tische sättigt; wenn die Krieger zum Kampf ausziehen, da fahren des Gottes »Hunde« leichengierig über das Land: Die Begegnung und das Voranlaufen des Wolfes ist ihnen ein heilverkündendes Zeichen. Angelsächsische Schlachtschilderungen lassen dann den Wolf im Walde sein Schlachtlied anstimmen, sein wildes Abendlied singen. Auch ein Heldenlied der Edda spricht von Wolfsliedern im Gehölze draußen. Die Wolfstimme klang wie grauenhafter Gesang. Chanteloup (in lateinischen Urkunden Cantalupo) ist ein in Frankreich mehrfach vorkommender Ortsname, eigentlich Bezeichnung einer Waldgegend, die von solchem Sange widerhallt. In Schweden hat man das Wolfsgeheul auf eine Tonweise gebracht, und in der südfranzösischen Landschaft Bresse versteht sich das Landvolk auf taktmäßig heulende Rufe, welche die Stimme des Wolfes nachahmen, ursprünglich wohl zur Warnung vor ihm dienend, dann überhaupt noch als Feldschrei oder als Ausbruch festlicher Lust. Auch das Tierepos weiß, obwohl nur noch in scherzhafter Meinung, vom Gesänge des Wolfs: sein Heulen ist ein Lied, das er in seines Vaters oder Elternvaters Weise singt. Was man den Wolf singen hörte, der Inhalt seines Liedes, war gewiss immer nur sein grimmiger Heißhunger; freudiger sang er, wenn er hoffnungsreich mit dem Heere zog, verzweiflungsvoll, wenn er, geächtet und verfolgt, in der Winternot umherstreifte. Wahrscheinlich gab es alte Lieder, welche der Bedrängnis des Wolfes Worte liehen und den Ton anschlugen für eine noch aufweisbare Liedergattung, worin gequälte Tiere ihren Kummer klagen. Die Wolfsklage muss in solch einfacheren Weisen gesungen worden sein, bevor sie in Spruchgedichten aus der Zeit des Meistersangs als beliebter Gegenstand ausführlicher behandelt wurde. Das älteste dieser Art, als dessen Verfasser sich der Schneperer nennt, lässt einen Wolf, der Kaufleute gen Frankfurt reiten sieht, sich mit andrem so beschweren: »Jeden lässt man treiben und tragen, was er hat, aber trieb' ich armes Tier ein Gänslein über Rhein, alle Welt liefe mir nach und schrie' auf mich als einen leidigen Schalk; käme ich an Kaufleute gerannt, mir käme nicht in den Sinn, ihr fahrendes Gut zu nehmen: fände ich Silbers tausend Mark, das würde ich ungerne mit mir tragen: nicht üppig ist meine Weise, einzig meiner Speise begehr' ich und weiß mich doch nicht zu erhalten; ich wage bei keinem Wirte zu zehren, er ließe mir die Haut zerblauen und jagte mich wie einen Dieb hinaus: käme ich vor den Bischof und wollte da Kunst treiben, er hieße nicht fragen, ob ich Meistergesang verstehe (abermals der sangkundige Wolf!), man würde mich von der Bank jagen, ich müsste fort und aus, oder man tötete mich noch im Hause; Gott im Himmel will ich's klagen, der mich erschaffen hat, so gut als einen Pfaffen oder sonst einen Edelmann: nun sitzen die Herren hoch auf den Festen, sie bedürfen unser nicht zu Gästen und schließen ihre Schlösser zu; auch die wohlgenährten Bürger in der Stadt verschließen gegen Nacht ihre Tore: dann bin ich armer Wolf davor und habe weder Hütte noch Haus, ich muss über das Feld aus in Sommer und in Schnee; komm ich vor des Bauern Tor, so bleckt ein großer Hund seine Zähne gegen mich und weckt den Bauren auf, derweil nehm' ich ein Pfand und entfliehe damit, doch kommt der Bauer geschwind mit all seinem Gesinde, dazu das Dorfvolk, und schreien alle: ›Faht diesen Bösewicht!‹ recht als hab' ich ein Dorf verbrannt. Das schmerzt mich sehr, denn ich kann doch nicht ungegessen sein; oft lauf' ich an walichem Wein, an Gewand (Tuchware) und Spezerei vorüber, das ist alles frei vor mir, ich tu' nur, wie mein Vater tat, der brannte weder Burgen noch Städte, zog auch nicht vor hohe Festen, aber den Bauren in den Dörfern nahm er Schafe, Rinder und Schweine, das muss auch mein eigen sein, und darum sind mir die Bauren so gram: ich kann ja weder hacken noch reuten, viel minder denn ein Edelmann, der doch von den Leuten viel begehrt! auch kann ich mit der Schrift beweisen, dass mehr Pfaffen in der Hölle sind denn Wölfe, die jeden Tag rauben, mir opfert niemand in die Hand, ich muss mich nähren durch das Land; das ist jeglichen Wolfs Klage, die er tut vor dem Hage.« Überarbeitet und erweitert kommt diese Dichtung unter dem Namen Cristan Awer vor. Hier schließt der Wolf damit: »Wer diesen Streit beilegen wollte, der müsst' ein gewaltiger Mann sein, Kaiser Friedrich nimmt sich des nicht an, heißt deshalb kein Gericht besetzen, lässt mich beschreien, hetzen und blenden, drum will ich hin wie her pfänden, wen ich beschleichen mag, er sei arm oder reich.« Die Anspielung geht auf Kaiser Friedrich III., der 1486 einen allgemeinen Landfrieden verkündigt hatte. Wieder ein Späterer, von dessen deutschem Gedichte nur ein lateinischer Auszug bekannt ist, lässt den Wolf seine Not dem Kaiser Maximilian klagen, vor dessen Richterstuhl er die gesamte Bauerschaft zu laden droht, wobei gleichfalls die habsüchtige und üppige Geistlichkeit, von der die Bauern sich missbrauchen lassen, nicht geschont wird. Begreiflich ließ auch Hans Sachs den volksmäßigen Stoff nicht zur Seite liegen. Seine Wolfsklage vom Jahr 1543 meldet, wie der Dichter im Wolfsmonat (Dez.) durch bahnlosen Schnee sich auf das Wolfsfeld verirrt und die heulende Stimme des Wolfes hört, der, in einem Hage sitzend, nach der Art äsopischer Fabeln den höchsten Gott Jupiter anruft und die Menschen verklagt, die ihn bedrängen, während er doch nur seiner eingepflanzten Natur folge und alle die Laster und Übeltaten, die er ihnen der Reihe nach aufrückt, ihm gänzlich fremd seien: Sofort schwingt sich Jupiter auf einem Adler herab und verkündigt eine plötzliche große Änderung auf Erden, bei der auch des Wolfes gedacht werden soll, dass er aus Bann und Acht komme.

Schon ältere Stücke aus dem Kreise der Tierfabel nehmen die Partei Isengrims den Menschen, seinen Verfolgern, gegenüber. Einst wandern ein Wolf und ein Pfaffe miteinander und streiten sich darüber, welcher der Bessere sei; der Handel wird vor den Bären und den Fuchs gebracht, dieser führt einerseits die Hoffart und die Üppigkeit des Pfaffen aus, andrerseits die Not des armen Wolfes, der nachts in Regen und Wind mit Gefahr seiner Haut nach Speise laufe, der einem Mann eine Ziege nehme und ihm hundert Mark liegen lasse, einem andern ein Schwein und ihm dann zehn Jahre Frieden gebe; der Bär entscheidet, dass der Wolf viel getreuer sei denn der Pfaffe. Ein andermal beichtet der Wolf seine großen Sünden dem Fuchse, der jedoch die Lossprechung nicht schwierig findet, indem er den großen Hunger des Wolfs, die grausame

Verfolgung, die beständige Angst und Beschwerde, die derselbe leiden muss, in Erwägung zieht. Nicht umsonst sei der Wolf so grau, heißt es in einem deutschen Rittergedichte des 13. Jahrhunderts; denn was er in der Welt tue, sei es übel oder gut, das deute man ihm alles zum Argen. Wirklich scheitern auch seine besten Absichten an der schlimmen Meinung, die man von ihm hegt. In Betrachtung seines unseligen Lebens und des ihm täglich drohenden Todes beschließt er einst, Stehlen und Rauben aufzugeben und in einem andern Lande, wo man ihn noch nie gesehen, wie ein Schaf zu gehn. So kommt er zu einer Gänseherde, die in das grüne Maiengras getrieben ist und die er gänzlich mit Frieden lassen will; allein nun wird er, als der alte Dieb, von den Gänsen heftig angefallen, und als er noch immer mit niederhängendem Haupt unter ihnen geht, sehen ihn die Dorfleute und laufen schreiend mit ihren Hunden herzu; da macht er sich von den Gänsen los, indem er ihnen die Hälse entzweibeißt, und eilt zu Walde mit dem Vorsatz, künftig nichts mehr zu verschonen. Zu andrer Zeit hört der Wolf das Weinen eines Kindes, das vor dem Wald in seiner Wiege liegt, während die Mutter ferne davon Korn schneidet: Das Kind erbarmt ihn, er schleicht zu der Wiege und treibt sie her und hin, wie er die Mutter es schwingen und wiegen sah; das gewahren die Bauern, halten das Kind für gefährdet und eilen, ha ho! rufend, mit Sensen und Stangen vom Schnitte herbei, der Wolf entrinnt mit Not zum Walde und will nie mehr Gutes tun, solang er seinen Balg trägt. Diese Erbitterung über die Feindseligkeit der Menschen ist schon in einer von *Fredegar* zum Jahr 612 als Volksmärchen bezeichneten Erzählung ausgedrückt; der Wolf ruft seine Sohne, die schon zu jagen anfangen, zu sich auf einen Berg und spricht: »So weit eure Augen nach jeder Seite sehen können, habt ihr nirgends Freunde, außer wenigen eures Geschlechts, vollbringt also was ihr begonnen.«

Zum Missgeschicke des Wolfs gehört aber nicht bloß die Härte des Winters und die Feindschaft der Menschen, sondern auch seine eigene Einfalt und Unbeholfenheit nebst einer übel angebrachten Lustigkeit, wodurch er sich schlimme Abfertigungen zuzieht und selbst der schon erhaschten Beute verlustig wird. Diese scherzhafte Seite seines Wesens und Treibens ist in der Tiersage, besonders in seinem Verkehr mit dem tückischen und schadenfrohen Fuchse vielfach ausgeprägt, hierher fällt die alte Geschichte, wie ihm der Hahn oder die Gans wieder aus den Zähnen wischt. Der Wolf bildet sich viel auf seinen schon belobten Gesang ein und lässt ihn gerne zur Unzeit hören. So erzählen lateinische Verse, dem *Alcuin* zugeschrieben, wie der Hahn, vom Wolfe gefangen, nicht so sehr seinen Tod in dessen Schlunde beklagt, als dass er nun die viel gerühmte, herrliche Stimme desselben nicht mehr hören solle, worauf der leichtgläubige Wolf seinen Höllenrachen öffnet, der Hahn aber geschwind auf einen Baum fliegt und mit seinem Gesange dessen spottet, der aus Eitelkeit vor dem Essen sich hören lassen wollte. Anders in einer altfranzösischen Fabel: eine Gans, die der Wolf zwischen den Zähnen zu Walde trägt, beklagt sich, wie viel schlimmer es ihr ergehe, als ihren zurückgebliebenen Gespielen, unter denen keine sei, die nicht an der Kohle gebraten, mit Sauertrauben und Essig eingemacht und auf Schüsseln gelegt werde; mit Lied und Saitenspiel werde jeder Bissen ausgefolgt, sie aber müsse hier sterben ohne Sang und Klang.»In Gottes Namen,« sagt der Wolf, »wir werden singen, Frau Gans, da es Euch so ansteht.« Er setzt sich auf die Hinterbeine, stößt die Pfote in den Schlund und hebt zu heulen an, da zieht die Gans klüglich ihren Hals an sich und entflieht auf eine Eiche; der betrogene Wolf zerreißt sich vor Ärger schier sein Fell und spricht: »Übel getan ist singen vor dem Essen.« Alsbald holt er sich eine andre Gans aus der Herde und verzehrt sie vor dem Singen, was er sich auch für die Zukunft vornimmt. Hoch- und niederdeutsch haben wir diese Fabel als Volkslied (s. Volksl. Nr. 205):»Im kalten Winter, da man nicht viel zu Felde liegt, sah ich vor eines reichen Bauren Hof einen Wolf traben, der eine Gans beim Kragen trug; er setzte sich nieder in den Schnee und im bittern Hunger wollt' er sie verzehren; da bat die Gans, wenn ihres Lebens nicht mehr sein solle, dass er sie ein Lied singen lasse, das fröhlich nach ihrem Tode laute von Tanzen und Springen; sie rauft sich eine der besten Federn aus ihrem Flügel, macht ein Kränzlein draus und setzt es dem Wolf auf sein Haar; des freut er sich und spricht: ‚Wir wollen tanzen einen kleinen, kurzen Reigen!' sie tanzen hin und tanzen her, als wär' es Fastelabend, ich stand und sah ihnen zu, der Wolf führte den Reigen; da der Tanz am besten war, vergaß das Gänslein seinen Vorteil nicht und flog von dannen: ‚Gesegne dich Gott, du schändliches Tier, nach mir hab' kein Verlangen!' Der Wolf stand und sah ihr nach: ‚Das riet mir der Teufel, dass ich nüchtern tanzte; er schwur bei seinem Eide, das soll nun erst viel Gänsen leid werden, die Gans aber dankt ihrem Nothelfer, dem heiligen Martin, der sie vom Wolf errettet hat.« Hier also lebt die Tierfabel noch im singbaren Liede, und wenn dieses deutsche Lied auch erst im 16. Jahrhundert auftaucht, so trägt es doch den altertümlich sagenhaften Zug, dass dem zum Tode Bestimmten ein Ruf oder Sang, Saitengriff oder Hornlaut zur Letze gestattet wird. Es fällt in die Reihe der Martinslieder, von denen weiterhin besonders die Rede sein wird, und ist eines von der Art, darum die vom Wolf ergriffene Gans in der altfranzösischen Erzählung ihre glücklichen Schwestern beneidet. Dem ungeschickten Wolfe war kein Ehrenlied bestimmt, sein ungenießbares Haupt wurde nicht, wie das hochgehaltene des Ebers, mit Gesang und Spiel in die Festhalle geleitet; den armen Wolf hängte man auf, entweder am eigenen Wolfsgalgen oder mit andern Übeltätern, um ihre Schmach zu mehren, und sein totes Haupt wurde mit einem Haselstock aufgesperrt.

Lieder in verschiedenen Sprachen geben die Klage des viel geplagten *Hasen*. Das deutsche dieses Inhalts ist mir nur im Texte neuerer Flugblätter zugänglich. Der Dichter hört ein Häslein, das mit einem Auge zum Strauche herausguckt, jammern: wie es vom Jäger gehetzt und vom Windspiel erschnappt, über den Rücken des Weidmanns geworfen und auf dem Markte um halbes Geld verkauft, vom Koch ausgezogen, gebeizt, gespickt, unhöflich von hinten an den Spieß gesteckt, an glühender Kohle mit Fett begossen, dann aufgetragen und zerschnitten, sein Gebein aber weggeworfen werde, dass kein Hahn mehr nach ihm krähe. Einem kleinen lateinischen Lied aus dem westfälischen Kloster Lisborn, um 1575, in derselben Reimweise wie das deutsche, mag eine ältere Fassung des letztern zugrunde liegen. Der Refrain ist: Was tat ich den Menschen, dass sie mich mit Hunden verfolgen? Ich war weder im Garten, noch fraß ich Kohl, mein Haus ist der Wald, wenn ich auf die Berge laufe, fürcht' ich die Hunde nicht, komm' ich zu Hofe, so freut sich der König, nicht ich, wenn die Könige mich verspeisen, so trinken sie Wein über mir.

Weitschweifig und im Strophenbau ausgedehnt ist das Hasenlied auf neueren niederländischen Volksblättern, doch trägt es Spuren einer einfacheren Grundlage, die mit dem lateinischen stimmte: So rühmt sich das Häschen auch hier, dass es den Hunden zu schnell sei, wenn es den Berg hinauslaufe, und dass über ihm der Adel den kühlen rheinischen Wein trinke. Die englische Hasenklage, aus einer Handschrift des 15. Jahrhunderts, ein Lied mit Stab- und Endreim, schildert nur, wie das arme Tier von den Jägern verfolgt und im Winter selbst von den Weibern aus dem Heu gehetzt wird, mehr nach Art der Wolfsklage. Im polnischen Liede sitzt der Hase am Wiesenrain und schreibt sein Testament; darin heißt es:

Der Gärtner klagte mich zwar an,
dass ich die Bäumchen ihm zernagt,

ich aber saß im Kohlgefield,
aß ein Blättchen nach dem andern wie ein Herr.
Da lärmen Jäger und Hunde heran, das Häschen aber flieht in den Wald und hebt die Blume auf den Feind.

Ein Festgericht war in Frankreich und England der *Schwan*, und im letzteren Lande wurden auf ihn, wie im heidnischen Norden auf den Eber, Gelübde abgelegt. Das Klagelied des gebratenen Schwans, lateinisch, steht in einer Münchner Handschrift des 13. Jahrhunderts: »Einst hatt' ich Seen bewohnt, einst war ich schön, als ich noch ein Schwan war: Armer, Armer, nun schwarz und gebrannt! (Dieser Weheruf bildet den Kehrreim.) Mich dreht und dreht der Bratenwender, mich schneidet der Truchsess auf, mich brennt der Holzstoß. Lieber wollt' ich in Wassern leben, stets unter bloßem Himmel, als in diesen Pfeffer untergetaucht werden. Weißer war ich als Schnee, schöner denn jeder andre Vogel, jetzt bin ich schwärzer als der Rabe. Jetzt lieg' ich auf der Schüssel und kann nicht fliegen, knirschende Zähne seh' ich.« Schlichteren Naturlaut hat das slowakische Liedchen, worin die Wildente, vom jungen Schützen im Fluge getroffen, mit abgeschossenem Flügel und Fuß, um ihre Kindlein klagt, die auf dem Steine sitzend trübes Wasser trinken und seinen Sand essen.

Diese Liedergattung, die Tierklage, hängt zusammen mit einer vielfältig sich äußernden Ansicht und Gesinnung, wonach jenen Geschöpfen, auch den wildesten, ihr bestimmter Anteil an den Gütern der Erde und deshalb, besonders in der Not, ein Anspruch an die besser gesegneten Menschen zukam, welchen zu gewähren für löblich und fromm, ja sogar infolge einer abergläubischen Furcht vor dem dämonischen Wesen der Tiere für ein notwendiges Opfer galt. Nicht umsonst behauptet der Wolf in seiner Klage (V. 67ff.), ihn habe Gott so wohl erschaffen, als den Pfaffen und den Edelmann. In einer Sammlung alter Aberglauben, vom Jahr 1537, wird gesagt: Wenn man aus einem großen Hofe, da viel Schafe ausgehn, nach Bezahlung der Zehendlämmer, nicht auch dem Wolfe sein Lamm sende, so werd' er's selbst nehmen, wie fleißig man hüte. Der Eddamythus von Thiassi lässt den Adler, der in der Eiche sitzt, seine Sättigung von dem Ochsen, der dort gesotten werden soll, verlangen, was ihm auch zugestanden wird (Sn. Edd. 80. Sagenforsch. I, 114), und so musste nach alter nordfranzösischer und englischer Jagdregel bei der kunstgerechten Zerlegung des Hirsches auch dem Raben, der auf dürrem Aste sitzt, sein Wildrecht, das Rabenbein, auf den Baum gelegt werden. Zur Zeit der Haferernte richteten die norwegischen Bauern Stangen mit Ährenbüscheln zum Besten der Vögel auf. Damit wird nun auch eine Stelle der mittelhochdeutschen Erzählung vom Meier Helmbrecht, einer gründlichen Darstellung des Volkslebens in Österreich um die Mitte des 13. Jahrhunderts, verständlich; der Meier empfiehlt seinem Sohne, der ein Hofmann werden will, die Vorzüge des Landbaus: »Willst du mir folgen, so baue mit dem Pfluge! dann genießen deiner viele, dein genießt sicherlich der Arme und der Reiche, *dein genießt der Wolf und der Aar* und durchaus alle Creatur.« Sei es auch nur noch Redensart, so muss doch ursprünglich zum Wesen des Ehrenmannes gerechnet worden sein, dass er von seinem irdischen Segen selbst den Wolf und den Adler nicht unbedacht ließ. Dieselbe Ausdrucksweise wird schon auf den alemannischen Grafen Udalrich, der im 9. Jahrhundert bei Bregenz wohnte, angewandt: Er war so fromm und wohltätig, *dass auch die Vögel seine Heiligkeit fühlten* und furchtlos zu seinem Tische herflogen und von seiner Hand Speise nahmen, auch wenn die einen gesättigt wegzogen, die andern zur Sättigung herankamen. Ein lateinisches Gedicht auf den heiligen Wilhelm, Abt zu Hirsau in der zweiten Hälfte des 11. Jahrhundert, berichtet erst, wie derselbe auf dem Wege von Nagold *(Nagalthe flectebat iter etc.)*, nach dem Beispiel Sankt Martins, seinen Rock an zwei Bettler verteilt habe, und fügt dann bei: Er habe ja oft zur Winterszeit, wenn die Felder von Schnee starrten, die Vögel gefüttert, seine Scheunen des Hafers beraubend.

Den Almosenspendungen der heiligen Mathildis, Witwe des deutschen Königs Heinrich I., wird beigezählt: Sie habe täglich den Hahn gefüttert, der das Tageslicht verkündige und die Gläubigen zum Dienste des Herrn erwecke, auch habe sie der Vögel nicht vergessen, die zur Sommerzeit in den Zweigen singen, indem sie Brotkrumen unter die Bäume zu streuen befohlen; die Vögel werden hier für ihre guten Dienste belohnt. Als guter Minnesänger und seines Namens gedenk, hat Walther von der Vogelweide für die Vögel gesorgt, wie von ihm eine Chroniksage meldet: im Gange des Neuenmünsters (zu Würzburg), gewöhnlich Lorenzgarten genannt, sei Walther unter einem Baume begraben, er habe in seinem Testamente verordnet, dass man auf seinem Grabsteine den Vögeln Weizenkörner und Trinken gebe, und, wie noch zu sehen sei, habe er in den Stein, unter dem er begraben liege, vier Löcher machen lassen zum täglichen Füttern der Vögel; das Kapitel des Neuenmünsters aber habe dieses Vermächtnis für die Vögel in Semmeln verwandelt, welche an Walthers Jahrestage den Chorherren gegeben werden sollten und nicht mehr den Vögeln.

Wenn in altnordischer Tochtersprache der Winter Angst, Not, Elend der Vögel genannt wird, so ist dies nicht für bloßen Redeschmuck anzusehen, Ursprung und Fortgebrauch dieser Bezeichnungen setzen ein Gefühl für das Schicksal der bedrängten Geschöpfe voraus, das gleiche Gefühl lebt auch noch in mittelhochdeutschen Dichtern, wenn sie, herkömmlich den Winter schildernd, die Not der Vögel bemitleiden. »Seit so ungelaubet steht der Wald, wo nehmen die Vögel Dach?« singt Alram von Gresten. Dieselbe Frage beim Fallen des Laubes in einem erzählenden Gedichte Heinzelins von Konstanz: »Wo nehmen nun die Vögel Dach? da man sie heuer sitzen sah, da stiebet nun der kalte Schnee; wo sollen sie bleiben sonder Stube und ohne Feuer? Und hätten sie's vorher gewusst, was sie noch erleiden sollten, sie hätten viel Gesanges unterlassen.« Gehören auch solche Äußerungen nur zum Beiwerk, so sind sie doch immerhin empfunden und noch in der beiläufigen Bedachtnahme auf die Winternot der Vögelein wirkt nachhaltig der alte, fromme Natursinn.

Gleich den Tugenden der Freigebigkeit und des Erbarmens hat auch der Ruhm der Gerechtigkeit in der Beziehung auf die Tierwelt einen Ausdruck gefunden. Der vollkommene Kaiser oder König, als oberster Verwalter des Richteramts, spricht sagenhaft auch den Tieren Recht. Den verfolgten Wolf hörten wir klagen, dass der Kaiser Friedrich ihm kein Gericht bestelle. Gewissenhafter war Kaiser Karl. Er ist dem deutschen Mittelalter Urhab und Vorbild aller Gesetzgebung und Rechtspflege. Karls Recht, Karls Lot waren sprichwörtlich. Man erzählte von seinem Scharfsinn in schwierigen Rechtshändeln und wie er auch die verworfensten Tiere nicht von seinem Gerichte ausschloss. Als er einst zu Zürich verweilte, ließ er eine Säule mit einer Glocke und einem Seile daran errichten, damit es jeder ziehen könne, der Handhabung des Rechts fordre, wann der Kaiser am Mittagsmahl sitze; eines Tags erklang die Glocke, doch wurde niemand beim Seile gefunden, es schellte von Neuem und nun sah man, dass eine große Schlange die Glocke zog; Karl stand auf und wollte dem Tiere, nicht weniger als den Menschen, Recht sprechen, die Schlange führte ihn an das Ufer eines Wassers, wo auf ihrem Nest und ihren Eiern eine übergroße Kröte saß; Karl untersuchte und entschied den Streit der beiden Tiere dergestalt, dass er die Kröte zum Feuer verdammte und der Schlange recht gab; diese kam bald darauf wieder an den Hof, hob den Deckel von einem Becher, der auf dem

Tische stand, und legte aus ihrem Mund einen kostbaren Edelstein; an der Stätte des Schlangennestes ließ Karl die Wasserkirche bauen. Denselben Vorgang verlegen die *Gesta Romanorum (c. 105)* unter die Herrschaft des Kaisers Theodosius, auch eines Gesetzgebers, und lassen ihn durch den Edelstein von der Blindheit geheilt werden. Im Roman von den sieben Meistern schreien drei Raben Tag und Nacht über dem Haupt eines Königs, der ihnen, so sehr es ihn belästigt, doch kein Leid zufügen will; ein Knabe, der die Sprache der Vögel versteht, wird vor den versammelten Hof gebracht, und während die Vögel in den Ulmen über dem Sitze des Königs schreien, erklärt er ihr Anliegen so: Es sind zwei Raben und eine Rabin, mit dieser hat der große Rabe dreißig Jahre in Frieden gelebt, als aber fernd teure Zeit einfiel, verließ er sie und suchte anderswo seine Nahrung, die Verlassene wandte sich in ihrer Armut an den andern Raben, der ihr auch aushalf und sie zur Genossin nahm, nun ist der alte Rabe zurückgekommen und seiner Frau wegen zornig, allein jener will sie nicht wieder abgeben, vielmehr seinen Anspruch im Rechtswege behaupten, und darüber gehen sie den König um richterliches Urteil an. Der König bringt die Sache sogleich vor seine Ritter und Bürger und einstimmig wird das Urteil gefällt, dass der verloren haben solle, der in böser Zeit sein Weib verlassen. Als die Raben dieses hören, fährt der alte hinweg, indem er einen Klageschrei ausstößt, die beiden andern fliegen fröhlich von bannen. Aber nicht bloß in der Sage stehen die Tiere vor Gericht. Wenn in der früher angeführten Fabel der Pfaffe für seinen Streit mit dem Wolfe sich den Richterspruch des Bären gefallen ließ, so erfordert die Gegenseitigkeit, dass auch die Tiere den Gerichtszwang der Kirche anerkennen. Die Bischöfe von Chur und Lausanne, auch nach des letzteren Vollmacht der Leutpriester zu Bern, sprachen im 15. Jahrhundert den Kirchenbann über schädliche Tiere; Raubfische, Erdwürmer, Heuschrecken, Mäuse; selbst noch im Jahre 1772 wurden Wölfe gebannt. Aber jene Bannsprüche setzten strenge Beobachtung der landüblichen Rechtsform voraus: die Vorladungen sollten an Wassern, auf dem Feld und in Weingärten verkündigt, einige Tiere vor das Landgericht gebracht, ihr Fürsprecher, wie der des Volkes, gehört und nach genau eingehaltenen Fristen unter feierlichem Gebete die Geschöpfe Gottes, weil doch jedes seinen Platz haben müsse, in wildes Gebirge gebannt werden. Ein solches Verfahren fand auch 1519 vor dem Richter von Glurns und Mals in Tirol wider die Lutmäuse (Feldmäuse) statt, wobei für die Abziehenden sicheres Geleit vor Hunden und Katzen begehrt, auch den Trächtigen und den ganz kleinen Mäuschen ein Aufschub von vierzehn Tagen bewilligt wurde.

Vögel und Waldtiere waren in ihrer Winternot zunächst den armen Leuten gestellt, die Armen der Wildnis. Es kommt aber eine Zeit, wo es hoch bei ihnen hergeht; im grünen, dichten Walde, sicher und wohlgenährt, halten sie lustige Wirtschaft, die nach dem Bild eines menschlichen Hochzeitfestes dargestellt wird und wobei den einzelnen Tieren, teils nach ihrer Gestalt und Eigenschaft oder in scherzhaftem Widerspruche mit diesen, teils auch in spielender Willkür oder nach Laune des Reimes, die Rollen zugeteilt sind. Diese *Tierhochzeiten* bilden wieder einen ansehnlichen Liederstamm. Die Hochzeit des Wolfes ist litauisch besungen: Der Bär kommt angefahren mit einem Fasse voll Alus, um dem Wolfe Hochzeit auszurichten; das Stacheltier ist Freiersmann, der Fuchs Brautführer und der Hase muss den Wagen führen; der Iltis braut den Alus, der Sperling rührt den Maisch und der Kuckuck trägt den Hopfen herbei; der Stier haut das Holz, der Hund wäscht die Töpfe, der Kater fängt das Fleisch zusammen; der Storch macht Harfenspiel, der Bär bläst Posaune, der Wolf, der fröhliche, führt die Ziege zum Tanze: »Wenn mit gutem Willen, – sagt er – werd' ich mit der Muhme tanzen, wenn mit bösem, werd' ich sie zerreißen.« »Und aus deinem Fell – erwidert sie – wird ein Pelz dem Hirten werden, der mich hütet bei Klee und Hafer.« Die Bewerbung des Wolfes um die Geiß ist auch sonst eine verdächtige, in einer mittelhochdeutschen Erzählung sucht er sie vom Reise heranzulocken, wird aber von ihr betrogen. Seine Heirat mit dem Lamme ist altsprichwörtlicher Ausdruck für eine niemals kommende Zeit.

Dem Fuchse bestellt ein lettisches Volkslied die Hochzeit: »Lustig auf, ihr kleinen Vögel! ich will eine Braut mir nehmen; der Star soll uns die Pferde satteln, denn er hat einen grauen Mantel; der Biber mit der Mardermütze muss unser Fuhrmann sein; der Hase mit den leichten Füßen, der muss den Vorreiter machen; die Nachtigall mit heller Stimme muss die Lieder singen; die Elster, die beständig hüpft, muss uns die Tänze ordnen; der Wolf mit seinem großen (Horn) Rachen muss uns die Dudelpfeife spielen; der Bär mit seinen großen Tatzen muss das Holz zerspalten; der Rabe mit dem krummen Rücken muss das Wasser tragen; Die Schwalbe mit der schwarzen Schürze muss die Geräte waschen; das Eichhorn mit dem dicken Schweife muss den Tisch abwischen; der Fuchs mit seinem hellen Kleide darf bei der Braut allein nur sitzen.« Aus dem Munde der Wenden im Lüneburgischen ist ein Lied genommen, worin die Hochzeit der Eule mit dem Zaunkönig ausgerichtet werden soll, aber keines die ihm angewiesene Stelle übernehmen will. Die Eule selbst sagt: »Ich bin eine sehr grässliche Frau, kann die Braut nicht sein!« und der Zaunkönig: »Ich bin ein sehr kleiner Kerl, kann nicht Bräutigam sein!« so nacheinander die Krähe, als Brautführer aufgerufen, der Wolf als Koch, der Hase als Einschenker, der Storch als Spielmann; nur der Fuchs, zum Tische bestimmt, will dazu seinen Schwanz voneinander schlagen lassen. Mit der Eule will es sich auch beim litauischen Gastmahl des Sperlings nicht gut schicken: Dieser hat Alus gebraut und alle Vögel zu Gaste geladen, er führt die Eule zum Tanz und tritt ihr auf die Zehe, da eilt sie vor Gericht, er aber in den Zaun.

Norwegisch und dänisch finden wir die Hochzeitfeier zwischen Raben und Kranich ausführlich im Liede geschildert: weit östlich im Krähenholz, da ist ein schöner Weiler, alle Tiere, die in der Welt sind, sammeln sich dort; der Bär, der vornehmste Bursch im Walde, sitzt nachdenklich am Abhang; soll er schwimmen über die breite Bucht, da werden ihm die Hosen nass, ratlos hat er die ganze Nacht geklagt, ihn trägt kein Boot, eine Schüte muss er entlehnen, zur Hochzeit im Wald, in den Rabenweiler, ist er geladen, Rabe soll Bräutigam sein, Kranich die Braut, der Bär Küchenmeister; gelaufen kommt der Wolf, eiligst wie ein Pfeil, denn er soll Glöckner im Walde sein; geflogen kommt der Storch mit seiner langen Nase, er geht und stochert am Bach, als er das Eichhorn hört, das im Walde die Querpfeife bläst; nacheinander kommen Vögel und andre Tiere herbei, ihr Amt zu übernehmen oder Spenden zum Brautmahl zu bringen; so gibt der Kater eine Maus, der Habicht ein Küchlein, der Adler ein Wiesel, der Fuchs allerlei Gekröse; zwar meint die Krähe, gestohlene Kost brauche man nicht, der Bräutigam aber findet, dass wohl noch Mangel sei; die Otter einen aufgeschnappten Fisch, der Kuckuck eine Nuss usw., der Sperling soll Trinken herbeischaffen, und bringt ein Malzkorn; der Hahn bringt ein Roggenbrot und ist Sangmeister; der Wolf steht an der Kirchtür, auf sein Schwert gestützt, da sieht er den Strand herab einen schönen Vogelzug, die Braut tritt einher mit ihren hohen Beinen, der Reiher mit seinem langen Hals ist ihr Geleitsmann, Bachstelzen (*Steindolpen,* vgl. *Lex. isl.* 330 *b*)schlagen die Trommel; der Wolf soll Glöckner sein und kann nicht läuten, das Kalb ist Priester und liest einen schönen Text; nun beginnt es Abend zu werden, das Brautbett ist bereit, das herrlichste Gras im Walde; Bräutigam und Braut setzen sich auf den Hochsitz mitten unter ihre Gäste; der Sperling setzt sich zu oberst, er dünkt sich nicht klein zu sein, die Elster soll einschenken, aber sie kann sich nicht auf dem Estrich drehen vor ihrem langen Schwanz, Eule, Fleischmeise und Dohle ziehen die Klingen gegeneinander, der Bär trinkt einen Rausch; Rabe nimmt seine Braut in den Arm und jedes zieht nach seinem Heimwesen; ging es ihnen nicht wohl auf dieser Fahrt in den Rabenweiler, so lasse doch Gott es uns ewiglich wohlergehn!

Bis hierher ist noch der raue Wald voriger Zeiten und nördlicher Länder Schauplatz der Tierfeste, Wolf und Fuchs sind die Hochzeiter oder doch sonst bei der Feier geschäftig, selbst der ehrwürdige Bär kommt herangeschifft; beim Gastgebote des Sperlings sind zwar nur die Vögel versammelt, aber auch hier, wie im wendischen Lied, ist die grässliche Eule Hauptperson. Dagegen sind die zwei deutschen Stücke dieser Gattung, lustig und frühlingsheiter, ganz im Reiche der Vögel gehalten (s. Volksl. Nr. 10). Weniger feste Gestalten und Gruppen, keine so gründliche Festordnung und Bestellung des Schmauses, mehr Geflatter, spielender Scherz und Reimklang; dabei aber stets noch Handlung und persönliches Leben, weit hinaus über die allgemeinen Züge der sommerlichen Vogelwonne in den Minneliedern, wo nur etwa vom stolzen Waldgesinde gesprochen wird, oder, am nächsten herankommend, Wolfram von Eschenbach die Vögel zur Maienzeit ihre Kinder mit Gesange wiegen lässt. Die beiden volksmäßigen Stücke haben eine Form und Anlage und treffen im Einzelnen oft wörtlich zusammen, gehen aber auch, nicht bloß in gleichgültigen Zügen, auseinander. In dem einen bringt der Habicht dem fischenden Reiher und dem Storche die neue Märe, dass dort vor jenem Holz eine Vogelhochzeit sei, Amsel der Bräutigam und Drossel die Braut, einen Rautenkranz tragend. Das andre, schon auf einem fliegenden Blatte um 1530, nennt viel sinniger Frau Nachtigall als Braut und den Gimpel als Bräutigam, eine Verbindung, die in allen Zeitaltern vorkommt und dem Liede zu besondrer Würze dient. Die Drossel hat nach dieser Fassung vor dem grünen Walde gekuppelt und die Amsel lobt mit ihrem schallenden Gesänge die Braut; der schwarze Rabe ist Koch, was man noch an seinen Kleidern sieht, die Elster bringt der Braut die Hofspeise, der Finke trägt ihr zu trinken; der Pfau führt sie zum Tanz und der Hahn führt den Reigen; der Emmerling bringt ihr den Mähelring; der Sittich ist als fremder Gast auf die Hochzeit geladen; die Turteltaube bringt der Braut eine grüne Schaube(Frauenmantel von Laub), die Gans führt ihr den Kammerwagen, die Ente leitet. Einiges hiervon ist der erstgedachten Darstellung gemeinsam, eigentümlich ist ihr, dass der Kuckuck geigt und die Laute schlägt, dass man den Rotkopf zu Tode trinkt, dass der Auerhahn vorn am Tanze sein will, das Ganze ist hier bis zur doppelten Strophenzahl erweitert, namentlich durch gehäuftes Reimspiel auf die Namen der Vögel, was sich oft drollig genug ausnimmt, aber auch von späterer Fortführung des im einfacheren Liede angeschlagenen Tones zeugt.

Am Schluss einer Aufzeichnung heißt es: Wer dies nicht glauben wolle, soll selbst zur Hochzeit kommen; und wirklich gehört es zum Verständnis eines solchen Scherzliedes, hinauszugehn in den frischergrünten Wald, zu sehen und zu hören, was da für ein Leben ist, für ein Flattern und Gaupeln, Rauschen und Jagen im lichten Gezweig und durch die unsteten Schatten, welch vielstimmiges Singen, Zwitschern, Girren und dazwischen ein seltsamer Lachruf, ein wilder Schrei aus dem tieferen Walde.

Zwei kleine Tiere sehr verschiedener Natur, der Frosch und die Maus, sind schon in Dichtungen der alten Welt zusammengeführt. Der altgriechische Gesang vom Kriege der Frösche mit den Mäusen gibt diesem heftigen Kampfe folgenden Anlass: als einst der durstige Sohn des Mäusefürsten den zarten Bart an einen Teich legt, wird er vom König der Frösche eingeladen, dessen gepriesene Wohnung zu besichtigen; er steigt auf den Rücken des Gastfreunds, umfasst den Hals desselben und wird so, bald freudig, bald angstvoll, von dem Schwimmenden hingetragen, plötzlich bäumt eine Wasserschlange sich auf, der Frosch taucht unter, der Mausjüngling aber geht jämmerlich zugrunde und droht noch sterbend mit der Rache seines Volkes, die nun auch mächtig über das Heer der Frösche hereinbricht. Dem Lehrzwecke der äsopischen Fabel hat sich die Sache so gestaltet: die Maus bittet den Frosch, ihr über das Wasser zu helfen, der Frosch bindet sein Hinterbein an ihren Vorderfuß und schwimmt mit ihr bis in die Mitte des Flusses, hier taucht er unter und will sie treulos hinabziehn, ein Habicht erblickt die ringende Maus, hascht sie und zieht zugleich den angebundnen Verräter mit sich. In der Literatur des Mittelalters kommt diese Fabel häufig vor, deutsch in Boners Edelstein und, schon früher, altfranzösisch, jedoch aus dem Englischen übersetzt, in eigentümlicher Ausführung, bei einer Dichterin des 13. Jahrhunderts: Eine Maus, die ihren Haushalt in einer Mühle hat, sitzt eines Tags auf der Türschwelle und putzt ihre Barthaare; ein Frosch kommt vorüber und fragt: ob sie die Frau vom Hause sei, als die sie sich benehme? Die Maus bejaht, es könne sie doch ringsum in allen Schlupfwinkeln herbergen und sich erlustigen; sie ladet ihn ein in der Mühle zu übernachten, es soll ihm an Mehl und Korn nicht fehlen; als sie ihn nachher fragt: was er von ihrem Essen halte? bemerkt er, wenn es nur auch gewässert wäre, und beredet sie, nun ihm in seine Wohnung zu folgen, wo alles Guten die Fülle sei; sie geht mit ihm, aber die Wiese ist so voll Taues, dass die durchnässte Maus zu ertrinken fürchtet und umkehren will, doch er nötigt sie weiter zum Flusse, wo sie weint, dass sie nicht schwimmen könne; nun binden sie sich zusammen, er will mit ihr untertauchen, der Raubvogel holt beide, weil aber der Frosch wohlbeleibt und groß ist, verzehrt er diesen und lässt die Maus laufen. Die lehrhafte Nutzanwendung bleibt auch hier nicht aus, doch ist eine Umkehr der Lehrfabel zur absichtsloseren Darstellung der Tierwelt, in der Weise des Frösch- und Mäusekriegs, bereits eingetreten. Durchaus märchenhaft aber sang man in England und Schottland von der Hochzeit des Frosches und der Maus. Nach dem englischen Lied, aus einer musikalischen Sammlung von 1611, reitet der Frosch auf Brautwerbung, Schwert und Schild an der Seite, hoch zu Roß in pechschwarz glänzenden Stiefeln; vor der Mühle ruft er, ob die Frau Maus drinnen sei? Die staubige Maus kommt heraus, stellt sich als Frau vom Hause vor und gibt dem Freier ihre Geneigtheit zu erkennen. Hierauf zieht er einen feinen Heller *(farthing)* heraus und heißt Brot und Wein holen. Herr Ratte soll die Trauung vornehmen und sie haben zum Abendessen drei Bohnen in einem Pfund Butter. Als sie im besten Essen sind, kommt der schlaue Gib (Gilbert), unser Kater, herein und packt die Maus am Genick. Der Frosch hüpft über den platten Boden, da kommt der gefräßige Dick (Richard), unser Entrich, und schleppt ihn nach dem Teich; Herr Ratte läuft an der Wand hinauf und verwünscht die saubere Gesellschaft. Andre Einzelheiten hat das schottische Lied noch neuerlich in Volksmunde: Die Maus sitzt und spinnt in der Mühle, als der Brautwerber geritten kommt; sie setzt ihr Jawort auf die Heimkunft des Oheims Ratte aus. Dieser befiehlt sogleich, die Braut aufzuputzen, und sie setzen sich zu Tische. Da kommt die Ente mit dem Entrich und fasst den Frosch, dass er quiekt. Der Kater kommt mit der Fiedel auf dem Rücken und fragt, ob man Musik brauche? Der Frosch schwimmt den Bach hinab, aber der Entrich erhascht ihn; der Kater reißt Herrn Ratte nieder und die Kätzchen zerkratzen ihm den Schopf, nur die schlanke, kleine Frau Maus kriecht in ein Loch unter der Mauer. »Quiek nur!« spricht sie, »ich bin davon.« Wenn auch die Aufzeichnungen dieses Märchenliedes nicht hoch hinauf- gehn, so ist doch Zeugnis vorhanden, dass solches schon um die Mitte des 16. Jahrhunderts im Schwange war. Bedenkt man aber, dass die altfranzösische Dichterin Marie, nach ihrer eigenen Angabe, aus englischer Quelle geschöpft hat und dass ihre Erzählung in solchen Zügen, durch welche die äsopische Fabel episch belebt wird, mit der Ballade auffallend übereinkommt, so ergibt sich die Vermutung, dass schon im 13. Jahrhundert der Schwank von der Hochzeit des Frosches mit der Maus in England volksmäßig war und nun mit der Lehrfabel in Verbindung kam. Durch sämtliche Darstellungen, von der altgriechischen an, schreitet das unerbittliche Schicksal, als Wasserschlange und Habicht, als Kater und Entrich. Eigentümlich der englisch-normännischen Auffassung ist das idyllische Landschaftsbild, die Mühle mit der hausfraulich spinnenden Maus am Teiche, daraus der schmucke Frosch aufsteigt; es spiegelt sich hierin ein menschliches Verhältnis, das gleichfalls Gegenstand des Volksgesangs ist, wie die lose Müllerin, in ihrer Tür stehend, den artigen Fischer lockt, der in seinen Lederstiefeln mit Reitstock und Schnappsack vorüberkommt.

Wie zum Hochzeitzuge, so werden auch zu *Leichenbegängnissen* die Tiere eingereiht. Eine lateinische Beispielsammlung zum Gebrauche der Prediger, die einem englischen Mönche des 12. Jahrhundert zugeschrieben wird, erzählt: als der Wolf gestorben, versammelt der Löwe die Tiere und lässt die Bestattung feiern. Der Hase trägt das Weihwasser, Igel die Kerzen, Böcke läuten die Schellen, Dachse graben die Gruft, Füchse tragen den Toten, Berengar, der Bär, hält die Messe, der Ochs liest das Evangelium, der Esel die Epistel; nachdem Messe und Beerdigung ausgerichtet sind, schmausen die Tiere stattlich von der Verlassenschaft des Wolfes und wünschen sich auch eine solche Leichenfeier. Die angehängte Moral führt aus, dass so beim Tod eines reichen Wucherers die Äbte alle Brüder des Klosters versammeln, schwarze und weiße Mönche mit den üblen Eigenschaften vorbenannter Tiere. Mit andrer Rollenverteilung ist im altfranzösischen Renart dieselbe Zeremonie dem scheintoten Fuchse veranstaltet: Brichemer, der Hirsch, liest die Epistel, Ferrant, der Klepper, das Evangelium, der Erzpriester Bernart, der Esel, singt die Messe, hierauf ersucht der König Löwe Braun den Bär, das Grab zu machen, Chantekler, der Hahn, soll das Rauchfass nehmen, Brichemer und Belin, der Widder, die Bahre tragen, Isegrim das Kreuz, die Ziege mit der Trommel gehn, Ferrant eine wallische Weise auf der Harfe spielen, Coart der Hase, Tibert der Kater und Hubert der Weihe sollen brennende Kerzen tragen, die Mäuse sollen die Schellen läuten und der Affe die Grimasse schneiden, Bernart den Leichnam in die Erde legen, und so geschieht es auch mit großer Feierlichkeit; als aber Renart zugedeckt werden soll, schlägt er, aus der Ohnmacht erwachend, die Augen auf, springt mit gleichen Füßen aus der Grube, fasst mit den Zähnen den

Hahn, der das Rauchfass hält, und entläuft ins Gehölze. Mit dieser Darstellung des Totenamts und Leichenzugs stimmen in der Hauptsache die Steinbilder, die im Straßburger Münster der Kanzel gegenüber in der Höhe ausgehauen waren, aber 1685 weggemeißelt wurden: der Hirsch am Altar lesend, hinter ihm der Esel aus dem Messbuch singend, das ihm der Kater hält; der Bär mit Weihkessel und Sprengel an der Spitze des Leichenzugs, nach ihm der Wolf mit dem Kreuze, der Hafe mit der Kerze, Eber und Bock den schlafenden Fuchs auf der Bahre tragend, unter ihnen der Affe. So hat dieses Stück der Tierfabel in der Baukunst Stätte gehabt, ein Volkslied von der Bestattung des Wolfes oder des Fuchses ist in deutscher Sprache so wenig als in andern aufgefunden. Die Leichenbegängnisse sind auch im Verhältnis zu den Hochzeiten der Tiere die abgeleitete Form; erscheinen jene urkundlich früher, so spricht für den Vorgang dieser nicht bloß ihr altertümliches Gepräge, besonders in den Liedern aus nördlichen Ländern, sondern auch die innere Beschaffenheit beider Arten, die Hochzeitlieder haben sichtlich ihren Ursprung in der Anschauung des lustigen Lebens im Walde, zu dessen heiterer Darstellung die menschlichen Gebräuche, selbst mit der kirchlichen Trauung, das Mittel abgeben, den Bestattungen konnte kein so unmittelbarer Eindruck aus der Tierwelt zugrunde liegen, bei ihnen ist der Kontrast des tierischen Wesens mit den Feierlichkeiten der Kirche die Hauptsache, und wenn dort nur die menschlich aufgestutzten Tiere sich drollig ausnehmen, so war hier ein satirischer Rückschlag auf den Tiermenschen im Priesterrocke nicht vermeidlich, was in der mönchischen Auslegung selbst lehrreich hervorgekehrt ist. Gleichwohl fehlt es der Beerdigung des scheintoten Fuchses nicht durchaus an einem naturgeschichtlichen Anlass. Schon im Altertum wurde geglaubt, dann auch von Kirchenvätern und der Geistlichkeit des Mittelalters, mit Anwendung auf die Truglist des Teufels, erzählt, dass der Fuchs sich tot stelle, um die herbeifliegenden Vögel zu haschen.

Lieblinge des Lieds sind die *Vögel*, besonders die kleineren gesangkundigen. Haben die Lieder von der Hochzeit das ganze befiederte Geschlecht zusammengefasst, so sind andre einzelnen Zugehörigen desselben eigens gewidmet. Der kleinste von allen, der *Zaunkönig,* ist vorzüglich auf den Britischen Inseln besungen, und zwar in zweifacher Richtung. Einmal als freundliche Erscheinung im Winter, denn zu dieser Zeit haben sich die verschiedenen Arten der Zaunschliefer aus den Wäldern in die Gärten gezogen und lassen auch dann ihre Lockstimme hören. In Südirland tragen an St. Stephanstage die jungen Dorfbewohner von

Haus zu Haus einen Stechpalmenbusch, mit Bändern geschmückt, von welchem mehrere Zaunschlüpfer herabhängen; diese Zaunkönigjungen (*wrenboys*), wie sie sich nennen, singen unter andrem: »Der Zaunschlüpfer, der Zaunschlüpfer, der König aller Vögel, ward an St. Stephanstag in Pfriemkraut gefangen, ist er auch klein, sein Geschlecht ist groß, ich bitt' Euch, gute Edelfrau, gebt uns ein Mahl! – sing Hulst, sing Efeu! sing Efeu, sing Hulst!« So knüpft sich dieses Umsingen an das früher besprochene Weihnachtslied von Efeu und Hulst, und wie im letzteren befinden sich die kleinen Singvögel, hier wirklich mit aufgeführt, auf der Seite des lichtgrünen Hulstes. Ein plattdeutscher Kinderreim lässt den Zaunkönig, Grootjochen, seine Winterklage zwitschern: »Piep, piep! wie kalt ist der Reif, wie dünn ist mein Kleid, wie undicht mein Bett, wie lang ist die Nacht! wer hat das wohl 'dacht?« Nach einer andern Seite wird die Kleinheit des Zaunkönigs ins Auge gefasst und mit den hochstrebenden Einbildungen und Unterfangen, die man ihm beimisst, in komischen Gegensatz gebracht. Schon bei Aristoteles heißt er der Widersacher des Adlers und Plinius sagt, Adler und Zaunschlüpfer seien in Zwiespalt, weil dieser König der Vögel genannt werde; wirklich wird er in griechischer und lateinischer Benennung, wie in altdeutscher, als Königlein (βασιλιοχοο, *regulus, regaliolus, kunigli,* Hoffmann althochd, Gl. 5. 12. D. Gramm. III, 363) bezeichnet. Geilers Postill spricht von ihm als dem »Zunschlipferlin, das sich wider den Adler strüßet«. Den Königsnamen veranlasste wahrscheinlich der goldfarbene Reif um den Kopf des schmucken Sommerzaunkönigs, der deshalb auch Goldhähnlein heißt, in Verbindung mit der Lust am Widerspiel. Diese fantastische Lust ließ es aber nicht beim Namen bewenden, eine Fabel, die noch neuerlich in der brandenburgischen Mark und in Pommern lebt, aber auch in Irland bekannt ist, erzählt: wie die Vögel übereinkommen, dass der ihr König werden solle, welcher am höchsten fliege, wie beim Beginn des Wettflugs der Zaunkönig, von keinem gesehen, in die Federn des Storchs schlüpft, wie dann, nachdem die andern alle ermüdet gesunken, nur Adler und Storch aushalten und sich lange den Flug streitig machen, bis endlich auch der Storch sinkt und nun der Zaunkönig, mit ungeschwächter Kraft seinen Versteck verlassend, mit dem Adler sich misst, den ermatteten überfliegt und König wird. Nach einem Hausmärchen aus Hessen kündigt der Zaunkönig dem Bären, der seine Kinder unehrlich gescholten hat, den Krieg an und beruft alles, was fliegt, nicht allein die Vögel, sondern auch die Mücken, Hornissen und Bienen, während der Bär die vierfüßigen Tiere heranführt, diese werden jedoch durch eine

Kriegslist der kleinen Gegner zum Fliehen gebracht, und der Bär muss den jungen Zaunkönigen Abbitte tun. Beide Märchen spitzen sich darauf zu, dass die Schlauheit des Kleinen über die Stärke des Großen siegt, aber ihre Unterlage haben sie doch in der Vermessenheit des winzigen Vogels, die nun weiter in Fabel und Lied ruhmrednerisch aufspielt. Die schon angezogene lateinische Beispielsammlung des englischen Mönchs besagt: es gibt eine Art Zaunkönig, nach dem heiligen Martin benannt, mit sehr langen und dünnen Beinen: Dieser Vogel saß eines Tags auf dem Baum und rief in der Fülle seines Hochmuts plötzlich aus: »Mich kümmert's nicht, wenn auch die Himmel fallen, denn mit Hilfe meiner starken Beine werd' ich imstande sein, sie zu halten.« Eben fiel ein Laub auf den närrischen Prahler, der alsbald in großem Schrecken hinwegflog und schrie: »O heiliger Martin, heiliger Martin, hilf deinem armen Vogel!« In einem elsässischen Kindermärchen meint ein kleines Huhn, dem ein Kirschenstiel aufs Schwänzchen fiel, der Himmel wolle zusammenfallen, und zieht alle Tierlein, die ihm begegnen, in seine hastige Flucht hin. So bilden sich die Kleinsten ein, dass bei ihnen der große Weltbruch anhebe. An die Stelle des Zaunkönigs tritt in einem nordschottischen Volksliede das Rotkehlchen *(Robin Redbreast)*: Robin hob sich von der Erde und stieg auf einen Baum: »O hätt' ich einen Schreiber, meinen Willen zu schreiben, eine Weile, bevor ich sterbe! Ich habe gebaut an jenem schönen Bachufer mehr denn dreitausend Jahr und gerne möcht' ich mein Testament machen, wenn mein Grundherr mich hören wollte.« »Sag' an, sag' an, mein hübscher Vogel, was du mir hinterlassen willst! denn solch ein Vogel wie du, Robin, saß nimmer auf dem Strauche.« »Ich lass Euch meine hübsche Haube, meine lange, schmale Hirnschale, dass Ihr daraus Euern roten Wein trinkt; ich lass Euch meinen hübschen Schnabel, der das Korn zu picken *(to stue the corn)* pflegte, er sei Euch ein tutend Horn; ich lass Euch meine gute zwei Augen, die gleich Kristall sind, sie werden leuchten im Frauengemach, wenn das Tageslicht erloschen ist; ich lass Euch meine zwei lange Rippen zu Schwibbogen *(kipples)* für Eure Halle; ich lass Euch mein eines Bein *(my thee leg)*, es wird Euch Pfosten und Pfeiler sein und dauern dies hundert Jährchen; ich lass Euch mein andres Bein, es wird Euch ein Pfosten und Pfeiler sein und dauern immer und ewig; Ihr sollt anjochen fünfmal zwanzig Ochsenwagen und mich zum Hügel führen, auch meine Hintersassen *(inmates)* wohl behandeln und den Armen die Fülle geben.« Der arme Robin hat sein Testament gemacht auf einem Schober Heu, doch herbei kam der gierige Weih und riss ihn gar hinweg; dann kam herzu das bekümmerte

Goldhennlein und erhob schwermütige Wehklage: »Jede Frau hat ihren Herrn, aber mein guter Herr ist dahin!« Wenn hier das Rotkehlchen zum Prahler gemacht und die Trauer um den Toten, die sonst jenem zukommt, dem Zaunschlüpfer übertragen, mithin ein Rollentausch vorgegangen ist, so mag dies daher rühren, dass der Name des letztern eher als Robin weiblich genommen und für die trauernde Witwe verwendet werden konnte, denn es ist Zeugnis vorhanden, dass auch ein Testament des Zaunkönigs gesungen ward. Mehrseitig verweben sich die lateinisch-englische Erzählung und das schottische Lied mit früher betrachteten Tierfabeln; auch die vom Wolfe gefangene Gans hat den heiligen Martin zum Nothelfer, das Häslein im polnischen Liede schreibt selbst sein Testament, der Weihe stößt ebenso hernieder in den Geschichten von Frosch und Maus. Merkwürdiger ist jedoch, dass die Hyperbel des kleinen Vogels, der mit zahlreichen Ochsenwagen zum Hügel geführt sein will, unter den scherzhaft symbolischen Leistungen des mittelalterlichen Rechts als Antrittsgebühr eines französischen Vasallen erscheint, der seinem Lehnsherrn eine Lerche, auf einem Ochsenwagen gefahren und gebunden, zu liefern hatte, sowie auch die Beziehung Robins zu seinem Grundherrn (*my lanlord*) daran gemahnt, dass ein Edelmann in Franken als Lehensabgabe dem Herrn jährlich auf Martini einen Zaunkönig bringen musste.

Weitere Schwänke lassen den Dünkel des kleinen Geschöpfes beruhen und spielen den Lärmen um nichts gänzlich auf die Seite des Erwerbers der geringen Beute. So das dänische Lied von der geschossenen Krähe: Der Bauer soll zum Walde fahren, da hört er drinnen eine Krähe schreien, er wendet seinen Wagen und fährt eilig heim, er fürchtet, die Krähe möcht' ihn beißen; bleich und rot kommt er zu seinem Weib: »Ich fürchte, die Krähe wird mein Tod, sie haut mir die Augen aus,« Das Weib versichert, die Krähe beiße durchaus keinen Mann. Nun lässt er sich den Bogen geben, spannt ihn und schießt die Krähe vom Baume. Guten Nutzen zieht er aus Ihr: mit den Beinen achst er seinen Wagen, aus dem Kopfe macht er einen Kirchturmknopf, aus dem Hals einen Kerbstock, aus den Rippen einen Haublock, aus der Haut zwölf Paar Schuhe, aus der Brust eine Fahrbrücke, aus dem Kamm eine Holzsäge, mit den Federn deckt er sein Haus, aus dem Talg gießt er zwölf Pfund Lichter, aus den Füßen macht er Mistgabeln, aus den Därmen dreht er Glockenseile, aus dem Nabel macht er einen Kompass, das Herz gibt er zum Brautschatz u. dgl. m.: nach andrer Überlieferung baut er aus den Rippen seinem Gutsherrn ein Schiff, so stattlich, als ging es in des Königs Flotte, und aus den Därmen dreht er Takel und Tau; reich wird er von der Krähe und tut sich lange gütlich samt seiner Hausfrau. Im litauischen Volksgesange schießt der Hausvater einen Sperling, die Söhne schleifen ihn auf dem Schlitten heim, die Töchter rupfen, die Mutter bratet ihn, die Gäste setzen sich an den Tisch und verzehren ihn, und indem sie den Sperling verschmausen, leeren sie fröhlich zwei Fässer mit Alus. Unter den deutschen Handwerkssprüchen wird beim Gesellenschleifen der Böttcher für die bevorstehende Wanderschaft folgendes Abenteuer vorausgesagt: Der Wandergeselle wird zu einem Wasser kommen, darüber ein schmaler Steg führt, auf dem ihm eine Jungfrau und eine Ziege begegnen; der Steg ist so schmal, dass sie einander nicht ausweichen können, wie soll er es nun machen? Er soll die Ziege auf die Achsel nehmen, die Jungfrau unter die Arme, so werden sie alle drei hinüberkommen; die Jungfrau kann er dann zum Weibe nehmen und die Ziege schlachten, denn das Fleisch ist gut auf die Hochzeit, das Leder gibt ein Schurzfell, der Kopf einen Schlegel, die Hörner ein paar krumme Stecken, die Ohren ein paar Flederwische, die Augen eine Brille, die Nase eine Sparbüchse, das Maul eine Reifziehe, die Beine ein paar Bankbeine, der Schwanz einen Fliegenwedel, dass er seiner Frau die Fliegen wehren kann, das Euter eine Sackpfeife, womit er der Frau ein Lustiges aufspielen kann. All dieses Aufbauen, und Ausstatten des Hauses, Schiffes, Handwerks, aus den Überresten des Zaunkönigs, der Krähe, der magern Ziege ist nur der Mikrokosmus des altnordischen Weltbaus, der aus dem Körper des erschlagenen Urriesen so hervorgeht, dass aus dessen Fleisch die Erde geschaffen wird, aus dem Gebeine die Felsen, aus den Haaren Bäume, aus dem Blute das Meer, aus der Hirnschale der Himmel, aus dem Gehirne die Wolken, aus den Brauen Midgard, das Gehege der bewohnbaren Erde.

Die Reihe der Singvögel ist mit dem *Rotkehlchen* fortzusetzen, das zuvor schon die Stelle des prahlenden Zaunkönigs vertrat, dessen eigenes Amt aber ein andres ist. Wie das Rotkehlchen mit mildtätigem Schnabel (*with charitable bill*) alle zartesten Blumen, und wann keine Blumen da sind, das dichte Moos auf ein frühes Grab zu bringen liebt, ist aus dem Cymbeline (Akt 4, Sz. 2) bekannt, und die Erklärer der Stelle haben Zeugnisse aus Shakespeares Zeit beigebracht, dass es Volksglaube war, der kleine Vogel bringe, wenn er einen Toten finde, Moos, Strohhalme, Laub herbei, um dessen Gesicht oder, wenn derselbe unbegraben bleibe, den ganzen Leichnam zu bedecken. Ausgezeichnet unter diesen Zeugnissen ist die englische Ballade von den Kindern im Walde: die zwei kleinen, verwaisten Geschwister, mitten im Walde hilflos verlassen, sterben eines in des andern Armen und erhalten von niemand ein Begräbnis, bis Robin Rotbrust unverdrossen sie mit Blättern zudeckt. Besorgt für die Menschen zeigt er sich auch darin, dass er nach einem alten englischen Liedchen beim Anzug des Winters sie mit seinem Gesange warnt, sich Frieskleider zu verschaffen, wogegen nach Aristophanes die Schwalbe ankündigt: dass man nun das Obergewand verkaufen und ein Sommerkleid kaufen soll. In der Bretagne genießt das Rotkehlchen besondrer Achtung, weil es die Schmerzen des Heilands gelindert, indem es einen Dorn aus seiner Leidenskrone zog. Deutsche Lieder gedenken desselben nicht namentlich, kennen aber ein frommes Mitleid der Vögel mit dem Gram und dem Tode der Menschen; Walther von der Vogelweide sagt von seiner freudlosen Zeit: »Die wilden Vögel betrübet unsre Klage« (Lachm. Ausg. 124 – Pfeiffer Nr. 188, 30), und noch stärkeren Ausdruck hat der Schluss tragischer Balladen, worin dem Erschlagenen zugerufen wird: »Da lieg, du Haupt, und blute, da lieg, du Haupt, und faule! um dich wird niemand trauern als das kleine Waldvögelein (Meinert 65, 68. 248).

Vom Kuckuck als Bringer des Frühlings war schon die Rede, [Fußnote] den Hirten bringt er einen Laubspross oder Blumen im Schnabel, zur Hochzeit der Vögel im norwegisch-dänischen Liede schenkt er eine Nuss. Dass auch letztere den Keim eines neuen sommerlichen Wachstums bedeute, lehrt die Vergleichung mit dem altnordischen Mythus von der Wiederkehr der geraubten Idun, die bald als Schwalbe, bald in Gestalt einer Nuss von dem im Falkengewand heifliegenden Loki zurückgebracht wird: Im litauischen Glauben wurden Göttinnen verehrt, welche den Menschen alle Getreidesamen in einer Eichelschale zugesandt, und ein deutsches Märchen erzählt von einer Nuss, aus deren Kerne zauberhaft ein ganzer Wald von Nussbäumen erwuchs. Wie nun der Kuckuck mit Knospenzweig und Blumen freudig begrüßt wird, so hörten wir auch, wenn die Blütenzeit vorüber, seinen Tod beklagen: »im Winter aus, im Sommer an!« heißt es von ihm sprichwörtlich. In diesem leichten Sommerleben, vom Regen genetzt, von der Sonne getrocknet, zeigt ihn auch ein viel gesungenes Liedchen:

Der Kuckuck auf dem Zaune saß,
kuckuck, kuckuck!
es regnet' sehr und er ward nass.
Darnach da kam der Sonneschein,
kuckuck, kuckuck!

der Kuckuck, der ward hübsch und fein.
Da schwang er sein Gefieder als eh,
kuckuck, kuckuck!
er flog dorthin wohl übern See.

Ein Günstling der Sonne ist er schon der alten Ekloge von seiner Ankunft: »Phöbus liebt den Kuckuck in der Zunahme des heitern Lichtes.« Auch als abgewiesener Freier tröstet er sich bald; sein aschgraues Gefieder und sein seltenes Erscheinen außerhalb des Waldes geben die Farben zu dem kleinen Bilde (Volksl. Nr. 12):

Ein Kuckuck wollt' ausfliegen
zu seinem Herzenliebe.
»Pfui dich, pfui dich, du schwarzer Vogel!
so will man dich doch nirgend loben;
so fleug du hin gar balde
wohl in den grünen Walde,
kuckuck!«

»All mein' Anschlag' gehn hinter sich,
ich armer Kuckuck, woraus soll ich?
Will fliegen auf die Zinnen,
will heben an zu singen
mit freiem Mut: »du bist schabab!
weiß mir ein' andre in dem Hag,
kuckuck!«

Nur eine Sorge hat der Kuckuck in seiner schönsten Zeit, wovon Freidank meldet: wann der Gauch das erste Laub sieht, so wagt er nicht, sich dessen zu sättigen, er fürchtet, dass es ihm ausgehe.

Vor allen andern Beschwingten ist in unsern Volksliedern, wie schon im Minnesang, die tönereiche Nachtigall beliebt und hochgehalten, sie wird bald innig und zutraulich die liebe, viel liebe Nachtigall geheißen, bald erhält sie den Ehrennamen Frau Nachtigall und wird mit Ihr angeredet. Ihre Stimme dringt ja am tiefsten ins Gemüt, je schmächtiger und missfarbiger, um so seelenhafter erscheint die Sängerin, deren mächtige Töne die zarte Brust zu sprengen drohen; aus der Dämmerung des Morgens oder in der stillen Nacht erschallt ihr Gesang zauberhaft und ahnungsvoll. An ihren Namen reiht sich denn auch am besten die ganze Folge der Lieder und Liedesstellen, in welcher Stimme und Erscheinung der Vögel vornehmlich auf die Zustände, Stimmungen und Entschlüsse der Menschenseele bezogen sind. In manchen Fällen wird sich zeigen, dass diese Beziehungen von andern, hochfliegenden Vögeln auf die kleine Nachtigall übertragen sind.

Von den Mahnungen, dem Rate der Nachtigall, dem weisen und dem betörenden, handelt eine Reihe sinniger, weithin anknüpfender Lieder. Meist bewegen sich dieselben in lebendiger Wechselrede.

Ein niederdeutsches (m. Volksl. Nr. 17 A) hebt an von einer Stadt in Österreich, die mit Marmelstein gemauert und mit blauem Blumwerk geziert ist, um dieselbe liegt ein grüner Wald, in welchem Frau Nachtigall singt, »um unser beider willen,« wie ein Mädchen meint, von dem sie angerufen wird:

Frau Nachtigall, klein Waldvögelein,
lass du dein Helles Singen!
»Ich bin des Walds ein Vöglein klein,
und mich kann niemand zwingen.«

Bist du des Walds ein Vöglein Nein
und kann dich niemand zwingen,
so zwingt dir der Reif und kalte Schnee
das Laub all von der Linde.

»Und wann die Lind' ihr Laub verliert,
behält sie nur die Äste,
daran gedenkt, ihr Mägdlein jung,
und haltet eur Kränzlein feste!

Und ist der Apfel rosenrot,
der Wurm, der ist darinne;
und ist der Gesell all säuberlich,
er ist von falschem Sinne.

Daran gedenkt, ihr Mägdlein jung,
und lasst euch nicht betrügen!
und loben euch die Gesellen viel,
tun nichts, denn dass sie lügen.

Zwischen Hamburg und Braunschweig
da sind die breiten Straßen,
und wer sein Lieb nicht behalten kann,
der muss es fahren lassen.«

Zum Seitenstücke mit ähnlichem Eingang bietet sich die Ansprache eines unglücklichen Freiwerbers im Antwerpener Liederbuche (Volksl. Nr. 17 B):

... in meines Vaters Hof
da steht eine grüne Linde,
darauf so singt die Nachtigall,
sie singt so wohl von Minne.

Ach Nachtigall, klein Vögelchen,
wollt' Ihr Eur Zunge bezwingen,
ich würd' all Eure Federlein
mit Golddraht lassen bewinden.

»Was frag' ich nach Eurem roten Gold
oder nach Eur loser Minne?
ich bin ein klein wild Vögelchen,
kein Mann kann mich bezwingen.«

Seid Ihr ein klein wild Vögelchen,
kann Euch kein Mann bezwingen,
so zwingt Euch der Hagel, der kalte Schnee
die Läuber von der Linden.

»Zwingt mir der Hagel, der kalte Schnee
die Läuber von der Linden,
alsdann so scheint die Sonne schön,
so werd' ich wieder singen.«

Der junge Gesell macht sich spornstreichs auf, »all über die grüne Straße«, zu den Landsknechten, die er im blanken Harnisch glitzern sieht. Beide Zurufende wollen der Nachtigall den Gesang verbieten, weil er ihren Liebeswünschen nicht günstig zu lauten scheint, aber das Mädchen erhält heilsame Warnung, und der gewitzigte Freier fasst männlichen Entschluss. Ein andrer Kriegsmann, der zu Augsburg gefangen liegt, fordert im Gegenteil die Nachtigall zum Singen auf; seine Liebste lehnt ihr Leiterlein an den Turm und hört einen Wechselgesang, dessen alles, was drinnen ist, sich erfreut (Volksl. Nr. 16):

So sing, so sing, Frau Nachtigall,
da andre Waldvögelein schweigen!
so will ich dir dein Gfieder
mit rotem Gold beschneiden.

»Mein Gfieder beschneidst mir freilich nicht,
ich will dir nimmer singen,
ich bin ein kleins Waldvögelein,
ich trau dir wohl zu entrinnen.«

Bist du ein kleins Waldvögeln,
so schwing dich von der Erden,
dass dich der kühle Tau nicht netz,
der Reif dich nicht erfröre!
»Und netzet mich der kühle Tau,
so trücknet mich Frau Sonne;
wo zwei Herzlieb beinander sind,
die sollen sich baß besinnen.

Und welcher Knab in großen Sorgen liegt
und der ein schwere Bürde auf ihm trägt,
der soll sich freuen gen der lichten Sommerzeit,
dass ihm sein Bürde geringert werd.

So hab' ich von den Weisen hören sagen:
großen Unmut soll man aus dem Heizen schlagen,
man soll ihn unter die tiefe Erde graben,
ein frischen freien Mut, den soll ein Krieger haben.

Zwischen Berg und tiefem Tal,
da liegt ein freie Straße,
wer seinen Buhlen nit haben wöll,
der mag ihn wohl fahren lassen.«

Auch hier ist der Rat ein besonnener, eine Tröstung und Ermutigung selbst für den Gefangenen. Anderwärts aber wirkt der Nachtigallschlag verführerisch und leidenschaftlich aufregend. Als der heilige Bernhard beim Besuche des Zisterzienserklosters Hinmmerod in der Eifel die Mönchszucht in tiefem Verfalle fand und zugleich der üppige Gesang der Nachtigallen ringsumher zu seinem Ohre drang, ward es ihm klar, dass dieser an dem weltlichen Sinne der Brüder schuld sei, zürnend erhob er die Hand, und sein Bannspruch zwang das ganze Volk der Nachtigallen, von dort hinwegzufliehen, sie flogen zum Frauenstifte Stuben an der Mosel. »Von der Minne« lässt Konrad von Würzburg die Sangstimme der viel lieben Nachtigall erklingen, »sie singt so wohl von Minne«, hieß es zuvor im niederländischen Lied, in den Bruchstücken eines andern wird sie von dem verlassenen Mädchen, das die Geschichte seines Unglücks erzählt, für solches verantwortlich gemacht. Davon sind nur zwei Gesätze noch unentstellt erhalten, das eine:

Es war zu Nacht, in so süßer Nacht,
dass alle die Vögelein sungen,

die stolze Nachtigall hob an ein Lied
mit ihrer wilden Zunge;

das andre:

Nun will ich ziehn in den grünen Wald,
die stolze Nachtigall fragen:
ob sie alle müssen geschieden sein,
die einst zwei Liebchen waren?

Dem besser beratenen Mädchen des ersten Liedes steht hier eine Verführte gegenüber, und schlimmer als dem jungen Landsknecht und dem Gefangenen zu Augsburg ergeht es in einem verwandten Liede den drei Gesellen aus Rosendael in Nordbrabant. Sie haben ihr Gold verzehrt, ziehen auf Freibeute und greifen einen reisenden Kaufmann an; von dem Lösegelds das sie ihm abnötigen, kaufen sie jeder ein apfelgrau Roß und reiten zu Antwerpen ein, wo sie alsbald ergriffen und auf die Folterbank gelegt werden; das macht ihr junges Herz trauern:

Nun sind all unsre Glieder lahm,
was sollen wir beginnen?
ich will nicht mehr nach Rosenthal gehn
und hören die Nachtigall singen.

O Nachtigall, klein Waldvögelein,
wie habt ihr mich betrogen!
ihr pflegt zu singen vom Birnebaum,
wo schöne Fräulein waren.

Wie diese Gesprächlieder überhaupt allerlei Verwirrung erlitten haben, so folgen hier an unrechter Stelle noch zwei Strophen (»O Nachtigall, klein Vögelein, wollt ihr mich lehren singen? usw.) mit der ständigen Formel von Zwingen und Nichtzwingen, dagegen tritt der Sinn des Vorausgehenden bestimmt und eigentümlich hervor: Der junge Gesell wirft die Schuld seines Unheils auf die Nachtigall, ihr Gesang hat ihn betört, zu zügellosem Leben aufgereizt, erst in die Sommerlust zu schönen Frauen und von da auf die Wege kecken Frevels geführt, bis er zuletzt vom hohen Roß auf die Peinbank niedersteigen musste. Liedesklänge vom wohlgezierten Schloss und der Linde, darauf die Nachtigall singt, die ihre Federn nicht mit Golde beschlagen lassen will, aber vom Zwange des Frostes und Schnees bedroht ist, haben sich auch in Dänemark und Schweden verbreitet, zum Teil wörtlich mit Deutschem stimmend, doch wieder mit andern Anknüpfungen und in freiester Bewegung. Daneben begegnet man dort solchen Liedern, worin das Belauschen des Vogelsangs nur zum Vorwand verliebter Abend- und Waldgänge dient; so besagt ein dänisches:

(Jungfrau Mette:)
Da bin ich gestanden die Nacht so lang
und hört' auf der Nachtigall süßen Sang.

(Herr Peder:)
Du horchtest nicht auf der Vögel Sang,
Doch auf Olufs vergüldeten Hornes Klang.

Ein schwedisches:

Du hast nicht gehorcht auf den Vogelsang,
du wartest auf des Gesellen Gang,

»Nicht wartet' ich auf des Gesellen Gang,
ich habe gehorcht auf den Vogelsang;«

zuletzt das Geständnis:

Die Jungfrau weinet, die Zähren rollen:
»deinethalb ging ich gestern zum Holze.«

Noch ist ein englisches Lied bekannt geworden, das von alter Zeit in Cornwallis und Devonshire umgeht und neuerlich auch von cornischen Arbeitern an den Bleigruben des Mosellands gesungen wurde: »Mein Herzlieb, komm mit! hörst du nicht den zärtlichen Sang, die süßen Weisen der Nachtigall, wie sie singt in den Tälern drunten? sei nicht erschrocken, im Schatten zu wandeln, noch in den Tälern drunten!« Das Mädchen heißt ihn allein dem Sange nachgehn, sie will ihm derweil seinen Eimer nach Hanse tragen, aber seine Bitte wiederholt sich dringender; bald darauf gehen sie als Brautleute zur Kirche, und fortan erschrickt sie nicht mehr, im Schatten zu wandeln, in den Tälern drunten, und die zärtliche Rede, den süßen Sang der Nachtigall zu hören.

Es sind sehr ausgedehnte Zusammenhänge, auf die zur Erläuterung der vorangestellten deutschen Liederweise eingegangen werden muss. Nordfranzösische Dichtungen zeigen den Eindruck des Vogelsangs in besonders stetiger Stufenfolge vom besänftigenden Rat und der Anregung sanfter Gefühle bis zur Weckung des Heldengeistes und zur Anstiftung gewaltsamen Rachewerks. Ein kleines Volkslied in der gedruckten Sammlung von 1538 betrifft die Ratfrage eines Heiratslustigen: »Nachtigallchen! was singst du hier?« »Und was begehrst du hier?« »Was ich begehre? eine Frau begehr' ich.« »So nimm nicht die Weiße, denn ihre Farbe trübt sich! nimm nicht die Rote, sie ist gar so stolz!

nimm mir die Bräunliche, die so artig ist, so geliebt von Vater und Mutter, von Schwester und Bruder!« Selbst nicht von glänzendem Äußern empfiehlt die weise Nachtigall, der anspruchslosen Liebenswürdigkeit den Vorzug zu geben. Kleine Reigen *(rondes)* aus der Normandie halten noch echten Volkston ein, auch an Deutsches gemahnend: »Hinter meines Vaters Haus, da ist ein Niederholz (a. eine blühende Ulme), dort singt die Nachtigall Tag und Nacht entlang; sie singt für die Mädchen, die keinen Freund haben, sie singt nicht für mich, ich hab' einen, Gott sei Dank!« oder: »An der klaren Quelle wusch ich mir die Hände, am Laub der Eiche hab' ich sie getrocknet, auf dem höchsten Zweige sang die Nachtigall. Sing, schöne Nachtigall, die du ein fröhliches Herz hast! meines ist nicht so, mein Liebster hat mich verlassen um einer Rosenknospe willen, die ich ihm verweigert. Ich wollte, die Rose wäre noch am Rosenstrauch, und der Rosenstrauch selber wäre noch zu pflanzen, und der Pflanzer selbst wäre noch nicht geboren, und mein Freund liebte mich noch.« Aussprüche der Nachtigall über rechtschaffene und unstete Liebe beleuchtet in der Neige des 13. Jahrhunderts Baude, ein flandrischer Sänger: »Ihr wisst nicht, was die Nachtigall sprach, sie sprach, dass Liebe durch falsche Liebende zugrunde ging; das sprach die Nachtigall, aber ich sage, dass der ein Tor ist, der sich von guter Liebe scheiden will usw. Wohl habt ihr die Nachtigall gehört: Wenn ihr nicht redlich liebt, habt ihr die Liebe verraten, wehe dem, der sie verraten wird!« Was die Nachtigall sprach *(se dist li louseignols)*, scheint ebenso sprichwörtlich gegolten zu haben, als die Reden Salomons oder die des Bauers *(ce dist Salemons, ce dist li vilains)*, wenn es auch nicht, wie diese, gesammelt ist. Bei den höfischen Dichtern der früheren Zeit, Provenzalen und Nordfranzosen, gehörten die Singvögel mit zu dem üblichen Frühlingsbild am Eingange der Lieder, doch eben im nachhaltigen Gefallen an dieser Form erprobt sich ihre volksmäßige Begründung, und manchmal noch ist der Sänger von den alten Anklängen tiefinnerlich erfasst. Statt aller sei hier von provenzalischer Seite Bernart von Ventadorn angeführt, der vom süßen Sange der Nachtigall, freudig erschrocken, in der Nacht aufgeweckt wird und selbst ein verliebtes Freudenlied zu singen anhebt; sodann aus dem nördlichen Frankreich Guiot von Provins oder Gasse Brulé, unter deren Namen ein Kunstlied geht, das so beginnt: »Die Vögel meines Heimatlands hört' ich in Bretagne, bei ihren Gesängen bedünkt es mich, dass ich sie vormals in der süßen Champagne gehört habe, mag es Täuschung sein, sie haben mich in so süße Gedanken versenkt, dass ich ein Lied zu dichten anhob«; dasselbe ist der Sehnsucht nach einer fernen Geliebten gewidmet. Den Gesang der Vögel als Heimatmahnung, der in der Lyrik zum Liede weckt, kennen auch die epischen Dichtwerke, jedoch, wie es ihnen ansteht, in entschiedener Richtung auf die Tat. So das Gedicht von Amicus und Amelius: Es war an Ostern, im April, wann die Vögel hell und heiter singen, als Graf Amis in einen Baumgarten trat; er hört ihr Getös und Gekreisch, da gedenkt er auf einmal seines Landes, seiner Frau und seines kleinen Sohnes, die er seit sieben Jahren nicht gesehen hat, die Augen gehen ihm über, und es drängt ihn, mit dem ersten Morgenlichte dorthin aufzubrechen. Der Held eines andern Romans, Aubri von Burguud, zweifelt an der Treue seiner Gemahlin, der Königin von Bayern; unruhvoll geht er in den Garten, lehnt sich an einen Weidenbaum, sieht den Fisch im Strome schwimmen, hört die Lerche, die Amsel, den Star, den Galander im Gesträuche singen und sieht die Blumen längs der Wiese blühen, da gemahnt es ihn, wie er ein Jüngling war, seiner Liebes- und Frühlingszeit: »Fisch, wie hast du all deinen Wunsch! Vogel, der du singest, wie hast du deine Wonne! So lebt' ich als junger Ritter, da ich nichts hatte, denn mein geschwindes Roß, meinen starken Speer und meinen neuen Schild; damals wäre mir ein grünes Kränzlein lieber gewesen, denn hundert Mark im Gurte; um schöne Frauen tummelt' ich mich wacker, manche Stadt und manche Feste brach ich, gute Jahre hatt' ich, beim heiligen Marcell! Nun ist's vorbei: Der Bracke, der gekettet ist, um besser am Pfahle festgehalten zu werden (a. ein Bär in der Kette, dem man den Maulkorb anlegt usw.), steckt wahrlich nicht in so heillosem Zwinger, wie ich jetzt.« Im Parzival zieht Herzeloide, deren Gemahl, Gamuret von Anjou, vom Speere gefallen ist, in den einsamen Wald, um ihren jungen Sohn vor Ritterschaft zu behüten, die dem Vater verderblich war; nichts darf vor dem Knaben von einem Ritter verlauten, schon aber schneidet Parzival sich Bogen und Bolz, womit er Vögel schießt; hat er einen getroffen, der zuvor mit lautem Schalle sang, da weint er und rauft sich die Haare; wenn er sich morgens am Flusse wascht, dann dringt der süße Vogelsang über ihm in sein Herz und dehnt ihm die junge Brust, weinend läuft er zur Mutter, doch kann er nicht sagen, wie ihm geschehen; sie geht der Sache nach, bis sie ihn nach dem Schalle der Vögel lauschen sieht und inne wird, dass von dieser Stimme die Brust ihres Kindes erschwillt, nach angeborener Art und eigener Lust; da befiehlt sie ihren Leuten, die Vögel aufzufangen und zu töten, aber die Vögel sind »besser beritten«, mancher entrinnt dem Tod und vergnügt sich noch ferner mit Gesang; auch erbittet Parzival ihnen Frieden, die Mutter küsst ihn und spricht: »Was wend' ich dessen Gebot, der doch der höchste Gott ist? Sollen Vögel meinethalb Freude lassen?« Parzivals jugendliche Regung ist nicht etwa so zu verstehen, dass der Vogelsang, von dem auch die Minnelieder durchklungen sind, zunächst die zarte Sehnsucht und nur mittelbar den Kampfmut anfache, der Nachdruck ist wörtlich auf Ritterschaft, Rittersleben gelegt, in dessen vollem Gehalte Frauendienst und Tapferkeit unzertrennlich zusammenfallen. Geradezu kriegerisch wirkt in einem karlingischen Gedichte die Stimme der Vögel, voraus der Nachtigall, auf das Gemüt eines andern Heldenkinds. Jourdain, Sohn des ermordeten Grafen Giraud von Blaives, hat am Hof eines Königs über Meer Zuflucht gefunden, als er nun eines Morgens früh in den Baumgarten gegangen ist, hört er den Gesang der Nachtigall und die Lust der andern Vögel, da gedenkt er an den Wüterich Fromont, der ihm Vater und Mutter mit der Schärfe des Schwerts im Schlaf erschlagen und ihn selbst des Landes enterbt hat: »Jetzt,« ruft er aus, »sollt' ich dort in meinem Lande sein, Ritter wär' ich dann für jetzt und immer und würde meinen tapfern Vater rächen!« Selbst der Wortlaut des Nachtigallrufes drängt zum Schwerte, man findet denselben gleichfalls in einer Dichtung des genannten Sagenkreises, derjenigen von Frau Aie: zur Osterzeit, wann die Wälder lauben und die Wiesen beblümt sind, die Vögel singen und großen Lärm verführen, auch die Nachtigall, welche spricht *occi, occi!* (töte!), da gerät das Mädchen in Schrecken, das seinen Freund (im Heerlager) ferne weiß. »Süße, artige Nachtigall, die du sprichst *occi occi occi!*« beginnt ein Lied in einer musikalischen Handschrift des 15. Jahrhunderts. Nur teilweise bekannt geworden ist das Singgespräch von *Guillaume le Vinier*, Bürger zu Arras gegen Ende des 13. Jahrhunderts, worin derselbe ausruft: »Hocherfreut ist mein Herz durch die Nachtigall, die ich gehört, wie sie singend sprach: *fier fier, oci, oci*, schlag tot alle, die ein Schrecken Treuliebender sind!« Dieses *occi occi*, das auch die Bauern bei Verfolgung Reinekes, der den Hahn wegträgt, als Mordgeschrei erschallen lassen, verlautet als Losung der Nachtigall am deutlichsten im Gedichte von den Taten des Mönchs Eustach, eines berüchtigten Seeräubers aus der Grafschaft Boulogne, der 1217 umkam; dort wird ein wunderlicher Schwank erzählt: Eustach hat dem Grafen von Boulogne schlimme Streiche gespielt und wurde deshalb von ihm verfolgt, war auch schon in seinen Händen, aber unerkannt; jetzt reitet der Graf dem Entronnenen in den Wald nach, da steigt Eustach in ein Weihennest, macht sich zur Nachtigall und hat den Grafen zum Narren; als er denselben vorbeikommen sieht, schreit er: *ochi ochi, ochi ochi!* (schlag tot, schlag tot!). Der Graf antwortet: »Ich werd' ihn totschlagen, bei Sankt Richier! wenn ich ihn mit Händen greifen kann.« Eustach: *fier fier!* (schlag zu, schlag zu!) Der Graf: »Meiner Treu! ich werde zuschlagen, aber an diesem Orte krieg' ich ihn nimmermehr.« Eustach neckt fürder: *non l'ot, si ot: non l'ot, si ot!* (er hatt' ihn nicht, hatte doch!) Graf: »Hatte, jawohl! gestohlen hatt' er mir all meine guten Rosse.« Eustach: *hui hui!* Graf: »Wohl gesprochen! noch heute *(hui)* werd' ich ihn mit meinen Händen erschlagen, wenn ich ihn zu Händen kriege; kein Tor ist, wer dem Rate der Nachtigall glaubt, sie hat mich gut gelehrt, an meinen Feinden Rache zu nehmen, denn sie ruft, ich soll ihn schlagen und töten.« Da macht der Graf von Boulogne sich auf, den Mönch Eustach zu verfolgen. Eine solche Deutung der verschiedenen Tonstufen des Nachtigallschlags lässt keinen Zweifel darüber, dass man in ihm nicht lediglich die schmelzenden Hauche der Sehnsucht vernahm. Zugleich erscheint es hier als volksmäßiges Herkommen, derlei Naturlauten Sinn und Wort unterzulegen. Übrigens ist das Spiel mit *occi* doch erst für ein hinzugekommenes anzusehen, während die wesenhaftere Vorstellung vom Vermögen der Vogelstimme, den Heldengeist zu wecken und den schlagfertigen Entschluss hervorzurufen, schon in den Liedern des nordischen Altertums sich aufzeigen lässt.

In dem Mythenliede vom Ursprung der drei Stände, Rigsmal, ist es nicht die wohlsingende Nachtigall, sondern die heisere Krähe, die dem Sprössling des edlen Geschlechts, dem jungen Jarlssohne, kriegerische Mahnung zuruft; des Vogelzwitscherns kundig, reitet er durch Gesträuch und Wälder, lässt das Geschoss fliegen, beizt Vögel, da spricht die Krähe, die einsam auf dem Zweige sitzt: »Was sollst du, junger Edling, Vögel beizen? Besser ziemte dir, Streitrosse zu reiten und Heer zu fällen, Dan und Danp haben kostbare Hallen, herrlicheres Stammgut, als ihr habt, sie verstehen wohl, den Kiel zu steuern, Schwertschneide Wunden reißen zu lassen.« Wie Parzival schießt der nordische Jüngling nur erst nach den Waldvögeln und, gleich jenem, wird er darüber vom Vogelschall ergriffen; wie den Sohn Girards der Nachtigallsang zur Erkämpfung seines Erbes und zur Vaterrache befeuert, so reizt die Krähe ihren Lehrling durch das leuchtende Vorbild dänischer Königsahnen, sich stattlichern Stammbesitz mit dem Kriegsschiff und der blutigen Schwertschneide zu erobern, bereits ein altnordisches *occi!* Zur Wikingsfahrt anzutreiben, war die Krähe vornehmlich geeignet; diese Vögel zogen gleichzeitig mit den nordfriesischen Seefahrern im Frühling von den Inseln weg und kehrten mit ihnen im Herbste wieder heim, auch sollen jene Friesen eine Krähe in ihrer Fahne geführt haben. Nach einem der eddischen Sigurdslieder erhält dieser junge Wölsung von den Vögeln auf dem Reise, deren Gespräch er durch Kosten vom Herzblut des Wurmes versteht, die Weisung, den treulosen Regin zu erschlagen und sich des Hortes zu bemächtigen; ein Vogelweibchen singt den andern zu: »Klug bedeucht' er mich, wüsst' er zu brauchen euern großen Liebesrat *(âstrâd)*, ihr Schwestern!« Gerade verwaisten, heimatlosen Heldensöhnen wird die Stimme der Wildnis, ratend und tieferregend, vernehmbar. Im deutschen Volkslied ist von solchen Waffenrufen nur unsichere Spur vorhanden. Nichts was dem gewaltsamen *occi* entspräche, unerachtet das Welsch der Vögel vielfach ins Deutsche übertragen ist. Bei den Minnesängern und späterhin hat die Nachtigall nur schmachtende oder tändelnde Lieder ohne Worte: tandaradei, deilidurei, titidon zizi zi usw., und wenn der viel gewanderte tirolische Dichter Oswald von Wolkenstein jenes *occi* selbst ertönen lässt, so geschieht es in einem bunten Gemische deutscher und romanischer Rufe. Zwar singt die Nachtigall dem Gefangenen zu Augsburg: »Ein frischen freien Mut den soll ein Krieger haben!« und der dies Liedlein gesungen hat, ist »ein Krieger gut«, die drei Gesellen aus Rosenthal, die ihr zugehorcht, sind Freibeuter geworden, und der von ihr hinweg zu den Landsknechten gegangene Freiersmann schließt mit den Worten:

Der uns dies Liedchen erstmals sang,
er hat es wohl gesungen
mit Pfeifen- und mit Trommelnklang,
zum Trotz den Neiderzungen.

Aber das Eigentümliche dieser Stücke beruht in den Gegensätzen: der verschmähte Liebhaber geht von der minnesingenden Nachtigall zum blanken Harnisch und singt von ihr zu Pfeifen- und Trommelklang; »der in großen Sorgen liegt«, der Gefangene, Gefolterte, hat noch den trotzigen Mut, mit dem kleinen Waldvöglein und den hübschen Liedern von ihm zu spielen. Auch für diese Wendung kann ein französisches Volkslied verglichen werden: Drei Abenteurer aus Lyon, die ohne den roten Heller *(ne croix ne pille,* Bild- und Kehrseite der Münze) zur See gegangen und vom Nordwind weit in das salzige Meer hinausgejagt sind, wo sie von heidnischen Galeeren (Barbaresken) verfolgt und zur Übergabe aufgefordert werden, stellen sich unter den Schutz Gottes, der Jungfrau Maria, des heiligen Nikolaus und der heiligen Barbara, einer aber stimmt an: »Nachtigallchen des Waldes, geh und sage meiner Freundin: Gold und Silber, soviel ich habe, davon soll sie Schatzmeistern sein; über meine drei Schlösser soll sie die Herrschaft haben, das eine ist in Mailand, das andre in Picardie, das dritte in meinem Herzen, doch wag' ich das nicht zu sagen.« Der schließende Anruf war ohne Zweifel ein Liedchen für sich, aus dem Bereiche der nachher zu erörternden Liedergattung vom Botenamte der Vögel, zumal der Nachtigall als Liebesbotin, doch ist dasselbe nicht bloß zufällig beigeschrieben, sondern dient zum Ausdruck des kecken Sinnes, der lustigen Selbstverspottung jener lockern Gesellen, mitten in Meeressturm und Feindesdräuen. Dem deutschen Kriegsvolke schmettert die Nachtigall in den wildesten Schlachtlärm hinein. Nach ihr war eine Art schweren Geschützes benannt; die Nachtigall dieses Schlags wog 60 Zentner, schoss 50 bis 60 Pfund Eisen und zu ihr gehörten 13 Wagen mit 88 Pferden. Tätig ist eine solche bei Zerstörung des Schlosses Hohenkrähen im Jahre 1512:

Der Kaiser mit seim Frauenzimmer,
seiner Kantorei vergiss ich nimmer,
viel Freud in dieser Sache:
die Nacht'gall hat sich geschwungen auf,
nit besser mocht mans machen.

Die Singerin singt den Tenor schön,
die Nacht'gall den Alt in gleichem Ton,
scharpf Metz bassiert mit Schalle,
die Schlang den Discant warf darein,
sie achten nit, wem es g'falle.

Sie sungen, dass die Mauren kluben
und Bett und Bölster zum Dach aus stuben,
es war ein seltsamer Tanze.

Bei der Einnahme von Doornick 1521 waren:

so ich mich bsinn, drei Singerinn,
vier Nachtigal mit Namen usw.
die Nachtigal allein zumal
hätt diese Stadt ersungen.

Besonders aber wird in einem der niederdeutschen Landsknechtlieder auf die geldrisch-burgundische Fehde von 1542–43 erzählt, wie die Geldrer das Lager des Prinzen von Burgund bei Nacht überfallen:

Die Sonne hat sich verborgen (verkytet)
die Sterne sind aufgegangn,
der Mond ist hervor gedrungen,

Frau Nachtigall mit Gesang;
sie sungen also helle,
dass es in den Himmel klang.

Unter den hellsingenden Nachtigallen versteht der geldrische Kriegsknecht nichts andres, als was er früher unbildlich sagte: »Die Büchsen hört man krachen im Jülicher Land so weit«; jetzt aber zieht er, gleich dem Gesellen aus Lyon, die Nachtigall der Liebeslieder herbei, und zwar den Anfang, eines in demselben Tone verfassten Wächterlieds:

Die Sonne die ist verblichen,
die Sterne sind (a. der Mond ist) aufgegangen,
die Nacht die kommt geschlichen,
Frau Nachtigall mit Gesang.

In ein andres, stilleres Gebiet führt die aus fernem Morgenland stammende Fabel von den drei Lehren der Nachtigall. Dieselbe tritt am frühesten in der griechischen Legende Barlaam und Joasaph hervor: Ein Vogelsteller fängt eine Nachtigall und will sie schlachten, da spricht sie: was ihn dies helfe, da er sich doch mit ihr nicht den Magen füllen könne? woll' er sie aber der Bande entledigen, so werde sie ihm drei Anweise geben, deren Bewahrung ihm für sein ganzes Leben nützlich sein werde. Erstaunt über ihre Anrede, verheißt er ihr die Freiheit, wenn sie ihm etwas Neues zu hören gebe. Nun lehrt sie: »Unerreichbares strebe nie zu erlangen, lass dich keine verlorene Sache reuen und glaube kein unglaubliches Wort!« Nachdem er sie losgelassen, will sie erkunden, ob er den Gehalt ihrer Worte begriffen und sich Nutzen daraus gezogen habe. Aus der Luft herab spottet sie der Unklugheit des Mannes, der solchen Schatz hingegeben, denn in ihren Eingeweiden befinde sich ein Edelstein (μαραγριτης), größer als ein Straußenei. Voll Bestürzung und Reue, versucht er sie wieder zu fangen, er will sie in sein Haus zurücklocken, wo er sie freundlich bewirten und dann ehrenvoll entlassen werde, die Nachtigall aber zeigt ihm, wie wenig er ihre Lehren genützt, die er doch gerne angehört: er habe schlecht behalten, dass er um Verlorenes sich nicht grämen, und dass er nicht versuchen solle, sie zu fangen, deren Weg er nicht folgen könne, und wie könnte ihr Inneres einen Edelstein bergen, größer als ihre ganze Gestalt? Mit dem Barlaam ging diese Fabel in die abendländischen Sprachen über, namentlich im 14. Jahrhundert in die allgemein verbreitete goldene Legende: vor und nach dieser Zeit ist sie auch mannigfach in andern Verbindungen oder für sich allein erzählt worden, so in der gleichfalls viel gebrauchten Disciplina clericalis aus der ersten Hälfte des 12. Jahrhunderts, in der beliebten Sammlung *Gesta Romanorum*, altfranzösisch: in den Ermahnungen des Vaters an den Sohn, einer gereimten Bearbeitung der *Disciplina*, und als besondres Lai, deutsch: zwar nicht in Rudolfs Barlaam, aber unter den gereimten Beispielen aus dem 13. Jahrhundert, dann von Boner, Hans Sachs und anderwärts. Da einige der genannten Sammelwerke für den geistlichen Unterricht bestimmt waren, weshalb auch die Fabeln und Märchen mit christlichen Deutungen überreich versehen sind, so konnte die Nachtigall, deren Lehrsprüche schon Barlaam in solcher Weise auslegt, selbst vom Predigtstuhl zum Volke reden. Die vielfältigen Aufzeichnungen stimmen wohl im Ganzen überein, doch bildet die *Disciplina clericalis*, deren Verfasser, ein getaufter spanischer Jude, nach seiner Angabe (S. 34), zum Teil aus arabischen Quellen geschöpft hat, mit den zwei altfranzösischen Stücken eine besondre Reihe, die sich von den andern durch einige hieher nicht unerhebliche Züge unterscheidet: Der Vogel weigert sich, in der Gefangenschaft zu singen, und muss daher schon vor Erteilung und auf bloße Zusage der drei Sprüche freigelassen werden, statt der Lehre, nicht nach Unerreichbarem zu trachten, steht die, was man habe, festzuhalten, auch wird im Eingange die Annehmlichkeit des Gartens geschildert, in welchem das unbenannte Vögelein singt. Das kleine Landschaftsbild, sonst nur leicht entworfen, erwächst in dem nordfranzösischen Lai zu einer ausgeführten Darstellung selbstständigen Inhalts: Vor mehr als hundert Jahren besaß ein reicher Bauer ein wunderschönes Herrenhaus, wie kein andres auf der Welt war, mit herrlichen Türmen und köstlichem Baumgarten, rings von einem Strom umflossen; ein Ritter hatt' es erbaut, dessen Sohn es dem Bauer verkaufte; der Garten duftete so von Rosen und andrer Würze, wär' ein Kranker eine Nacht darin gelegen, er wäre geheilt von dannen gegangen; die Bäume trugen Früchte jeder Art und zu jeder Jahreszeit; er war gänzlich durch Zauberkunst geschaffen. Mitten darin sprang ein klarer Quell, beschattet von einem Baume, der nie sein Laub verlor; auf dem Baume sang täglich zweimal, morgens und abends, ein Vogel, kleiner als ein Sperling (moisson), größer als der Zaunkönig; weder Nachtigall noch Amsel, Drossel noch Star, Lerche noch Galander war so lieblich zu hören, er sang Lieder und Weisen, dass weder Geige noch Harfe sich damit messen konnte, der Kummervollste vergaß beim Gesange des Vogels sein Leid, erglühte neu von Liebe, dachte sich einem Kaiser oder Könige gleich, wenn er auch Bauer oder Bürger war, und hätt' er über hundert Jahre verlebt, er deuchte sich alsbald ein Jüngling, ein Diener schöner Frauen zu sein. Ein andres Wunder war, dass der Garten nur so lange bestehen konnte, als der Vogel dorthin zu singen kam, denn vom Gesange geht der Liebeshauch aus, der Blumen und Bäume in Kraft erhält; wäre der Vogel ausgeblieben, sogleich wäre der Garten verdorrt und die Quelle versiegt. Der Bauer, dem dieses Anwesen gehört, will eines Morgens sein Gesicht an der Quelle waschen, als eben der Vogel hoch auf dem Baume mit vollem Atem sein Lied anstimmt und in seinem Latein also singt: »Hört auf mein Lied, Ritter, Geistliche und Laien, die ihr der Minne huldigt und ihre Schmerzen duldet! auch zu euch, schöne Jungfraun, sprech' ich: voraus sollt ihr Gott lieben und sein Gebot halten, gerne zur Kirche gehn und sein Amt anhören! Gott und Minne sind einhellig, beide lieben Sinn, Wohlgezogenheit, Ehre, Treue, Milde, beide hören auf schöne Bitte, und haltet ihr euch an jene Tugenden, so könnt ihr Gott und die Welt zugleich haben.« Als aber der Vogel den filzigen Bauer unter dem Baume lauschen sieht, da singt er in andrem Tone: »Lass deinen Lauf, O Fluss! Häuser, Türme, stürzet ein! welket, Blumen! Kräuter, dorret! Bäume, hört auf zu tragen! hier pflegten mich edle Frauen und Ritter zu hören, denen der Brunnen lieb war, die an meinem Gesange sich vergnügten, durch ihn um so schöner liebten, Milde, Höflichkeit, Tapferkeit übten, Ritterschaft handhabten; jetzt hört mich dieser missgünstige Bauer, dem Münze lieber ist als Minne, der hieher kommt, nicht um besser zu lieben, nein, um besser zu essen, zu trinken, zu schlingen.« Damit fliegt der Vogel hinweg, der Bauer aber denkt darauf, ihn zu haschen, um ihn teuer zu verkaufen, oder, wenn das nicht gelänge, in ein Käfig zu sperren und sich früh und spät von ihm singen zu lassen; er stellt Netze, worin der Vogel gefangen wird, und nun erst folgt die schon bekannte Geschichte von den drei Kluglehren *(trois sens);* der befreite Vogel kehrt nicht wieder, die Blätter fallen vom Baume, der Garten verödet, die Quelle versiegt und das Sprichwort bewährt sich: Wer alles begehrt, verliert alles. Die Verbindung des indischen Apologs mit dem feudalistischen Märchen ist nicht sonderlich gelungen. Zweimal des Vögleins Lehren und so verschiedenartig, dass die beiden Teile ohne inneren Zusammenhang nebeneinander stehen; der Fluch des hinwegfliegenden Wundervogels verliert alle Wirkung, wenn dieser gleich am Abend in den Garten zurückkehrt. Dennoch ist das Dichterische des Grundgedankens nicht zu verkennen: eine ganze Ritterwelt, hochgetürmte Burg, Sommerwonne, Frauendienst, Waffenruhm, wird von dem kleinen Geschöpfe heraufgesungen und schwebt an dem Zauber seiner süßen, belebenden Stimme. Gewiss war dieser

Gedanke dem ungeschickten und weitschweifigen Verdoppler der Fabel nicht eigen, vielmehr ist hier, wie anderwärts beim unstrophischen Lai, eine besser abgeschlossene Vorlage in Liedesform anzunehmen, auf welche jedoch voraus schon die zum Gemeingut gewordene Lehrfabel eingewirkt haben kann. Von solchem Einfluss zeigen sich ja auch in den deutschen Volksliedern unverkennbare Merkmale. Zuerst die wiederkehrende Bezeichnung der Örtlichkeit:

Da liegt eine Stadt in Osterreich *(Osterick)*
die ist so wohl gezieret
all mit so manchem Blümlein blau,
mit Marmelstein gemauret.

Na steht ein Kloster in Ostenreich *(Oostenrijc)*
es ist so wohl gezieret
mit Silber und mit rotem Gold,
mit grauem Stein durchmauret.

Es liegt ein Schloss in Osterreich,
das ist gar wohl erbauet
von Zimmet und von Nägelein,
wo findt man solche Mauren?

Überall ist es hier derselbe Landesname, wie er, je in der besondern Mundart, dem deutschen Österreich zukommt; entschieden auf dieses bezieht sich das Lied von einem unschuldig gefangenen und hingerichteten Knaben:

Es liegt ein Schloss in Österreich,
das ist ganz wohl erbauet
von Silber und von rotem Gold,
mit Marmelstein vermauret.

Schluss:

Wer ist der uns dies Liedlein sang?
so frei ist es gesungen;
das haben getan drei Jungfräulein
zu Wien in Österreiche.

Das erste Gesätz ist vernehmlicher Nachklang der älteren Lieder von der Nachtigall, aber in diesen selbst weist der märchenhafte Bau der Stadt, des Klosters, Schlosses auf ursprünglichen Bezug zu einem entlegenen Ostlande. Um jene Stadt her liegt der grüne Wald mit der singenden Nachtigall, die aber, wie das Vöglein der einen Fabelreihe, sich nicht zum Sange zwingen lässt; ihre Sprüche werden auch gerne noch in der Dreizahl gehalten, selbst wenn sie nicht alle gleich gut auf den gegebenen Fall zutreffen, und es sind darunter einige, in denen ein leichter, der Sorge und des Kummers sich entschlagender Sinn empfohlen wird; vom Barlaam an, wo die Schlusslehre lautet: »Gräme dich nicht um eine vorübergegangene Sache!« tönt dieselbe in vielen Sprachen fort, und in den deutschen Nachtigallliedern ist sie durch einen verschiedentlich gefassten Spruch vertreten, der auch für sich bestehend oder ein anderartiges Lied beschließend in Notenbüchern des 16. Jahrhunderts vorkommt:

Zwischen Berg und tiefem Tal
da liegt ein freie Straße;
Und wer sein Lieb nicht behalten mag,
der muss es fahren lassen.

Der vielfach vermittelten Lehrfabel aus dem Osten kamen Anklänge des heimischen Volksgesangs entgegen. In jener waltet eben der Lehrzweck vor, die Lehren sind verständig und nützlich, auch der Art des Vögleins wohl angepasst: Die Volkslieder sind lebhafter empfunden, sie fassen einerseits das Leben der Vögel mit all der Innigkeit auf, die ihm überhaupt in deutscher Dichtung zugewandt ist; und stellen demselben von der andern Seite Menschen mit tief erregtem Gemüte gegenüber. Alte Sprüche sagen: »Ich bin frei, wie der Vogel auf dem Zweig! ich bin niemands, niemand ist mein, wer mich fast, des will ich sein.« Dem Falken wird zugerufen: »Du fleugst, wohin dir lieb ist, du erkiesest dir in dem Walde einen Baum, der dir gefalle«; ebenso der Nachtigall: »Du bist ein kleins Waldvögelein, du fleugst den grünen Wald aus und ein.« Darum heißt sie bei den Minnesängern: die *freie* Nachtigall: noch 1532 wird ihre Freiheit zu Bamberg obrigkeitlich anerkannt: »Gebot der Nachtigall halb: soll nicht gefangen werden.« In den Zwiegesprächen nun will man ihr das helle Singen bald untersagen, bald gebieten oder ablernen und zum Dank ihr Gefieder mit Golde bekleiden, aber sie verschmäht das glänzende Zeichen der Dienstbarkeit. Konrad von Würzburg vergleicht sein eigenes, keinen äußeren Lohn ansprechendes Dichten dem Gesange der Nachtigall, die sich nicht darum kümmert, ob jemand sie höre oder nicht. Sie selbst rühmt sich, dass niemand sie zwingen könne und sie jeder Gewalt zu entrinnen wisse. Allein die frei fliegenden Vögel sind auch obdachlos, aller Unbill des Wetters und der Jahreszeit preisgegeben. Schon die altnordische Dichtersprache nennt den Winter Betrübnis, Angst der Vögel; ihr Ungemach unter freiem Himmel bezeichnen in angelsächsischem und skaldischem Gebrauche die Beiwörter des Adlers und des Raben: der nassfedrige, taufedrige, schmutzkleidige, taufarbige. Mittelhochdeutsche Dichter fragen zur Zeit des Laubfalls: »Wo nehmen nun die Vögel Dach?« Wann auf der Linde Rost liegt, dann ist die Zeit, wo der Wald des Laubes bloß wird »und die Nachtigall ihr Herze zwinget«, d. h., zu winterlangem Schweigen niederhält. So wird ihr auch im Volksliede, wenn sie mit ihrer Freiheit sich brüstet, entgegengehalten, dass doch der Reif, der Hagel, der kalte Schnee ihr das schirmende Laub von der Linde streife, sie soll sich hinwegschwingen, damit nicht der kühle Tau sie netze, der Reif sie erfröre; doch hat sie auch hierauf Antwort: »Und netzet mich der kühle Tau, so trücknet mich Frau Sonne.« Lust und Leid, Bedrängnis und Trost eines Nachtigalllebens ist damit in wenigen Zügen vorübergeführt. Ein ähnliches Liedchen lässt den Kuckuck, vom Regen durchnässt auf dem Zaune sitzen, danach kommt der Sonnenschein, alsbald schwingt der Kuckuck sein Gefieder und fliegt über den See hin: dies der ganze Inhalt. Ohne Nutzanwendung oder Lehrspruch sind solche der Natur abgelauschte Lebensbilder ein Spiegel menschlicher Zustände und Erfahrungen. An die Geschichte der Nachtigall treten nun so mancherlei persönliche Fragen und Begehren heran, die von jungen Mädchen und Gesellen gestellt werden, von Verliebten, Werbenden, Verlassenen, Ausgewiesenen, Gefangenen. Überall sind es Anliegen des klopfenden Herzens, denen die Nachtigall Rede stehen soll, und sie antwortet durch das Beispiel ihrer eigenen Erlebnisse: Mit der entlaubten Linde mahnt sie zum Festhalten des jungfräulichen Kränzleins, durch den goldenen Flügelschmuck will sie nicht ihre Freiheit binden lassen, ihr bereiftes Gefieder und die trocknende Sonne gibt sie dem Mann im Kerker zum Troste. All das bewegt sich in der leichten Schwebe des Vogelsangs und Vogelflugs, und doch waltet ein tiefer Klageton in dieser Flüchtigkeit der Sommerlust, des Jugendmuts, des Liebelebens, und in dem letzten Rate der Entfliegenden: fahren zu lassen, was nicht zu behalten ist. Die Fabel von den drei Lehren des Vögeleins hatte selbst wohl in frischer Naturanschauung ihren Ursprung: War sie allmählich altklug geworden, im lebendigen Borne des Volksgesangs konnte sie, eine badende Nachtigall, sich verjüngen.

Beiderlei Arten des bedeutsamen Vogelsangs, der aufreizende und der lehrhafte, werden als Rat bezeichnet: so auf der einen Seite, was dem jungen Sigurd *(âstrâd)* und dem Grafen von Boulogne *(conseil)* gesungen wurde, andrerseits, in der norwegischen Bearbeitung des Barlaam um 1200 und in einer alten Verdeutschung der *Gesta romanorum*, die drei Räte der Nachtigall an den Vogelsteller. Der vorgenannte Graf weist aber zugleich auf einen sprichwörtlichen Ausdruck oder Denkreim, wenn er sagt: »Kein Tor ist, wer dem Nachtigallrate glaubt.« Entsprechend ist es im Renner (S. 2873) Merkmal eines Einfältigen: »der hörte nie ein Vöglein im Maien.« Nach einer englischen Ballade äußert der von schwerem Unheil bedrohte Graf Perch von Nordhumberland, als er mit seiner schönen Frau in den Garten geht: »Ich hört' einen Vogel singen in mein Ohr, dass ich muss fechten oder fliehen.« Meister Hagens kölnische Reimchronik, geschrieben 1270, berichtet von den Anschlägen des Bischofs Engelbrecht wider die Stadt: »Der Bischof hört« ein neues Lied singen ein ander Vögelchen: »Herr Bischof! wollt Ihr Herr sein von Köln der Stadt, über arm und reich, all Euer Leben lang, dazu will ich Euch Rat geben.« »Ja! sing an, Vögelchen! ich will dir gefolgig sein.« »Fahrt ein zu Köln auf Euren Saal und tut, was ich Euch raten werde!« Der Vorschlag geht auf heimliche Bewaffnung und treulosen Überfall. »Des Rates war der Bischof froh und tat genau also,« Auch der Reimspruch eines bayerischen Herolds um 1424 streift an die kriegerischen Aufrufe, indem von einem turnierlustigen Adelsgeschlechte gerühmt wird: »Und hörten sie einen Grillen singen von einem Ritterspiel, sie legten darauf Kostung viel.« Eben der sprichwörtliche und formelhafte Gebrauch, verhohlene Ratschläge und Entschlüsse, selbst in wenig dichterischen Angelegenheiten, auf Eingebung der Vögel zu schieben, setzt eine lebensvollere Auffassung voraus, wie sie altverbreitet in Heldenmären und Volksliedern nachgewiesen werden konnte; eine Auffassung, die nicht einzig sinnbildlicher Art ist, sondern wirklich von dem »hellen Singen«, der »wilden Zunge« des Waldvögleins ausgeht. Indem der Nachtigall unter allen Waldesstimmen mit dem kräftigsten Klang auch die reichste Mannigfaltigkeit der Töne zu Gebot steht, vermag sie alles, was im Innern des Hörenden schlummert oder wach ist, aufzurühren und jene verschiedensten Gemütsstimmungen, nachdenkliche, gefühlvolle, stürmische, gleich eindringlich anzuschlagen.

Soviel vom Rate der Nachtigall: Damit ist jedoch ihr Geschäftskreis in der deutschen Volksdichtung lange nicht erschöpft, sie hat noch vielerlei auszurichten, als Sendbotin, Wahrsagerin, femartige Zeugin und Anklägerin verborgener Schuld, und diese verschiedenen Berufe greifen wechselseitig ineinander. Nicht zu vergessen ist endlich die von allem Geflügel des Waldes und der Lüfte gefeierte Hochzeit der Nachtigall mit dem Gimpel.

Dem Eindrucke der Vogelstimme gesellt sich derjenige des Fluges, und auch ihn haben vielerlei Lieder, ernst oder spielend, zur Darstellung gebracht. Weiteste Räume rasch durchmessend, über Land und Meer sich hinschwingend, Mauer und Zinne hoch überschwebend, sind es die Vögel, die sich das Verlangen in unerreichbare Ferne vor allen zu Boten wünscht und denen die Poesie diesen Dienst wirklich überträgt. Als Liebesbotin wird in besonders die Nachtigall verwendet, ihr steht ja mit dem Fluge zugleich der herzbewegende Gesang zu Gebote. »Nachtigall, gut Vögelein, meiner Frauen sollt du singen in ihr Ohr dahin!« ruft der Minnesänger Heinrich von Stretlingen und nimmt zum Kehrreim seines Liedes die Nachahmung des Nachtigallschlags; ein andrer: »Nachtigall, sing einen Ton (Gesangweise) mit Sinne meiner hochgemuten Königin! kund' ihr, dass mein steter Mut und mein Herze brenne nach ihrem süßen Leib und ihrer Minne!« Der von Wildonie lässt sein Maienlied ein Vögelein vor dem Walde singen. Französische Volkslieder fordern herkömmlich die wilde Nachtigall auf, einen Botendienst zu der Schönen zu tun und ihren strengen Sinn zu erweichen. Der eigentümlichen Wendung am Schlusse des Liedes von den drei Gesellen aus Lyon ist schon oben gedacht. Die Verbindung des Anrufs an die Nachtigall mit der Bedrängnis des Singenden erinnert an die Lieder vom gefangenen Kriegsmann und von den drei Gesellen aus Rosenthal. Den innerlichen Ursprung dieser Nachtigallsendungen erklärt ein altenglisches Gedicht, dem der Frühling die Zeit ist: »Wann Liebende schlafen mit offenem Auge, wie Nachtigallen auf grünem Baume, und sehnlich verlangen, fliegen zu können, um bei ihrem Lieb zu sein.« Noch einfacher das deutsche Lied:

Wenn ich ein Vöglein wär'
und auch zwei Flüglein hätt',
flög' ich zu dir.

Die Botschaft der Nachtigall wird aber auch in ausgeführte Handlung gesetzt. Hoch- und niederdeutsch ging im 16. Jahrhundert folgendes Lied im Schwange (Volksl. Nr. 15 A):

Es steht eine Lind' in jenem Thal,
darauf da sitzt Frau Nachtigall.
»Frau Nachtigall, kleins Waldvögelein!
du fleugst den grünen Wald aus und ein.
Ich wollt', du solltst mein Bote sein
und fahrn zu der Herzallerliebsten mein.«
Frau Nachtigall schwang ihr Gefieder aus,
sie schwang sich für eins Goldschmids Haus.

Da sie kam für des Goldschmids Haus,
da bot man ihr zu trinken heraus.

»Ich trink' kein Bier und auch kein' Wein,
denn bei guten Gesellen fröhlich sein.

Ach Goldschmid, lieber Goldschmid mein,
mach mir von Gold ein Ringelein!«

Und da das Ringlein war bereit,
groß Arbeit war daran geleit.

Frau Nachtigall schwang ihr Gefieder aus,
sie schwang sich für eins Burgers Haus.

Da sie kam für des Burgers Haus,
da lugt das Maidlein zum Fenster aus.

»Gott grüß' Euch, Jungfrau hübsch und fein!
Da schenk' ich Euch ein Ringelein.«

Was schenkt sie dem Knaben wieder?
ein' Busch' mit Kranichsfedern.

Die Federn waren wohl bereit,
es soll sie tragen ein stolzer Leib.

Den ersten Teil einer schottischen Ballade, die in verschiedenen Fassungen aufgezeichnet ist, bildet die Sendung des Vogels, wodurch eine Entführung, als andrer Teil des Gedichts, vorbereitet wird; der Vogel heißt bald Taubenfalke *(goshawk)*, bald Papagei, doch reimt sich keines von beiden mit seinem gerühmten Singen. Er soll einen Liebesbrief seines Herrn der Maid in Südengland bringen, doch wie soll er sie ausfinden, die er niemals sah? Der Herr bezeichnet sie ihm: was rot an ihr, das sei wie Blut auf Schnee getropft, was weiß, wie Flaum der Seemöve. Wohl unterwiesen, fliegt der kleine Vogel über die tobende See, bis er einen Turm von Golde sieht: Er lässt sich vor dem Tore der Jungfrau nieder: singt auf einer Birke, da sie zur Kirche geht, auf einer Esche, da sie aus der Messe kommt, auf einem Bette von Thymian vor ihrem Fenster, als sie zum Mahle niedersitzt, alles, was ihm vorgesagt ist, singt er hinein. Die Jungfrau heißt ihre Gespielen in der Halle sitzen und den roten Wein trinken (vgl. Gudr. S. 1330), sie selbst geht zum kleinen Fenster, des Vögeleins Gesang zu hören. Sie will dasselbe prüfen, sei es ihres Treuliebs Vogel, so werde es zum Ärmel ihres Gewandes hineinschlüpfen und am Saume wieder heraus. Der Vogel weist sich mit dem Brief unter seinem Flügel aus, worauf sie ihn mit den Bändern aus ihren Haaren, mit der Nadel von ihrer Brust und mit dem Herzen darin, sowie mit dem Bescheide, wo ihr Liebster sie treffen möge, zurücksendet.

Im nordischen Altertum ließ man, vor Anwendung des Magnets, Raben mit besondrer Weihe vom Schiffe fliegen, um durch ihr Ausbleiben oder ihre Wiederkehr zu erkunden, ob Land in der Nähe sei oder nicht. Mythische Zubildung dieses Gebrauchs ist es, dass Odin jeden Tag zwei Raben über die Welt ausfliegen lässt, die sich nachher auf seine Achseln setzen und ihm alles Neue, was sie gesehen oder gehört, in das Ohr sagen: Sie heißen Huginn und Muninn, Denkkraft und Erinnerung, und damit erhält dieser Botenflug überhaupt das Wahrzeichen geistigen Verkehrs. Zunächst dem Mythus steht das schwedische Volkslied vom Raben Rune: Herr Tune hat seine Tochter in fremdes Land verheiratet, wo es ihr übel ergeht: in Fesseln geworfen, blickt sie durchs Fenster und sieht den Raben Rune daherfliegen: sie ruft ihm zu, ob er für sie in fernes Land fahren wolle? »Im Walde hab' ich meine Junge, so weit fahr' ich nicht mit ihnen beschwert.« »Nimm deine Junge und leg' sie an meine Brust, so können sie essen, solang sie gelüstet.« Der Rabe fliegt aus, trifft Herrn Tune und meldet ihm, dass seine Tochter gefangen liege. »Willkommen mir, Rabe Rune! für dich hab' ich Met und Wein gemischt.« »Nicht lüstet mich nach Met noch Wein, aber gib mir Weizenkörnlein für meine Junge!« Sie messen ihn mit Scheffel und Löffel: »Nimm hin so viel du führen kannst!« Tune sattelt sein treffliches Braunross und befreit die Tochter. Die dänische Ballade dieses Inhalts weicht in vielem ab. Die Gefangene, die am nächsten Tage verbrannt werden soll, hört des Raben Schwinge und fragt ihn, ob er den Wächterton singen könne? Er bejaht es, er sei noch klein gewesen, da er denselben gelernt. Sie verspricht ihm ihr rotes Goldband, wenn er zu ihren Blutsfreunden fliegen und ihrem Bruder Hildebrand Botschaft bringen wolle. »Was soll ich mit deinem Gold so rot? viel lieber nehm' ich mein Rabenfutter.« »Liebster Rabe! willst du für mich fliegen, meines Herren Auge geb' ich dir.« Der Rabe schlägt seine Schwingen aus und fliegt über drei Königreiche: er fliegt in die Stube hinein, wo Hildebrand den klaren Wein trinkt, und richtet die Botschaft aus. Hildebrand springt über den Tisch, dass der Wein auf den Boden fließt, besteigt sein falbes Roß und rennt über das wilde Meer, weil er aber mitten im Sunde das Roß nennt, wird er abgeworfen; Roß und Rabe kämpfen die Jungfrau ihren Bedrängern ab und bringen sie dem Bruder, der am Strande steht; durch einen Kuss von ihr werden die beiden Tiere gleichfalls zu ihren Brüdern. Dieses dänische Lied berührt sich mit einem weitern: Der Rabe fliegt am Abend, am Tage darf er nicht, er fliegt hoch über die Mauern, wo er die Jungfrau in ihrer Kammer trauern sieht, er fliegt südlich und nördlich, fliegt hoch in die Wolke, sieht die Jungfrau traurig sitzen und nähen, und fragt, warum sie so bitterlich weine? Sie blickt aus dem Fenster und sagt: wer sie trösten und auf ihren Kummer hören wolle? Dann heißt sie den wilden Walraben herfliegen, um ihm all ihr heimliches Leid zu erzählen: Ihr Vater verlobte sie einem Königssohn, aber ihre Stiefmutter sandt' ihn fern in östliche Reiche, um sie dem eigenen hässlichen Schwestersohne zu geben, ihren Bruder Werner verwandelte die Stiefmutter und sandt' ihn in fremde Land. Der Rabe fragt: was sie ihm geben wolle, wenn er sie zu ihrem Bräutigam führe. Sie verspricht ihm das rote Gold und das weiße Silber; das heißt er sie behalten und verlangt den ersten Sohn der beiden Verlobten. Da nimmt sie den Rabenfuß, legt ihn auf ihre weiße Hand und schwört bei ihrem Christenglauben, dass er den Sohn haben solle. Alsbald setzt er sie auf seinen Rücken, fliegt mit ihr mühsam über das wilde Meer und lässt sich auf die Zinne des Hauses nieder, vor dem der Bräutigam, den Silberbecher auf der Hand, steht und die Jungfrau willkommen heißt. Die Hochzeit wird getrunken, als aber der erste Sohn zur Welt kommt, da setzt der wilde Rabe sich auf die Zinne und mahnt an das Gelöbnis. Die Mutter weint und schlägt die Hände zusammen, dass es kein Mägdlein ist. Der Vater geht hinaus und bietet für seinen Sohn schöne Burgen, dazu sein halbes Land; allein der Rabe droht, wenn ihm das Kind nicht werde, das Reich zu verwüsten und den Herrn selbst zu erschlagen. Das Kind muss von der Mutter Brust hingegeben werden, der Rabe nimmt es in seine Klaue, gluckst fröhlich, hackt ihm das rechte Auge aus und trinkt sein Herzblut halb; so wird er zum schönsten Ritter, es ist der Bruder, der lange verzaubert war, und auf das Gebet der Versammelten lebt auch das Kind wieder auf. Der sehnsüchtige Blick nach Rettung, das unwiderstehliche Verlangen in die Ferne hat in diesen nordischen Liedern einen wilden, aber den kräftigsten Ausdruck gefunden, wenn die Jungfrau bereit ist, die Jungen des ausfliegenden Raben an ihrer Brust zu ätzen, oder wenn ihm der erste Sohn versprochen wird; der Botendienst erstreckt sich im letzten Stück auf die Überführung der Verlangenden selbst und indem die rettenden Tiere verwandelte Brüder sind, dienen sie zugleich dem nicht minder mächtigen Drange zu helfen, der jener Sehnsucht und Bedrängnis fernfühlend entgegenkommt.

Die Sendung des Raben bildet einen Hauptteil des altdeutschen Gedichtes von *Sankt Oswald*, König in Engelland, der auch in kirchlichen Bildwerken mit dem Raben erscheint. Dieser junge König hört durch den

Pilgrim Warmund von der schönen Tochter des Heidenkönigs Aaron, jenseits des Meeres, welche heimlich nach der Taufe Verlangen trage. Er will einen Boten haben, der erkunde, ob sie ihm geneigt sei und Christenglauben annehmen wolle; dann würd' er mit Heeresmacht nach ihr über Meer fahren. Der Pilgrim wendet ein, dass der Heide jedem Boten, der um seine Tochter werbe, das Haupt abschlage; auch sei die Burg desselben so fest, dass Oswald dreißig Jahre davor liegen könnte, ohne der Jungfrau ansichtig zu werden. Er weiß einen andern Rat: Oswald habe auf seinem Hof einen edlen Raben erzogen, den soll er zum Boten nehmen, der sei ihm nützer, als der weiseste Mann und als ein ganzes Heer; durch des Herren Gebot sei derselbe redend worden. Der Rabe sitzt auf einem hohen Turme, wo ihn der König nicht erlangen kann, aber nach Gottes Willen fliegt er auf den Tisch und mit dem ersten Worte, das er jemals sprach, heißt er den Pilgrim Warmund gottwillkommen. Er will die Botschaft des Königs werben und dieser küsst ihn an Haupt und Schnabel. Nach der eigenen Weisung des Raben wird ein Goldschmied herbeschieden, der denselben in seine Schmiede trägt und ihm das Gefieder mit gutem rotem Golde beschlägt, auch auf sein Haupt eine goldene Krone schmiedet, damit man sehe, dass er eines Königs Bote sei. Tag und Nacht bis zum vierten Morgen arbeitet der Meister an dem kunstreichen Werke. Dann wird dem Raben ein Brief mit des Königs Insiegel unter das Gefieder gebunden, dazu ein goldenes Ringlein mit seidener Schnur. Mit Sankt Johannes Minne und dem himmlischen Herrn empfohlen, wird er entsandt, bis an den zehnten Tag fliegt er ohne Essen und Trinken, da entweicht ihm, als er über dem Meer schwebt, die Kraft, und er setzt sich auf einen hohen Stein, der aus dem wilden Meere gewachsen. Vor Hunger und Müde trauert und klagt er, als ein Fisch zu dem Steine schwimmt, den er fängt und fröhlich zu essen beginnt. Ein wildes Meerweib ergreift ihn bei den Füßen und führt ihn in den Meeresgrund. Sie zeigt ihn ihren Gespielen und meint, es möge wohl ein Engel sein. Sie wollen Kurzweil mit ihm treiben, doch er entgegnet, am Hofe seines Herrn Kurzweile kein fremder Mann, bevor er gegessen und getrunken; sie sollen ihm Käse und Brot, Semmeln und Wein geben lassen, samt einem guten Braten, davon werden Gäste wohlgemut. Er wird nach Wunsche bewirtet und denkt nun darauf, wie er den Frauen entrinnen möge. »Sieh hinum!« ruft er einer zu, »was Wunders hebt sich an des Meeres Grunde?« Gott will seinen Zorn erzeigen, all die Welt hat ihr Leben verloren.« Die Frauen erschrecken und schauen begierig hin, der Rabe schwingt sein Gefieder, fliegt wieder auf den Stein und erhebt hier einen ungefügen Schall, dass es in das Meer zurückhallt. Die betörten Frauen trauern über den Verlust des listigen Vogels. Am sechsten Tage hernach schwebt der Rabe über der Burg des Königs Aaron, er setzt sich zwischen zwei Zinnen auf die Burgmauer, sieht Hunde und heidnische Männer und späht nach der Jungfrau. Doch die ist ihres Vaters Schoßkind, er hat sie in eine Kammer verschlossen, wo kein Lichtschein auf sie fällt, als durch die gläsernen Fenster; von vierundzwanzig Jungfrauen und vier Herzogen wird sie stets gehütet, die halten über der jungen Königin sorglich ein Seidentuch, rot und weiß, wenn sie zu Tische geht, damit weder Wind noch Sonnenschein ihr nahe. Der Rabe sieht, wie schwierig es sei, ihr die Botschaft zu bringen, und flög' er vor den König in den Saal herab, so würde der grimmige Mann ihn fangen und töten. Er beschließt, zu warten, bis sie essen und trinken, dann werde der Zorn von ihnen weichen, sei doch selbst der beste Christ ungemut, wann ihn hungre. Als man die letzten Richten aufträgt, fliegt der Rabe auf den Tisch und spricht: »Der Herr des Himmels gesegnet euch euer Trinken und Essen!« Damit verneigt er sich gegen den König, grüßt die Jungfrau heimlich mit den Augen, neigt sich auch vor der alten Königin und dem ganzen Hofgesinde. Die Heiden sehen ihn an und gestehen, dass sie nie einen feineren Vogel sahen. Er will nun seine Botschaft sagen, wenn ihm der König Frieden gebe. Dieser fürchtet zwar Betrug, doch versagt er den Frieden nicht, worauf der Rabe seine Werbung vorbringt und dabei die Macht seines Herrn höchlich anrühmt. In heftigem Zorn bricht der König den Frieden, das Haus wird überall verschlossen, der Rabe gefangen, mit Riemen gebunden und soll vor den finstern Wald aufgehängt werden. Doch die Fürsorge der Königstochter, die sogar droht, sich mit einem Spielmann aus dem Lande zu heben, bringt es dahin, dass ihr der Rabe gegeben wird. Sie löst mit eigener Hand seine Bande und trägt ihn in ihre Kammer, wo sie ihm Semmeln und guten Wein, Zahmes und Wildbret auftragen lässt. Hernach schwingt er sein Gefieder auseinander und heißt sie den Brief und das Ringlein ablösen, die ihr König Oswald sende. Bis an den neunten Morgen behält sie den Gast, dann bindet sie ihm unter das Gefieder einen Brief und ein Goldringlein mit seidener Schnur, das er über Meer führen soll, zugleich trägt sie ihm umständliche Weisung auf, wie König Oswald, wenn er nach ihr fahren wolle, am Ende des Winters sich auszurüsten habe, besonders auch soll er den Raben wieder mitbringen, ohne den seine Mühe verloren sei. Am zwanzigsten Tage seines Rückflugs schwebt der Rabe über dem Meere, als ein Sturmwind ihn erfasst, die seidene Schnur sich löst und das Ringlein an den Grund des Meeres fällt. Er fliegt auf eine Felswand und hebt seine Klage an, die von einem Einsiedler vernommen wird, welcher schon dreißig Jahre daselbst wohnt. Dieser kennt den Raben, denn ihm ist vom Herrn geboten, um Sankt Oswalds willen, dem der Rabe dient, seiner zu warten. Er tröstet den klagenden Vogel, wirft sich kreuzweise zur Erde und betet zu Gott und seiner Mutter um das goldene Ringlein. Alsbald trägt ein Fisch es im Munde her, der Einsiedler empfängt es kniend und bindet es dem Raben wieder an. Dieser schwebt nun am sechsten Tag über seines Herren Burg, setzt sich auf einen hohen Turm und treibt ungefügen Schall. Vier Diener Sankt Oswalds hören es und eilen, je einer dem andern vorspringend, dem Könige, der mit seinen Helden zu Tische sitzt, die liebe Märe zu sagen. Der König springt vom Tische, geht hinaus und wirft seinen Zobelmantel zur Erde, auf den der Rabe niederfliegt. Zwar trägt der König ihn schleunig in seine Kammer, aber der Rabe will vor allem wieder essen und trinken, dann könn' er um so besser mit seinem Herrn Weisheit pflegen. Erst am nächsten Morgen richtet er dem Könige, dem die Nacht ein Jahr lang ist, die erwünschte Botschaft aus. Oswald rüstet sich nun, den Winter hindurch, bis zu Sankt Georgen Tag. Dann schifft er mit dem Heere sich ein, auch ein Hirsch mit schönem Geweihe, den er wohl siebzehn Jahre auf seinem Hofe erzogen, wird mitgenommen (vgl. V. 1114), der Rabe wird vergessen. Ein Jahr und zwölf Wochen fahren sie, bis sie die herrliche Burg des Heidenkönigs erblicken. An einer verborgenen Stelle landen sie, und nun soll der Königstochter Botschaft zugehen. Da wird der Rabe vermisst, und sie halten sich für verloren; auf ihr demütiges Gebet aber schicken Gott und seine Mutter einen Engel nach dem Raben aus. Der vergessene Vogel ist nicht wohl gelaunt: Sein Herr habe statt seiner einen Hirsch mitgenommen, warum er den nicht zu der jungen Königin sende? Auf weitern Zuspruch des Engels erwidert er: Seit des Königs Abfahrt sei ihm keine Menschenspeise, weder Wein noch Brot geworden, davon sei er seiner Kraft verlustig und könne seinem Herrn nicht helfen; der Koch und der Kellner haben ihm seine Pfründe genommen, er habe mit den Hunden essen müssen, welchem derselben er dann Speise genommen, der hab' ihn jämmerlich angegreint; so hab' er von Hunger große Not gelitten, und sein Gefieder sei ihm sehr zerzerrt worden, er könne keinen Flug aushalten und würden sie alle zu Tod geschlagen. Der Engel fordert ihn auf, sein Gefieder drei Speere hochzuschwingen, könn' er alsdann keinen Flug aushalten, so mög' er wieder zur Erde fliegen und habe doch seine Treue geleistet, dass Gott und die Welt ihm um so holder seien. Der Rabe lässt sich erweichen und hebt sich volle zwölf Speere hoch in die Luft, dann will er sich niederlassen, aber der Engel lässt ihn nicht mehr herab und zwingt ihn, sich noch höher zu schwingen und über das wilde Meer zu fliegen. Am vierten Tage kommt er zu Oswalds Heere, setzt sich auf einen Segelbaum und erhebt, der Müde vergessend, seinen lauten Schall. Ein Schiffknecht hört es und springt drei Klafter weit, um das Botenbrot zu gewinnen. Der König geht seinem Raben entgegen und würde die Welt noch so alt, nimmermehr würd' ein Bote so schön empfangen, als der Rabe von Sankt Oswald und allen seinen Mannen. Auf die Frage des Königs nach dem Frieden in Engelland, berichtet der Rabe, dass es damit wohl stehe, aber gegen Koch und Kellner führt er schwere Anklage. Es wird ihm versprochen, dass er nie mehr von des Königs Schüssel kommen solle. Auch fühlt er sich schon so wohl gefeistet, dass er sogleich die Botschaft an die Königstochter werben kann. Er fliegt hoch über den Berg und findet sie allein an einer Zinne der Burg; sie neigt sich heraus, nimmt ihn durch ein Fensterlein zu sich, bespricht sich mit ihm und entlässt ihn mit der nötigen Belehrung für König Oswald. Durch eine mittels des Hirsches veranstaltete List wird die Jungfrau entführt, und der Rabe erscheint fortan nur noch als Wächter auf dem Segelbaume (V. 1509 ff. 2665 ff.), der Heidenkönig aber bereut, dass er gegen besseres Wissen den verderblichen Vogel am Leben ließ (B. 2602–4).

Das Gedicht, dem diese Sage vom Raben entnommen ist, liegt zwar nur in Handschriften und in der Schreibweise des 15. Jahrhunderts vor, aber Stil und Art sind dieselben, wie in einigen andern, auch dem Inhalte nach verwandten Dichtungen, welche durch gleiche Trübung der Texte hindurch als Erzeugnisse des 12. Jahrhunderts erkannt worden sind. Als nächste Quelle wird ein Buch genannt, einmal ausdrücklich »das deutsche Buch«, und wenn auch auf solche Angaben nicht immer Nachdruck zu legen ist, so macht sich doch bemerklich, dass eben jene verwandten Werke sich gleichfalls auf ein deutsches Buch berufen, abwechselnd aber auch auf »das Lied«. Sowie der Ton dieser Gedichte altvolksmäßig und ihr Inhalt nationalen Ursprungs ist, so geben sie auch als ihren Vorgang nicht, wie andre Legenden, lateinische Quellen, sondern deutsches Buch, deutsches Lied an. Eigentümliche Fernblicke öffnen sich für das Gedicht von Sankt Oswald. Der nordhumbrische König dieses Namens war zugleich ein heldenhafter Mehrer seines Reichs und ein Begründer des Christentums unter den Angelsachsen; die Tochter des westsächsischen Königs Kynegil gewann er sich erst durch die Taufe, die sie mit ihrem Vater empfing, zur Gemahlin, und in der Schlacht gegen den heidnischen König von Mercien fand er im Jahre 642 den Tod. Verlieh ihm die Kirche den Heiligenschein, so wird auch die rege Dichtkunst seines Volkes ihn nicht vergessen haben. Bei diesem blieb selbst die Geistlichkeit der Muttersprache und dem in ihr herkömmlichen Dichterstil getreu. Aus der Werkstätte dieser Geistlichkeit gingen noch zwei Jahrhunderte nach Oswald angelsächsische Gedichte, teils weltlichen, teils biblischen und legendenhaften Inhalts hervor, in denen, was die Darstellung betrifft, fortwährend vorchristliche Naturanschauung und durch sie bestimmte Ausdrucksweise lebendig ist. In der Schlachtschilderung singen noch immer die Wölfe, Atzung hoffend, ihr wildes Abendlied; der nassfedrige Adler hebt seinen Sang an auf der Spur der Feinde; der schwarze, schlachtgierige Rabe krächzt hernieder, er wird über Sterbenden vieles plaudern und dem Adler sagen, wie ihm an Atzung gelang, als er mit dem Wolfe Walraub beging. So konnte füglich auch die altertümliche Rabensendung auf die Geschichte des Volkshelden Oswald dichterisch angewendet werden. Wenn im deutschen Gedichte der König seinem Raben das Gefieder mit Gold beschlagen heißt, weil er denselben als Boten wegsenden will, und wenn er auf dessen Haupt eine Goldkrone bestellt, damit man sehe, dass er eines Königs Bote sei (V. 511–522), und er desto bessern Frieden habe (V. 445), so trifft damit zu, dass nach der angelsächsischen Legende von Helena Königsboten in Goldrüstung das Land durchziehen. Noch rein heidnisch wird in einem Eddaliede der kundige Vogel zur Brautwerbung beigezogen. König Hiörward hat ein Gelübde getan, die Frau zu haben, die er die schönste wisse; Atli, der sie ihm verschaffen soll, steht eines Tags an einem Wald, ein Vogel sitzt über ihm in den Zweigen und hat zugehört, dass die Mannen Atlis diejenigen Frauen die schönsten nennen, welche Hiörward schon habe, denn nach einstigem Fürstenbrauch ist der König mehrfach vermählt; der Vogel zwitschert, aber Atli horcht, was er sagt; derselbe fragt: ob Atli Sigurlinn gesehen, Svafnis Tochter, der Jungfraun schönste, wenn auch Hiörwards Frauen für hübsch gelten mögen? Atli fordert den klugsinnigen Vogel auf, mehreres mit ihm zu reden; der Vogel will es tun, wenn ihm der König opfern wolle und er sich wählen möge, was ihm anstehe, aus dessen Hofe. Atli geht es ein, nur soll jener nicht den König selbst, noch dessen Söhne oder Frauen wählen; Hall' und Haine, goldgehörnte Kühe aus Hiörwards Herde wählt sich der Vogel, wenn Sigurlinn freiwillig dem König folge. Wäre das Lied vollständig, so müsste nachfolgen, wie der Vogel, als Führer oder Mitbote, so großen Lohn zu verdienen weiß; in obiger Stelle leistet er nur erst, was bei Oswald der Pilgrim Warmund, er meldet, wo und welche die schönste der Jungfraun sei. Derlei Kunde einen weit gewanderten Waller geben zu lassen, ist herkömmliche Form, noch altertümlicher und poetischer kommt solche dem Vogel zu, der vieles auf seinem Fluge sah. Wie weit die Begehren des Vogels märchenhafter Ausdruck der Ruhmredigkeit oder eine Beglaubigung alten Opferglaubens seien, ist schwer zu sagen. In den vorerwähnten dänischen Balladen verschmäht der Rabe, der auf Botschaft fliegen soll, Gold und Silber, lässt sich dagegen ein Auge oder den ersten Sohn zusagen, noch früher ist opferartiger Wildrechte gedacht worden; Sankt Oswalds Rabe hat nur noch, wie es dem Vogel eines christlichen Königs geziemt, eine Pfründe von Wein und Brot (B. 1786. 1905), und nachdem ihm diese vorenthalten worden, verspricht sein Herr ihm für den letzten Botenflug, dass er nimmermehr von dessen Schüssel kommen solle (V. 1921).

Lässt man aber, von den ältesten Bezügen absehend, Ursprung und Vermittlung des Gedichts vom heiligen Oswald unentschieden und beachtet man dasselbe lediglich als ein Schriftdenkmal des 12. Jahrhunderts, so ist es immerhin als frühe und ausgeführteste Darstellung der Vogelbotschaft auszuzeichnen. Vollständig malt es aus, was Lieder und Balladen flüchtig hinwerfen. Wenn in der schottischen Ballade kurz berichtet wird, der kleine Vogel sei über die tobende See geflogen, so hat Sankt Oswalds Rabe auf Flug und Rückflug über das wilde Meer eine gründlich durchgeführte Reihe von Abenteuern zu bestehen, Ermattung, Hunger, Gefangenschaft bei den Meerweibern, Sturm, Versinken des Ringes in den Meeresgrund. Wendet man zuletzt von der größeren Dichtung sich zum deutschen Volksliede zurück und vergleicht man diese beiderlei Darstellungen, so zeigt sich dort in epischer Breite die Gesandtschaft des Raben als Königsboten, hier in raschem Liedesschwunge der Nachtigallflug von der Linde, und doch hat auch das kleine Lied, in seiner Weise, den Goldschmied, den Ring, die Bewirtung, die Jungfrau am Fenster und ihre Gegengabe. Zufällig ist die eine Version desselben, die Dithmarsische, im Gebiete der Altsachsen, an der Grenze des Heimatlandes der Angeln aufgezeichnet, in der nämlichen Gegend, aus der mit ihren Auswanderern auch die Märe von Beowulf und so manch andre Erinnerung an deutsche Heldensage nach England überging.

Mittels des Fluges überschauen die neugierigen Vögel alles Irdische, ist ihnen nichts unerreichbar, sind sie leicht und plötzlich an jedem Orte gegenwärtig, darum sind sie auch die Wissenden, der geheimsten Dinge

Kundigen. Es kommt hinzu, dass sie eben da unversehens erscheinen oder unbemerkt zugegen sind, wo der Mensch am wenigsten beobachtet zu sein glaubt, in der Einsamkeit des Feldes und Waldes. Schon das Bewusstsein ihrer lebendigen Gegenwart, der Anblick ihres klaren Auges, macht sie bald zu willkommenen Vertrauten, bald zu unberufenen Zeugen. Da ihnen aber auch mannigfache Stimme gegeben ist, so können sie sagen und melden, was sie neues und heimliches erkundet haben, schlägt diese Stimme unerwartet an das Ohr des Einsamen, Ahnungsvollen, Schuldbewussten, so wird sie verstanden und wirkt als Vorzeichen, Warnung, Vorwurf, oder, wie schon gezeigt worden, als Botschaft, Rat und Orakel.

»Hie hört uns anders niemand, denn Gott und die Waldvögelein,« sagt Dietrich im Walde zu Ecken. »Das wusste kein Mensch, nicht der Fisch in der Flut, nicht der wilde Vogel auf dem Zweige,« heißt es von heimlichem Liebesgeständnis in einer dänisch-schwedischen Ballade. In einer schottischen wird falsche Rede alsbald von der Elster auf dem Baume Lügen gestraft und berichtigt. Allgemein lautet ein altes Sprichwort: »Wald hat Ohren, Feld hat Gesicht.« Das Mitwissen und Mitreden, das Erlauschen des kaum ausgesprochenen Gedankens oder Wunsches, erstreckt sich, außer den Vögeln, auch auf andre Tiere, die an einsamer Stelle auftauchen. In einem schwedischen Volksliede wünscht sich der Schweinhirt, der auf dem Berge steht, die Tochter des Königs, da sagt alsbald der Wolf, der im Busche liegt, seine Meinung dazu; nach andrer Fassung ist es die Schlange. So können nach deutscher Rechtssymbolik, wo kein andrer Zeuge vorhanden war, auch Haustiere und selbst leblose Gegenstände zur Eideshilfe genommen werden: »Wurde ein ganz einsam ohne Hausgesinde lebender Mann nachts mörderlich überfallen, so nahm er drei Halme von seinem Strohdach, seinen Hund am Seil, die Katze, die beim Herde gesessen oder den Hahn, der bei den Hühnern gewacht hatte, mit vor den Richter und beschwur den Frevel.« Merkwürdig ist, wie vielgestaltig in einer dänisch, schwedisch und schottisch überlieferten Ballade die Person der Zeugen wechselt: Die Braut fährt nicht mehr jungfräulich nach dem Hochzeithause, da wird sie, nach dänischer Fassung, unterwegs vom Hirten, der mit der Herde geht, vor zwei Nachtigallen des Bräutigams gewarnt, die von Frauen wohl Bescheid zu sagen wissen, sie vertauscht die Kleider mit ihrer Schwester, aber diese wird auf der Brautbank vom Spielmann beim rechten Namen angeredet, sie gibt ihm den Goldring von ihrer Hand, und nun schilt er sich einen trunkenen Toren, der seine Worte nicht in acht nehme, am

Abend befragt der Hochzeiter die Nachtigallen, und es wird ihm die Wahrheit gesungen. Die schwedischen Aufzeichnungen sagen nichts vom Nachtigallensang, sie lassen den Verrat der verlorenen Ehre zunächst aus der Harfe oder Pfeife des Spielmanns tönen, in dessen Hand die Braut ihr Goldband wirft, worauf alsbald ein andrer Klang zu hören ist, zwei derselben leihen aber, mit oder ohne Beiziehung der Spielleute, der Bettdecke des Bräutigams menschliche Rede, wodurch sie ihren Besitzer in Kenntnis setzt; in einer schottischen Fassung wird die Braut von einem Dienstknaben des Hochzeiters gewarnt, dieser aber fordert Decken, Bett, Leintuch und sein gutes Schwert, das nicht lügen wird, zum Sprechen auf und sie sagen ihm den Stand der Sache, anderwärts ist es die Mutter des Bräutigams, die zuerst den Verdacht äußert, und ein geisterhaftes Wesen (*Billie Blin'*), neben der Braut stehend, nimmt sich ihrer an, auf die Frage des Herrn aber gibt er vollständige Auskunft. Wenn dergestalt alles hört, sieht und weiter sagt, so ist auch die Eidesformel angemessen, wonach der Freischöffe schwört: die Feme zu hüten und zu hehlen vor Sonne, vor Mond, vor Wasser, vor Feuer, vor Feuer und Wind, vor Mann, vor Weib, vor Torf, vor Traid, vor Stock und Stein, vor Gras und Grein (Zweig, D. Gramm. III, 412), vor allem Lebendigen, vor allem Gottesgeschöpfe, vor allem was zwischen Himmel und Erde, was die Sonne bescheint und der Regen bedeckt.

In Liebesliedern ist wieder die Nachtigall einzige Zeugin heimlicher Zusammenkünfte. Bei Walther, in dem Liede mit dem Nachtigallschlag, wünscht das Mädchen, dass von dem Blumenbrechen unter der Linde, außer ihm und ihr, niemand erfahre denn ein kleines Vögelein, das wohl schweigen könne. Ergiebiger für unsern Zweck ist ein niederländisches Volkslied:

Die Sonn' ist untergegangen,
die Sterne blinken so klar;
ich wollt', dass ich mit der Liebsten
in einem Baumgarten wär'.

Der Baumgart ist geschlossen
und da kann niemand ein,
denn die stolze Nachtigall,
die fliegt von oben drein.

Man soll der Nachtigall binden
ihr Häuptchen an ihren Fuß,

dass sie nicht mehr soll klaffen
was zwei Süßliebchen tun.
»Und habt ihr mich denn gebunden,
mein Herzchen ist doch gesund,
ich kann noch gleich gut klaffen
von zwei Süßliebchen todwund.«

Selbst in sternloser Nacht ist keine Verborgenheit, es lauert eine grämliche Alte, die Eule; sie sitzt in ihrem finstern Kämmerlein, spinnt mit silbernen Spindelchen und sieht übel dazu, was in der Dunkelheit vorgeht. Der Holzschnitt des alten Flugblattes zeigt die Eule auf einem Stühlchen am Spinnrocken sitzend.

Diese Eulenwache streift an eine Art bildlicher Liebeslieder, worin das Kauzlein die zagende, gedrückte Liebe vorstellt, die Eule Verfolgerin ist, die sangreiche Nachtigall aber das ersehnte Wesen, zu welchem das arme Käuzlein seine schüchternen Wünsche hebt. Gleichwie die gefiederten Personen sämtlich der Nacht und Dämmerung angehören, so sind auch die Lieder etwas dunkel gehalten. Bald klagt das Käuzlein nur seine Verlassenheit:

Ich armes Käuzlein kleine
heut soll ich fliegen aus
bei Nacht so gar alleine
ganz traurig durch den Wald hinaus.

Der Ast ist mir entwichen,
darauf ich ruhen soll,
die Läublein all erblichen,
mein Herz ist alles Traurens voll.

Bald klagt es auch über die böse Eule und preist die Nachtigall:

Ich armes Käuzlein kleine,
wo soll ich armes aus?
bei Nacht fliegen alleine
bringt mir gar manchen Graus,
das macht der Eulen Ungestalt,
ihr Dräuen mannigfalt.

Mein G'fieder will ich schwingen
gen holz in grünen Wald,
die Vöglein hören singen
durch mancherlei Gestalt,

ob all'n liebt mir die Nachtigall,
der wünsch' ich Glück und Heil.

Ein ansehnliches Alter der einfachen Form ergibt sich daraus, dass schon um die Mitte des 15. Jahrhunderts eine künstlichere Ausführung dieser Klage vorkommt: »wenn andre Vögel fliegen, dann muss das Käuzlein sich verbergen, am hellen Morgen wird es zum Spotte der schreienden Vögel, darum fürchtet es den Tag und freut sich der Nacht, es will nicht, dass man sein Wesen wisse, wie oder wo, nach dem Wald im Tale fliegt es, dort findet es die Nachtigall, die sich bei ihm hält und, von grünem Laubüberhange bedeckt, ihm Trost und Freude singt; wohl ist es ihrer nicht würdig, ist es aber auch nicht dem hochfliegenden Falken gleich, so rühmt es sich doch, reich an Gemüt und an Treue zu sein.« Die Eule selbst, die hier nicht beigezogen ist, hat eine Liebschaft, und es ergeht ihr noch übler als dem armen Käuzlein:

Es saß eine Eule gar allein
wohl auf dem breiten Steine,
da kam der Adler, der Vogel schön:
»was schaffst du hier alleine?«

»Was ich tu schaffen hier allein?
ich bin ein' arme Waise,
der Vater ist mir im Krieg erschla'n,
die Mutter starb vor Leide.«

»Ist dir der Vater im Krieg erschla'n,
starb dir die Mutter vor Leide,
willst du mich halten für dein' Mann,
ich halt' dich für mein Weibe.«

Die Eule streicht's Gewölk sich aus
und schaut ihm in die Augen:
»ei Adler, wärst ein Vogel schön,
dürft' man dir nur auch trauen!«

»Und wenn du mir nicht trauen willst,
was geb' ich dir zu Pfande?
setz du dich auf mein' Flügel breit
und flieg mit mir ins Lande!«

Und wie sie kamen in das Land
wohl in das Adlergeniste,
da hatt's wohl auch der Beinlein viel,
die Vögel waren zerrissen.

Schwankende Liebe, gebrochene Treue wird gleichfalls von den Vögeln überwacht. Erst mahnt die Nachtigall noch zu rechter Zeit (Volksl. Nr. 20, S. 3-5. Anmerkung von Pfeiffer):

Ich war in fremden Landen,
da lag ich unde schlief,
da träumet mir eigentlichen,
wie mir mein feins Lieb rief.

Und da ich nun erwachte,
da war es alles nichts,
es war die Nachtigalle,
die sang so wonniglich.

»Steh auf, du guter Geselle,
und reit du durch den Wald!
sonst wird deine Liebe sagen
sie führ' einen andern Geselln.«

Er reitet ungesäumt durch den Wald voll singender Vögelein, trifft die Liebste noch unverloren und bindet sie mit dem Goldringe. Ernsteren Verlauf hat eine schottische Ballade: Ein Ritter, in der Sommernacht reitend, gewahrt ein Vögelein, das ihm vom Baume zusingt: was er hier spät verweile? wüsst' er, was daheim geschehe, blöde würd' er drein sehn, seine Frau hab' einen Andern im Arme. »Du lügst, du lügst, hübsch Vögelein! wie lügst du auf mein Lieb! ich werde meinen Bogen herausnehmen, wahrlich! ich werde dich schießen.« »Bevor Ihr Euern Bogen gespannt und Eure Pfeile bereit habt, flieh' ich auf einen andern Baum, wo es mir besser geht.« »Wo wardst du erzeugt? wo wardst du geheckt? sag' mir's, hübsch Vögelein!« »Ich ward geheckt auf einem Hulst im guten grünen Wald, ein kühner Ritter beraubte mein Nest und gab mich seiner Frau; mit weißem Brot und Färsenmilch hießt Ihr sie mich fleißig füttern und gabt ihr eine kleine, zarte Gerte, mich selten und sanft zu stupfen; mit weißem Brot und Färsenmilch fütterte sie mich nie, doch mit der kleinen, zarten Gerte stieß sie mich heftig und oft; hätte sie getan, wie Ihr sie hießt, nicht würd' ich sagen, was sie verbrach.« Der Ritter reitet, das Vögelein fliegt die lange Sommernacht bis an die Türe der Frau, da springt er ab, das Vögelein setzt sich auf einen Strunk und singt rüstig. Der Buhler drinnen spricht: »Es ist nicht umsonst, dass der Habicht pfeift, ich wollt', ich wäre hinweg!« Das Vögelein singt, der Ritter zieht sein Schwert und stößt es dem Buhler durch den Leib. Den

Kehrreim des Liedes macht ein Ruf nach dem Anbruche des Tages, auch ein Anklang der Vogelstimme *(diddle!)* wiederholt sich.

Ragnar Lodbrok hatte, nach der altnordischen Saga, bei einem Besuch in Upsala sich mit der Tochter des dortigen Königs verlobt, weil seine Gemahlin Krâka ihm nicht ebenbürtig zu sein schien; auf der Heimfahrt, in einem Walde unweit der Burg, verbietet er seinem Gefolge, bei Verlust des Lebens, von seinem Vorhaben etwas auszusagen, gleichwohl zeigt sich nachher, dass Krâka davon unterrichtet ist. »Wer sagte dir das?« fragt er; sie antwortet: »Behalten sollen deine Mannen Leben und Glieder, denn keiner von ihnen sagte mir's: ihr werdet gesehen haben, dass drei Vögel auf einem Baume neben euch saßen, sie sagten mir diese Zeitung.« Die Meldung der Vögel erscheint hier als Formel, die Nennung des wahren Nachrichtgebers abzulehnen, und diesen Sinn hat es auch, wenn in einer schwedischen Ballade ein Ritter durch den Hirten, dem zu sprechen verboten war, benachrichtigt, in den Hof einer Fürstentochter eindringt und auf ihre Frage: ob ihm ein Hirte mit der Herde begegnet sei? erwidert: »Nein, wahrlich, das nicht! sondern eine kleine Nachtigall, die singt so hübsch auf dem Zweige.«

Wie die Adlerweibchen dem jungen Sigurd Regins Mordanschlag verraten, so ruft im deutschen Liede vom Ulinger, einer alten Blaubartsage, die Waldtaube der entführten Jungfrau zu, in wessen Hände sie sich gegeben (Volkslieder Nr. 74 A. S. 6–9. Anmerkung von Pfeiffer):

Und da sie in den Wald ein kam
und da sie leider niemand fand,
denn nur ein' weiße Taube
auf einer Haselstauden.

»Ja hör' und hör', du Frideburg!
ja hör' und hör', du Jungfrau gut!
der Ulinger hat eilf Jungfrauen gehangen,
die zwölft hat er gefangen.«

»Ja hör', so hör', du Ulinger!
ja hör', so hör', du trauter Herr!
was sagt die weiße Taube
auf jener Haselstaude?«

»Ja jene Taube leugt mich an,
sie sieht mich für ein' Andern an,
sie leugt in ihren roten Schnabel,
ach, schöne Jungfrau, lass fürbass traben!«

Unerbittlich mit Vorwurf und Anzeige verfolgt in einer viel behandelten schottischen Ballade ein kleiner Vogel die Unglückliche, die aus Eifersucht ihren Geliebten erstochen und seinen Leichnam im Flusse versenkt. Was Vögelein, ihr überm Haupte fliegend, spricht: »Hüt' wohl, hüt' wohl dein grünes Kleid vor einem Tropfen seines Bluts!« »Wohl werd' ich hüten mein grünes Kleid vor einem Tropfen seines Bluts, besser als du deine Flatterzunge, die dir im Häuptchen schwebt. Komm herab, komm herab, hübsch Vögelein, fleug wieder auf meine Hand! um eine Goldfeder in deinem Flügel wollt' ich geben all mein Land.« »Wie sollt' ich herab? wie kann ich herab? wie soll ich hernieder zu dir? was du dem Ritter schönes gesagt, dasselbe sagst du mir.« »Komm herab, komm herab, hübsch Vögelein, und sitz auf meine Hand! und du sollst haben ein Käfig von Gold, jetzt hast du nur den Zweig.« »Behalt du nur dein Käfig von Gold, so behalt' ich meinen Baum! wie du dem edlen Herrn getan, so tätest du nun auch mir.« »Hätt' ich einen Pfeil in meiner Hand und einen gespannten Bogen, ich schösse dich in dein stolzes Herz zwischen den Blättern so grün.« Der König will ausreiten und vermisst seinen Ritter, man glaubt, er sei ertrunken, aber die Taucher suchen vergebens nach ihm, da fliegt das Vögelein über ihren Häuptern und sagt, sie sollen erst in der Nacht wieder tauchen, dann werden helle Kerzenlichter über dem Wirbel brennen, darein der ermordete Ritter versenkt worden; so wird der Leichnam gefunden, und die Mörderin muss im Feuer büßen, hier erinnert man sich sonst bekannter Sagen von der Mordklage, die in Ermanglung andrer Zeugen den Vögeln obliegt, von den Kranichen des Ibykus an bis zu den Raben des heiligen Meinrad und dem Adler, der seinen Flügel in das Blut des Erschlagenen taucht und damit in die Wolken auffliegt.

Auch anderweit ist ein Vogel der einzige Beistand und Auftragnehmer des Verlassenen, der ferne von den Seinigen umkommt. Schottische Ballade: Der junge Wildschütze nimmt gegen der Mutter Warnung Bogen und Pfeil und geht mit seinen Hunden in den Wald, hier wird er von sieben Förstern überfallen, die er alle niederstreckt, aber selbst todwund liegen bleibt: »O, ist hier ein Vogel in all dem Busch, der singen will, was ich sage, heim geh' er und sage meiner alten Mutter, dass ich den Tag gewann! ist hier ein Vogel in all dem Busch, der singen will, was ich sage, heim geh' er und sage meinem Treulieb, dass sie komme und hole mich weg! ist hier ein Vogel im ganzen Walde, der so viel an mir will tun, seinen Flügel zu tauchen ins trübe Wasser und es zu streichen über meine Brauen?« Der Star fliegt zu der Mutter Fensterstein, er pfeift und singt, und stets ist der Kehrreim seines Sangs: »Der Schütze säumet lange.« Was Netzen des brechenden Auges mit den Vogelschwingen streift an die Liebesdienste, welche das Rotkehlchen Sterbenden erweist. Ein polnisches Volkslied: Am Eichenwalde sieht man frische Gräber, auf einem steht ein eichen Kreuz, darauf ein Falke aus der Fremde sich niederlässt: Eine Stimme aus dem Grabe spricht ihn traurig an, der Begrabene fragt seinen treuen Falken nach der Geliebten, dem Freunde, der Mutter: »Nimm mein Schwert und trag es hin meinem treuen Freunde! sag', dass ihm ein Türke den Freund erschlagen! er wird rächen meinen Tod und die Mutter trösten.« Doch jener Freund hat die Mutter aus dem Hause getrieben und das Liebchen sich zum Weibe genommen, der Falke nur ist mit dieser Kunde hergekommen. Wieder die Grabesstimme: »Nimm hin, Falke, mein blutig Hemd, fleug zur Mutter, sag' ihr, dass im Grabe noch der Sohn ihrer denke! wenn sie meinem Leib und dem Freunde flucht, den Türken und sein Schwert vor den Himmel ruft, dann wird ein Schwefelregen vom Himmel sie verzehren, die Erde kein Grab den Frevlern geben.« Auf die Seite des Empfängers der letzten Mahnung stellt sich die schwedische Ballade vom Herzog Nils: Dieser schläft und träumt von seiner Braut, ein Vogel setzt sich auf das Dach und singt viel hübscher, als der kleine Kuckuck ruft; der Herzog setzt sich an den Tisch, aber er hat keine Ruhe vor dem Gesange des Vögeleins; er legt die Armbrust auf und will es schießen. »O lieber Herzog, schieß mich nicht! deine schöne Jungfrau war es, die mich zu dir sandte.« Der Herzog sattelt seinen Renner, nicht fürder kommt er, als der kleine Vogel fliegt, und schon begegnet er seiner Braut auf der Bahre.

Das Wissen der Vögel betätigt sich mehrfach als Ahnung und Vorhersage. Ahnungsvoll singt im deutschen Liede (Volkslieder Nr. 90 A. S. 8. Pfeiffer) die Nachtigall der Jungfrau, in die nächtlich am Brunnen unter der Linde den Ritter erwartet:

»Was singest du, Frau Nachtigall,
du kleins Waldvögelin?
wöll' mir ihn Gott behüten.
Des ich hie warten bin!
so spar mir ihn auch Gott gesund,
er hat zwei braune Augen,
darzu ein rothen Mund!«

Der Erfolg entspricht dem bangen Vorgefühl. Im Norden ist eine Ballade verbreitet, worin eine Heimatflüchtige, sich der Entbindung nahe fühlend, den treuen Begleiter nach einem Trunke Wassers fortschickt; als derselbe zum entlegenen Brunnen kommt, sitzen dort zwei Nachtigallen und singen, dass die Schöne tot im Walde liege, zwei Knablein im Schoße; er geht zurück und findet wahr, was die Nachtigallen sangen. Schon Hermigisel, König der Warner, erfuhr solche Mahnung: Als er mit den Angesehensten seines Volkes über Feld ritt, ward er einen Vogel gewahr, der auf einem Baume saß und eifrig krähte; die Stimme des Vogels verstehend oder andres wissend, sagte der König seinen Begleitern, dass ihm der Tod nach vierzig Tagen geweissagt sei, wie es auch zutraf. Vorbote nahender Rettung ist der Seevogel im Gudrunliede: Die zwei Königstöchter in Gefangenschaft waschen am Strande, als ein Vogel herangeschwommen kommt, zu dem Gudrun spricht: »O weh, schöner Vogel! du erbarmest mich so sehr, dass du so viel schwimmest auf dieser Flut.« Der Vogel antwortet mit menschlicher Stimme: Er sei ein Bote von Gott, ihr zum Troste gesandt, und werde, wenn sie ihn frage, ihr von den Verwandten sagen. Erst will sie kaum glauben, dass der wilde Vogel mit Rede begabt sei, dann wirft sie sich zum Gebete nieder und fragt sofort nach den Ihrigen. Der Engel, wie er nun genannt wird, berichtet, dass er ihre Mutter ein großes Schiffsheer nach ihr aussenden, auch dass er auf den Wellen ihren Bruder mit ihrem Verlobten an einem Ruder ziehen sah. Er verschwindet vor ihren Augen, als sie aber bei Christ ihm zu verweilen gebeut, schwebt er wieder vor ihr und meldet weiter, welche Helden heranfahren und wie der alte Wate, nach dem sie besonders fragt, ein starkes Steuerruder an der Hand habe. Abermals will der Engel scheiden, doch sie will noch wissen, wann sie die Boten ihrer Mutter sehen werde. Der Engel antwortet: Freude geh' ihr zu, morgen in der Frühe werden ihr zwei glaubhafte Boten kommen. Diese sind dann eben der Bruder und der Bräutigam, die dem Heere vorangefahren. Volksmäßig hebt das Gespräch mit der Bemitleidung des Vogels an, der so viel auf dem Meere umschwimmen muss, gleichwie anderwärts den armen Vögeln Teilnahme bezeigt wird, deren Gefieder von Tau und Reif genetzt, vom Winde zerrissen ist; dagegen kann es nicht für ursprünglich gelten, dass er sich als einen Gottesengel zu erkennen gibt. Die Meldung des Vogels schwebt zwischen Botschaft und Vorhersage, er hat gesehen, was am Strand und auf dem Meere sich vorbereitet, und indem er den Kommenden vorauseilt, wird seine Zeitung prophetisch. Überhaupt steht die Begabung der Vögel, das Künftige anzusagen, damit im Zusammenhang, dass die geflügelten Wanderer schon geschaut haben, was in der Ferne gegenwärtig ist. Der Blick, den auch die Adlerweibchen in Sigurds Zukunft öffnen, ist doch eigentlich eine Hinweisung auf anderwärts Vorhandenes, woran sein Geschick sich heften kann, sie wissen eine Königstochter, die allerschönste, nach der hin grüne Wege liegen und um welche der junge Held mittels des Hortes werben möge, sie wissen, dass auf dem Berge, von Flammen umspielt, die Jungfrau schläft, wo Sigur sie unterm Helme sehen kann.

Die Sprache der Tiere, namentlich der Vögel, verstehen, war dem Altertum verschiedener Völker ein Ausdruck für den tieferen Einblick in das Wesen der Dinge, wodurch die Gabe der Weissagung bedingt war. Der Stammvater eines großen griechischen Sehergeschlechts, Melampus, lebte auf dem Lande, und vor seinem Hause stand eine hohe Eiche, in welcher ein Schlangennest war; während seine Diener die alten Schlangen töteten, sammelte er Holz und verbrannte darauf diese, die junge Brut dagegen zog er auf; sie wuchsen heran, und einst, als Melampus schlief, umstanden sie aufgerichtet seine Schultern und leckten ihm die Ohren aus; erschrocken richtete sich Melampus auf, aber jetzt verstand er die Stimmen der über ihn hinfliegenden Vögel und, von ihnen belehrt, verkündete er den Menschen die Zukunft (*Apollod.* I. 9). Auch Tiresias, sowie Kassandra und ihr Bruder Helenos erlangten die Sehergabe dadurch, dass Schlangen ihnen die Ohren reinigten. Dieselbe Wirkung, das Verstehen der Vögelsprache, schrieb man in der griechischen Vorzeit dem Genuss einer gewissen Schlangenart zu. Lieder und Sagen nördlicher Volksstämme geben von gleichen Vorstellungen Zeugnis. Der junge Jarl im Rîgsmâl lernt der Vögel Stimme verstehen, wodurch ihm der Rat der Krähe vernehmbar wird, und Sigurd gelangt zu derselben Kunde, nachdem ihm Herzblut des Lindwurms auf die Zunge gekommen. Ebenso wirkt in einem deutschen Märchen und in der Volkssage von der Seeburg das Essen vom Fleisch einer weißen Schlange; ein Nachklang im Volksliede:

Lieb Ännchen, willt mit in grünen Wald?
ich will dir lernen (dich lehren) den Vogelsang.

Die Beziehung der Schlange zum Erlernen der Vogelsprache scheint diese zu sein: Was die weit fliegenden Vögel in den Lüften oder hoch auf dem Baume singen, das vernimmt mit hörsam aufgerichtetem Kopfe die Schlange, die am Boden kreucht, sie ist das Ohr für die Rede der Vögel, bedeutet das Verständnis, das den ansprechenden Stimmen aus Natur und Geisterwelt aufmerkend entgegenkommt; und wenn das Auslecken der Ohren zu dieser Empfänglichkeit verhilft, so wird die Junge, die vom Herzen der Schlange gekostet hat, fähig, sich mit Frage und Gegenrede verständlich zu machen. Selbst dem Bilde des Weltalls in der nordischen Götterlehre, der Esche Yggdrasil, mangelt jene Beziehung der Schlange zur Vogelsprache nicht, in den Zweigen der heiligen Esche sitzt ein Adler, und an ihrer untersten Wurzel nagt eine Schlange, ein Eichhorn aber, am Stamme lauernd, bringt des Adlers Worte von oben und sagt sie der Schlange drunten; der Adler bezeichnet das Luftreich, die Schlange das Unterirdische, jener redet, sie horcht auf, und in dem Verkehr, der zwischen beiden vermittelt wird, ist der Zusammenhang des Weltganzen bis in seine äußersten Enden verbildlicht.

Der scharfe, lauschsame Sinn, dem nicht der leiseste Laut, das unscheinbarste Anzeichen entgeht, war Merkmal und Beglaubigung des höheren Berufes zum Seher, Heilkundigen, Weisen. Melampus hört die Unterredung der Holzwürmer, die das Gebälk über ihm zernagen, und da er ihre Sprache versteht, rettet er sich aus dem Hause, das sogleich hinter ihm einstürzt. Merlin, der wallisische Seher, dessen Weissagungen über die Zukunft der Königreiche das Mittelalter erfüllten, erriet aus einem einzigen Blatte, das in den Haaren der Königin hing, dass sie mit ihrem Liebhaber im Gehölze zusammen war. Der Zögling der sieben Meister, den sie in allen Wissenschaften unterrichtet, wird damit geprüft, dass sie während seines tiefen Schlafes ihm unter die Bettstollen je ein Rautenblatt legen; beim Erwachen äußert er, entweder habe der Himmel sich geneigt oder der Boden sich gehoben, und sie sind nun überzeugt, dass er bald sie alle an Weisheit übertreffen werde, nachdem ihm die Dicke eines Blattes nicht unbemerkt geblieben. Der schlaue Amleth hat besonders die unselige Gabe, alles zu wittern, was im Reiche faul ist, ihm schmeckt, nach Saxos Erzählung, das Brot nach Blut, das Getränk nach Eisen oder hat es einen Totengeruch, ebenso gewahrt er, dass der König knechtische Augen und die Königin drei Merkzeichen niedriger Abkunft in ihrem Benehmen habe, wie dann auch die Nachforschung ergibt, dass das Getreide zu dem Brot auf einem ehemaligen Schlachtfelde gewachsen, das Wasser zum Gerstentrank aus einer Quelle geschöpft worden, in der gerostete Schwerter verschüttet lagen, der Honig zum Met von Bienen kam, die vom Fett eines Leichnams genossen, dass der König von einem Unfreien erzeugt und die Königin von einer Gefangenen geboren war. Bei dieser in den Sagen dargelegten Richtung, aus geringen Zeichen das Verborgene in Vergangenheit, Gegenwart und

Zukunft zu erspüren, bei der stets wachen Aufmerksamkeit des äußern Sinnes auf alles Erscheinende und der Erregbarkeit des inneren durch solches mussten auch Flug und Stimme der Vögel samt andern Kundgebungen rätselhafter Tierwelt zum Gegenstande der Beobachtung und Deutung werden. Was hieran wahr und haltbar ist, das stammt aus der freien Bewegung des dichterischen Geistes und Gemüts: die liebende Teilnahme an allem Erschaffenen, der empfundene Einklang der Seelenstimmungen mit den Stimmen der Natur, die sinnbildliche Beziehung des Natürlichen auf das Geistige. In Regeln gebracht, auf das wirkliche Leben angewandt, in der Erscheinung gebunden oder das Sinnbild zur Tatsache verkörpernd, gestaltete sich die Deutung einerseits als Scheinweisheit zünftigen Augurwesens, andrerseits als dienstbarer Volksaberglaube. Bei den deutschen Völkern, deren Priesterschaft nicht kastenmäßig zugebildet war, von denen aber schon Tacitus meldet, dass sie Stimmen und Flug der Vögel befragt haben, pflanzte sich dieser Aberglaube, vorzüglich als eine besondere Art der Beobachtung des *Angangs*, bis in die letzten Jahrhunderte fort. Allein auch die freiere, geistige Auffassung hat sich an der rechten Stelle forterhalten, in der Volkspoesie, durch deren Gebiet wir sie, von den sinnlichem Bezügen bis zu den innerlichsten, unter den mannigfaltigen Formen des Bettgesprächs, der Tröstung und Anregung, des Rates und der Lehre, der Botschaft und Vorbotschaft, der Meldung und Warnung, der Gewissensstimme, Lügenzeihung und Anklage aufgewiesen haben. Die Erforschung des Mythus und der Volksdichtung führt überhaupt zu der Einsicht, dass die finstre Masse abergläubischer Vorstellungen um vieles gelichtet werden kann, wenn der ursprüngliche Sinn mit seinem bildlichen Ausdruck aus den Banden der Wörtlichkeit, Formel und Zeremonie des Zauber- und Gespensterwesens gelöst und seiner geistigen Heimat zurückgegeben wird.

Ein Beispiel, das sich den Liedern vom Verrate der Nachtigall anknüpft, bietet der Aberglaube vom *Bilwiz*. Mit diesem Namen, der auch in weiblicher Form und in der Mehrzahl, sowie unter mancherlei Entstellungen, vorkommt, wird ein gespenstisches Wesen bezeichnet, dessen schon mittelhochdeutsche Gedichte erwähnen; es schießt aus einem Berge nach den Menschen, verwirrt und verflicht die Haare, *Bilwizschnitt* ist ein Durchschnitt im Getreidefeld, den man bald boshaften und zauberkundigen Menschen, bald dem Teufel oder elbischen Gespenstern schuld gibt: zum *Bilwizbaum* ein Kind oder Gewand opfern wird als eine Versündigung gegen das erste Gebot namhaft gemacht, auch glaubte man, dass kleine Kinder zu Bilwizen verwandelt seien. In diesen Zügen feindseliger und gefährlicher Art treffen die Bilwize mit andern Unholden verschiedener Benennung zusammen, überdem wird ihr eigener Name auch von Zauberern und Hexen gebraucht, man befindet sich mitten in der Wildnis des Aberglaubens. Zugleich aber scheinen noch die Anzeichen einer ursprünglich freundlichen Natur hindurch, ein Bilwiz wird in einer mittelhochdeutschen Erzählung für gleichbedeutend mit »ein Guter« genommen, die niederdeutsche Form *Belewitten* wird den *guten Holden* gleichgesetzt, und entscheidend spricht der Name selbst, dessen Bedeutung noch in dem angelsächsischen *bilvit, bilevit,* billig, wohlgesinnt, zutage liegt. Ein Zeugnis aus den Niederlanden stellt dann *Beeldwit* zusammen mit *blinde Belien,* als Namen von Wesen, welche, wie man glaube, nächtliche Erscheinungen sehen und daraus geheime Dinge offenbaren. An diese blinde Belien reiht sich nun der *blinde Billie* (*Billie Blin'*) der früher angezogenen schottischen Ballade, *Belien und Bilie* sind gleichmäßig Verkleinerungen der Stammsilbe, die auch in *Belewit, bilevit, bilvit, Bilwiz* als Hauptwort erscheint und Billigkeit, Recht, zu besagen scheint, während das nachfolgende Beiwort wissend, kundig, bedeutet. Billie Blind wird in der Ballade so verwendet: Als die Braut bei ihrer Ankunft sich ungeheißen auf den goldnen Stuhl niederlässt, äußert die Schwiegermutter, in diesen Stuhl setze sich keine unbescholtene Jungfrau, bevor sie gebeten sei, der Billie Blind aber, neben der Braut stehend, spricht: »Die hübsche Maid ist vom Reiten ermüdet, das machte, dass sie ungeheißen niedersaß.« Am Abend, als das Brautbett bereit ist, fragt der Bräutigam den Billie Blind, ob hier eine unbescholtene Jungfrau sei? Billie bejaht es, denn eine Dienerin ist untergeschoben, die Braut aber sei auf ihrer Kammer in Kindesnöten. Es ergibt sich, dass einst der Bräutigam selbst diejenige, die jetzt seine Braut ist, im grünen Wald überrascht hat. Somit ist Billie ein wohlgesinnter Berater, schonungsvoll der Bedrängten und doch wahrhaft gegen seinen Herrn; der Herausgeber der Ballade erkennt in ihm den *Brownie,* den diensttreuen Hausgeist, der ehedem in Schottland keinem ansehnlichen Geschlechte fehlen durfte. Doch kann man hiebei nicht stehen bleiben, da sich für Wort und Wesen weitere Anknüpfungen darbieten. Jenem angelsächsischen bilevit, bilvit, Billiges wissend, treten altsächsisch balovîso und altnordisch bölvis, Böses wissend, gegenüber: mit dem altsächsischen Worte wird der Teufel benannt (the balouuiso, Hel. 33, 2.), der den Heiland auf dem Berge versucht, das nordische dagegen führt in die alte Sagenwelt seines Volksstammes. Blind, der böses Wissende (Blindr inn bölvîsi), lässt sich in einem Heldenliede der Edda vernehmen, als Helgi, zur Mahlmagd verkleidet, von den Feinden vergeblich gesucht wird, da spricht der böse Blind: Scharf seien die Augen dieser Magd, das sei nicht unedles Geschlecht, was an der Handmühle stehe, die Steinen brechen, die Mühle zerspringe, hartes Los, wenn ein König Gerste mahlen solle. Für das Beiwort der Belien und Bilies gibt nun dieser nordische Blind einen Anklang, aber wenn Billie Blind der armen Braut hinauszuhelfen sucht, so ist es nicht minder angemessen, dass der böse Blind den jungen Helden verderben will. Den gleichen Vorgang erzählt eine spätere Saga, in offenbarer Nachahmung des Helgiliedes, von ihrem Helden Hrômund: der Angeber Blind, welcher Bavîs hieß (Entstellung aus bölvis), aber auch der Üble (hinn illi) zugenannt ist, erscheint hier noch auf andre Weise als Kundschafter, er hat Traumgesichte, die seinem Herrn und ihm selbst den Untergang weissagen und bald darauf in Erfüllung gehen. Außerdem nennt die Saga auf andrer Seite zwei Männer Bild und Voli, beide schlimm und arglistig, aber von ihrem Könige hochgehalten, von denen jedoch nur der eine, Voli, in den Vordergrund tritt, als Zauberer und Unheilstifter. Durch alle Willkür und Verwirrung in diesen Abenteuern lassen sich doch einige Spuren alter Überlieferung erkennen, die unsrer Untersuchung weiter dienlich sind: Blinds weissagende Träume fallen überhaupt in das Gebiet geistiger Mahnungen und schließen sich insbesondre daran, dass auch den Wesen, die man in den Niederlanden *Beeldwit* und blinde *Belien* hieß, nächtliche Gesichte zugeschrieben wurden, woraus sie Geheimes offenbar machten (Anm. 329); Bild und Voli aber, ebenfalls verdorbene Namen und in Blind Bavis sich nur wiederholend, sind dadurch beachtenswert, dass hier zwei Ratgeber beisammenstehn, wenn auch beide gleichermaßen als bösartig bezeichnet. Zu klarem Abschluss bringt jedoch die zerstreuten und verdunkelten Namen und Sagenreste nur die verdienstliche Aufzeichnung Saxos, in der Geschichte Hagbarths und Sygnes, einer Liebessage, die sich in Liedern und örtlichen Aneignungen über den ganzen Norden verbreitet hat. Hagbarth, Hamunds Sohn, kommt in Frauentracht zu Sygne, Tochter des Dänenkönigs Sigar, der er auf andre Weise nicht nahen kann, er wird verraten und ergriffen, der König lässt ihn aufhängen, zugleich aber stirbt die Geliebte, wie sie zugesagt, in den Flammen ihres Gemachs. Dies sind die Grundzüge der verschiedenen Darstellungen, aber nur in der ältesten, die uns erhalten ist, bei Saxo, findet sich Folgendes: König Sigar hat zwei alte Männer zu Ratgebern, deren einer Bölwis (*Bolvisus*) heißt, und die so ungleicher Sinnesart sind, dass der eine Feinde zu versöhnen pflegt, der andre Freunde zu entzweien und Groll zu schüren bemüht ist; den blinden Bölwis besticht ein Mitbewerber Hagbarths, zwischen Sigars und Hamunds Söhnen Hass anzustiften, und Bölwis bringt es durch Lügenrat dahin, dass der Friede gebrochen wird; zwei Brüder Hagbarths fallen, und er rächt sie durch den Tod zweier Söhne Sigars, darum darf er sich nur verkleidet zu Sygne wagen; nachdem man ihn ergriffen und vor die Volksversammlung geführt, teilen sich die Stimmen über ihn, mehrere verlangen, dass er mit dem Leben büße, aber *Bilwis (Bilwisus)*, Bruder des Bölwis, ermahnt mit andern Bessergesinnten, lieber von den Diensten des Helden Gebrauch zu machen, als grausam gegen ihn zu verfügen; da kommt Bölwis hinzu und erklärt den Rat für ungehörig, durch den die gerechte Rache des Königs für den Tod seiner Söhne und die Schmach seiner Tochter gelähmt werden solle, dieser Ansicht stimmt die Mehrheit bei, und Hagbarth wird zum Tode verurteilt. Der *Bilwis* dieser Sage nun ist der ungetrübte Stammbegriff der deutschen Bilwize, von ihm aus und seiner Gegenüberstellung zu Bölwis erhellen sich die Schemen, die uns bis dahin vorbeigestreift. Dass Bilwis und Bölwis mythische Wesen sind, zeigen schon ihre begriffartigen und ebenmäßigen Namen, sie konnten darum auch, an keinen einzelnen Dienst gebunden, in verschiedene Sagen eintreten; wo zum Guten geredet wird, spricht Bilwis, wo zum Bösen, Bölwis; zu einer streitigen Beratung gehören beide, als notwendige Seitenstücke sind sie Brüder, durch Anlaut und Wortfügung gepaart. Was der Wortsinn verlangte, dass der Bilwis ein wohlgesinntes Wesen sei, das erfüllt Saxos Bilwis tätlich als Sprecher der versöhnlichen, milden und billigen Meinung *(sententiae potioris auctor)*. Der Gleichlaut der Namen bis auf den einen Buchstaben konnte leicht zur Verwechslung von Bilwis mit Bölwis führen, zumal nachdem der ursprüngliche Sinn nicht mehr verstanden, und es gebräuchlich war, die mythischen Wesen insgemein für böse Geister zu nehmen, Blindheit wird bei Saxo nur dem Bölwis beigelegt, im Eddalied und der Saga stellt sich diese Eigenschaft als Hauptname des bösen Ratmannes voran *(Blindr hinn illi, Blindr bavis)*; sie bezeichnet wohl hochdeutsch: der Witze blind, weiser Sinne blind. Auch dieses Eigenschaftswort fiel in die Verwechslung, daher die *blinden Belien* und *Billie Blind*; dieser erweist sich zwar zumeist als gutartiges Wesen, aber er kann mit dem bösen Blinden verschmolzen sein, welchem Verdachtreden angehören mochten, wie nunmehr die Schwiegermutter sie führt; die Vollständigkeit erfordert den Gegensatz, und auf diesen werden auch die verworrenen Bild und Voli der Saga aus ihrer jetzigen Einhelligkeit im Bösen zurückzubringen sein. Es ist nicht zu übersehen, wie die Wörter Bilwiz und *balovîso*, auch wo sie der mythischen Zubildung, zu der sie in den angeführten Liedern und Sagen gelangt sind, ferne stehen, doch in sich schon nach derselben hinweisen, denn sie besagen nicht einfach billig oder böse, sondern sie drücken ein *Wissen* aus der Quelle und in der Richtung des Guten oder Bösen aus, ein Wissen, das da, wo die Wörter persönlich werden, in wohlmeinender Mahnung und böswilliger Meldung, in mildem und rechtem, verderblichem und blindem Rate sich kundgibt; der Balowîso im Heliand ist der Teufel als Versucher, Bilwis und Bölwis bei Saxo sind Ratgeber, darum als Greise gedacht, Hauptsprecher im Rate des Königs und des Volkes. Allein sollten nicht die leibhaften Bilwize des Aberglaubens für das Ursprüngliche, jene Personifikationen des guten und bösen Rates für das Abgeleitete, für die nachfolgende geistige Läuterung zu erklären sein? Einer solchen Annahme widersetzt sich schon die abstrakte Bedeutung des Wortes Bilwiz; die Vorstellungen heidnisch altertümlichen Gepräges, die unter diesem Namen sich angesammelt, berühren sich nicht mit dem Worte selbst, letzteres war im 13. Jahrhundert, über das kein deutsches Zeugnis hinaufreicht, in seinem allgemeinen Sinne nicht mehr gebräuchlich und darum auch in der Anwendung auf Geisterwesen nicht mehr verstanden; dagegen haben Bölwis und Bilwis in den alten Mundarten, nordisch, altsächsisch, angelsächsisch auch als Gemeinwörter noch Währung, und wo sie persönlich gebraucht sind, decken Wort und Wesen einander vollständig; die Überlieferungen aber, welchen die mythischen Träger des Namens oder Beiworts zugeteilt sind, stammen so gewiss, als irgendein Volksglaube von den Bilwizen, aus heidnischer Vorzeit. Das Helglied ist seinem Inhalte nach vorchristlich, auf die Hagbarthsage wird schon im Skaldensange des 9.Jahrhunderts angespielt, und die vorwaltenden metrischen Stellen in Saxos Erzählung zeigen an, dass er einheimische Lieder vor sich hatte, deren alter Ursprung, des rednerischen Lateins unerachtet, durch den strengen Stil dieser Darstellung, im Vergleich mit den dänisch-schwedischen Balladen, hinreichend beurkundet wird. Den bösen Blind, die ratgebenden Bilwis und Bölwis von Lied und Sage abzutrennen, dazu ist kein genügender Grund vorhanden; wenn zwischen ihnen und den handelnden Personen ein Unterschied bemerklich ist, so beruht dieser eben darin, dass sie nicht epische Gestalten sind, sondern, ihren Namen gemäß, Gedankenwesen, Anwälte des Guten und Bösen; treten sie auch poetisch in die Erscheinung, stehen sie als greise Räte dem König zur Seite, so sind sie ursprünglich doch wohl nur Stimmen des Innern, zwiespältige Regungen in der Seele dessen, der zwischen rechtem und unrechtem, mildem und strengem Entschlüsse schwankt.

Wenn statt des geisterhaften Bilie nach der dänischen Ballade zwei Nachtigallen reden, und wenn diese Zweizahl damit stimmen würde, dass in Bilie Blind und seinem Namen, wie zuvor vermutet wurde, zweierlei Wesen zusammengefallen seien, so können diese Anklänge bloß zufällige sein. Im Allgemeinen aber kommen die Mahnungen und Ratschläge der Genien denen der Vogelstimme sehr nahe, und auch diese, zumal als leiseres Zuflüstern, vertritt oft gänzlich die Stelle der innern Eingebung, des aufsteigenden Gedankens. So in den sprichwörtlichen Ausdrücken: Das hat mir ein Vogel gesungen, welcher Vogel hat dir das in die Ohren getragen? und ähnlichen. Die englische Ballade vom Aufstand im Norden, 1569, hebt damit an, dass Graf Percy im Garten zu seiner Frau spricht: »Ich hör' einen Vogel in mein Ohr singen, dass ich fechten oder fliehen muss.« Zwei Raben sitzen auf Odins Achseln und sagen ihm ins Ohr alles Neue, das sie sehen oder hören; Odin ist der göttliche Geist, die Raben aber heißen Huginn und Muninn, Gedanke und Gedächtnis. Blickt man von diesem Standpunkt auf das ganze Geschlecht der ratenden, mahnenden, Botschaft bringenden Vögel zurück, so erkennt man allerdings in vielem einen Verkehr des nachdenklichen Geistes, der ahnenden Seele mit sich selbst, aber die innerliche Tätigkeit ist durch einen Ruf von außen angeregt, die sinnbildliche Verwendung, die geistige Meinung, der sprichwörtliche Gebrauch sehen einen Gegenstand voraus, der zuerst in seinem eigenen Wesen wahrgenommen und empfunden sein musste, mit jenem wachen Sinne für die lebendige Natur, von dem wir ausgegangen, und der fortwirkend auch den geistigen Auffassungen Frischheit und Farbe gab. Wo es sich lange nicht mehr um die unmittelbare Darstellung des Tierlebens handelte, wo der Vogel Lehren sang, auf Botschaft flog, verstohlenes Liebesglück belauschte, Verbrechen meldete, wo seine Erscheinung überall nur als Mittel und Beiwerk zu dienen schien, da hat dieselbe gleichwohl ganzer Lieder und Balladen sich dermaßen bemächtigt, dass sie zur Hauptsache wurde, dass ohne sie kein poetischer Inhalt übrig wäre; selbst die umfangreiche Legende des heiligen Oswald wird lediglich vom Raben und Hirschen getragen, und so hat das Tiermärchen über manche Kreise der Volksdichtung, die ihm scheinbar ferne liegen, seinen belebenden Einfluss verbreitet.

3. Wett- und Wunschlieder

Von einer Liederklasse, die aus dem einsamen Walde stammt, wenden wir uns zu einer andern, die im geselligen Verkehr entsprungen und erwachsen ist. Fragen und Antworten, Aufgaben und Lösungen, Begrüßungen und Empfänge, Werbungen und Ausflüchte, gute und schlimme Wünsche, Scherzreden und Wettspiele mannigfaltiger Art, bilden den Inhalt dieser Erzeugnisse. Weitgereiste Pilger, Wandergesellen, fahrende Sänger und Spiellente, abenteuernde Freier führen das Wort: Die Schwelle des gastlichen Hauses, die Zunftherberge, die Tanzlaube, sind der Schauplatz. Es erhebt sich ein Wettstreit des Witzes; dieser Witz aber ist, nach der Stimmung der Zeit, ein fantastischer, er bewegt und überbietet sich in Bildern. War schon die in unmittelbarster Anschauung des Naturlebens wurzelnde Dichtung ins Märchenhafte ausgerankt, so kann es nicht befremden, wenn jene geselligen Spiele nur in der vollständigsten Umkehr und Verwandlung alles Wirklichen ein Ziel finden. Gleichwohl blieb auch ihnen eine frische Färbung aus Feld und Wald; wenn man aber auf ihren Grund sieht, so haften auch sie in sehr einfachen Anlassen, in den frühesten Anknüpfungen des menschlichen Umgangs und Verkehrs, und manches, was in seiner späteren Erscheinung auf der Oberfläche gaukelt, zeigt in seinem Ursprünge den sinnigen Ernst und die Kraft des Gemüts. So kommt es, dass eben diese spielende Gattung von Volksliedern auf höchst altertümliche Dichtweisen, selbst auf die verschollenen Zaubersänge, zurückleitet und unter den späteren Kunstbildungen besonders mit dem ernsthaften Meistergesang in Befreundung steht.

Altes Erbgut germanischer Stämme sind die *Rätsellieder*. Man findet Rätsel in die jeweiligen Formen der Dichtkunst gefasst, einzeln oder verbunden, im nordischen Altertum, bei den Angelsachsen, bei den Liederdichtern des deutschen Mittelalters und fortwährend in den Schulen der Meistersänger, besonders aber auch im deutschen und verwandten Volksgesange. Seit dem Anfange des 16. Jahrhunderts waren in Deutschland gedruckte Rätselbücher im Umlauf, und noch in diesen stößt man unter den gereimten Stücken auf solche, die auf den Stil der altnordischen und angelsächsischen Rätseldichtung zurückweisen.

Eine Hauptform des Rätselliedes ist die, dass der Wirt und der ankommende Gast sich in Wechselrede prüfen. Die gastfreundliche Sitte des Altertums konnte doch nicht gänzlich beseitigen, dass nicht die beiden Unbekannten einander behutsam entgegentraten, zumal der Obdach suchende Wanderer, der noch keinen Ausweis mit sich trug, sollte durch sein eigenes Wort von seinem Wesen zeugen. Er wird zunächst um Namen, Herkunft, Weg und nach einer besonders im Norden gangbaren Formel darum befragt, wo er die letzte Nacht geherbergt habe: Hierin konnte seiner Aussage nachgerechnet und zugleich ersehen werden, von wem er schon anderwärts zugelassen war. Der Gast seinerseits beugt mit doppelsinnigen Erwiderungen und Wortspielen aus, und es entspinnt sich ein Wechsel von Frage und Antwort, worin einer dem andern auf den Zahn fühlt. Schon die Lehrsprüche der Liederedda empfehlen zwar Gastfreiheit und anständiges Benehmen gegen den Fremdling, zugleich aber raten sie dem Wirt und dem Gaste zu klugem Aufmerken und legen großen Wert auf rechtes Maß im Reden und Schweigen, auf Geschick im Fragen und Antworten; ein solcher Spruch lautet: »Brand brennet von Brande, bis er aufgebrannt ist. Glut belebt sich an Glut, Mann wird Manne durch Rede kund, aber ein Tor durch Hochmut.«

Man vergegenwärtige sich noch weiter die Erscheinung und Bedeutung des Wanderers in einer Zeit, in welcher die Wege des Verkehrs wenig angebahnt, die Mittel zur Kenntnis entlegener Gegenden, fremder Zustände und Begebnisse höchst mangelhaft waren. Wer sich diese Kenntnis verschaffen wollte, der musste den Wanderstab ergreifen, wissensdurstig und ahnungsvoll schritt er in die dämmernde Ferne. Dem Ansässigen seinerseits erschloss sich hinter dem Fremdling, welcher die Tür öffnete, die enge Heimat und er war jeder unerhörten Kunde gewärtig. Häufig werden daher solche Kunden aus der Ferne dem wallenden Manne, dem fahrenden Sänger, dem Pilgrim in den Mund gelegt. Das angelsächsische Lied vom Wanderer lässt den Sänger *Widsidh*, Weitweg, Weitwandel, der über die große Erde reisend, durch die Geschicke schreitend, Gutes und Böses erkundet (B. 50-52. 135f.), von den sagenberühmten Völkern und Herrscherstämmen übersichtlichen Bericht erstatten. Den Bekehrern Norwegens, Olaf Tryggvis Sohn und Olaf dem Heiligen, erschien noch der alte Odin selbst als Gast beim Festmahle, unerkannt und sich selbst nur Gast *(Gestr)* nennend, wusste aus allen Ländern Altes und Neues zu melden, erzählte von den Königen der Vorzeit und ihren Großtaten, und gab auf alle Fragen Bescheid: auch als Skalde, von unbekanntem und übernatürlichem Alter, kam *Ugger* (altnord. Yggr, ein Name Odins), Nachricht bringend, an Königshöfe. Im Eingange des deutschen Gedichts von Biterolf erzählt ein bald hundertjähriger Waller, der viel Wunders in Stürmen und Streiten gesehen, manches christliche und heidnische Land durchfahren, von der unvergleichbaren Gewalt des Königs Etzel, und durch diese Rede des Gastes wird Biterolf angeregt, heimlich nach Hunenland zu ziehen; vorn im Eckenliede warnt ein alter fahrender Mann den kampflustigen Jüngling Ecke vergeblich vor der Löwenstärke Dietrichs von Bern. Sankt Oswald erfährt, wie früher berührt worden, durch den Pilgrim *Warmund*, dem zweiundsiebenzig Lande kund sind, von der schönen Tochter des Heidenkönigs, um die er sofort zu werben beschließt; das Gedicht von Orendel und Breide gedenkt gleichfalls eines armen wallenden Mannes, dem zweiundsiebenzig Königreiche kund sind und dessen Name im alten Drucke *Tragemund* lautet. Auch ein Minnesinger meldet, wie wohl es seinem Herzen tat, als ein fremder Pilgrim ungefragt ihm von der Schönheit und dem Frohsinn der Geliebten sagte. Aber nicht bloß um Völker und Könige, Helden und ihre Taten, oder schöne Frauen zu erkunden, zieht der Wanderer aus, und nicht bloß um solche Mären wird er befragt. Es drängt ihn nicht minder, den allgemeinen Zusammenhang und tieferen Grund der Dinge zu erfassen, die Quellen geistiger Erkenntnis aufzuspüren, und in gleicher Richtung wird hinwider die Erfahrung und Gewandtheit seines Geistes ausgeholt. Vorbild ist auch hierin der Asenvater Odin, in dem eben der rastlos wandelnde und forschende Geist vergöttlicht ist. Das Eddalied, in welchem er wissbegierig ausfährt, um, unter dem Wandrernamen *Gangrath*, die Weisheit des Riesen Vasthrudnir zu prüfen, lässt die beiden in Wechselfragen über die Namen mythischer Gegenstände, über Ursprung, Ordnung, Untergang und Wiedergeburt der Welt sich messen, wobei sie gegenseitig das Haupt zur Wette gesetzt haben und der Gast den Sieg davon trägt. In Fragen ähnlicher Art und Form bewegen sich noch andre nordische Mythenlieder. Auch ein angelsächsisches Gedicht gibt, jedoch in christlichem Sinne, die Lehren des weit gefahrenen Fremdlings über die Wunder der Schöpfung und Welterhaltung. Eigentliche Rätselaufgaben stellt wieder Odin, unter dem Namen des *blinden* Gastes *(Gestr blindi)* zum König Heidrek gekommen, in dem umfassenden Rätselliede der Herwörsaga. Seine Fragen werden hier, wie im Liede von Vasthrudnir, alle gelöst, bis auf eine, die des Gottes Geheimnis bleibt und in beiden Liedern dieselbe ist. Gegenstände der Rätselfrage sind: Elemente, Naturerscheinungen, Vögel und andre Tiere, Gewächse, Gestein, Getränke, Gerätschaften, Spiele, zuletzt Odin selbst. Die Art der Rätsel besteht im Allgemeinen darin, dass dem Dinge, das erraten werden soll, ein Gegenbild aufgestellt wird, worin dasselbe als ein andres und durch diese Verwandlung oder Entfremdung als ein seltsames, ja unmögliches erscheint. So wird die tote Sache zum lebendigen Wesen, die Naturerscheinung zur Person, »(33) Was ist das für ein Tier, das Dänen (Männer) schützt, blutigen Rücken trägt und Wunden vorne, Speeren begegnet, sein Leben drangibt, seinen Leib in Mannes Hand legt?« Der Schild. »(47) Wer sind die Bräute, die auf Brandungsklippen gehn und die Bucht entlang fahren? hartes Bett haben die weißgeschleierten Weiber und spielen in Seestille wenig,« Meereswellen. Oft wird der Gegenstand im Rätselbilde geheimnisvoll nur durch ein Beiwort oder eine Zahl, statt des Hauptwortes, ausgedrückt: »(29) Wer ist der Finstre, der über den Boden fährt, Wasser verschlingt er und Wald, Sturm (glygg?) fürchtet er, Männer nicht, und hebt mit der Sonne Hader?« Der Nebel. »(61) Wer sind die Zween, die zur Versammlung fahren, drei Augen haben sie zusammen, zehn Füße und einen Schweif, und schweben so über die Lande?« Der einäugige Odin auf seinem achtfüßigen Rosse Sleipnir. Auch durch verneinende Gegensätze wird das zu Erratende angezeigt: »(5) Was war das für ein Trunk, den ich gestern trank? nicht Wasser war es noch Wein, Meet noch Bier, noch irgend Brühe, doch ging ich durstlos von dannen.« Auflösung: »Du gingst in der Sonne, bargst dich im Schatten, dort fiel Tau in die Tale, da nahmst du dir vom Nachttau und kühltest damit die Kehle.« Mehrmals ist dem Rätselbilde die Frage vorangeschickt: »Was ist das für ein Wunder, das ich außen sah vor Dellings Tür?« *Delling (Dellîngr)* ist der Vater *Dags*, des Tages, den er mit der Nacht *(Nott)* erzeugt; sein Name, Verkleinerung von Dag, bezeichnet einen mindern Tag, den anbrechenden vor dem vollen, den Dämmerschein, welcher Tag aus Nacht bringt, »Vor Dellings Tür« heißt sonach: Vor Tages Anbruch, und die Wunder, die um diese Zeit gesehen werden, sind doch wohl Traumgesichte. Der Rätselmann konnte seine seltsamen Gestaltungen füglich als Traumbilder ankündigen und rückte sie damit noch tiefer in das Halblicht des Wunderbaren und Ahnungsvollen: auch ist in Lied und Sage für die Darlegung und Deutung der Träume dieselbe Form der Wechselrede gebräuchlich, in welcher Aufgabe und Lösung der Rätsel sich ausspinnt, in beiden Fällen verlangen bedeutsame Bilder das erschließende Wort, und die Träume sind Rätsel der Zukunft.

 Vergleicht man das Rätsellied der Herwörsaga mit den altern, mythischen Frageliedern, so ergeben sich folgende Wahrnehmungen. Die Gestalten der nordischen Mythologie sind, auch ohne die Form der Frage, rätselartig, bildliche Auffassungen der Naturkräfte und des göttlichen Geistes, die denn auch als *Runen*, Geheimnisse, bezeichnet werden und für deren Verständnis der Schlüssel zu suchen ist, wie zur Lösung gewöhnlicher Rätsel. Sie haben auch mit letzten gemein, dass, was im Bilde wundersam und fabelmäßig erscheint, doch mit dem gefundenen Sinne wahr und wesenhast sich erweist, und eben im Wunder des Wirklichen liegt der Reiz dieser gemeinsamen Weise. Eigentümlich ist den Mythen der bedeutende Inhalt und der große Zusammenhang, wodurch dann auch, dem Wunderbaren unbeschadet, für vollere Persönlichkeiten und ausgeführte Handlung Stoff und Raum gegeben ist. Zugleich aber fällt in diesen Mythenumkreis, ohne bestimmbare Grenzscheide, der Übergang dichterischer Personenbildung zu denjenigen Götterwesen, die als persönlich lebendige geglaubt und verehrt wurden. Die heilige Scheue, die von ihnen ausging, musste dem ganzen, ungeschiedenen Gebiete zustatten kommen; es lag in der Geisteslichtung der Zeit, im Anspruche der Poesie wie des Glaubens, dass für die gesamte Weltbetrachtung nur einerlei Ausdruck, der sinnbildliche, Geltung hatte, und dass auch dasjenige, was unbildlich vom Sänger gewusst und vom Hörer verstanden war, doch nicht in das nackte Wort gefasst und abgezogen werden durfte. Die Fragelieder der Edda gehen daher nicht auf Deutung der Sinnbilder aus, sie prüfen den Befragten nur darüber, ob ihm die mythischen Vorstellungen als solche und mit den rechten Namen geläufig seien. Auch im Rätselliede sind Odin und sein Roß nur nach ihrer äußeren Erscheinung zum Gegenstand der Aufgabe genommen, die tiefere Frage nach der Bedeutung dieser Gestalten bleibt gänzlich unberührt und ist jetzt Sache der Mythenforschung. Am Nächsten kommen sich Mythen und Rätsel in der Auffassung der Grundkräfte der größeren und gewaltigen Naturerscheinungen. Diese gehören als mythische Wesen zum Riesengeschlechte, das mit den schaffenden und waltenden Göttern, den *Asen*, im Gegensatze steht, und an der frommen Verehrung, welche letzteren gezollt wird, auch nur entfernteren Anteil hat. Sie entziehen sich der Deutung so wenig, dass ihrer viele mit dem eigentlichen, unverhüllten Nennworte bezeichnet sind, also des Erratens zum Voraus überhoben. Wenn nun das Rätsel dieselben oder ähnliche Gegenstände persönlich gestaltet und in Handlung setzt, so erscheint es, selbst nach ausgesprochenem Ratwort, auf gleicher Stufe der Bildlichkeit mit den Mythen besagter Art. Das Rätsel von dem Finstern, der über die Erde fährt, Wasser und Wald verschlingt, den Sturm fürchtet und mit der Sonne hadert, ist der mythischen Belebung sehr nahe; wenn nach der j. Edda Ägir, der Meeresgott, neun Töchter hat, deren Namen mehrenteils wörtlich Woge, Flut, Meergebraus, besagen, und wenn nun das Rätsellied in viererlei Aufgaben, deren eine oben mitgeteilt worden, fragt: wer die Mädchen, die Bräute seien, die, klagend, ihrer viele zusammengehn nach des Vaters Bestimmung, bleiche Haare und weiße Hauptbinden haben, manchem zum Schaden geworben, selten freundlich gegen Männervolk seien, im Winde wachen müssen, auf Brandungsklippen gehn und die Bucht entlang fahren, hartes Bett haben und wenig in Meeresstille spielen? So wird kaum ein Mythenlied die Töchter Ägirs, die schaumbedeckten Meereswogen, anschaulicher und beseelter geschildert haben: wenn dann andrerseits in dem mythischen Begtamsliede gefragt wird: Wer die Mädchen seien, die zur Lust weinen und die Halsschleier zum Himmel werfen, so stimmt dies in Wort und Art mit den eben angeführten Rätseln, und auch die fehlende Auflösung wird in einer verwandten Erscheinung zu suchen sein: dort die Wellen und hier die Wolken. Das Rätsel in der Weise Heidreks spielt zwar nur mitunter auf dem Boden des Naturmythus, es ergreift verschiedenartige, vereinzelte und mitunter geringe Gegenstände, es ist wesentlich in der Form befangen, prüft nicht das Wissen, sondern den Scharfsinn, bekümmert sich weniger um den Inhalt, als um die täuschende Verkleidung; aber die Form, die so mannigfaltiges in sich aufgenommen hat und zu weiterer unbemessener Aufnahme offen ist, weist eben damit auch auf ein Allgemeines hin, sie stammt aus dem Bedürfnis und Vermögen, alle, auch die alltäglichsten Dinge mit dem Scheine des Fremden und Wunderbaren zu bekleiden.

Die zahlreichste Sammlung deutscher Volksrätsel findet sich in dem gedruckten Rätselbuche, das seit dem Anfang des 16. Jahrhunderts in mehrfachen Ausgaben, unter verschiedenen Titeln und Druckorten im Umlaufe war, und dem noch neuerlich auf Jahrmärkten gangbaren Ratbüchlein zugrunde liegt. Manches ist darin unter Rubriken gebracht: von Gott, von den Heiligen, vom Himmel, von Vögeln, Fischen u. dgl., doch ohne dass mit diesen Überschriften der Inhalt erschöpft oder ein eigentlicher Verband gegeben wäre. Die einzelnen Stücke sind nach Alter, Art und Gehalt sehr ungleich, viele stellen sich durch den Vers auf das Gebiet der Dichtkunst, hier sind einige auszuheben, die in der Hinneigung zum Naturmythus, oder auch sonst in Anschauungsweise und Behandlung, sich den Rätseln des altnordischen Liedes anschließen. Das erste:

Es flog ein Vogel federlos
auf einen Baum blattlos,
kam die Frau mundlos,
fraß den Vogel federlos.

Schnee und Sonne. Noch im 19. Jahrhundert mündlich umgehend, findet sich dieses Rätsel lateinisch und weiter ausgeführt schon in einer Reichenauer Handschrift aus dem Anfang des zehnten; Stabreim und Stil sprechen für deutschen Ursprung. Ein andres:

Ich sah drei Starker, waren groß,
ihr' Arbeit war ohn Unterlass,
der Ein' sprach: »ich wollt', dass Nacht war!«
der Ander: »des Tags ich begehr';«
der Dritt': »es sei Nacht oder Tag,
kein' Ruh ich haben mag.«

Sonne, Mond und Wind. Auch dieses neuestens noch im Volksmunde. Schon der Eingang: Ich sah *drei Starker* entspricht jener nordischen Form: »wer ist *der Finstre*?« Die mythenartige Personenbildung aber äußert sich nicht bloß darin, dass die drei Naturmächte redend eingeführt werden, sondern mehr noch im Ansdrucke des Mitgefühls mit ihrer rastlosen Arbeit und ihrer Sehnsucht nach Ruhe, die dem dritten gar niemals werden kann, eines Mitleids, das gleichwohl von der selbst empfundenen Ruhelosigkeit des zeitlichen Daseins ausgeht; aus gleicher Stimmung sprechen Heidreks Rätsel von den klagenden Mädchen, die im Winde wachen müssen, auf Brandungsklippen gehn und die Bucht entlang fahren, hartes Bett haben und wenig in Meeresstille spielen. Auf die weit fahrende, über und unter den Wogen wandelnde Sonne geht auch ein großes angelsächsisches Rätsel mit dem Schlusse: »Sag', wie ich heiße? oder wer mich bewegt, wann ich nicht rasten darf? oder wer mich anhält, wann ich ruhen soll?« Eine Naturerscheinung, die sich wenig den Sinnen aufdrängt, der leise, vergängliche Tau ist eben dadurch um so besser geeignet, im Rätsel verborgen zu werden. Heidrek nennt Getränke jeder Art, nur eines muss erraten werden, der leicht vergessene Tropfen, der Nachttau, der des Wanderers Gaumen kühlt. Das deutsche Rätselbuch stellt die Aufgabe: Einer hat dreißig Meilen zu seinem Freund und doch sollen beide binnen kurzer in Frist ihre Hände aus Einem Wasser waschen und an Einer Sache trocknen; Antwort: des Morgens im Taue zu waschen und am Winde zu trocknen. Endlich ein Taumärchen derselben Sammlung: Drei Frauen wurden verwandelt in Blumen, die auf dem Felde stehn, doch die eine durfte nachts in ihrem Hause sein und sprach auf eine Zeit zu ihrem Mann, als sich der Tag nahte, da sie wiederum zu ihren Gespielen auf das Feld kommen und eine Blume werden musste: »So du heute vor Mittag kommst und mich abbrichst, werd' ich erlöst und fürder bei dir bleiben;« als dann geschah.

Nun ist die Frage: wie Ihr Mann sie gekannt habe, so die Blumen ganz gleich und ohne Unterschied waren? Antwort: dieweil sie die Nacht in ihrem Haus und nicht auf dem Felde war, fiel der Tau nicht auf sie, als auf die andern zwo, dabei sie der Mann erkannte.

Der deutschen Volksdichtung mangelt anderwärts auch nicht der altertümliche Rahmen für die Einreihung mehrfacher Aufgaben, die Prüfung des ankommenden Gastes. Diesen Zuschnitt hat das *Traugmundslied*, aufbewahrt in einer Handschrift des 14. Jahrhunderts, was jedoch für den Ursprung seiner Anlage und seines Inhalts nicht Maß geben kann. Ein fahrender Mann wird bewillkommt und gefragt, wo er die Nacht gelegen, womit er bedeckt war, wie er Kleider und Speise gewinne? Mit dem Himmel war er bedeckt, mit Rosen umsteckt, als ein stolzer Knappe, ist die Antwort, ernähr' er sich. Sofort folgen die Rätsel mit wiederkehrenden Formeln der Anrede und bereiten Entgegnung; die erstere lautet: »Nun sage mir, Meister Traugmund, zweiundsiebzig Lande sind dir kund!« Die erste Fragenstrophe betrifft Eigenheiten, meist fabelhafte, verschiedener Vögel und andrer Geschöpfe, die weitern Aufgaben und Lösungen sind diese: »Was ist weißer denn der Schnee? was ist schneller denn das Reh? was ist höher denn der Berg? was ist finstrer denn die Nacht? – Die Sonne (anderwärts der Tag) ist weißer denn der Schnee, der Wind (das Windspiel?) ist schneller denn das Reh, der Baum ist höher denn der Berg, der Rabe schwärzer denn die Nacht. – Durch was ist der Rhein so tief? oder warum sind Frauen so lieb? durch was sind die Matten so grün? durch was sind die Ritter so kühn? – Von manchem Quell (*ursprunge*, D. Gramm, III, 387.) ist der Rhein so tief, von hoher Minne sind die Frauen lieb, von manchen Würzen (Kräutern) sind die Matten grün, von starken Wunden sind die Ritter kühn. – Durch was ist der Wald so greis'? durch was ist der Wolf so weiß? durch was ist der Schild verblichen? durch was ist manch gut Gesell von dem andern entwichen? – Von manchem Alter ist der Wald greis' von unnützen Gängen ist der Wolf weiß, von mancher starken Heerfahrt ist der Schild verblichen, untreuen Sibichen (Name des treulosen Ratgebers in der Heldensage) ist manch gut Gesell vom andern entwichen (a. von Alter wird der Wolf greis', von Dust und Schnee wird der Wald weiß, von großen Schlägen und Stichen ist Schild und Helm verblichen, von großer Untreu ist ein gut Gesell von dem andern gewichen). – Was ist grüner als wie der Klee? was ist weißer denn der Schnee? was ist schwärzer denn die Kohle? was zeltet rechter (geht bessern Passgang) denn das Fohlen? –

Die Elster ist grün als wie der Klee und ist weiß als wie der Schnee, und ist schwärzer denn die Kohle und zeltet recht als wie das Fohlen.«

Traugmund, wie der fahrende Mann angeredet wird, ist ohne Zweifel derselbe Name, der im Gedichte von Orendel *Tragemund* gedruckt und einem armen wallenden Manne gegeben ist, dem auch zweiundsiebzig Reiche kund sind; ein Seitenstück ist der Name *Warmund,* wie der fromme Pilgrim heißt, der zum heiligen Oswald kommt und dem wieder die gleiche Länderkunde zugeschrieben wird. Die Anrede »Meister Traugmund« scheint auf den Doppelsinn hinzuweisen, der in solchen Wettgesprächen zu spielen pflegt. Sie wird zuerst gebraucht, nachdem der Ankömmling die hergebrachte Willkommfrage: wo er die Nacht gelegen? mit geschickter Wendung erledigt hat. Das Nachtlager ohne Obdach, hinter der Dornhecke, wandelt er zum herrlichsten um, sein Dach war der gestirnte Himmel und sein Bett mit Rosen umsteckt. Auf dieselbe Frage antwortet in der nordischen Saga der als Salzbrenner verkleidete Fridthjof: er sei bei Ulf *(at Ulfs)* über Nacht gewesen. Da kein Bauer dieses Namens in der Nähe wohnt, so errät der Herr des Hauses, dass Fridthjof im Walde, beim Wolf, übernachtet, auch erkennt er in demselben einen Mann, der mehr denke, als er spreche, und weit um sich schaue. Bei Saxo äußert der Fragende am Schluss eines ähnlichen Wortkampfs: Er sei durch dunkeln Umschweif betrogen worden. Aus der Abhandlung über »alte hoch- und niederdeutsche Volkslieder«

Die Rätsel selbst sind im Traugmundsliede von anderer Art, als die bisher besprochenen, und zwar von einer sehr einfachen, die eben darum der Erklärung aus dem Sinne verschwundener Zeiten bedarf. Sie beziehen sich zunächst auf Eigenschaftswörter, besonders der Farbe, und suchen den Gegenstand, dem dieselben in vollstem Maße zukommen. Den deutschen Volksliedern ist mit den aus dem Volksgesange hervorgegangenen Heldengedichten die große Einfachheit der Beiwörter und Vergleichungen gemein: der grüne Wald, das tiefe Tal, der kalte Brunnen, der rote Mund, die weiße Hand, der lichte Schild, der kühne Held, der getreue Mann; dann vergleichend: schneeweiß, schwarz wie Kohle, rabenschwarz, grün wie Gras oder Klee. Diese anspruchslosen Bezeichnungen sind doch darum keineswegs müssige, nichtssagende, sie lassen den Gegenstand eben in der Beschaffenheit, die sie angeben, zumeist in seinem frischesten, vollkommenen Zustand erscheinen, den Wald in seiner Grüne, den Mund in seiner Jugendröte, den Mann in seiner Tüchtigkeit. Mögen derlei Beiwörter in der Dichtersprache zu schlicht bedünken, so machen sie umgekehrt einen dichterischen Eindruck in der Sprache des alten Rechts, wenn die Weistümer von den Vögeln im grünen Wald, oder auch vom grauen, düstern, finstern Walde, vom roten Schilde, vom lichten Tag und der schwarzen Nacht sprechen, hier und dort erweist sich das unerloschene Sprachgefühl, dem auch das einfachste Wort noch seine ganze, sinnliche oder sittliche Bedeutung hat; man sah die Farbe, den Tag, die Nacht glänzen und dunkeln, man blickte den hohen Berg hinan und in das tiefe Tal hinab, man fühlte den Stich ins Herz bei dem Worte: ungetreu. Der wache Sinn, welcher hierbei tätig war, musste sich weiter angeregt finden, Gegenstände derselben Eigenschaft zu vergleichen und denjenigen, der in Ihr für musterbildlich galt, durch einen andern noch zu überbieten. Diese Aufgabe stellen die angeführten Rätsel des Traugmundliedes: Es soll ein Weißeres aufgefunden werden, als der Schnee, ein Schnelleres, als das Reh. Anderswo:

Was ist auch weißer dann der Schnee?
und was ist grüner dann der Klee?
Der Tag ist weißer dann der Schnee,
das Merzenlaub (des Lenzen Laub?) grüner als der Klee:

oder auch:

die Saat grüner als der Klee.

Solch achtsames Auge für die Färbung in der Farbe bewährt auch im künstlichen Ausdrucke des Minnesingers Hug von Werbenwag: »Mit schöner Grüne grünt das Tal, aus Röte glastet Rot, hier gelber Gelb, dort blauer Blau, da weiß der weißen Lilien Schein, Gott färbet Farbe viel der Welt, noch besser anderswo (jenseits) die Welt.« Es zeigt sich in diesen Steigerungen neben der Schärfe der sinnlichen Beobachtung zugleich ein Streben nach dem Urbild, nach Vergeistigung und Läuterung des Erscheinenden. Schneller als das Reh ist nach dem deutschen Liede der Wind, nach einem dänischen der Sinn; weißer als der Schnee sind die Sonne, der Tag, halbmythische Wesen, weißer als der Schwan, im dänischen Liede, die Engel. Die Bedeutsamkeit der Liederfragen pflegt im Fortgange zu wachsen, und so ist die abgehandelte Rätselfolge das Vorspiel einer zweiten, die entschiedener und ernster ihre Richtung nach innen in der Weise nimmt, dass sie durch Frage und Antwort, je dem Naturbilde ein Bild aus dem Menschenleben und der Gemütswelt, dem sinnlichen Beiworte des ersten das seelenhafte des letzten zur Seite gehen lässt. Der Rhein ist so tief von der Menge der Quellen, die Frauen sind so lieb von hoher Minne, edelster Liebe, auf beiden Seiten ein unergründliches, wie auch im litauischen Gespräch an der Quelle: »Reden wollen wir ein Wörtlein, denken einen Gedanken: wo der Quelle Tiefstes, was der Liebe Liebstes?« Die Matten sind grün von der Menge der Kräuter, die Ritter kühn von starken Wunden, die frischgrüne Wiese, das freudige Heldenherz werden in Vergleichung gebracht. Vgl. Parz. 96, 15ff.:

daz velt was gar *vergrüenet,*
daz plœdiu herzen *küenet*
und in gît hôchgemüete.

Wie aber ritterliche Kühnheit durch Wunden genährt werde, sagt Hagen, von Iring durch den Helm verwundet (Rib. S. 1994):
daz ir von mîner wunden die ringe sehet rôt,
daz hât mich erreizet ûf maneges mannes tôt.

Dieser Rätselgruppe, worin tiefer Strom und hohe Minne, Wiesengrün und Heldenkühnheit das volle, kräftige Leben aufleuchten lassen, tritt nun eine andre gegenüber, in der die Farben verblassen, alle Lust und Herrlichkeit zusammensinkt. Der Wald ist greis' von Dust und Schnee, der Wolf gewitzigt von vergeblichen Gängen, grau von Alter, wie wir ihn bei den Liedern aus der Tierfabel kennengelernt, besonders ergab schon Merlins Gesang 412 aus der Anhandlung über »alte hoch- und niederdeutsche Volkslieder« die Zusammenstellung des winterlichen Waldes und des altersgrauen, hungernden Wolfes. Der Schild ist bleich geworden von mancher starken Heerfahrt, ein guter Gesell ist dem andern entwichen durch ungetreue Sibiche, durch Anstiftung treuloser Ratgeber; sonst wird der Schild als der lichte, scheinende bezeichnet, jetzt hat er seinen Glanz verloren im Sturm der Kämpfe, wie es im Heldenliede heißt (Nib. S. 1559): des wâren den von Tronje ir schilte trüebe und bluotes naz; (vgl. 217, 4.)

Sibich, der boshafte Ratgeber des Königs Ermenrich, ist als Unheilstifter sprichwörtlich, durch ihn sind die bösen Räte in die Welt gekommen. Auch in sich hat diese zweite Gruppe Gliederung und Fortschritt, im ersten Rätselpaare der bereifte Wald und dazu ein lebendiges Wesen, der umschweifende graue Wolf, im Folgenden Entsprechendes aus dem Heldenleben, erst äußerlich der erbleichte Schild, dann das innerste Verderben, die Untreue, die den Genossen im Stiche lässt. Düstre Färbung der Natur bei unseligem Ereignis in der Menschenwelt war auch der Rechtssprache nicht fremd, der Mörder wurde verfolgt mit Wehegeschrei und Glockenklang: »durch den düsteren Wald, als lange bis ihn die *schwarze Nacht* benahm;« er versinkt in Finsternis und Grauen. Das Lied endet mit dem Rätsel von der Elster, worin wieder für die drei Farben weiß, schwarz und grün Maß und Steigerung gesucht wird, alle drei spielen in ihrer Vollkommenheit auf dem Gefieder dieses Vogels. Einem niederdeutschen Volksrätsel ist das Jahr ein Baum mit 52 Nestern, jedes Nest hat sieben Junge und jedes Vöglein ist halb schwarz halb weiß, je Tag und Nacht vorstellend. Die Farben der Elster insbesondre dienen im Eingang des Parzival zum Bild einer Seele, die zweifelhaft zwischen Mannheit und Verzagen, damit aber zwischen Himmel und Hölle schwankt; der unstete Geselle hat allein die schwarze Farbe und wird auch einstens die der Finsternis tragen, an die blanke hält sich er mit unsteten Gedanken. Es muss auffallen, dass auch das Rätsel von der Elster unmittelbar auf das vom unsicheren Gesellen folgt; will man aber auch zwischen beiden Gedichtstellen keine nähere Beziehung suchen, so beweist doch jene im Parzival, dass es der Einbildungskraft nicht zu ferne lag, die bunte Elster sinnbildlich, als fliegendes Beispiel (Gleichnis), wie Wolfram sich ausdrückt, zu verwenden. Im Rätselliede konnte sie bedeuten, was ein finnisches Sprichwort vom Spechte sagt: »Der Specht ist bunt im Walde, das Menschenleben noch bunter.« Dem offenen Rahmen solcher Lieder konnte leicht Fremdartiges eingefügt werden und Zugehöriges entfallen. Die Rätsel, die im Traugmundsliede zusammengefasst sind, mochten längst in der Überlieferung vorhanden sein und zuvor schon mehrfachen Durchgang genommen haben, wie auch die meisten sonst zerstreut oder in andern Verbindungen vorkommen; manche tragen noch Spur des ursprünglichen Stabreims, und von all diesem äußeren Wandel konnten auch Inhalt und Bedeutung nicht unberührt bleiben. Aber nicht weniger glaublich ist, dass solche Rätsel von alters her nicht einzeln gingen, sondern in sinnige Zusammenhänge gebunden waren, und es zeugt hierfür die gleichfalls überlieferte Form der prüfenden Wechselrede zwischen dem Wirt und dem Gaste. Welche Veränderungen und Verluste das Traugmundslied erfahren hat, die erhaltenen Züge bekunden noch immer ein Gesamtbild. Mitten inne die beiden Felder des Hauptgemäldes, auf dem einen der tiefe Rhein und die minnigliche Frau, die grüne Matte mit dem kämpfenden Ritter, auf dem andern der graue Wald und der greise Wolf, der bleiche Schild und der verratene Heergesell; am Rande, rechts und links, symbolische Gestalten, hier der lichthelle Tag und der schneeweiße Schwan, dort die finstre Nacht und der schwarze Rabe; oben über die gaukelnde Elster, hell und dunkel zugleich; unten am Rosenhage gelagert, der Pilgrim, wie er den

Rätseln des Lebens nachsinnt. Indem der fahrende Mann auf alle die Fragen Bescheid weiß, welche dieses Gesamtbild heraufführen, bewährt er, dass er das Leben von der Lichtseite und der Schattenhalde erkannt und empfunden habe.

Nahe gesippt ist dem Meister Traugmund der Meister *Irregang*, der sich in einem Reimspruche des 13. Jahrhunderts vernehmen lässt: Solange der Mann schweigt, weiß niemand was er kann, mit Worten soll man sich künden; Gutes (Reichtums) wird man freudenreich, von Wunden wird man kühn, Heerfahrt hat stets Müde gebracht, von Krankheit wird man mühselig, durch Trägheit unwert; doch gut ist in der Not, was der Mann gelernt hat, verliert er was er je gewann, er behält doch was er kann. Von diesen allgemeinen Betrachtungen leitet der Sprecher zu seiner eigenen Kunst über, die so mannigfach ist, dass sie das Treiben aller Stände und Gewerke umfasst; in bunter Reihe zählt er seine Fertigkeiten auf, namentlich folgende: Er kann sagen und singen, laufen und springen, ein guter Fürsprech sein, einen Wein kosten, ein Glücksspiel gewinnen und verlieren, Met aus Honig machen, der Bücher ist er kundiger denn sein Meister war, zweien Gesellen kann er den Gewinn teilen, eine Wunde mit Salbe heilen, einen Wagen verfertigen, ein gut Schwert schmieden, das Kaiser Friedrich mit Ehren führen würde in Zorn und Güte, Hüte kann er machen, Schilde färben, Ritter rüsten, selbst mit Harnisch reiten, stechen und streiten, turnieren, Schachzabel und Brettspielen, jeglichem gute Antwort geben, schneiden und weben, eine Wiese mähen, einen Acker säen, ein Rind jochen, einen Teig kneten, einen Faden zwirnen, eine Magd zur Frau machen, einen Hasen jagen, ein Horn blasen, einen Wald fällen, ein großes Heer zu saglichen Dingen (zu Ruhme) bringen, ein Mühlwerk herrichten, ein Haus zimmern, Pfennige schlagen, Glocken gießen, mit der Armbrust schießen; nun er aber all dies Wunder kann, hat der Kaiser ihm Harfen- und Rotenspiel, Dreschen und Wannen verboten und verbannt; käm' eine Wanne in seine Hand, der Hagel schlüg über alles Land, drösch er einem sein Korn, es wär' allsamt verloren, deckt' er einem sein Haus, den trüge man tot daraus, mistet' er einem den Stall, die Seuche schlüg' überall, ging' er jemand über sein Geschirr, es ginge dem alles wirr. Zum Schlusse spricht er: »*Irregang* heiß' ich, manch Land weiß ich, mein Vater *Irgang (?)* war genannt, er gab mir das Erb' in meine Hand: Ob ich in einem Land verdürbe, dass ich im andern nach Ehr' erwürbe; nun bin ich nicht verdorben, ich hab' keine Ehr' erworben, ich geh' im Reiche von Land zu Land, wie der Fisch in dem Sand, in eines hübschen Knaben Weise begeh' (such') ich meine Speise mit mancherhand ohn allen Wank (Fehl), also sprach Meister Irregang.« Die unnütze Vielgeschäftigkeit der fahrenden Leute wird mehrfach gerügt und verspottet. So der Kanzler um 1300: »Ein gehrender Mann trügt, der andre kann wohl Tafelspiel, der dritte treibt Hoflüge *(hoveliuget)*, der vierte ist gar ein Gumpelmann (Gaukler)« usw. (MS. II, 390a). In einem altfranzösischen Schwanke bekämpfen sich zwei Spielleute, indem je einer den andern lästert und seine eigenen Geschicklichkeiten herausstreicht, diese bestehen im Singen und Sagen, in der Meisterschaft auf allen Instrumenten, worunter auch Harfe und Rote genannt sind, in Tafelspiel (p. 299: *si sai meint beau geu de table*), Gauklerkünsten, Zauberei (*300 d*), Wappenkunde, Liebesrat, Kranzflechten usw. besonders aber rühmt sich der eine, er sei ein trefflicher Arbeiter (*ovriers*) und könnte viel Geld verdienen, wenn er gemeines Handwerk treiben wollte, allein er sei ein solcher, der die Häuser mit Pfannkuchen decke, Katzen zur Ader lasse, Ochsen schröpfe, Eier einbinde, Zäume für Kühe mache, Handschuhe für Hunde, Kopfzeug für Ziegen, Harnische für Hasen, so stark, dass diese sich nichts um die Hunde kümmern; es gebe nichts auf bei Welt und in der Zeit, das er nicht gleichbald zu fertigen wisse. Das Dachdecken, Wundensalben, Rindjochen, Hutmachen, Waffenschmieden des deutschen Spruches kehrt hier possenhaft wieder, im Sinne spielmännischen Müssiggangs und Tandes, Ein Troubadour des 12. Jahrhunderts, Marcabrun, prahlt in seiner frechen Selbstschilderung: »Gelobt sei Gott und St. Andreas, dass niemand, soviel ich merke, gescheiter ist, als ich; im Spiele bin ich gewandt, ein Kluger sieht sich vor, wenn es zum Teilen geht; niemand versteht sich besser auf das Ringen nach bretonischer Art, auf das Prügeln oder Fechten, ich erreiche jeden und schirme mich zugleich, niemand aber kann sich vor meinen Streichen decken; in fremdem Gehölze jage ich, wann ich will; ich bin so voller Spitzfindigleiten und Vorwände, dass ich nur zu wählen brauche; jeder hüte sich vor mir, denn mit diesen Künsten denke ich zu leben und zu sterben.« Spiel, Ringen, Fechten, Jagen ist hier bildliche Bezeichnung geistiger Gewandtheit, aber es ist nicht unwahrscheinlich, dass der Kunstdichter, einer der ältesten des südlichen Frankreichs, einen volksmäßigen Spielmannsspruch vor Augen hatte, worin jene Fertigkeiten im Wortsinne genommen waren. Das deutsche Spruchgedicht hat nicht so entschiedenen Volkston, wie das Traugmundslied, gleichwohl steht der Verfasser desselben auf der Seite der Volkssänger und wenn er des fahrenden Tausendkünstlers zu spotten scheint, so mag doch sein eigentliches Ziel ein andres gewesen sein. Meister Irregang will ein Schwert schmieden, das der Kaiser Friedrich in Zorn und Güte mit Ehren führen würde, das kaiserliche Schwert ist bekanntes Sinnbild der weltlichen Gewalt, in Zorn und in Güte geführt, kann es die Handhabung der Reichsgewalt zur Strenge und Milde bedeuten. Geht dieses vollkommene Schwert dem Kaiser Friedrich ab? Vom Kaiser heißt es weiterhin, im Wendepunkt des Gedichts, er habe dem Meister Harfnen und Roten verboten, Dreschen und Wannen verbannt, weil in seiner Hand alles zum Verderben ausschlüge; auch das Dachdecken, Stallfegen und Anschirren ist, nach dem Folgenden, unter das Verbot zu zählen. Wie hier Harfe und Rote mit Dreschen und Wannen zusammenstehn, so kreuzen sich im vorhergehenden die Künste des Fahrenden: Sagen, Singen Springen, Schach- und Brettspiel, Antwortgeben (Rätsellösung), mit den unentbehrlichsten Arbeiten und Betrieben des täglichen Lebens, sie werden hierdurch mit diesen in gleiche Berechtigung gestellt, auch sie sind erlernt, um ihren Mann zu ernähren; einen Bann auf sie werfen, ist dasselbe, als wollte man Dreschen, Wannen und Dachdecken verbieten, weil die Hand des Arbeiters eine unselige sein könnte. Die fahrenden Leute waren rechtlos und die Schärfe der öffentlichen Gewalt kam von Zeit zu Zeit über sie. Fiel ein solcher Schlag mitten in der schönsten Ernte, so traf er am härtesten. Im Jahre 1235 wurde zu Worms die Vermählung Friedrichs II. mit Isabellen von England stattlich gefeiert, dabei findet ein Zeitgenosse der Aufzeichnung wert, dass der Kaiser den Fürsten anempfohlen habe, nicht auf herkömmliche Weise Gaben an die Spielleute zu vergeuden, was er für eine große Torheit erachtet. Je zahlreicher und begehrlicher zu so glänzendem Feste das Volk der Fahrenden herbeiströmte, um so gemeinkundiger und empfindlicher musste bei ihm dieser Ausspruch kaiserlicher Ungunst nachwirken. Welches aber der besondre Anlass des Spruchgedichts sein mag, eine allgemeinere, überlieferte Grundform ist auch hier nicht ausgeschlossen, für eine solche spricht schon die Begegnung mit den beiden romanischen Stücken. In den nordischen Sagen ist die Frage nach den Fertigkeiten des Mannes, der sich als Wintergast einstellt, auf eine wiederkehrende Formel gebracht. Örvarodd, der unter dem Namen Vidhförull, Weitfahrer, zum Hunnenkönige kommt und um seine Künste befragt wird, verleugnet diese, bewährt sich aber nachher als Meister im Bogenschießen, Schwimmen und Zutrinken. Auf dieselbe Frage antwortet Nornagest: Er spiele die Harfe und erzähle Sagen. Aber auch von umfassender Aufzählung des Wissens und Könnens ist ein altnordisches Muster vorhanden, im Runensprache der Edda; hier rechnet der Runenkundige achtzehn

Lieder her, durch die er sich aller Verhältnisse des tätigen Lebens bemächtigt, das eine hilft ihm in Streitsachen (*sökum?*), das andre macht ihn zum Arzte, mittels weiterer kann er den Hass unter Königssöhnen ausgleichen, Genossen mächtig und heil zu und aus der Schlacht fuhren, den Sinn der Weiber sich zuwenden u. a. m. Ebensolcher Künste rühmt sich Meister Irregang, nur auf seine Art, ohne Runenzauber. Dass aber auch sein Spruch eine Grundlage hat, die auf ernstere Gesamtauffassung des menschlichen Lebens und Treibens berechnet war, deutet der Eingang an, worin mit wenigen Zügen Tüchtigkeit und Schlaffheit, ganze und gebrochene Kraft des Mannes bezeichnet wird, teilweise mit denselben, die das Traugmundslied farbiger hervorhebt: wie von Wunden der Mann kühn wird und wie Heerfahrt ihn aufreibt. Das Rätselwesen ist nur etwa darin berührt, dass Irregang jeglichem Knechte gute Antwort zu geben weiß. Fast wortgleich mit dem Liede sagt er: In eines hübschen Knaben Weise such' er seine Speise. Ein alter Zusammenhang dieser Dichtungen ist nicht zu verkennen: Beide Wanderer wollen das Leben erfassen, Traugmund innerlich anschauend, in Rätselbildern Irregang tätlich, in jeder gangbaren Kunstübung und Fertigkeit. Beide sind Wesen allgemeiner Bedeutung, namentlich erscheint *Irregang* anderwärts, um mancherlei Weistum das Land durchfahrend, mit einem Gesellen *Girregar* (Spielmannsname) und mit seinen verführerischen »Leichen« (Singweisen).

Ein dänisches Lied, dessen beiläufig gedacht worden, die Ballade vom jungen *Vonved*, trifft in der Art der einzelnen Rätsel mit dem Traugmundsliede zusammen, aber eine sinnreiche Verknüpfung zeigt sich nur noch stückweise: »Wo geht die Sonne hin zu Rast? und wo ruhen des toten Mannes Füße? Gen Westen geht die Sonne zu Rast, gen Osten ruhen des Toten Füße.« Dagegen ist in dieser Ballade die Bedeutung der Rätselaufgabe eigentümlich und tief. Der junge Vonved sitzt in der Kammer und schlägt die Goldharfe, da tritt seine Mutter ein und mahnt ihn, den Tod seines Vaters zu rächen, die Harfe mög' er einem andern leihen. Vonved bindet sein Schwert um: wann die Steine anheben zu schwimmen und die Raben weiß zu werden, nicht eher soll sie ihn wieder erwarten, er habe denn Rache genommen. Seine Fahrt ist voll seltsamer Abenteuer, ungeheurer Kämpfe und Reiterstücke, in denen sichtlich Verwirrung und Missverständnis herrscht, so erlegt er nach viertägigem Fechten den Tiermann, der sich rühmt, ihm den Vater erschlagen zu haben. Die Rätsel sind in der Weise eingewoben, dass Vonved sie den Hirten, die auf dem Felde weiden, oder einem Ritter, der ihm begegnet, zu erraten gibt, in einer schwedischen Fassung sind es Pilgrime; wer nicht antwortet, wird alsbald erschlagen, wer Bescheid weiß, mit einem Goldringe beschenkt. Die letzte Frage ist immer nach Kämpen, mit denen er anbinden kann. Bei seiner Heimkehr von dieser wilden Fahrt haut er auch seine Mutter in Stücke und schlägt dann die Goldharfe so lange, bis alle Saiten entzwei gehn. Schon der erste Herausgeber des Liedes, am Schlusse des 16. Jahrhunderts, bemerkt, dass es mit großen Verschiedenheiten gesungen werde; statt *Vonved* lautet in schwedischer Aufzeichnung der Name des Helden *Swanewit*, beides wohl Entstellung des altnordischen *vanvitr*, wahnwitzig. Vergleicht man Eingang und Ende, wie dort der Jüngling sich mit dem Harfenspiele vergnügt, wie er hier die Saiten zum Zerspringen schlägt, verfolgt man den maßlosen Ungestüm seines irren Ritts, so bewährt es sich, dass die Mutter mit dem Gedanken der versäumten Vaterrache den Wahnsinn in seine Seele warf, dessen zorniger Ausbruch zuletzt auf sie selber fällt. Die Rätselaufgabe zieht sich zu bedeutend hindurch, als dass sie nur für anbahnende Prüfungsformel genommen werden könnte; die Hast, mit der stets wieder gefragt wird, der Jähzorn über die ausbleibende Lösung, das Vergnügen über die »gewissen Antworten«, erheischen einen Bezug zu dem inneren Zustande des Fragenden; galt nun die Rätselkunde für ein Zeichen des Verständnisses, so ist es umgekehrt ein Merkmal des Irrsinns, den Schlüssel der eigenen Rätsel verloren zu haben und ihn ratlos von andern fordern zu müssen. Die geistliche Wendung eines Teils der Rätsel gehört mit zu den vielfachen Verdunklungen des uralten Liedes.

Ausforschende Wechselrede diente noch besonders zur Losung unter den Angehörigen derselben Genossenschaft, so in den Handwerksgrüßen, Weidsprüchen, Empfahungen der Sänger. Der *Handwerksgruß*, das Empfanggespräch zwischen dem Wandergesellen und dem Altgesellen der Zunft, vertrat in Zeiten, da noch keine Wanderbücher gebräuchlich waren, den Ausweis des Fremden. Er wird gefragt, wo er herkomme? wie er sich nenne? wo er gelernt? wo er seinen Gesellennamen bekommen und wer dabei gewesen? Fragen und Antworten, häufig mit dem Reime, bewegen sich noch in den Formeln und dem neckischen Tone der alten Wettgespräche, obgleich die Aufzeichnungen, welche hier benützt werden können, nicht über den Anfang des vorigen Jahrhunderts hinaufreichen; die Witze haben den Beischmack der Zunftschenke, doch nicht ohne die Spur eines frischeren Ursprungs, bis zur Rätselfrage gehen die vorliegenden Muster nicht mehr. Wenn der Geselle zur Herberge kommt, muss er den Bündel samt dem Mantel auf beiden Achseln tragen und, wenngleich Sommerszeit die Tür offen steht, muss man sie erst zumachen, worauf er anzuklopfen, hineinzugehen und den Gruß abzulegen hat. Wie im Streite des Sommers mit dem Winter, sagt der Altgeselle: »Frag' ich dich nicht recht, so bist du mein Herr und ich dein Knecht« usw. Der staubige, struppige Aufzug des Wandergesellen wird verspottet, die Fragen über seinen Weg verkehrt er zu allerlei Schwänken, die Erkundigung nach seinem Namen und wo er diesen bekommen, ob er ihn ersungen oder ersprungen? weckt lustige Erinnerungen an die Feierlichkeit des Gesellentaufens; wenn nämlich der Lehrjunge zum Gesellen werden sollte, so fand eine scherzhafte Taufe durch den Gesellenpfaffen unter Beistand zweier Paten statt, wobei der Täufling irgendeinen seltsamen Namen erhielt, wie auch Pfaffe und Paten bereits solche führten. Die Angabe dieses Gesellennamens gehörte mit zu den kurzweiligen Antworten beim Handwerksgruß und erinnert an die verblümten Wandrernamen der ältesten Fragelieder. Nach abgemachter Ausfrage trinkt der Wirt dem Fremden zu: »Ich bringe dir diesen freundlichen Trunk auf und zu, im Namen meiner und deiner, im Namen aller ehrlichen Gesellen, die hier in Arbeit stehen, die auf grüner Heide gehen, die vor uns gewesen sind, die nach uns kommen werden.« Man sieht durch die runden Scheiben der Zunftstube den mitbedachten Wandrer auf grüner Heide.

Weidsprüche, »wodurch ein Jäger den andern geprüft hat und wodurch sie sich zu belustigen pflegten,« sind zahlreich aufgezeichnet. Sie betreffen großenteils die genaue Kenntnis der Fahrten und Zeichen des Wildes, sowie ihrer kunstmäßigen Benennungen. Manche sind aber auch vollkommene Rätselaufgaben. Unter diesen begegnet man den schon bekannten vom Schnee und vom Tage, vom Klee und der Saat, vom Raben und der Nacht, vom greisen Wolf und dem weißen Walde, jedoch mit weidmännischer Schlusswendung. Die eigentümlichsten, waldfrischesten aber, den Dichtungen des vorigen Abschnitts verschwistert, beschäftigen sich mit dem Schmucke des Forstes, dem Hirsche. Im Traugmundsliede spielen Licht und Schatten des menschlichen Daseins, die zerstreuten Weidmannsrätsel lassen sich zum Lebenslaufe des edlen Hirsches ordnen:

Höre, Weidmann, kannst du mir sagen:
was hat den edlen Hirsch vor Sonne und Mond über den Weg getragen?
wie kann er über den Weg sein kommen,
hat ihn weder Sonne noch Mond vernommen?

»Das will ich dir wohl sagen schone, die liebste Mutter sein
trug den edlen Hirsch über den Weg hinein.«

Jo ho ho, mein lieber Weidmann,
wo hat der edle Hirsch seinen ersten Sprung getan?
Jo ho ho, mein lieber Weidmann,
»das will ich dir wohl sagen an:
aus Mutterleib ins (grüne) Gras,
das dem edlen Hirsch sein erster Sprung was.«

    Weidmann, lieber Weidmann, sag' mir an: was hat der edle Hirsch vernommen,
wie er ist hochwacht (aufrecht?) von seiner Mutter Leib gekommen?
»Das will ich dir wohl sagen: den Tag, den Sonnenschein
hat er vernommen fein,
und auf einer grünen Heide
hat er vernommen seine Weide.«

Weidmann, sag' mir an:
was hat der edle Hirsch bei einem reinen fließenden Wasser getan?
»Er tat einen frischen Trunk,
darvon wird sein junges Herze gesund.«

Lieber Weidmann, sag' mir an:
was hat der edle Hirsch zu Feld getan?
»Er hat gerungen
und gesprungen,
und hat die Weid zu sich genommen,
und ist wieder gen Holz gekommen.«

Lieber Weidmann, sag' mir hübsch und fein:
was bringet den edlen Hirsch von Feld gen Holz hinein?
»Der helle lichte Tag und der helle Mondenschein
bringt heut den edlen Hirsch vom Feld gen Holz hinein,«

Lieber Weidmann, sag' mir fein:
was gehet vor dem edlen Hirsch gen Holz hinein?
»Sein warmer Atem fein
gehet vor dem edlen Hirsch gen Holz hinein.«

Weidmann, lieber Weidmann hübsch und fein:
was gehet hochwacht vor dem edlen Hirsch von den Feldern gen Holze ein?
»Das kann ich dir wohl sagen:

der helle Morgenstern, der Schatten und der Atem sein
gehet vor dem edlen Hirsch von Feldern gen Holze ein.«
Sag' an, mein lieber Weidmann:
was rührt den edlen Hirsch weder unten noch oben an?
»Der Atem und die Bilde (Schatten) sein
rühren den edlen Hirsch weder oben noch unten fein.«
Weidmann, lieber Weidmann hübsch und fein,
sag' mir: wann mag der edle Hirsch am besten gesund sein?
»Das kann ich dir wohl sagen für: wann die Jäger sitzen und
trinken Bier und Wein,
pflegt der Hirsch am allergesündsten zu sein.«
Lieber Jäger jung, tu mir kund:
was macht den edlen Hirsch wund
und den Jäger gesund?
»Der Jäger und sein Leithund
machen den edlen Hirsch wund,
und eine schöne Jungfrau macht den Jäger gesund.«
Sag' an, mein lieber Weidmann:
wie spricht der Wolf den edlen Hirsch im Winter an?
»Wohlauf, wohlauf, du dürrer Knab, du musst in meinen Magen,
do will ich dich wohl durch den rauen Wald hintragen.«

Es gibt auch einen niederdeutschen *Feldspruch* oder Schäfergruß. Wer diesen weiß, ruft dem Weidgenossen zu: »Hochgelobter Feldgeselle, viel geliebter Tütinshorn!« Die Wechselrede spricht neckisch und halb versteckt von den Schafen und dem Wolfe: »Bruder! was machen deine *Dinger*?« – »Hoch in Lüften, tief in Klüften, hinten über Berg und Tal, da gehn die Dinger allzumal,« – »hast du das *Eeschen* kürzlich gesehn?« – »Was wollt' ich's nicht gesehen haben!« – »Nahm er dir auch einen?« – »Meinst, dass er mir einen brachte?« – »Sprang er dir auch über'n Graben?« – »Meinst, dass ich ihm einen Steg überlegte?« – »Schicktest du ihm deinen *Köter* nicht nach?« – »Meinst, dass ich ihm Kyrie eleison nachsang?«

Wenn Handwerker, Jäger und Schäfer ihren Grüßen und Prüfungen dichterische Form und Farbe liehen, so darf man dieselbe Übung am sorgfältigsten ausgebildet bei der Genossenschaft erwarten, die der Pflege des Liedes eigens gewidmet war, in der Singschule. Wirklich war der *Gruß die Empfahung*, dem Wort und Wesen nach, im Meistergesange heimisch und auch hier der Rätselfrage verschwistert. Schon in der ersten Hälfte des 13. Jahrhunderts, bevor noch der Kunstgesang sich fester zünftet, nehmen die Liederformen desselben auch das Rätsel in sich auf. Erst erscheint es vereinzelt und sparsam, je mehr aber die Liederdichtung sich dem Lehrhaften zuneigt, je förmlicher zugleich die Schule sich heranbildet, um so gebräuchlicher wird die Verkettung mehrerer Fragen zu einem größeren Zusammenhang. Es ist der Rätselaufgabe natürlich, dass sie einen sucht, der sie löse, die Frage des Sängers aber verlangt Antwort eines andern Sängers. Dies nimmt schon Walther von der Vogelweide für herkömmlich an, er fragt um die Zukunft des deutschen Landes, die er als dunkles Rätsel *(bîspel)* bezeichnet und schließt mit den Worten:» *Meister*, das sind!« Die Aufforderung zum Erraten, an den oder die »Meister« gerichtet, ist auch weiterhin gangbare Formel, deren stetige Fortdauer bis in die zunftmäßige Singschule dafür zeugt, dass unter diesen Meistern nicht überhaupt weise, gelehrte Leute, sondern die Meister des Gesanges verstanden seien. Für den Wettstreit der Sänger unter sich war auch nichts geeigneter, als das Rätsellied, besonders seitdem das Lob freigebiger Fürsten zu verhallen anfing und der Gesang, der sich immer mehr von den Höfen zum Bürgerstande hinüberzog, in den Geheimnissen des Glaubens seinen höchsten und beliebtesten Gegenstand gefunden hatte. So nahm die Wettfrage wieder den dogmatischen Standpunkt ein, den sie, nur auf anderer Stufe, in den nordischen Runenliedern innegehabt. Die einfache Weise der Volksrätsel konnte nun freilich weder dem schwierigeren übersinnlichen Gegenstände, noch dem Kunstbestreben der Sangesmeister taugen. Ihre Rätsel sind mehr oder weniger spitzfindig ausgesonnen, weitläufig ausgeführt, halb gelehrten Anstrichs, künstlich in Sprache, Reim und Strophenbau. Volksmäßiges Erbstück ist gleichwohl die Form, in welcher die bürgerlichen Sänger zu Wettstreit und Rätselfrage zusammentreten. Meister Regenbogen, ein Schmied zu Ende des 13. Jahrhunderts, verlässt um des Gesanges willen den Amboss und zieht an den Rhein, wo die besten Sänger sein sollen, an deren Spitze, zu Mainz, Heinrich Frauenlob steht; in seinem Grußliede dankt er den Meistern, dass sie ihn schön empfangen haben, da er aus fremdem Lande hergekommen, sofort aber ruft er sie auf, sich mit ihm, dem Gaste, zu versuchen, wer den Preis des Gesanges behalte: nur den Meister, den man Frauenlob nenne und der mit seiner Kunst manchem Sänger abgelegen, bittet er um Schonung; möchten sie ihn selbst gerne kennen, Regenbogen sei er geheißen, ernenne sich nach dem, der stets ein Meister des Sanges gewesen; um Singens willen häng' er einen Rosenkranz aus, wer ihm den abgewinne, den

Meister woll' er kennen; Silben, Reime seien des Kranzes Blätter, gewunden haben ihn die freien Künste. Es sind nun auch Lieder vorhanden, in denen Regenbogen mit Frauenlob wettsingt und sie einander namentlich geistliche Rätsel zu erraten geben; ebenso ein Rätselsingen über Schlaf und Seele zwischen den Meistern Singof und Rumelant aus der zweiten Hälfte des 13. Jahrhunderts. Das Grußlied Regenbogens reiht sich den schon erörterten Wandrergesprächen und Handwerksbrauchen ein. Der weither gekommene Gast tritt zum Wettkampf auf den Plan unter Angabe seines angenommenen Namens: diesen hat er nach einem älteren Sangesmeister (vgl. MS. IV, 636a), gerade wie im Schmiedgruße der Wandergeselle Silbernagel unter seinen Namenszeugen auch einen Silbernagel aufführt, denn bei der Gesellentaufe wie bei der wirklichen mochte der Name des Paten manchmal auf den Täufling übertragen werden. Hießen Schmiedgesellen Silbernagel und Trifseisen, so nannte man Sänger Frauenlob, Singof, Regenbogen, Suchensinn. Auch spöttische und schimpfliche Namen wurden bei der Gesellentaufe vorgeschlagen, und so predigt Bruder Berthold (gest. 1272) wider die lasterbaren Namen der Sänger und Spielleute, die ihre Taufe verleugnen und nach den Teufeln heißen: Hagedorn, Höllefeuer, Hagelstein; wirklich erscheint unter den Wandersängern derselben Zeit, von denen Lieder erhalten sind, der *Hellefeur*. Ein genossenschaftliches Verhältnis unter den Sängern am gleichen Orte blickt frühzeitig durch, im Gudrunliede weiß Horand von Zwölfen, die täglich am Hofe seines Herrn singen, in der Darstellung des Wartburgkriegs, freilich keiner gleichzeitigen, sind die am Hofe des Landgrafen versammelten Meister in ähnlicher Stellung gedacht, Rumelant von Schwaben um 1275 spricht von Meistersingern in der Zwölfzahl, endlich Regenbogens Grußlied spricht zu den rheinischen Sängern als in einer Gesamtheit gegenwärtigen; wenn er nun zugleich seinen Sängernamen als von einem älteren Sangesmeister überkommen bezeichnet, so kann für eine solche Namengebung wohl schon eine gildenmäßige Förmlichkeit bestanden haben: späterhin gedenken die Satzungen der Singschule ausdrücklich einer *Taufe*, wobei der Kunstjünger vom Täufer in Gegenwart zweier Paten mit Wasser begossen werde. Selbst den *Tönen* wurden ihre häufig seltsamen Namen je von dem Dichter unter Zubittung zweier Gevattern gegeben; man taufte die Singweisen, wie man die Glocken taufte. Auch das Aushängen des *Rosenkranzes*, bei Regenbogen allegorisch, gehört zu den Sängerbräuchen. Im Meistergesange des 15. Jahrhunderts wird mehrfältig der Rosenkranz ausgeboten, und zwar in Liedern, die zu Formularen für die Ausforderung zum Wettsingen bestimmt waren. Bald ergeht diese an den ankommenden Sänger, bald von einem solchen an die ansässigen Meister, und dann hat das Lied auch wohl die Überschrift: *eine Empfahung, Gruß*; oder es wird ein *junger Mann*, ein Kunstjünger, aufgerufen, um den Rosenkranz zu werben und die zwölf Meister auszusingen. Der Kranz wird meist bildlich genommen, wie in Regenbogens Grußliede, das einigen dieser Stücke sichtlich zum Muster diente; Töne des alten Meisters, wenn auch nicht gerade der seines Sängergrußes, werden dabei gerne verwendet. Die bekannte Sage von den zwölf Stiftern der Kunst wird so dargestellt, dass ihnen ein schmucker Rosengarten in Hut gegeben ist, eine Nachbildung der zwölf Helden im Rosengarten zu Worms. Die Stöcke stehn voll Rosen, das ist jener Meister sinnreiches Gedichte, viele sind nachgekommen und haben dort Blumen gelesen; wer die rechte Bahn geht, dem wird ein Ehrenkranz aufgesetzt. Rosen zum Kranze brechen bedeutet die Kunstwerbung. Aus sieben edlen Rosen, d. h. den sieben freien Künsten, soll das Kränzlein gemacht sein, die Blätter von Goldbuchstaben. Oder es ist mit grauem Seidenfaden gebunden, lichte Rosen darin und blaue Veilchen, ist gespiegelt wie ein Pfau, wer aber die Blätter nicht will zerfallen lassen, der singe von der unbefleckten Jungfrau, von Gottes Leiden, von den Planeten, Elementen und acht Sphären. Daneben aber wird vom Aushängen des Kranzes, vom Schwenken an der Stange, vom Abgewinnen und Aufsetzen desselben auf eine Weise gesungen, die nicht bezweifeln lässt, dass dem bildlichen Ausdrucke die Anschauung eines wirklichen Herkommens, des Wettgesangs um einen aushängenden Rosenkranz, zugrunde liege. In der Nürnberger Schule bestand spät noch einer der Singpreise in einem Kranze von seidenen Blumen; gemachte Blumen waren hier ganz an der Stelle. Dass aber vordem, wie noch einer der Meistergrüße sagt, »in des Maien Blüte«, um frische Rosen gesungen wand, davon zeugt auch der rasche volksmäßige Ton, den die Lieder, gerade wenn es sich vom Kranze handelt, manchmal anschlagen, und der zuweilen ungewiss lässt, ob dieser Kranz bildlich oder eigentlich zu verstehen sei. Zum Wettgesange zählten wir auch die Rätselaufgabe, und so schließt ein geistliches Rätsellied von der Schlange gleichfalls mit der Aufforderung im Volkstone:

Nun ratet, ihr Meister, was es sei!
Mein Kränzlin hänget auf dem Plan
und ist gemacht von edlen Rosen rot:

wer mir auflöset diesen Bund,
mein Kränzlin er von mir gewonnen hat.

Den Haft, Knoten, Strang, Strick, Bund lösen, aufschließen, aufbinden, das waren neben den unbildlichen *raten, erraten, bedeuten, finden,* schon bei den Meistern des 13. Jahrhunderts die gangbaren Ausdrücke für die Rätsellösung, das Rätsel selbst wird in den Liedern dieser Gattung nicht etwa mit den älteren Formen des Wortes: Rätische, Räters, sondern einfach durch Rat oder allgemeiner durch: *Frage, Beispiel, Gedeute* bezeichnet.

Das volksmäßige Kranzsingen, das die Übungen der Schule voraussetzen ließ, ist aber auch in bestimmten Zeugnissen und vorhandenen Überresten nachweisbar. Diese *Kranzlieder* erschließen eine neue Seite des Volksgesangs und die heiterste Blüte des Rätselwesens. Der fromme Bruder Heinrich Sense berichtet aus seiner Jugendzeit, die in das erste Viertel des 14. Jahrhunderts fiel, wie es in Schwaben an etlichen Orten Gewohnheit sei, dass am eingehenden Jahre die Jünglinge nachts ausgehn und »bitten des Geminten« (um etwas Fröhliches), d. h. sie singen Lieder und sprechen schöne Gedichte, damit ihnen ihre Liebsten Kränzlein (Schapelin) geben. Unter den Bräuchen in Franken am Johannistage zählt Seb. Frank in seinem Weltbuche von 1542 folgenden auf: »Die Meid machen auf diesen Tag Rosenhäfen, also: si lassen inen machen Häfen voller Löcher, die Löcher kleiben si mit Rosenblettern zu, und stecken ein Liecht darein, wie in ein Latern, henken nachmals disen in der Höhe zum Laden heraus, da singt man alsdann umb ein Kranz Meisterlieder; sunst auch oftmals im Jahr zuo Summerszeit, so die Meid am Abent in ein Ring herumb singen, kummen die Gesellen in Ring und singen umb ein Kranz, gemeinklich von Nägelin gmacht, reimweiß vor; welcher das best thuot, der hat den Kranz.« Das *Kränz-Singen* oder Singen »umb *die Krenz* an den Abendrein« wird verboten durch das alte Amberger Stadtbuch: »Kain Jungfrau oder Maid soll den Handwerksgesellen und Knechten an einem Abendreien einen *Kranz zu ersingen geben.*« Verordnungen des Rats zu Freiburg im Breisgau, von den Jahren 1556, 1559, 1568, je in den Sommermonaten erlassen, verbieten gleichfalls »das Abendtanzen auf den Gassen« und »um das Kränzlein-Singen«, gestatten auch den Jungfrauen nicht, länger »den Reihen zu springen«, denn bis zum Salve. Die öftere Wiederholung des Verbotes zeigt, wie beliebt die Sitte war, weist aber auch darauf hin, dass an dem abendlichen Ersingen des Kranzes auch eine verfängliche Deutung haftete. Tanz und Gesang gingen vormals Hand in Hand; namentlich des

Abendtanzes in Verbindung mit dem Singen gedenkt schon Nithart am Anfang des 13. Jahrhunderts:

als die *vorsinger* denne swigen,
sô sît alle des gebeten, daz wir treten
aber ein *âbenttenzel* nâch der gîgen.

Tänzer und Tänzerinnen waren bekränzt, am liebsten mit Rosen. »Weß Herz von Minne brennt, der soll einen Kranz von Rosen tragen,« heißt es in einem Tanzliede des Tanhusers. So brachte der Reigen auch die Einladung zum Kranzsingen im verliebten Sinne. Bei den Minnesingern findet man davon nur einzelne Andeutungen, wie bei Nithart:

wê, wer singet nû ze tanze
jungen wîben unt ze bluomenkranze!

Die Kranzlieder selbst, nicht um den Schulpreis, sondern um den schöneren Dank, kommen zuerst im 15. Jahrhundert zum Vorschein. Aus dieser Zeit stammt das handschriftliche Bruchstück eines solchen in breisgauischer Mundart:

Der junge Gesell kommt hastig hergerannt, arm und reich sollen ihm aus dem Pfade weichen, der ihn zu der hübschen Jungfrau tragt; er grüßt diese und wünscht sich ihr Rosenkränzlein; mit ihrer schneeweißen Hand möge sie nach dem Haarbande greifen, das ihr so wenig gilt und ihn so fern herführt; er will es in einen Schrein legen und über den Rhein tragen, auch ihr zur Ehre sagen, wie ihms die hübscheste Jungfrau im Lande gegeben habe. Nun legt sie ihm Rätsel vor, von denen nur noch zwei erhalten sind. Das erste: »Hübscher junger Knab'! auf meines Vaters Giebel sitzen der Vöglein sieben, weß (von was) die Vögelin leben, könnt Ihr mir das sagen, so sollt Ihr mein Kränzlein von hinnen tragen.« »Der erste lebt Eurer Jugend, der andre Eurer Tugend, der dritte Eurer süßen Blicke, der vierte Eures Gutes, der fünfte Eures Mutes, der sechste Eures stolzen Leibs, der siebente Eures reinen Herzens; zarte Jungfrau, gebt mir das Rosenkränzlein!« Die im vorigen Abschnitt erläuterte Ausdrucksweise: dass auch die Vögel eines Mannes Heiligkeit fühlen, ist hier noch dichterischer auf das Lob der hübschen Jungfrau gewendet. Zu diesem heitern Lebensbilde gibt das zweite Rätsel ein ernstes Seitenstück: der Knabe soll den Stein zeigen, den nie eine Glocke überschallte, nie ein Hund überbellte, nie ein Wind überwehte, nie ein Regen übersprengte: dieser Stein liegt im Höllengrund, er heißt anderwärts der *Dillestein* und ist die Grundfeste der Erde, von dem Rufe, der die Toten aufweckt, wird er entzweigehn. Ein Straßburger Druckblatt um 1570 gibt, abermals in einem Rätsellied, ausführliche Unterweisung, »wie man um einen Kranz singt«. Aus fremden Landen kommt ein Singer und bringt viel neuer Märe: Dort ist der Sommer angebrochen und wachsen Blümlein rot und weiß, Jungfrauen brechen sie und machen daraus einen Kranz, den sie an den Abendtanz tragen und die Gesellen darum singen lassen, bis einer ihn gewinnt. Mit Lust tritt der Sänger an den Ring, grüßt alle Bürgerskinder, grüßt die Armen und die Reichen, die Großen und die Kleinen und fragt nach einem andern Sänger, der seine Aufgaben löse und damit das Kränzlein gewinne. Es sind die Fragen: was höher denn Gott? Größer denn der Spott? Weißer denn der Schnee? Grüner denn der Klee? Ein andrer Sänger tritt hervor, grüßt einen ehrbaren, weisen Rat, dazu die ganze Gemeine, besonders auch die zarte Jungfrau, die das Kränzlein gemacht, um das er zum ersten Mal eine Bitte an sie richtet, er woll' es um ihrer und aller Jungfrauen wegen tragen, die Rat und Tat dazu getan. Sofort beantwortet er die Fragen des vorigen Sängers: Die Krone sei höher denn Gott (auf Gemälden), die Schande größer denn der Spott, der Tag weißer denn der Schnee, das Merzenlaub (des Lenzen Laub) grüner denn der Klee; das Kränzlein sei dem Frager verloren. Er selbst gibt nun der Jungfrau auf, könne sie es ihm singen oder sagen, ihr Kränzlein soll sie länger tragen: das Kränzlein hat nicht Anfang noch Ende, die Blumen sind in gleicher Zahl, welches ist die mittelste Blume? Ein großes Schweigen, das Kränzlein will ihm bleiben, er muss selbst die Frage lösen: Die Jungfrau ist die mittelste Blum' im Kranze. Zum dritten Male bittet er sie um das Kränzlein, sie soll ihre schneeweiße Hand aufheben, dem Kränzlein einen Schwank geben und ihm es auf sein gelbes Haar setzen. Nachdem er es empfangen, spricht er Gruß und Dank und schenkt ihr seinerseits, wieder rätselartig, eine güldene Krone mit drei Edelsteinen, der erste: »Gott behüt' Euch vor der Hölle Glut!« der zweite: »Gott geb' Euch sein Himmelreich!« der dritte: »Gott behüt' Euch Eure Jungfrauschaft!« Damit geht er aus dem Reigen und wünscht allen gute Nacht.

Wie verbreitet derartige Kranzlieder im 16. Jahrhundert waren, ergibt sich noch aus weiteren Überbleibseln und Anzeigen. Anfang eines solchen in einem musikalischen Liederbuch aus Nürnberg von 1544: »Mit Lust tret' ich an diesen Tanz, ich hoff' mir werd' ein schöner Kranz« usw. Der Sänger tritt »auf einen Stein« und grüßt die zarte Jungfrau nebst der ganzen Versammlung, fast mit denselben Worten, wie im Straßburger Liede. Auch in geistlicher Umdichtung sind Anklänge erhalten. Ein geistliches Reigenlied von Hermann Vulpius ist gedichtet »im

Ton, wie man umb Krenz singt«, nach einem andern Drucke (von 1560) »im Ton, Aus frembden Landen komm ich her«, womit eben das Straßburger Kranzlied gemeint sein wird. Diese Verweisung spricht zugleich dafür, dass schon Luthers »Vom Himmel hoch da komm ich her« usw., dessen erstes Gesätz meist wörtlich mit dem Eingang des genannten Kranzliedes übereinstimmt, von dem weltlichen Lied ausgehe, nicht umgekehrt. »Ein christlicher Abentreien vom Leben und Amt Johannis des Täufers, für christliche, züchtige Jungfräulein,« 1554, von N. H. (Nie. Herman) hebt an: »Kommt her, ihr liebsten Schwesterlein, an diesen Abendtanz, lasst uns ein geistliches Liedelein singen um einen Kranz!« Da nach Seb. Frank besonders am Johannisabend um den Kranz gesungen wurde, so mochte dies den frommen Kantor zu Joachimsthal, der Heimat so mancher Bergreien, veranlassen, den weltlichen Reien, dessen Eingang noch hörbar ist, durch ein erbaulicheres Johannislied zu ersetzen.

Die gefällige Rätselweise, die auf Angelegenheiten des Herzens abzielt, ist auch durch ein englisches Lied, aus einer Handschrift des 15. Jahrhunderts, vertreten, doch ohne den Kranz:

Mädchen.

Meine junge Schwester fern über dem Meer
gar manches Brautstück schickt sie mir her,
sie schickte mir die Kirsche ohn' einigen Stein
und so auch die Taube ohn' einiges Bein,
sie schickte den Strauch mir ohn' einige Rinde:
hieß mich lieben mein Lieb und nicht Sehnsucht empfinden.
Wie sollt' eine Kirsche sein ohne Stein?
und wie eine Taube sein ohne Bein?
wie sollt' ein Strauch denn sein ohne Rinde?
wie sollt' ich lieben mein Lieb und nicht Sehnsucht empfinden?

Knabe.

Als die Kirsch' eine Blüte, da hatte sie nicht Stein,
als die Taub' ein Ei war, da hatte sie nicht Bein,
als der Strauch ungewachsen, da hatt' er nicht Rinde,
hat das Mägdlein, was es liebt, wirds nicht Sehnsucht empfinden.

Gleicher Form mit den seltsamen Sendungen, welche hier der Hauptfrage vorangehn, ist eine Aufgabe der deutschen Rätselbüchlein:

Es schickt' ein Ritter über Rhein
der allerliebsten Frauen sein

guten Wein ohne Glas
und ohn' all ander Trinkfass,
rat, worin der Wein was?

In einer Traube.

Das Singen um den Blumenkranz deutet sinnbildlich an, erzählende Lieder knüpfen ausgesprochenes Werben und Freien an die Rätsellösung. In einer englischen Ballade wählt ein Ritter, der auf Freiwerbung ausgeritten, unter den drei Töchtern einer Witwe sich die jüngste, weil sie allein ihm die zur Verstandesprüfung aufgeworfenen Fragen beantwortet; diese sind von bekanntem Schlage: Was ist länger als der Weg? Tiefer als die See? Lauter als das Horn? Schärfer als ein Dorn? Grüner als das Gras? Schlimmer als jemals ein Weib? Die Worte der Lösung sind: Liebe, Hölle, Donner, Hunger, Gift, Teufel. Ein russisches Lied lässt Mädchen und Jüngling zu hohem Preise Schach spielen, er setzt drei Schiffe, eines mit Gold, das andre mit Silber und das dritte mit Perlen, sie setzt ihr Leben ein und gewinnt. Ihr Vorschlag, dass er die Schiffe als Mitgift wieder haben könnte, tröstet ihn nicht, und vergeblich sucht er dieselben durch Rätselwette wieder zu gewinnen; seine Fragen sind: was ohne Feuer glühe? Ohne Flügel fliege? Ohne Füße renne? Das Mädchen errät leicht: Sonne, Wolke, Bach. Aber auch umgekehrt, wie in den Kranzliedern, stellt das Mädchen die Aufgaben als Bedingnis der Gewährung. Scherzhaft in der schottischen Volksballade vom Hauptmann Wedderburn, dessen sich die schöne Tochter des Lords von Roslin, die er abends im Walde aufgefangen, durch Rätsel zu erwehren sucht; sie verlangt zum Abendessen drei Gerichte: die Kirsche ohne Stein, das Hühnchen ohne Bein, den Vogel ohne Galle (die Taube); sie legt sechs Fragen vor, zum Teil dieselben, die auch der freiende Ritter aufgab: Sie heischt vier wunderbare Dinge, darunter eines Sperlings Horn (Klauen und Schnabel) und einen ungeborenen Priester zur Trauung: Allem wird genügt, auch der Priester steht vor der Tür, ein Wildeber hat einst die Seite seiner Mutter zerrissen. Ernster lässt ein andres Rätselstück aus Schottland sich an: Bei sinkendem Abendtau sieht eine Jungfrau von der Schlosszinne nieder, ein Ritter, dessen Anzug ihr auffällt, kommt herbei und gibt sich als einen Bewerber kund, der, wenn sie ihn verschmähe, noch diese Nacht sterben werde. Sie erwidert: Wenige werden um ihn trauern, manch Besserer sei um ihretwillen gestorben, dessen Grab grün bewachsen sei. Doch gibt sie ihm ihre Rätsel zu raten: welches die erste oder die schönste Blume sei in Moor und Tal? Welches der süßeste Singvogel nächst der Nachtigall? Schlüsselblume und Drossel. Was die kleine

Münze sei, die ihr Schlossgebiet auskaufen könnte? Welches das kleine Boot, das die ganze Welt umsegeln könne? Der Pfennig in seiner Vielzahl und das Fischlein. Sie gibt sich überwunden und sagt ihm, dass sie von neun Schlössern ihres Vaters und dreien ihrer Mutter die einzige Erbin sei, es lebe denn ihr Bruder noch, der fern über Meer gezogen. Da nennt der Ritter sich als diesen Bruder, fern über dem Meere lieg' er begraben, und je lauter der Wind blase, um so tiefer sei sein Schlaf, aber der Hochmut seiner Schwester lass ihm keine Ruh', er sei gekommen, ihr stolzes Herz zu demütigen und sie vor ewiger Strafe zu warnen.

Rätsel werden aber nicht bloß in die Erzählung eingelegt und mit der Handlung verwoben, sie werden selbst in Handlung gesetzt, die Person, der eine rätselartige Auflage gemacht wird, muss diese wirklich vollziehen. So wurde der ungeborene Priester leibhaftig herbeigeschafft. Durchgreifender waltet diese Weise in nachfolgenden Fällen. Ragnar Lodbrok legt mit seinen Schiffen unweit eines norwegischen Bauernhofes an und schickt Leute seines Gefolges an das Land, um Brot zu backen. Sie kommen mit verbranntem Brote zurück und gestehen, dass sie zu viel nach einem Mädchen von unvergleichlicher Schönheit geblickt haben, das ihnen bei der Arbeit behilflich war. Der König sendet nach ihr, will aber nicht bloß ihre Schönheit prüfen, er verlangt: sie solle kommen weder gekleidet noch ungekleidet, weder gegessen noch ungegessen, weder allein noch in jemands Begleitung. Die alte Bäuerin glaubt, der König sei nicht bei Troste, das Mädchen aber sagt: »Warum mag er so gesprochen haben, weil es so sein kann, wenn wir verstehen, wie er es meint.« Sie wickelt sich in ein Fischgarn und lässt darüber ihre langen, goldglänzenden Haare fallen, kostet an einem Lauch, sodass man es am Geruche merken kann, und lässt einen Hund mitlaufen. Dieses Mädchen, mit dem Ragnar sich vermählt, ist Aslaug, Sigurds und Brynhilds Tochter, die unter dem Namen Kråke (Krähe) unerkannt bei Bauersleuten lebte und mit der Herde ging. Die Auskunft mit dem Netz, nebst andern ähnlichen, wird auch von der klugen Bauerntochter in einem Märchen aus Hessen erzählt; auch diese wird dadurch zur Königin. Auf die Seite des Freiers fällt die Lösung in dem deutschen Volksliede von den drei Winterrosen, schon im 16. Jahrhundert gangbar: Ein Mägdlein holt Wasser am kühlen Brunnen, sie trägt ein schneeweiß Hemd, dadurch ihr die Sonne scheint (ihre lichte Farbe sichtbar wird), sie sieht sich um und meint allein zu sein, da kommt ein Ritter mit seinem Knechte, grüßt sie und fordert sie auf, mit ihm heim zu ziehen. Sie weigert sich, er bring' ihr denn drei Rosen, die zwischen Weihnachten und Ostern gewachsen. Da reitet er über Berg und Tal und kann ihrer keine finden, zuletzt lässt er von einer Malerin die drei Rosen malen und bringt sie, freudig singend, herbei. Das Mägdlein steht am Laden und weint bitterlich: Sie hab' es nur im Scherze geredet. Er aber meint, so wollen sie's nun scherzweise wagen. Der nüchterne Einfall mit den gemalten Rosen in dem sonst frischen Liede fehlt in einer andern Fassung desselben, die aber gar nicht erklärt, wie die Auffindung der Rosen möglich war. Dass eine ältere, lebendige Lösung verloren gegangen, wird durch Vergleichung eines litauischen Rätselliedes glaubhaft: Ein Mädchen wird von der Schwieger nach Wintermai und Sommerschnee ausgeschickt. Weinend begegnet sie dem Hirtenknaben, der sie um den Grund ihrer Trauer befragt und ihr Rat erteilt:

»Geh hin, o Mägdlein, du zarte Jungfrau,
zum grünen Walde, zum Meeresstrande!
da wirst du finden eine grüne Fichte:
brich ab ein Zweiglein, schöpf' eine Hand voll Schaum!
dann wirst du bringen der lieben Schwieger
den Wintermai, den Sommerschnee.«

Hier ist es wieder das Mädchen, das die Aufgaben lösen muss, sei es, dass die Schwieger den Scharfsinn der künftigen Tochter prüft, oder dass sie mittels einer unerfüllbaren Bedingung verblümterweise den Sohn verweigern will.

Manche der angeführten Rätselaufgaben nähern sich schon merklich einer weiteren Gattung des Witzspiels, den Liedern *von unmöglichen Dingen*. Fordern die Rätsel scheinbar Unmögliches, so werden nun auch durchaus unerschwingliche Leistungen verlangt, und hierauf kann der angesprochene Teil nur mit Ansinnen derselben Art entgegnen. Ein Sieg durch Lösung ist hier nicht zu erkämpfen, es gilt nur, eine abenteuerliche Forderung durch die andre aufzuheben oder zu überbieten. So bezeichnen die unlösbaren Aufgaben, im Gegensatze der Rätsel, die zum Ziele führen, dass die Werbung nicht ernstlich und die Vereinigung nicht denkbar sei. Lieder dieser Gattung haben offenen Rahmen für jeden Einfall aus dem großen Gebiete der Unmöglichkeit. Im deutschen Volksgesang ist diese Weise seit dem 16. Jahrhundert weit verbreitet. Aus der alten dithmarsischen Fassung des Liedes »von eitlen, unmöglichen Dingen« Folgendes zur Probe:

Ich weiß mir eine schöne Maid,
ich nähme sie gern zu Weibe,

könnte sie mir von Haberstroh
spinnen die feine Seide.

»Soll ich dir von Haberstroh
spinnen die kleine (d. i. feine) Seide,
so sollt du mir von Lindenlaub
ein neu Paar Kleider schneiden.«

Soll ich dir von Lindenlaub
ein neu Paar Kleider schneiden,
so sollt du mir die Schere holn
zu mitten aus dem Rheine.

»Soll ich dir die Schere holn
zu mitten aus dem Rheine,
so sollt du mir eine Brücke schlagen
von einem kleinen Reise.«

Soll ich dir eine Brücke schlagen
von einem kleinen Reise,
so sollt du mir das Siebengestirn
am hohen Mittag weisen.

»Soll ich dir das Siebengestirn
am hohen Mittag weisen,
so sollt du mir die Glasenburg
mit einem Pferd aufreiten.«

Soll ich dir die Glasenburg
mit einem Pferd aufreiten,
so sollt du mir die Sporen schlagen
wohl von dem glatten Eise.

»Soll ich dir die Sporen schlagen
wohl von dem glatten Eise,
so sollt du sie über die Füße tragen
am heißen Sonnenscheine.«

Soll ich sie über die Füße tragen
am heißen Sonnenscheine,
so sollt du mir eine Peitsche drehn
von Wasser und von Weine.

 In andern Aufzeichnungen begegnet man teils den gleichen, teils verschiedenen Scherzaufgaben. Ein englisch-schottisches Lied hat für das Spiel mit seltsamen Dingen auch einen Sprecher aus dem lustigen

Elfenreiche. Der Elfenritter sitzt auf dem Hügel und bläst sein Horn laut und gellend nach Ost und West. Da wünscht sich ein junges Mädchen das Horn in ihren Kasten und den Ritter in ihre Arme. Kaum hat sie diese Worte gesprochen, so steht er vor ihrem Bett und verlangt, wenn sie ihn heiraten wolle, von ihr einen Dienst: sie müss' ihm ein Hemd machen ohne Schnitt und Saum, müss' es formen ohne Schere und nähen ohne Nadel und Faden. Das Mädchen bedingt einen Gegendienst: er müss' ihr einen Morgen Baulands mit seinem Horne pflügen und mit seinem Blasen einsäen, einen Wagen aus Stein und Leim bauen und ihn durch Robin Rotbrust heimziehen lassen, das Korn in einem Mausloch aufschobern und in seiner Schuhsohle dreschen, in seiner hohlen Hand wannen und in seinen Handschuh einsacken, dann über die See ihr trocken zubringen; hab' er seine Arbeit wohl verrichtet, so mög' er das Hemd sich holen. Der Elfe zieht vor, bei seinem schottischen Plaid zu verharren, und das Mädchen will vorerst noch ledig bleiben.

Schon in einem lateinischen Gedichte Walafrids, der 849 als Abt zu Reichenau starb, sind ähnliche Aufgaben gestellt: es sollen weiße Raben und schwarze Schwäne, geschwätzige Schnecken und stumme Heimchen gefangen, Fischen das Schwimmen und Vögeln das Fliegen verboten, Quellen zum Stehen und Berge zum Gehen gebracht werden u. dgl. m.; wiefern aber der gelehrte Dichter von heimischem Vorbild oder von römischen Mustern angeregt war, lässt sich nicht genauer ausmitteln. Bei mittelhochdeutschen Dichtern ist diese Form bereits in künstlicher Steigerung auf Minnewerbung angewandt. Der Tanhauser zählt in zwei Liedern eine Menge der wunderlichsten Verlangen her, von deren Erfüllung die Frau seines Herzens den Lohn ihrer Huld abhängig macht: Er muss ihr die Rhone gen Nürnberg schicken und die Donau über den Rhein, ein Haus von Elfenbein auf einem See bauen, den Gral, den Apfel des Paris und die Arche Noa gewinnen, den Rhein wenden, dass er nicht über Koblenz hinausgehe, Grand von dem See bringen, wo die Sonne zu Rast geht, und einen Stern, der nahe dabeisteht, dem Mond seinen Schein benehmen, fliegen wie ein Star und hoch schweben wie ein Aar, der Elbe ihren Fluss und der Donau ihr Rauschen wehren, den Regen und den Schnee abwenden, den Sommer und den Klee, nebst andern gleich schwierigen Dienstleistungen. Der Sinn wird auch mit dürren Worten ausgedrückt: »Sprech ich ja, so spricht sie nein, also sind wir einhellig.« Eine Nachahmung dieses Liedes, unter dem Namen des Meisters Boppe, geht noch weiter: drei Phönixe muss er miteinander bringen, mit Schnecken soll er Einhorne und Drachen fangen, mit Greifen beizen, mit drei Elefanten bei Tirol Gemsen hetzen u. a. m. Wie Tanhausers Lied von diesem letzteren in halb gelehrten Abgeschmacktheiten überboten wird, so bekundet sich auch jenes schon als Überladung einer kunstloseren Form, deren volksmäßiger Gebrauch somit wenigstens um die Mitte des 13. Jahrhunderts vorauszusetzen wäre. Näher den Volksliedern, mit gegenseitiger Aufgabe, obgleich ohne Beziehung auf Liebessachen und in höherem Stile, stellt sich Meister Frauenlob, wenn er einem wetteifernden Kunstgenossen zuruft: »Lass laufen das Gestirne, so will ich fliegen lassen den Wind, willst du den Donner binden, so bin ichs, der den Blitz bindet, kannst du die Regentropfen zählen, so zähl' ich dir Laub, Gras und allen Sand.« Wie im oberdeutschen Volksliede (Volksl. Nr. 4. A. S. 4):

So musst du mir die Sterne zähl'n,
die an dem Himmel scheinen.

Die einfachste Anwendung des Unmöglichen ist jedoch, wenn dasselbe nicht als Leistung und Gegenleistung, sondern als unmittelbare Verkehrung des Naturlaufs bedungen und hingeschoben wird. So im niederrheinischen Liederbuche des 16. Jahrhunderts (Volksl. Nr. 65. S. 3):

Nun schweiget, eine hübsche Magd,
und lasst das Weinen sein!
wann es Rosen schneiet
und regnet kühlen Wein,
so wollen wir, Allerliebste,
all beieinander sein.

Und noch in Volksliedern des Kuhländchens:

Ich nehm' dich mit, wenn's Rosen regnet
und wenn der Mond der Sonne begegnet.
»Und rote Rosen regnet's ja nicht,
Der Mond begegnet der Sonne nicht.«

Oder:

Mein Schatz, wann kommst du wieder,
Herzallerliebster mein?
»Ei! wann's wird schneien Rosen
und regnen den kühlen Wein.«
Es schneit ja keine Rosen,
es regnet kein' kühlen Wein:

du kommst schon nicht mehr wieder,
Herzallerliebster mein!

Schottisch:

O, wann heiraten wir uns, Lieb!
wann werden wir uns nehmen?
»Wann Sonn' und Mond tanzt auf dem Grün,
dann werden wir uns nehmen.«

Auch künstlicheres: »Wann Muschelschalen Silberglocken werden, wann Apfelbäume in den Seen wachsen, wann Fische fliegen und Meere trocken gehn« usw. Haben schon einige dieser Stellen einen wehmütigen Abschiedston, so wird dieselbe Ausdrucksweise noch ernster in Balladen düstern Inhalts. Als Vonved auszieht, seinen Vater zu rächen, fragt ihn die Mutter: »Wann darf ich Wein lassen mischen, wann mag ich dein Kommen erwarten?« Er antwortet: »Wann die Steine beginnen zu schwimmen und die Raben weiß zu werden, dann mögt Ihr Vonved heim erwarten, all meine Tage komm ich nicht zurück.« Der Brudermörder in der schottischen Ballade, der sich in ein bodenloses oder ruderloses Schiff setzen will, wird auch von seiner Mutter befragt: wann er wieder heimkommen werde? und erwidert, wie es schon oben hieß: »Wann Sonn' und Mond auf dem Grün tanzen (a. auf jenem Hügel springen), und das wird nimmer sein.« In der schwedischen Fassung bewegt das Gespräch sich weiter: »Wann kommest du zurück?« »Wann der Schwan wird schwarz?« »Und wann wird schwarz der Schwan?« »Wann der Rabe wird weiß.« »Und wann wird weiß der Rabe?« »Wann der Graustein schwimmt?« »Und wann schwimmt der Graustein?« »Der Stein schwimmet nie.« Oder auch: »Wann schwimmet der Stein?« »Wann die Feder sinket.« Ferner: »Wann darf ich dich heim erwarten?« »Wann der Stamm sich belaubt.« »Wann belaubt sich der Stamm?« »Wann die Rinde knospet« u. a. m. Finnisch: »Wann kommst du, Sohn, nach Hause?« »Wann der Tag aus Nord aufleuchtet.« »Wann wird der Tag aus Nord aufleuchten?« »Wann auf Wasser Steine tanzen.« »Wann mag Stein auf Wasser tanzen?« »Wann zum Grunde sinken Federn.« »Wann sinkt Feder wohl zum Grunde?« »Wann zum Richtstuhl alle kommen.« Nach einem kleinrussischen Volksliede sucht die Mutter auf dem Schlachtfelde jammernd den gefallenen Sohn, ein Rabe, mit der Beute in den Krallen, ruft ihr zu:

Alte Mutter, geh nach Hause,
nimm die Hand voll Sand und säe

auf ein Beet ihn unter Blumen,
netz' ihn täglich reich mit Tränen.
Geht er auf vom weichen Erdkloß,
kehrt dein Sohn heim – ohne Zweifel.

In Scherz und Ernst sind die unmöglichen Dinge eine bejahende Verdeckung von nein und nimmer. Auf den leeren Hintergrund der Verneinung werden die wunderlichen Bilder hingespiegelt, welche zwar auch nur ein Nicht und Niemals entfalten und selbst wieder in dieses zerrinnen, aber doch augenblicklich eine Anschauung gewähren, die noch in ihrem Verschwinden bald heiter und neckisch, bald ironisch bitter fortwirkt. Es waltet hierin dieselbe Scheue der Fantasie vor jedem kahlen und öden Flecke, die sich im Kleineren und wieder auf andre Weise vorzüglich bei den Dichtern des 13. Jahrhunderts in einer viel gebrauchten Verneinungsformel äußert: Dem abstrakten *Nichts* wird irgendeine geringfügige Sache vorgeschoben, welche sich zu jenem wie Positiv zum Komparativ verhält und der sinnreichen Vorstellung einen letzten Anhalt darbietet; statt zu sagen: das frommt, gilt, verfängt mir *nichts*, versichert man: das hilft mich, schadet mir, das achte, fürchte ich nicht ein oder um ein Blatt, einen Bast, eine Beere, ein Stroh, eine Spreu, eine Bohne, eine halbe Bohne, eine Wicke, ein Wicklein, ein Ei, ein Brot, ein Haar, oder positiv: Das ist mir ein Staub, ein Wind, poetischer der geringste Teil eines grünen oder blühenden Ganzen: nicht ein Lindenblatt, Lilienblatt, Rosenblatt, Veilchenstiel. Nach andrer Seite sind die seltsamen Gebilde, in denen die Poesie das Niemals und, wie sich nachher ergeben wird, auch das Nirgend Versinnlicht, mit den Darstellungen des Immer und Überall in der Rechtssprache zusammenzuhalten. Hier sollen Satzung, Geding, übertragenes Eigentum dauern: solange die Sonne auf- und niedergeht, der Mond scheint, der Wind weht, der Regen sprüht, der Hahn kräht, Tau fällt, Laub und Gras wächst oder grünt, der Baum blüht, Eiche und Erde steht, das Wasser über das Land, der Lebendige über den Toten geht. Besonders auch müssen die Liederstellen, in denen der Bluträcher oder Brudermörder seine Selbstverbannung ausdrückt, damit verglichen werden, wie die nordischen Sicherheits- und Sühnformeln den Friedbrecher voraus ächten: Er soll gejagter Wolf sein, soweit Menschen Wölfe jagen, Christenleute zu Kirche gehen, Heiden im Tempel opfern, Feuer brennt, Erde grünt, Kind nach der Mutter schreit, Mutter das Kind stillt, Holz Feuer nährt, Schiff schreitet, Schilde blinken, Sonne scheint, Schnee fällt, Föhre wächst, Falke den langen Frühlingstag fliegt und der Wind ihm unter beiden Schwingen steht,

Himmel sich wölbt, dreht *(hverfr)*, Welt bewohnt ist, Wind braust *(pýtr)*, Wasser zur See strömt, Männer Korn säen. Die Rechtsformeln haben meist auch durch Reim oder Stabreim poetischen Klang; während aber die Lieder die Nichtwiederkehr dadurch aussprechen, dass sie die Heimkehr auf den Eintritt unmöglicher Begebnisse aussetzen, festigen die Formeln ihren Bann durch Anknüpfung an das allwärts und immerfort Bestehende; während in den Gedichten die abgewiesene Einigung, die unheilbare Lösung der Heimatbande durch Dinge verbildlicht wird, welche mit den Naturgesetzen im Widerstreit stehen, beruft sich die Rechtssprache für Gesetz und Vertrag, für Sicherung und Sühne auf die ewige Regel des Weltgangs. Wenn es der Poesie vergönnt ist, mit den Bildern der Unmöglichkeit, den Träumen der verkehrten Welt, zu spielen, so kommt es dem Rechte zu, für den Bestand seiner sittlichen Ordnung Bild und Widerhalt in den Erscheinungen des unwandelbaren Naturlebens zu nehmen. Klar bezeugt ist dieser Zusammenhang in einer schwedischen Ballade: »Wie soll das Gras auf dem Felde können wachsen, wenn der Vater nicht dem Sohne will glauben?« denn die Sicherungsformel sagt: »Gleich befriedet wie Sohn mit Vater und Vater mit Sohne;« und in einem niederländischen Liede (Volkslieder Nr. 97. B.) steht der Strom stille, als ein treuloser Ritter von Minne spricht, während die Rechtssprache den unablässigen Lauf des Wassers anruft. Übrigens sind die wesenlosen Dinge auch vom Rechtsgebiete nicht gänzlich ausgeschlossen, sie erscheinen, wieder das Nicht verdeckend, da, wo kein Recht gewährt wird, bei den Scheinbußen an die Rechtlosen: »Spielleuten gibt man, nach den deutschen Rechtsbüchern, zu Buße den Schatten eines Mannes, Kämpen (herumziehenden Kunstfechtern) und ihren Kindern den Blick (Widerglanz) von einem Kampfschilde gegen die Sonne. Abfindung mit Schein und Schatten spielt auch in Strickers Erzählung von zwei Königen: Der eine zieht den andern zur Rechenschaft für das Leid, das ihm von diesem im Traume geschehen, der andre bietet zur Buße die Schatten seiner Ritter, die sich mit ihren Rossen im Grenzflusse spiegeln; sodann in der altfranzösischen Erzählung, wie ein Ritter seinen Ring, den die geliebte Frau nicht behalten will, ihrem Spiegelbild im Strome zuwirft. Durch ähnliche Beschönigungen wird in Liedern und Mären das Kind ohne Vater bezeichnet. Die älteste Fassung des Schwankes vom *Schneekind*, ein lateinisches Gedicht aus dem 10. Jahrhundert in der singbaren Form der Leiche, überschrieben: *modus Liebinc*, erzählt: wie die Frau eines Kaufmanns von Konstanz, der nach zweijähriger Seefahrt einen kleinen Sohn zu Hause trifft, diesen vom Schnee, womit sie einmal auf den Alpen den Durst löschte, empfangen zu haben vorgibt, und wie nachmals der Kaufmann auf einer andern Seereise den Knaben verkauft, bei der Zurückkunft aber behauptet, der Sohn des Schnees sei von der brennenden Sonne zerschmolzen. Auch *Taukinder* scheint es gegeben zu haben und in derselben Ausdrucksweise wird eine rätselhafte wunderartige Geburt dem Duft einer Blume oder dem Saft eines Apfels zugemessen. Ein *Traumkind* im litauischen Volksliede:

Liebe Tochter, Simonene,
wo erhieltest du den Knaben?

»Mutter, Mutter, ehrenwerte!
durch die Träume kam er.«

Liebe Tochter, Simonene,
worin wirst du ihn einhüllen?

»Mutter, Mutter, ehrenwerte!
in den Flügel der Marginne« (Frauenkleidung).

Liebe Tochter, Simonene,
wo wirst du ihn hinlegen?

»Mutter, Mutter, ehrenwerte!
auf des Taues Decke.«

Liebe Tochter, Simonene,
womit wirst du ihn speisen?

»Mutter, Mutter, ehrenwerte!
mit dem Brot der Sonne.«

Wenn das Lied vom Schneekinde mit der märchenhaften Wettlüge spielt, so birgt das vom Traumknaben unter den Scheindingen den bitteren Ernst, ein trauriges Nicht, den Mangel des Vaters und damit der Hülle, des Lagers, des Brotes. Auch mit Scheinbuße werden die unecht Geborenen abgespeist.

Die Rätsel setzen scheinbar Unmögliches, die unmöglichen Dinge verblümen die Verneinung, es gibt aber einen Fall, der mitten inne schwebt. Macbeth soll, nach dem Spruche der Schicksalschwestern, nie von einem Menschen, der vom Weibe geboren ist, ermordet und nicht besiegt werden können, bevor der Wald von Birnam nach Dunsinnane kommt. Aber Macduff, der sein Mörder wird, ist aus Mutterleibe geschnitten, und das anrückende Feindesheer hat sich, um seine Stärke zu verbergen, mit Zweigen aus dem Birnamwalde bedeckt, sodass dieser selbst zu kommen scheint. Was für Macbeth entschiedenste Bezeichnung des Niemals war, ist nun ein vom Schicksal gelöstes Rätsel. Der Ungeborene fand sich schon oben bei den Rätseln ein, der kommende Wald jedoch gewinnt durch Zusammenstellung mit weiteren Sagen ein anderartiges Aussehn. Nach einer Volkssage aus Oberhessen wurde vor alters ein König in seinem Schloss auf dem Christenberg vom König Grünewald lange belagert, seine einzige Tochter, welche wunderbare Gaben besaß, sprach ihm immer noch Mut ein, bis zum Maientag, da sah sie auf einmal bei Tagesanbruch das feindliche Heer herangezogen kommen mit grünen Bäumen, nun wusste sie, dass alles verloren und rief:

Vater, gebt Euch gefangen!
der grüne Wald kommt gegangen.

Auch hier ist eine Vorausbestimmung angenommen, übrigens der grüne Wald missverständlich zum Namen gemacht und damit doppelte Lösung herbeigeführt. Im 11. Jahrhundert bringt Saxo die Sage zweifach; einmal hat der schlaue Erik sieben seiner Schiffe mit Baumzweigen bedecken lassen und mit dem achten die Flotte der Slawen herbeigelockt, die sich nun plötzlich in eine Bucht eingeschlossen sehen und zuerst staunend vermeinen, der grüne Wald komme dahergeschifft; das andre Mal überfällt der Wiking Haki den König Sigar mit einer Kriegsschar, die, aus dem Wald anrückend, sich mit abgehauenen Zweigen deckt, Sigars Wartmann eilt zum Schlafgemache seines Herrn und sagt: er bring' eine staunenswerte Botschaft, Gezweig und Gesträuche seh er daherschreiten; worauf der König äußert, dieses Wunder bedeute seinen Tod. Die früheste Überlieferung aber und doch schon die ausgemalteste gibt Aimoin aus den Geschichten des fränkischen Königshauses im sechsten Jahrhundert: Fredegund rückt dem Lager Childeberts, der mit Heeresmacht in ihr Reich eingebrochen, in früher Morgenstunde so entgegen, dass sie selbst, ihren Säugling Chlotar in den Armen haltend, vorausgeht, und ihre Krieger mit Baumzweigen in der Hand und klingenden Schellen am Hals der Pferde aus dem Walde ziehn; ein feindlicher Wächter, in der Dämmerung ausschauend, ruft seinem Gesellen zu: »Was ist das für ein Wald, den ich dort stehen sehe, wo gestern Abend nicht einmal kleines Gebüsch war?« Der andre hält den Fragenden für weintrunken und glaubt die Schellen der im Walde weidenden Rosse zu hören. Da lassen jene die Laubzweige fallen, der Wald steht entblättert, aber dicht mit Stämmen schimmernder Speere, jäher Schrecken kommt über die Feinde, aus dem Schlafe werden sie zu blutiger Schlacht erweckt, und die nicht entrinnen können, fallen vom Schwerte. Eben aus den ältesten Darstellungen erhellt, dass die rätselartige Prophezeiung nicht wesentlich ist, und auch in diesen schon ist die angebliche Kriegslist eine allzu dürftige Erklärung, vielmehr eine Aufhebung des fantastischen Bildes. So bleibt als ursprünglicher Anhalt nur das Erstaunen des Überfallenen, das auch meist nachdrücklich und anschaulich hervorgehoben wird. Der kommende Wald, ein Unmögliches, wird nicht in der Verneinung belassen, dem Überraschten ist, was er sehen muss, unmöglich und wirklich zugleich. »Der Wald wandelt«, wäre hiernach uralter Ausdruck für die Bestürzung desjenigen, dem Unerwartetes, Unmöglichgeglaubtes plötzlich vor Augen tritt, die Sage schlägt den Ausdruck mit zu den Ereignissen und sucht nun Mittel, das Unglaubliche zu erklären, richtiger und poetischer verstärkt und belebt sie dasselbe, wenn der Wald auf dem Meere geht oder mitsamt seiner klingelnden Weidherde heranzieht.

Die Volksdichtung setzt ihren Weg durch das Unglaubliche weiter fort und gefällt sich, wozu schon angeklungen ist, in förmlichen *Lügenliedern*. Das älteste Beispiel ist wieder ein lateinischer Leich aus dem 10. Jahrhundert, bezeichnet: *modus florum*, Blumenton. Derselbe kündigt sich offen als einen Lügensang *mendosam*(d.i. *mendacem cantilenam*) an und erzählt von einem Könige, der seine schöne Tochter mit dem Beding zur Brautwerbung ausbietet, dass der Freier so lange fortlüge, bis der Mund des Herrschers selbst ihn für einen Lügner erkläre. Ein Schwabe hört dieses und hebt alsbald an, wie er, allein auf der Jagd umherstreifend, einen Hasen geschossen und dessen Kopf samt dem Fell abgelöst habe; als er nun den Hasenkopf aufgehoben, seien aus dem einen Ohre hundert Schaff Honigs geflossen und aus dem andern das gleiche Maß von Goldstücken (*bisarum*); diese hab' er in das Fell gebunden und sofort beim Zerlegen des Hasen im äußersten Schwanzende einen königlichen Brief versteckt gefunden, welcher beurkunde, dass der König des Schwaben Knecht sei. »Der Brief lügt, und du selber lügst,« ruft der König; so ist er überlistet, und der Schwabe wird sein Eidam. Der Botenlauf des schnellfüßigen Hasen ist sagenhaft. In der Tierfabel schickt ihn der König Löwe nach dem Fuchs aus. Nach einer lateinischen Erzählung aus England, in einer Predigtenhandschrift des 14. Jahrhunderts, sind zinspflichtige Bauern um einen Boten verlegen, der die Zahlung auf das Ziel ihrem Herrn überbringe; da sagen einige: Richard (*Riccardus*) ist ein geschwindes Tier, hängen wir an seinen Hals den Beutel mit dem Zins und geben ihm auf, solchen schleunig an den Hof unsres Herrn zu tragen!« Das tun sie, Richard aber läuft, so sehr er kann, mit Beutel und Zins dem Walde zu, und die Leute wissen nicht, wo er hingekommen. Der einfältige Mönch, der in einem altdeutschen Schwanke den Hasen für ein Kind hält, ruft ihm nach: »O weh, liebes Kind! wie schnell deine Beine sind! du solltest eines Fürsten Brief tragen, denn in kurzer Weile liefest du manche Meile.« Auch der *modus Liebine* gibt sein Schneemärchen, Lüge um Lüge, ausdrücklich auf den Namen eines Schwaben, eines Bürgers von Konstanz. Es scheint, dass damals solche Fünde für Schwabenstreiche galten.

Im 13. Jahrhundert versucht sich der Marner, ein Schwabe, mit einer Lügenstrophe: »Mancher sagt Mären von Rom, die er nie gesehen, auch ich will euch eine sagen: eine Schnecke sprang einem Leopard tausend Klafter vor, das Meer steht wasserleer, eine Taube trank es aus, das hört' ich zween Fische klagen, die flogen daher von Neifen und sangen neuen Sang (Beziehung auf den Minnesinger Gotfried von Neifen), ein Hase fing zween Winde, die ihn jagen sollten, vier starke Wölfe sah ich von einem alten Schaf erschlagen, einen Reiher, der den Habicht in den Lüften fing, einen weißen Bären, den ein wilder Esel an des Meeres Grund erjagte, wobei ihm ein Salamander half, dem die Wasser kund waren.« Es ist derselbe Geschmack, wie in den Liedern Tanhausers von unmöglichen Dingen. Ungezierter und lebendiger rührt sich das Lügenwerk in Spruchgedichten des 14. Jahrhunderts sowie in einigen Volksliedern aus dem 16. und der späteren Zeit. Alle Gattungen des Widersinnigen und Ungereimten laufen hier bunt durcheinander, ohne sichtbaren Zweck und Zusammenhang, die Ungetüme tauchen auf, rennen sich an und verschlingen sich, wie die Bilder des Sonnenmikroskops. Doch ist es möglich. Gleichartiges auszuscheiden, es haben sich da und dort Gruppenbildungen angesetzt, wenn sie auch schnell wieder zerfließen, selbst ein vernünftiger Sinn schimmert an einzelnen Stellen hindurch. Ein zahlreicher und anschaulicher Teil der Lügenbilder zeigt die Tierwelt in menschlichem Treiben begriffen und reiht sich damit an jene Dichtungen von den Hochzeiten und Leichenbegängnissen der Tiere, nur sind diese nun gänzlich ihrem natürlichen Wesen entrückt, und gerade der Widerspruch mit letzterem ist es, woran sich die Darstellung vergnügt. In einem der ältesten Sprüche sieht man allerlei Tiere in Feld und Haus geschäftig: »Da sah ich zwo Krähen eine Matte mähen, da sah ich zwo Mücken machen eine Brücke, da sah ich zwo Tauben einen Wolf klauben (rupfen) und sah zween Frösche miteinander dreschen,« und weiterhin: »Da sah ich vier Rosse aus Heue Korn dreschen, da sah ich zwo Geißen einen Ofen heizen, da sah ich eine rote Kuh das Brot in den Ofen tun« (Müller. V. 30ff. 54ff.). Teils wortgleich, teils mit den Verschiedenheiten aller mündlichen Überlieferung, sind diese Tiergruppen aus dem 14. Jahrhundert noch in letzter Zeit im Volksgesange der Schweiz und des mährischen Kuhländchens wieder gefunden worden: Sie bilden hier ein kleines Lied für sich, mit Kehrzeilen: Wunder über Wunder! usw. Ein bremischer Kinderreim führt eigens die häusliche Wirtschaft aus:»Und als ich in das Baurhaus kam, da sah ich mit Verwunderung an: die Kuh die saß beim Feuer und spann, das Kalb lag in der Wiegen und sang, die Katze kernte die Butter, der Hund der wusch die Schüsseln, die Fledermaus die fegte das Haus, die Schwalbe trug den Staub heraus auf ihren langen Flügeln.« Zerstreut in den alten Sprüchen erscheint ein Käfer, der mit seiner Hellebarde ficht und den König von Frankreich erschlägt, worüber eine Fledermaus heftig weint (Lieders. V. 18ff.); eine Meise tut einen Kolbenschlag, dass die ganze Welt erhallt (Suchenw. 14ff.); ein Krebs bläst ein Jagdhorn, dass es in aller Welt erschallt (LS. 10f.); ein Laubfrosch baut ein Ritterhaus auf einem Pfirsichstein (LS. 22f.); ein Rabe, der hoher Minne pflegt, geht hin zum Tanze, mit seinem Rosenkranze tritt er den Reihen, des freuet sich der lichte Mai. Es sind Arabesken und Miniaturen im Stile der Randzeichnungen und gemalten Buchstaben alter Pergamenthandschriften (Messbücher); satirische Beziehung des einzelnen Bildes ergibt sich nur in einer Liedesstelle, wo die Gänse zur Kirche gehn und der Fuchs ihnen predigt. Die Tiere werden aber auch häufig so zueinander gestellt, dass sie ihre natürlichen Eigenschaften vertauschen oder die Kleinen und Schwachen der Großen und Starken Meister sind. Den Beispielen beim Marner reiht sich viel Ähnliches an: ein Habicht schwimmt über den Rhein, da schreien Fische, dass es in den Himmel dringt (Müller 23ff.); Fische gehen im Zelt (Passgang, Wachtelm. 159. Suchenw. 28); über dem Wald ist ein goldenes Obdach, darunter sitzen auf jedem Aste zween Meerfische und lesen einem Abt zu Tische, der vor tausend Jahren tot war (Lieders. V. 44f.); Rinder bringen Geißen zur Welt (Müll. 36f.), und eine Katze säugt vier junge Hasen (LS. 118f.), der Hase jagt die Hunde, wie bei Marner, und den Jäger selbst (Schl. L. S. 9); die Schnecke tötet Löwen oder schießt nach dem Hirsche, die Maus bindet den Bären, das Schaf zerreißt den Wolf (Müll. 44f. Schl. L. S. 9f.); eine Maus erschlägt einen Löwen zu Tirol im Walde, da laufen alsbald zwo neu geschlagene Leiern (Suchenw. 32ff.), vermutlich Anspielung auf den Gesang der Fahrenden von erstaunlichen Heldentaten. Überhaupt tummeln sich in dieser Lügenfastnacht die sonst unbelebten Dinge ganz ebenbürtig unter und mit den Lebendigen; ein Pflug ackert ohne Roß und Rind (Müll. V. 17 f.), ein Wagen geht vor dem

Rosse (New. Schl. L. S. 8); Amboss und Mühlstein schwimmen über den Rhein (Dithm. L. St. 2 vevgl, Wachtelm. 210); ein Mühlstein fliegt über das Meer (Schl. L. S. 13): ein Berg tut einen Schrei, und ein Turm läuft gewaffnet (Suchenw. 21, 24): ein neu gebornes Kammrad ficht mit einem Tursen (Riesen, ebend. 68f.): eine alte Tasche vermisst sich, voller zu tönen, als die Glocke zu Neuenstadt (ebend. 104f.); auch gibt es Liebschaften und Heiraten von altem Sattelgeschirr, Bräupfanne, Korb und Kohlensack, die vor Lust leuchten, wie der liebe Tag (WM. 86 f. 118 f. Suchcnw. 84 ff.), u. dgl. m. Ein meistersängerisches Lied des 16. Jahrhunderts lässt in einer alten, morschen Scheune allerlei verlegenes Gerät und Geschirr sich besprechen, seine Schäden klagen, dann eine Hochzeit mit Spiel und Tanz, wobei Spinnwebe zum Schmucke dient, festlich begehen. In der närrisch gewordenen Welt bleiben begreiflich die Menschen nicht zurück, auch sie treiben und erfahren viel Seltsames und Aberwitziges: Ein jähriges Kind wirft vier Mühlsteine von Regensburg bis Trier, von Trier nach Straßburg hinein (Müll. 19ff.); Seide wird aus Braten gesponnen (WM. 193); Stahl wird im kühlen Brunnen geweicht oder mit Blei geschroten (LS. 94f. Suchenw. 64); Salz aus Schnee gesotten, Schmalz von Kieselsteinen (Suchenw. 72. 59); ein Abendtanz auf einem Bundschuh gegeigt (LS. 88f.). Etliche segeln landein, die Segel gegen den Wind gespannt, auf einen hohen Berg und müssen da ersaufen (Dithm. L. 5); ein Kranker wird mit Maulstreichen gelabt, und ein Wohlbedeckter erfriert an der Sonne (LS, 93f. 96f,); ein Stummer kann nicht verschweigen, dass der Papst begraben worden (ebend. 90f.): Stumme und Narren singen Rat in der Not (Suchenw. 30f.); ein Handloser wirkt ein Seil, das von Orient bis Okzident geht und nirgend Ende hat (LS. 74ff.); ohne Hand und Fuß schreibt eine Nonne ein Mettebuch (ebend. 86f.): ein fußloser Mann überläuft ein schnelles Pferd (Müll. 4f.); dergleichen Leute werden auch öfters zusammen in Handlung gebracht, so im dithmarsischen Lügenliede (S. 3f.):

Es wollten drei Kerl einen Hasen fangen,
sie kamen auf Krücken und Stelzen gegangen,
der eine der konnte nicht hören,
der andre war blind, der dritte stumm,
der vierte konnte keinen Fuß rühren.

Nun will ich euch singen, wie es geschah:
der Blinde allererst den Hasen sah
all über das Feld hertraben,

»der Stumme sprach dem Lahmen zu,
der kriegt' ihn bei dem Kragen

im oberdeutschen, S. 15:

Der Blinde hatt' ein Eichhorn gesehen,
der Lahm' erlief's mit den großen Zehen,
der Nackte hat's in Busen geschoben;
ihr dürft darum nicht zürnen,
es ist wühl halb erlogen, heiaho!

Lügenstücke dieser Art bieten im Allgemeinen dem unbemessenen, verkehrten und vergeblichen Menschentreiben einen Spiegel hin, unmittelbare Nutzanwendungen werden nicht gemacht. Nur wenn in einem der Spruchgedichte zwei Säugekinder ihre Mutter schweigen heißen (Müll. 48f.), so lautet dies etwas anzüglich und erinnert daran, dass schon Reinmar der Alte, der um das Ende des 12. Jahrhunderts sang, die Bilder der verkehrten Welt auf die öffentlichen und sittlichen Zustände seiner Zeit bezogen hat; er sagt: »Platte und Krone (geistliche und weltliche Gewalt) wollen mutwillig sein, während Topfknaben (die mit dem Kreisel spielen) weislich zu tun wähnen; Unbilde (Frevel) jagt mit Hasen Eberschweine, einen Falken erfliegt ein unmächtig Huhn; wird dann der Wagen vor den Rindern gehn, trägt der Sack den Esel zur Mühle, wird eine alte Gurre (Stute) zu einem Füllen, so sieht man's in der Welt überzwerch stehn.

Die Erscheinungen der Lügenwelt werden sonst gewöhnlich in eine Zeit und in ein Land verlegt, welche selbst auch in Fabel und Widerspruch aufgehen. Hievor bei alten Gezeiten (WM. 1), einstmals in der Affen Zeit (Müll. 1), in einem Winter, da man auf kaltem Eise Rosen brechen sah und dabei schöne Lilien und Blümlein wuchsen (Suchenw. 1 ff.), zu Weihnachten im Sommer (ebend. 65), zu Pfingsten auf dem Eise (Dithm. L. S. 2), sind alle die Wunder geschehen, die ganze Welt sah sie, bevor jemand geboren war (LS, 24f.), und der Erzähler hörte davon, ehe die Mutter sein genesen (Fr. Ldb. Nr. 141. S. 1). Der Marner hebt damit an, dass mancher Mären von Rom sage, die er nie gesehen, und auch er wolle solcherlei sagen: Ein andrer Sprecher meldet, dass er an einem feinen Seidenfaden Rom und den Lateran tragen sah (Müll. 2 f.), und es liegt hierin eine Verspottung lügenhafter Pilgermären. Das ausführlichste der Spruchgedichte, das Märchen von den Wachteln, schlingt damit ein lockeres Band um seine Abenteuer, dass die handelnden Personen, über deren Gestalt und Natur man nicht einmal klug wild, aus einem wunderlichen Land in das andre fahren: an einer häbernen Halde, in einem hölzernen Lande, auf einem strohenen Sande kommt der ungetümliche Held zur Welt, auf dem Kompostberge spinnt er Butter aus Werg, zu einem Turnei gegen den König von *Nindertda* (nirgend da), wird ausgeritten, und sie kommen zu dem *Nummerdumen amen* (d. h. *nomine domini amen*), das jenseits Montags gelegen ist; das Land ist dort mit vier starken Wieden an den Himmel gebunden, des Friedens wegen, dass ihm niemand schaden könne; die Häuser sind mit Fladen gedeckt und mit Würsten gezäunt, wen zu dürsten beginnt, den fasst man an einen Strang und reitet ihn hinab in den wilden See, da trinkt er, dass ihn hernach niemals wieder dürstet; das Land heißt *Kurrelmurre*, dort geht die Gans gebraten und trägt das Messer im Schnabel, den Pfeffer (die Pfefferbrühe) im Nabel, die Schwalben fliegen einem gebraten in den Mund; dort sind hohe Türme und gute Kirchen aus Butter gemauert, und schiene die Sonne so heiß, wie anderswo, so würden sie völlig schmelzen; ein eichener Pfaffe singt eine buchene Messe, wer da zum Opfer dringt, dem wird der Ablass gegeben, dass ihm der Rücken schwiert, der Segen ist ein Kolbenschlag (WM. 1-12, 19 f. 26-28, 38-72). Anderwärts finden sich eine breite Linde, darauf heiße Fladen wachsen, und ein Honigfluss vom Tal auf den Berg (Müll. 11f. 27f.); zu Fastnacht in das Zuckerland fließt von Honig ein großer Bach, auch fliegen drei gebratene Hühner, die Bäuche nach dem Himmel gekehrt, den Rücken nach der Hölle (Dithm. L. S. 1). Der Sänger des oberdeutschen Lügenliedes will kund machen, was er in einem wunderseltsamen Lande gesehen; er ist weit herumgezogen und hat oftmals sagen gehört, wie ein gutes Land auf Erden sei, *Schlauraffenland* genannt, da fragt er einen Stummen, wie in das Land hineinzukommen; ein Blinder, der bei Nacht so gut als am Tage sieht, ist sein Wegweiser, noch kommen ein Nackter und ein Lahmer, der mit seinen Krücken voranläuft und Herberge bestellt; der Wandrer kommt zu einem dicken Wald ohne Baum und zu einem großen Bach ohne Wasser, darauf liegen drei wohlbeladene Schiffe, das eine hat keinen Boden, das andre keine Wand, das dritte ist gar nicht da, und in diesem fährt er über (Volksl. Nr. 241. 1-7); der Eichhornfang ist schon oben erzählt. Nach einem westfälischen Volksmärchen, das im Kirchentone gesungen wird, wohnt zwischen Werl und Soest ein Bauer mit Namen Knost, der hat drei Söhne, der eine heißt Jost, der andre Knost, der dritte Janbeneken, die alle drei reisen wollen; der erste ist blind, der zweite lahm, der dritte splinternackt; der Blinde schießt einen Hasen, der Lahme fängt ihn und der Nackte steckt ihn ein; sie kommen an ein großes Wasser, darauf drei Schiffe, das eine leck, das andre bräck (Wrack), im dritten kein Boden, darein setzen sie sich, der eine versinkt, der andre ertrinkt und der dritte kommt nicht wieder heraus; der nicht wieder herauskommt, der kommt in einen großen Wald, darin ist ein großer Baum, im Baum eine große Kapelle, in dieser ein buchsbaumener Pfarrer und ein hagenbuchener Küster, die teilen alle Sonntage das Weihwasser mit Knüppeln aus. In diesen Reisemärchen, die so mannigfach zusammen und auseinander laufen, kommt schon ein hübsches Stück des berühmten Landes zum Vorschein, das mit allem Fett der Erde gesegnet ist; die Merkwürdigkeiten desselben sind zwar, zuweilen nur in einzelnen Zügen, mit anderartigen Wunderdingen verwoben, doch haben sie im Wachtelmärchen sich beträchtlich angesammelt und zugerundet. Dasjenige Lied, welches den gewöhnlichen Namen dieses Landes trägt, meldet nichts von den eigentümlichen Segnungen desselben, aber schon der Name *Schlauraffenland* knüpft an eine Reihe weiterer, der Beschreibung dieses Erdstrichs eigens gewidmeter Dichtungen an. Die Betrachtung der letzteren muss auf einen folgenden Abschnitt ausgesetzt bleiben, doch ist schon hier eine vorgreifende Bemerkung an ihrer Stelle. Wenn nämlich die Erzählungen und Lieder, in welchen das Schlaraffenland verherrlicht wird, offen oder versteckt der menschlichen Trägheit und Lüsternheit spotten, so ist es den obigen Darstellungen eigen, dass sie den sinnlichen Genüssen des Wunderlandes in dem Ritte zur Tränke, der buchenen Messe und der Besprengung mit Knüppeln eine nicht minder gründliche Kasteiung beiordnen.

Den altehrwürdigen Wallern, denen zweiundsiebzig Lande kund sind, treten scherzhaft die Lügenwandrer gegenüber, die aus der ganzen Länderzahl stets nur das Fabelhafteste zum Gegenstand ihrer Berichte wählen, das Tauglichste für den leichtfertigen Mund des fahrenden Volkes. Die Form der angeführten Sprüche, das leichte Hinrollen kurzer Sätze, das rastlose Überspringen von einem Bilde zum andern, sodass in demselben Reimpaare die verschiedensten Dinge sich treffen und treiben, zeugt ebenfalls dafür, dass diese Gattung ursprünglich dem Vortrage fahrender Leute bestimmt war, die damit als Lügner aus dem Stegreif auftraten, durch fortlaufende Überraschung mit den buntesten Abenteuern ihre Hörer zum Lachen brachten und das Lügensprechen mit andern ihrer Gaukelkünste betrieben. (Walther von der Vogelweide spricht von Gauklern, die unter dem Hute bald einen wilden Falken, bald einen stolzen Pfau, bald ein Meerwunder vorweisen und zuletzt nur eine Krähe übrig lassen [Lachm. 37f.]; der Lügensprecher zeigte noch viel seltsamere Wandlungen). Den Sprüchen fehlt es aber auch nicht an bestimmteren Wahrzeichen spielmännischen Gebrauchs. Dass sie gerne mit einem possenhaften Trumpfe schließen, bringt ihr Inhalt mit sich, ein solcher Schluss lautet: »Da sprach ein Huhn: es ist ausgesagt!« Der Dichter eines andern Lügenspruches rühmt sich Sinn umkehrend, dass er Kurzweile lang machen könne, dass Unglück und Armut ihn hebe und mehre, da niemand ungemut sei, als einer, der viel Pfennige habe, auch dass seine Mühle wohl gehe, und beschließt seine Rede: »Dies ist so wahr, als ich fernd war ein Star, nun bin ich heur ein Buchfinke; wer will, dass ich trinke, der biete mir den Wein her, so trink' ich nach meines Herzen Gehr!« Das Begehren nach dem Trunk am Schlusse der Erzählung oder eines Abschnitts derselben ist bei Volksdichtern altherkömmlich. Besonders aber kommt hier das Beiwerk des Wachtelmärchens in Rechnung; in diesem wird je zum Abschluss eines zwölfzeiligen Spruchteils ausgerufen: eine Wachtel in den Sack! zwo Wachteln usw. bis zu zwölfen und in einer Fortsetzung bis zu achtzehn. Wie das zu nehmen sei, erklärt ein Reimspruch des Teichners, auch aus dem 14. Jahrhundert, von den Falknern und ihren Lügen beim Trunke, worunter die: dass einer an *einem* Tag *Wachteln einen vollen Sack* (Weidtasche) fing und ihrer noch mehr gefangen hätte, wenn ihn nicht die Nacht vertrieben. Jeder Absatz des Spruchmärchens ist also gleich einer Jägerlüge und mit dem Vortrag der Kehrzeile wird jedes Mal die Geberde des Einsackens der gefangenen Wachtel verbunden gewesen sein, auch mochte sich unterweilen eine Nachahmung des Wachtelschlags vernehmen lassen. Das Wachtelmärchen endigt mit einer Hochzeit und mit einem Aufruf an die Spielleute, sich dabei zu tummeln: »Nun zu, ihr Spielleute! schlagt in die Hundshäute (Handtrommeln), schmiert die Rossschwänze (Fidelbogen), lasst rüstig eure Nägel die Därme (Saiten) rühren, richtet zu den Schnüren die Tatermanne (Puppen), seid munter, blatert (blast), geuert (schnappt) in das holz (die Pfeife), hosselt (schaukelt), gempelt (springet), schregelt (schränkt euch), geiget, harfnet, schwegelt (blast Querpfeife), so wird dem Mann eins auf den Tag; zwölf Wachteln in den Sack!« Dieser Schluss war doch eigentlich nur da am Orte, wo eine spielmännische Truppe wirklich mit Lärmen und Springen Chor machen konnte.

Es gibt eine andre Art volksmäßiger Reimsprüche aus dem 14. Jahrhundert, die sich als Quodlibet fortbewegen, wie die Lügenmären, ihren Inhalt aber bilden verschiedene Benennungen des gleichen Gegenstandes, doppelte Bedeutung desselben Wortes, binsenglatte Wahrheiten, die sich von selbst verstehen und ausgesprochen zur Posse werden; sie sind in dieser Überwahrheit das nüchterne Widerspiel der fantastischen Lügendichtung, aber eben damit Zugehör und Folie der letzteren. Dass auch derlei Reimereien in den Betrieb der fahrenden Leute fielen, zeigt ein solches Anhängsel zum handschriftlichen Traugmundsliede; darin wird gesagt: »Nackte Leute friert an die Häute, das es nicht täte, wenn sie gute Kleider anhätten«, und dann noch zum besseren Verständnis: »Dass Gott alle die berate, die uns je Gutes taten, die Lebenden an den Ehren, die Toten an der Seele!«; davor und dazwischen aber wird gerufen: »Lauf um, Lotterholz, lauf um geschwinde!« Das Lotterholz gehört zum Handwerkszeug der Gumpelleute; unter den Spießgesellen und Aussendlingen des breisgauischen Bundschuhs von 1513 sind auch Sprecher und Spielleute mit Hackbrett und Pfeife verzeichnet, namentlich: Heinrich von Strasburg, ein Sprecher, der einen Gaukelsack trägt, und »der Bundschuher« mit dem Lotterholz.

In der letzten Hälfte des 16. Jahrhunderts erschien zu Straßburg ein kleiner Lügenroman, der in die Reihe der noch jetzt marktfähigen Volksbücher eingetreten ist, der *Finkenritter*. Dieser Held durchzieht dritthalbhundert Jahre vor seiner Geburt viele Länder und erfährt mancherlei, was schon aus den bisher erörterten Sprüchen und Liedern bekannt ist: die Hasenjagd der drei verkehrten Gesellen, den Wald ohne Baum und den Bach ohne Wasser, die drei mangelhaften Schiffe, Häuser mit Fleisch gedeckt und Zäune von Bratwürsten, nebst andrem, was um jene Zeit von Lügenmärchen gangbar sein mochte, alles gesteigert und erweitert, in acht Tagreisen eingeteilt und mit der Geburt des Helden schließend. Die eigentümlichste Fabel dieses Büchleins ist auch ein Spielmannsstück, das großartigste von allen: Ein Lautenschläger spielt jeden Sonntag neun Dörfern auf einmal zum Tanze, mit großer Arbeit richtet er die Laute zu, der Finkenritter, der ihm helfen will, fällt durch den Lautenstern eine Viertelstunde weit hinunter und steigt auf einer Leiter von sechsundvierzig Sprossen wieder heraus; nachdem die Laute aufgezogen ist, läuft der Ton über das Feld zu den neun Dörfern und die lustige Tanzweise klingt dann in jedem besonders, der Lautenschläger selbst geht allgemach in alle neun und tanzt mit oder sieht zu, dass es recht dabei hergehe, am Abend vergeht der Ton von selbst und zieht wieder allmählich heim in seine Laute.

Lügenlied aus Nordschottland: Früh am Morgen kräht die Katze den Tag an, der Hahn sattelt das Pferd, doch scheint es der Herr zu sein, der ausreitet; der Sporn ist gesattelt, die Mähne gezäumt, er reitet auf dem Kreuzbein, den Schweif in der Hand; als er bei der Mühle anreitet, da singt man die Messe; als er au die Kirche kommt, da mahlt man das Korn; der Müller steht draußen die Mütz' an den Füßen, die Strümpf'(Hosen) auf dem Kopfe: heraus kommt das Mädchen, des alten Müllers Mutter, die siebt den Käse und wannt die Butter; vierundzwanzig Handlose werfen den Ball hinweg, herbei kommt Fußlos und fängt ihn allen hinweg; auf springt Mundlos und lacht mit Lust und auf springt Zunglos und spricht seinen Spruch; vierundzwanzig Hochländer jagen eine Schnecke, der Hinterste spricht: »Nehmen wir sie am Zagel!« Sie streckt ihre Hörner wie eine ungehörnte Kuh, der Vorderste spricht: »Nun spießet sie uns alle!« Über Benachin fliegt ein Roche und vierundzwanzig Junge fliegen mit ihm, sie fliegen in eines Entrichs Nest und drehen sich um mit den Köpfen nach West. Bei gleicher Anlage hat ein dänisches Lied aus dem 16. Jahrhundert wieder andre Bilder: Der Wolf steht im Stall und hat den Zaum im Munde, das Pferd läuft weit im Meeresgrunde, der Hecht fliegt hoch in den Wolken usw. Ich kam zu einem wohlwürdigen Haus, da brannten die Mönche, die Kerzen sangen; da saß ein altes Weib in der Ecke, die kämmte den Brei und rührte das Werg, der Lahme tanzte, der Stumme sang, der Blinde saß und wob Goldgewirk u. a. m. Die Kehrzeile lautet: die Pferde krähen, die Hühner reiten. Das schottische Lied nimmt einen Schwabenstreich für die Männer des Hochlands in Anspruch, beide Stücke bedienen sich aber auch eines wohlfeilen Mittels, die Welt umzukehren. Schon Suchenwirt sagt: Eine Steinwand schlüpft' in einen Berg (B. 52); reichlicher wird solches Hinterfür in deutschen Schwänken des 16. Jahrhunderts ausgebeutet; ein Meistergesang aus dieser Zeit bezeichnet sich durch den Eingang: »Ein Dorf in einem Bauern saß, der gerne Löffel mit Milch aß« usw., ebenso ein prosaischer Schwank, der mit den Liedern umlief, wie der Meier die Magd, den Knecht und die Frau weckt: »Gret, steh auf, und stoß das Fenster zum Kopf hinaus und tag' ob es luge!« usw. »Kunz, steh auf, henk' den Hals an die Kappe und nimm den Weg über die Achsel und den Spieß unter die Füße! Oder lass klein Hänsle gehn, denn du hörst an einem Auge nichts und siehst nichts am andern Ohr« usw. »Frau, steh auch auf, und geh auf den Kirchhof und gib jeglichem Teller einen Bettler!« So können, indem man sich fortwährend verspricht, Redeteile verwechselt und verstellt, manchmal drollige Dinge herausgewürfelt werden.

Die schadhaften Leute, die uns öfters, bald einzeln, mehr noch in Gesellschaft begegneten, der Stumme, Blinde, Lahme, Nackte, der Landlose, Fußlose, oder auch in Form von Eigennamen, Fußlos, Mundlos,

Zunglos, bilden in der Art, wie sie beschäftigt und verbunden sind, einen so scharfen und einfachen Ausdruck des Widersinns und haben sich dem Lügenwesen so fest eingepflanzt, dass man sie zu den altertümlichsten Gestaltungen desselben zu rechnen hat. Zugleich ist es ein Beleg für den angegebenen Zusammenhang der Rätsel mit den unmöglichen Dingen, wenn mittels des früher berührten lateinischen Rätsels aus dem Anfang des 10. Jahrhunderts der Mangelhafteste von allen aus dem Banne des Widerspruchs erlöst wird: der Mann, der handlos und fußlos den blattlosen Baum besteigt, den federlosen Vogel fängt, ihn feuerlos bratet und mundlos verspeist, ist wahr und wirklich, als Sonnenschein.

Zu einer weiteren Gemeinschaft von Lügenmärchen gehört ein serbisches: ein Knabe trifft in der Mühle mit dem Bartlosen (Merkmal eines schlauen Betrügers) zusammen, nachdem er von diesem mehrfach geneckt und getäuscht worden ist, backen sie miteinander ein Brot und Bartlos schlägt vor, um solches in die Wette zu lügen; er selbst fängt an und lügt allerlei hin und her, der Knabe meint, das wolle nicht viel heißen, und nun erzählt er: In seinen jungen Jahren, als er ein alter Mann war, zählte er jeden Morgen die Bienen, aber die vielen Bienenstöcke konnt' er nicht zählen; als er einmal zählt, fehlt ihm der beste Bienrich; gleich sattelt er einen Hahn und reitet der Spur des Bienrichs nach, über das Meer reitet er auf einer Brücke und drüben sieht er, wie ein Mann den Bienrich an den Pflug gespannt hat und ein Stück Landes zum Hirsenfeld umackert; er verlangt seinen Bienrich, der Mann gibt ihm denselben zurück und noch einen Sack mit eben eingeernteter Hirse zum Ackerlohn; den hängt der Knabe über seinen Rücken, nimmt den Sattel vom Hahn und schnallt ihn auf den Bienrich, denn der Hahn ist müde vom langen Ritt und muss an der Hand nebenher geführt werden; auf der Brücke über das Meer springt ein Strick am Sacke und die Hirse rollt ins Wasser; am Ufer überfällt ihn die Nacht, er bindet den Hahn und den Bienrich an und legt sich schlafen; beim Erwachen sieht er, dass Wölfe den Bienrich gefressen, der Honig aus seinem Leibe geflossen und in den Tälern bis zu den Knöcheln, auf den Gebirgen bis über die Knie geht; er nimmt seine Hacke und läuft in den Wald, hier sieht er zwei Rehe auf einem Bein herumspringen, zerschmettert dieses mit der Hacke, zieht ihnen die Haut ab und macht davon zwei Schläuche, die er mit dem Honige füllt und dem Hahn auflegt; so reitet er nach Hause, wo eben sein Vater geboren wird, und er muss nun zu Gott gehn, um Weihwasser zu holen: er besinnt sich auf die Hirse, die ins Wasser gefallen, im Nassen ist sie aufgegangen und bis zum Himmel emporgewachsen; an ihr steigt er hinaus und wie er zu Gott kommt, hat dieser gerade von der Hirse gemäht und ein Brot daraus gebacken, das er in gekochte Milch bröselt und isst; der Knabe erhält das Weihwasser und will zurück, aber da hat ein Sturmwind die Hirse weggeführt und er kann nicht herunter; da er lange Haare hat, die, wenn er liegt, bis auf die Erde reichen, wenn er aufsteht, bis an die Ohren, so reißt er sie aus, knüpft eines an das andre fest und fängt an herabzusteigen; als es finster wird, macht er einen Knoten an den Haaren und hält sich so über Nacht: es friert ihn, zum Glück hat er eine Nähnadel im Kleide, die spaltet er, macht von den Stücken ein Feuer an und legt sich dabei schlafen; aber ein Funke kommt ihm an die Haare und brennt durch, das Haar reißt, er fällt auf die Erde und versinkt in ihr bis an die Brust; er wendet sich vergeblich hin und her, endlich muss er nach Hause gehn und ein Grabscheit holen, mit dem er sich aus der Erde losgräbt: auf dem Heimweg kommt er über seines Vaters Felde auf dem die Schnitter das Getreide schneiden, aber der Hitze wegen nicht mehr arbeiten wollen, er läuft und holt die Stute, die zwei Tage lang und bis Mittag breit ist, auf deren Rücken Weiden wachsen, im Schatten der Weiden können die Schnitter fortschneiden; dann schicken sie ihn nach frischem Wasser aus: weil aber der Fluss zugefroren ist, nimmt er seinen Kopf herunter, schlägt damit ein Loch in das Eis und bringt den Leuten Wasser: sie fragen alle, wo sein Kopf geblieben? Und er läuft schnell zurück: eben frisst ein Fuchs das Gehirn aus dem Schädel, der Knabe schleicht näher und gibt dem Fuchs einen Fußtritt von hinten; der Fuchs erschrickt und es entfährt ihm ein Zettel, worauf geschrieben steht: »dem Knaben Brot, dem Bartlos Kot!« Damit nimmt der Knabe das Brot und geht nach Hause. Die Lüge, die sich bis in den Himmel spinnt, erscheint aber auch auf ähnliche Weise in zweierlei Fassungen eines Volksmärchens aus Westfalen: Den beiden Ochsen eines pflügenden Bauers wachsen die Hörner so hoch an, dass er nicht mehr mit den Tieren zum Tore herein kann, er verkauft sie, und zwar so, dass er dem Käufer ein Maß Rübsamen bringen muss und für jedes Korn einen Kronentaler empfängt; aus einem Korne, das er verloren, wächst ein Baum, der bis an den Himmel reicht, und der Bauer steigt hinauf, um zu sehen, was die Engel da droben machen; er sieht, wie sie Hafer dreschen, im Zuschauen aber merkt er, dass der Baum wackelt, den eben einer umhauen will; in der Not nimmt er von der Haferstreu und dreht einen Strick daraus, auch greift er nach einer Hacke und einem Dreschflegel, die im Himmel herumliegen, und lasst sich am Seile herunter; er kommt in ein tiefes Loch, aus dem er mit der Hacke sich eine Treppe haut, den Dreschflegel bringt er zum Wahrzeichen mit. Nach der andern Einkleidung lässt der König bekannt machen, wer am besten zu lügen wisse, soll seine Tochter haben, die Hofleute versuchen es nach der Reihe, können aber keine tüchtige Lüge aufbringen, nun stellt sich ein armer Bauer ein und erzählt, wie er von einem Kohlkopfe, der in seinem Garten stand und bis zum Himmel aufgeschossen war, in das offene Himmelstor sah und geradezu in die Herrlichkeit hineinspringen wollte, wie aber das Tor zufuhr und er in den Wolken hängen blieb, wie er sich dann an einem Stricke herunterließ und, als dieser auf halbem Wege brach, in einen Kieselstein fiel, jedoch bald nach Hause lief, ein Beil holte und sich wieder loshieb; »das sind ja die gröbsten Lügen, die ich mein Lebtag gehört habe!« sagt der König; »desto besser,« antwortet der Bauer, »so ist Eure Tochter mein.«

Diese gleichartigen und kühnsten Märchen, aus Serbien und aus Westfalen, führen wieder auf jenes älteste, lateinische Lied aus dem 10. Jahrhundert zurück, mit welchem die Reihe der Lügendichtungen eröffnet wurde, zugleich aber schlagen sie au mancher andern Stelle des langen Zuges an. Im *modus florum* setzt auch ein König die Hand seiner Tochter auf eine preiswürdige Lüge, der Honigstrom ergießt sich dort aus dem Ohr eines Hasen, im serbischen Märchen angemessener aus dem Bienenleibe, der schriftliche Ausspruch wird dort im Schwanzende des Hasen gefunden, hier entfällt er dem Fuchse. Einer der altdeutschen Sprüche weiß von einer elenden Geiß, die hundert Fuder Schmalzes und sechzig Fuder Salzes an sich trägt, auch vom Honig, der zu Berge fließt (Müll. 13–15. 27 f. vergl. Suchenw. 8 f.). Der Finkenritter endlich hat sich in einen Eichbaum geschlichen, darin er Honig zu finden dachte, und kann nicht wieder herauskommen, da läuft er heim, holt seine Axt und haut sich frei (S. 7); auch mäht er sich einmal mit der Sense den Kopf ab, läuft demselben nach und setzt ihn verkehrt wieder auf, damit ihn, wenn er durch den Wald gehe, die Reiser nicht in die Augen schlagen (S. 8).

So wenig eine Lüge ein Gedicht ist, so geringen Anspruch haben die Lügenmären als solche auf poetische Geltung. Vielmehr verkündigt sich in dem Wettlügen und Preislügen, in den Versicherungen, dass alles erlogen, halb erlogen, verkehrt, seltsam, lächerlich oder auch, dass es nicht erlogen sei, eine Absichtlichkeit, welche, dem freien Spiele der Fantasie ungemäß, um so sicherer zu abgeschmackten, erzwungenen und überlustigen Einfällen führt. Für dieses absichtliche Lügendichten haben sich auch einzelne, bestimmtere Zwecke, satirischer und spielmänuischer Art herausgestellt. Wenn gleichwohl sich manches anmutig und fantasiereich gestaltet hat, so weist dies auf einen keineswegs unpoetischen Grundtrieb des Ganzen, die freie Lust, mit der Nichtigkeit der Lüge zu spielen, ihre bunten Blasen aufsteigen und zerspringen zu lassen. Der Knabe überlügt den Bartlos, das Schneekind zerschmilzt an der Sonne, jedes einzelne Bild trägt seinen Widerspruch in sich, ein Widersinn wird durch den andern aufgeschnellt. Hatte die Volkspoesie einmal ihre Richtung auf die Erfassung des Nichts und die Ausbeutung des Unmöglichen genommen, so ertrug sie keinen Stillstand, jeder Strich des lustigen Gebietes musste durchstreift, auch die Lüge, der Fuchs dieser Lustjagd, musste gehetzt und zu den äußersten Sprüngen getrieben werden.

Wo die Lügendichtung den absichtlichen Anlauf vergessen lässt und mit dem Unglaublichsten dennoch die Fantasie des Hörers zu bestricken weiß, da steht sie ganz im poetischen Rechte des Märchens, in dessen Vereich daher auch die Untersuchung sich hinüberzog. Selbst jenes Land der irdischen Fülle, in welches die Lügendichtung einen Blick werfen ließ, hängt schwebend in den Wolken, dasselbe vermittelt sogar, näher als man glauben sollte, den Übergang zu einer schimmernden und blühenden Seite des Volkslieds, die man vorzugsweise das *Märchenhafte* nennen kann.

Es ging bei den Völkern eine alte Sage von der goldenen Zeit, in welcher die Natur ihre reichsten Segnungen freiwillig spendete, ein ewiger Frühling blühte, Milch und Honig floss, die Menschen mühelos und in süßem Frieden die Früchte des Feldes ernteten. Dem ältesten Deutschland ward eine kurze Wiederkehr der seligen Friedenszeit zuteil, wann die verhüllte Gottheit auf dem kühebespannten Wagen durch suevische Völkerschaften fuhr. Nach altnordischer Sage gab es zwei Könige des goldenen Alters, Frodi in Dänemark und Fiölnir in Schweden. Frodi besaß eine Mühle, worauf er sich Gold, Frieden und Glück mahlen ließ, darum heißt in der Skaldensprache das Gold »Frodis Mehl«. Auch Fiölnir war reich und mit Jahressegen und Frieden beglückt, selbst sein Tod war ein Versinken im Überflusse: sein Gastfreund Frodi gab ihm ein großes Trinkmahl auf einer Metkufe, die viele Ellen hoch und aus Balken gezimmert war, durch eine Öffnung zwischen den Dielen wurde der Met geschöpft, in der Nacht aber fiel Fiölnir, von Schlaf und Trunk betäubt, hinein und ihn erstickte, wie ein Skalde singt, »die windstille *(vâgur vindlaus)* See«. Bei den Finnen soll es der göttliche Ukko sein, unter dessen Herrschaft Honig von den Eichen tröpfelte, Milch in den Flüssen strömte, Gold in den Mühlen gemahlen ward. Die Entwicklung der Sagen von Frodi und Fiölnir in ihrem ganzen Zusammenhange gehört in die nordische Mythologie, hier ist nur auszuheben, dass in diesen Sagenkönigen zweierlei Richtungen vorgezeichnet sind, welche die Vorstellung vom goldenen Zeitalter in der Folge genommen hat. Fiölnir, dessen Name schon eine Vielheit ausdrückt, ist ein Vorbild der reichlichen Genüsse des Schlaraffenlandes. Es hat sich übrigens ergeben, dass der Flor dieses Landes ebenfalls in eine alte, unbestimmte Zeit gesetzt wird. Das endliche Schicksal Fiölnirs wiederholt sich in einer Hirtensage der romanischen Bevölkerung der Ormontalpen. Dort waren einst die Kühe ungeheuer groß, sie gaben so viel Milch, dass man sie in Weiher melken musste, von welchen dann ein Bube in einem Weidling (Bretterkahn) die Nidel (Sahne) abnahm; als eines Tags ein schöner Hirte dieses Geschäft verrichtete, ward der Kahn von einem unvermuteten heftigen Windstoß umgeworfen und der arme Jüngling ertrank; Knaben und Töchter zogen Trauerkleider an und suchten lange vergeblich den Verunglückten, erst nach einigen Tagen fand man den holdseligen Senn in einem turmhohen Ankenkübel (Butterfass), »mitten in den Wellen der schäumenden Nideln«: man trug den Leichnam in eine geräumige Höhle, deren Wände von den fleißigen Bienen mit Honigscheiben bekleidet waren, welche die Größe der vormaligen Stadttore von Lausanne hatten. So hält selbst die sinnlichere Richtung der Sage noch manchmal die Farbe des Märchens; auch die Kinder haben in der Märchenwelt ihr kleines Schlaraffenland, das Häuschen im Walde, das aus Brot gebaut, mit Kuchen gedeckt ist und Fenster von Zucker hat, worin dann freilich der Wolf oder die böse Hexe lauert. Die andre Richtung, die an den goldmahlenden Frodi geknüpft werden kann, wendet sich zumeist dem lichten Golde zu und auch ihr erschließt sich ein Wunderland. Im Heldengedichte von Gudrun werden die Hegelinge auf der Fahrt nach der Normandie durch Südwind in das finstre Meer verschlagen und liegen zu Givers vor dem Magnetberge fest, da erzählt ihnen tröstend der alte Wate (der mit Fruote von Dänemark ihr Wegweiser ist), er habe von Kindheit her als eine Seemäre sagen gehört, dass in diesem Berg ein weites Königreich liege, darin die Leute herrlich leben; so reich sei ihr Land, wo die Wasser fließen, da sei der Sand silbern und damit mauern sie Burgen, ihre Steine seien das beste Gold: wer hier auf die rechten Winde warten könne, der werde mit all seinem Geschlechte für immer reich sein, die Schiffe können hier mit edlem Gesteine zur Heimfahrt geladen werden. Wo das Gold zu Bausteinen, das Silber zum Mörtel verwendet wird, da fällt die gewöhnliche Schätzung dieser Kostbarkeiten hinweg, sie gelten weniger durch ihren Wert, als durch ihren Lichtglanz. In dieser Verflüchtigung sind dann auch Gold, Silber und Edelsteine geschickt, dem Liede zum Schmucke zu dienen, sie werden aus dem Fabellande herbeigeholt, um den Gegenstand des Liedes, vor allem das Leben der Liebe, mit ihrem Schimmer zu umweben.

Aus deutschen Liederbüchern des 16. Jahrhunderts (Volksl. Nr. 32):

»Dort nieden in jenem Holze
liegt eine Mühle stolz,
sie mahlet uns alle Morgen
das Silber, das rothe Gold.

Dort nieden in jenem Grunde
schwemmt sich ein Hirschlein fein,
was führt es in seinem Munde?
von Gold ein Ringelein.

Hätt' ich des Golds ein Stücke
zu einem Ringelein,
meinem Buhlen wollt' ich's schicken
zu einem Goldfingerlein.

Was schickt sie mir denn wieder?
von Perlen ein Kränzelein:
»sieh da, du feiner Ritter,
dabei gedenk du mein!««

Die Goldmühle, der Gold tragende Hirsch, geben dem Ringlein, das der Geliebten zugedacht ist, einen märchenhaften Ursprung; ein früher ausgehobenes Lied verschafft diesem Pfande der Treue dadurch poetischen Schmelz, dass die Nachtigall ausgeschickt wird, das Ringlein beim Goldschmied zu bestellen und der Jungfrau zu überbringen, in niederdeutscher Fassung mit der Kehrzeile: »Von Gold drei Rosen« und am Schlusse: »Von Gold schenkt sie ihm dafür drei Rosen.«

Ein Schloss, von Silber und Gold erbaut, wie im Berge zu Givers, erhebt manchmal an der Spitze der Lieder seine leuchtenden Zinnen (Volksl, Nr. 125):

»Es liegt ein Schloss in Österreich,
das ist ganz wohl erbauet
von Silber und von rotem Gold,
mit Marmelstein (a. Edelstein) vermauret.«

Anderwärts wieder dem Zuckerlande zugewandt:
»Es liegt ein Schloss in Österreich,
das ist gar wohl erbauet
von Zimmet und von Nägelein,
wo findt man solche Mauren?«

Ebenso mahlt in einem dänisch-schwedischen Liede die Mühle Zimmt oder Mandel, während in einem andern zwar auch nicht Gold gemahlen wird, aber die Mühlsteine von Gold, die Pfosten von Elfenbein sind. Ein französisches Volkslied beginnt: »Mein Vater ließ ein Schloss erbauen, es ist nicht groß, doch ist es schmuck, die Zinnen sind von Gold und Silber.« Prächtiger die spanische Romanze: »In Kastilien steht ein Schloss, das man Rochafrida nennt, sein Fuß ist von Golde, die Zinnen von seinem Silber, zwischen Zinn' und Zinne je ein Saphirstein, der bei Nacht so hell leuchtet, wie die Sonne am Mittag, darin wohnt ein Fräulein mit Namen Rosenblüte.« Mitten in all dem Glanze härmt sich das Fräulein um einen Ritter, den sie nie gesehen, ihm will sie sieben Schlösser geben, die besten in Kastilien. In das Meer hinein stellt ein italienisches Schifferliedchen sein Wunderhaus: »Ich will ein Haus mir bauen mitten im Meere, gezimmert aus Pfauenfedern, die Treppen aus Gold und Silber, aus Edelsteinen die Fenster; wann mein Liebchen sich schauen lässt, dann spricht jeder: mir geht die Sonne auf!« Nicht minder kühn wird in die Luft gebaut; zwar sagen altdeutsche Sprüche, dass der betrogen sei, der auf den Regenbogen zimmre oder auf eine Wolke baue, wenn der Regenbogen zergehe, wiss' er nicht wo sein Haus stehe, der Wind zerführe die Wolke, sobald er sie berühre, wohl aber konnte Tristan, sich närrisch stellend, auf solche Weise bauen; er tritt in den altfranzösischen Gedichten, als Narr aufgestutzt, vor den König Mark und will von diesem die Königin Ysolt eintauschen, auf die Frage, wohin er sie führen wolle, antwortet er: »Droben in der Luft hab' ich einen Saal, worin ich wohne, er ist schön und groß aus Glas gemacht, die Sonne geht strahlend hindurch, er hängt in den Wolken, wiegt und wankt doch nicht vom Winde, am Saale ist eine Kammer aus Kristall und Bernstein, wann die Sonne sich morgens erhebt, mag sie große Helle darin verbreiten.« Nach einer andern Darstellung einfacher: »Zwischen den Wolken und dem Himmel, aus Blumen und Rosen ohne Reif, werd' ich ein Haus bauen, darin wir uns vergnügen werden.« Wenn auch nicht über den Wolken stehend, ist ein Blumenhaus immerhin ein lustiger Bau, nur eben den Träumen und Hoffnungen der Liebenden gerecht. Ein solches findet sich in dem altfranzösischen Singmärchen *(cante-fable)* von Aucassin und Nicolette. Dieses zarte Wesen, von den Hirtenknaben für eine Fee gehalten, flüchtet sich in den Wald, bricht Lilien, Raute und Laubwerk und macht daraus am Kreuzweg ein schmuckes Hüttchen, sie will Aucassins Liebe daran prüfen, ob er, dahin kommend, um ihretwillen ein Weilchen hier ausruhe; er kommt wirklich, indem er nach ihr sucht, zu der Blumenhütte, logt sich hinein und sieht durch eine Öffnung den gestirnten Himmel; als er nun einen Stern erblickt, heller denn die andern, begrüßt er denselben, als bei dem Nicolette sei, und wünscht sich hinauf, um ihr einen Kuss zu geben, müsst' er auch wieder herabfallen; Nicolette lauscht im nahen Busche. Am frischesten ins Leben greift aber ein Volkslied aus dem mährischen und schlesischen Gebirge:

»Ich ging in Nachbars Garten,
ich legt' mich nieder und schlief,
da träumte mir ein Träumlein
von meinem schönen Lieb.

Und wie ich drauf erwache,
so stund niemand bei mir,
bis auf zwei rote Röslein,
die blühten über mir.

Ich pflückte mir die Röslein,
ich band mir einen Kranz,
ich steckt' ihn auf mein Federhut
und ging zum Bräut'gamstanz.

Und wie der Tanz aufs Beste ging,
fiel mir ein Röslein aus:
soll heim dich führen schönes Lieb,
und hab' kein eigen Haus!

»Wir wollen uns eins bauen
von grüner Petersill.«
Mit was woll'n wir es decken?
»Mit gelber Lilg' und Dill.«

Und wie das Häuslein fertig war,
so hatten wir keine Tür,
schön Lieb das hat sich schier bedacht
und hing ihr Schürzlein für.«

So war schon der heimatlose Meister Traugmund mit dem Himmel bedeckt und mit Rosen umsteckt. Auch ein Blumenschiffchen ist Verliebten bereit; das lange hohle Blatt der Lilie gibt einen hübschen Kahn:

»Es fuhr gut Schiffmann über Rhein
auf einem Gilgenblättlein:
»das soll mein Schifflein sein.«

Andre Lesart:

»Ich fuhr mich über Rhein
auf einem Lilgenblatte
zur Herzallerliebsten mein.«

Anfang eines lettischen Liedes:

»Ich rudre meiner Geliebten entgegen,
eine Blume ist mein Ruder.«

Niederländisch lautet obige Strophe: »Ich fuhr all über den Rhein mit einem Salbeiblättchen, das war mein Schiffelein.« Oder auch: »Ich fuhr all über See – wollt ihr mit? – mit einem hölzernen Löffelchen, das Stilchen brach entzwei.« Agricolas deutsche Sprichwörter: »Wer Glück hat und guten Wind, fährt in einem Schüsselkorb über Rhein.« Schon ein griechisches Sprichwort: »Wer mit dem Gotte schifft, mag auf einem Weidenkorbe schiffen.« Altnordisch sagte man von einer schwierigen Sache: da lässt sich nicht mit Laubsegel segeln.

Blumenblatt, Lindenlaub, die auch zur Bezeichnung des Nichts gebraucht werden, sind leicht vom Winde hingeweht, darum steht der Fahrende, Scheidende auf einem Lilienblatt. So am Schluss eines alten Dreikönigslieds:

»Wir stehen auf ein Lilgenreis,
Gott geb' euch allen das Himmelreich!
wir stehen auf ein Lilgenblatt,
Gott geb' euch allen ein' gute Nacht!«

Auch der wandernde Sänger im Straßburger Kranzliede sagt zum Abschied:

»So steh' ich auf einem Gilgenblatt,
Gott geb' euch allen ein' gute Nacht!«

Umgekehrt trifft der Ankommende, der sich fest aufstellen will, auf einen Stein, am Anfang eines Kranzliedes aus dem 16. Jahrhundert spricht der Singer: »So tret' ich hin auf einen Stein« und hebt nun seinen Gruß an. Das Lilienblatt mag an die Stelle des Lindenblattes gekommen sein; in der altenglischen Ballade von Adam Bell heißt es, nachdem die zwei Brüder den dritten vom Galgen gerettet: »So sind die guten Gesellen hinweg zum Wald, und leicht wie Laub an der Linde.«

Nichts ist so wundersam, was nicht dem Wunsche gestattet wäre, den Liedern von unmöglichen, erlogenen, märchenhaften Dingen gesellen sich die *Wunschlieder*. Was von solchen in deutscher Volksdichtung übrig ist, spielt gleich jenen in luftiger Traumwelt. Wenn aber schon im bisherigen unter spiegelnder Oberfläche manchmal ein tieferer Grund durchschien, so sind nun besonders die noch volksmäßig vorhandenen Wunschformeln der leichte Schaum eines vordem mächtigen Gemütslebens, auf das nur eine weitausholende Nachweisung sie zurückbeziehen kann.

Dem Wunsche, der aus bewegter Seele, zur rechten Zeit und in feierlichen Worten, ausgesprochen war, traute das germanische Altertum eine bedeutende Kraft zu, mochte derselbe nach oben als Gebet, nach außen als Beschwörung, Gruß, Segen oder Fluch gerichtet sein. Man muss die Denkmäler selbst sprechen lassen, um von diesem Wunschwesen einen Begriff zu geben. Mit der Geschichte der Volkspoesie hängt dasselbe soweit zusammen, als in ihm die Macht des Gemütes und der Einbildungskraft, von der es seinen Ursprung genommen, nachwirkt und nicht gänzlich dem verworrenen Formelsprechen eines sinnlosen Aberglaubens gewichen ist. Wir betrachten die Wünsche nach der schon angedeuteten Einteilung, je nachdem sie aus Wohlwollen oder Hass entsprungen, auf Heil oder Schaden gerichtet, Segen oder Verwünschung sind.

Das Eddalied »Odins Runenrede« zählt achtzehn Lieder auf, welche dem, der ihrer kundig ist, für die verschiedensten Verhältnisse des Lebens Schutz und Hilfe gewähren; durch sie kann er Kummer stillen, Krankheit heilen, Feindeswaffen stumpf machen, Fesseln sprengen, Geschoss *(flein)* im Fluge hemmen, Flamme löschen, Hass unter Männern söhnen, Wind und Woge sänftigen, Krieger frisch und heil zur und aus der Schlacht führen, Frauenneigung gewinnen u. a. m. Die Ausdrücke für den Vortrag dieser Lieder *(galdr, gala)* zeigen, dass derselbe laut und im Singtone stattfand. Die zauberhaften Wirkungen sind im Ganzen dieselben, wie sie durch die *Segen* des deutschen Mittelalters bezweckt wurden, und was in diesen noch Heidnisches erhalten ist, kann auch eine Vorstellung von der Beschaffenheit solcher altnordischen Gesänge geben. Der Inhalt der aufgezählten Lieder wird nicht ausgesprochen, doch klingt vom fünfzehnten, einem mythischen, welches Thiodhrärir vor Dellings Türen sang ein Überrest an: »Kraft sang er Asen, aber Alfen Förderung, Ahnung dem Rufergotte (Odin).« Hierin mögen Worte des verlorenen Mythenliedes nachtönen. Die Sprüche von übernatürlicher

Wirksamkeit knüpfen übrigens in diesem Eddalied einen engen Zusammenhang mit Formeln religiösen und altrechtlichen Gebrauchs. Das dreizehnte Lied (Nr. 21) soll können, wer einen jungen Sohn mit Wasser besprengt, dann wird dieser nicht fallen, wenn er auch unter Kriegsvolk kommt, nicht sinkt er hin vor Schwertern; offenbar fromme Wünsche, die bei der heidnischen Taufe gesprochen wurden. Mittels des achten (Nr. 16), das allen zu lernen nützlich ist, wird, wo Hass unter Männern erwächst, dieser schnell ausgesöhnt, und es mag hierunter die altertümlichste Gestalt der stabgereimten Sühn- und Sicherheitsformeln *(trygdamal)* gemeint sein, welche Gegenstand einer besondern Kenntnis und in denen namentlich feierliche Verwünschung des Friedebrechers ausgesprochen war. Ein andres Stück der Liederedda, Groas Zaubergesang, führt den Sohn zum Grabe der Mutter, die er weckt, damit sie ihm gute Zauber singe, durch die er auf seinen Wegen geborgen sei.

(Hier ist in Uhlands Manuskript eine Lücke, indem das äußere Doppelblatt des folgenden Schreibbogens fehlt, das leider trotz alles Suchens bis jetzt nicht konnte aufgefunden werden. Pfeiffer.)

----

angerufen oder zur Beschwörung beigezogen werden. »Grüß' dich Gott, vielheiliger Tag!« beginnt ein Fiebersegen, der Tag wird angerufen, dass er dem Knaben all sein Weh abnehme. In den Schluss eines Viehsegens sind diese Formeln geraten: »Ich beschwör' euch heut, alle böse Ding', bei dem heil'gen Tag und bei dem heiligen himmlischen Heer, und bei dem heiligen Sonnenschein und bei der heiligen Erden!« Hier ist, wie in Brynhilds Spruche, den Lichtwesen und Himmelsmächten die heilige Erde beigegeben; Heilkraft *(læknis-hendur)* erwartet auch Brynhild von ihrem Anruf. Der Wurm (Beingeschwür) wird so beschworen: »Wurm, ich beschwör' dich bei dem heiligen Tagschein, ich beschwör' dich bei dem heil'gen Sonnenschein!« Oder: »ich töt' dich, Wurm, bei dem Aufgang der heiligen Sonne.« Anderwärts wird das kranke Geschöpf angeredet: »Auch segne ich dich mit der Sonne und dem Mond, die am Himmel umhergehn.« Mythischer, als die bisher angeführten, gestaltet sich folgender Segen zur Heilung eines abzehrenden Kindes: »Grüß' dich Gott, du heiliger Sonntag, ich sehe dich dort herkommen reiten, jetzt und steh' ich da mit meinem Kind und tu dich bitten, du wollest ihm nehmen seinen Geist und wollest ihm wieder geben Blut und Fleisch!« Dabei die Vorschrift: »Das tu drei Sonntag einander nach vor der Sonnen Aufgang, und steh mit ihm unter eine Tür oder Laden gegen der Sonnen Aufgang, leg' dem Kinde den Kopf auf den linken Arm und setz' ihm den rechten Daumenfinger ins Herzgrüblein, weil du es segnest, und segne es dreimal aufeinander!« Der heilige Sonntag, eigentlich wohl der sonnige Tag, der dahergeritten kommt, ist ziemlich dieselbe Erscheinung, wie der nordische *Dagr*; Skinfaxi (Glanzmähne) heißt das Roß, das den klaren Tag über die Volkssöhne zieht, stets leuchtet ihm die Mähne. Den Bezug des aufsteigenden Tages zur Krankenheilung, zur Bekleidung des Geistes mit einem neuen, kräftigeren Leibe, erläutert noch besonders ein andrer Segen gegen die Schwindsucht, der auch an drei Morgen, und zwar beim neuen Monde gebetet werden soll: »Geh auf, Blut und Fleisch, Mark und Bein, blüh' und gedeihe, wachs und geh auf, wie die heilige Sonn' und der Mond aufgeht an dem Himmel!« oder auch: »So wahr die Sonne heut an dem heiligen Freitag aufgeht.« Es stellt sich klar heraus, dass die Heilung und Wiedergeburt, die von der aufgehenden Sonne, vom zunehmenden Monde kommen soll, eine sympathetische ist; keime Wissenschaft des Heilens war ausgebildet, das Übel war eine dunkle, feindliche Gewalt, man sprach zum Leidenden: »Ich weiß nit, was dir ist und gebrist,« der Hilfbedürftige fand sich an unerforschte Naturkrafte verwiesen, in denen er ein göttliches Walten ahnte und die ihm ein Verhältnis zu seinem Anliegen darboten, Sonne und Mond in Aufgang und Zunahme waren ihm nicht bloße Gleichnisbilder der Erneuung und des Gedeihens, ihr Einfluss auf irdisches Wachstum war erkannt, die erfrischende Wirkung des Morgenlichts und der Morgenluft, die Beschwichtigung, die damit auch dem Kranken zugeht, war empfunden, durch den Anruf aus dem Innersten suchte man mit den wohltätigen Gestirnen in Berührung zu kommen und den Gegenstand, den man ihnen empfahl oder mit ihnen segnete, ihrer eignen Verjüngung und ihrem sicheren Fortschritt anzuknüpfen. So hielt denn die Mutter in der stillen, ahnungsvollen Frühe ihr krankes Kind dem aufleuchtenden Tag entgegen und mit dem ersten Sonnenstrahl, der das bleiche Antlitz rötete, kam auch in ihr bekümmertes Herz ein Gefühl des Trostes und einer himmlischen Segnung.

Die hilfreiche Macht der Gestirne wurde noch auf andres erstreckt. Unter den Volksaberglanben im Frankfurter Kalender für 1537 ist verzeichnet: »Welcher oft Sonn' und Mond segnet, des Gut soll zunehmen und wachsen.« Ferner: »Welche, zu Bett gehend, die Fixstern' grüßet, die wird kein Hünklein (Hühnlein) verlieren, sondern sie werden sich vermehren.« Selbst für die Küchlein des armen Weibes gab es eine Sympathie in den Sternen, dem deutschen und andern Völkern ist das Siebengestirn eine Kluckhenne mit ihren Küchlein, deren nie eines verloren ging, dänisch: die Abendhenne.

Es kann auffallen, dass die Sonne nicht auch um das Gedeihen des Erdgewächses angegangen wird. Die angelsächsischen Segen zur Fruchtbarmachung der Äcker wenden sich an den Himmel (*upheofon*) überhaupt und an die Mutter Erde unmittelbar. In Deutschland gab es merkwürdige Wettersegen wider Hagel, Sturm und Regenguss, in welchen mythische Wesen (Mermeut, Fasolt) namentlich beschworen wurden. Von einem alten Segensspruche scheint aber auch noch ein niedersächsisches Kinderlied herzustammen, worin der Regen hinweggewünscht und die *Sonne* mit ihrer *goldnen Feder* herbeigerufen wird. In dem mythischen Teil eines altnordischen Stammbaums findet sich eine Tochter *Dags* mit *Sol* (des Tages und der Sonne), zugenannt *Goldfeder*. Auch das klingt nach altüberlieferter Sinnes- und Ausdrucksweise, wenn Hug von Trimberg die Vergeudung am Hofe des Königs Adolf, wo der Wein vor seinen Füßen wie ein Quell über das Feld floss, der Sonne klagt: »Eia, gedacht' ich, liebe Sonne! wie oft die Reben dein warmer Schein gefreut hat, bis dir der Wein gewachsen ist, der vor mir fleußt, des leider niemand hie geneußt, den manig Armes vor der Tür gar gern auffinge, wagt' es sich für!«

Das *Grüßen* oder *Segnen* der Gestirne geschieht in den obigen Formeln mittels der gewöhnlichen Grußworte: »grüß' dich Gott!« wodurch dem angerufenen Wesen selbst die Gunst eines Höheren angewünscht wird, zugleich aber zeugen Anrede und Bezeichnung: Vielheiliger Tag, heiliger Sonnenschein, heilige Sonne, nebst der Hilfe suchenden Bitte, von einer altheidnischen Verehrung der Naturmächte; Schriftsteller des 15. Jahrhunderts stellen den Anruf an Sonne und Mond ausdrücklich unter den Gesichtspunkt einer abgöttischen Anbetung. Eines Eidschwurs bei südlich gehender Sonne gedenkt ein altnordisches Heldenlied, das heilige Licht, der heilige Tag, auch die heilige Nacht werden in mittelhochdeutschen Gedichten zur Beteuerung angezogen, und Gerichtseide wurden im Angesicht der Sonne (*gein der sunnen*) geschworen. Wenn Brynhild den Tag und die Nacht samt ihren Geschlechtern bittet, mit *unzornigen* Augen herzuschauen, so setzt dies voraus, dass man auch die Ungunst dieser Wesen zu scheuen hatte. In Freidanks Sprüchen wird bildlich gesagt: »Wem die *Sterne* werden *gram*, dem wird der Mond leicht alsam (ebenso), ich fürchte nicht des Mondes Schein, will mir die *Sonne gnädig* sein.« Aber man hieß auch, mittelhochdeutsch, einen, dem man Übles wünschte, in der *Sonne Hass* fahren. Umgekehrt im Morgen- und Reisesegen aus dem 12. Jahrhundert: »Dass mir alles das *hold* sei, das in dem Himmel sei, die *Sonne* und der *Mond* und der schöne *Tagestern*!« oder: »der *Mond* leben!« oder: »Ich schlief heute süße zu meines Herren Füßen, das heilige Himmelskind, das sei heute mein Friedeschild usw. ich will mich heute gürten mit des heiligen Gottes Worten, dass mir alles das hold sei, das in dem Himmel sei, die Sonne und der Mond und der schöne Tagstern!« auch in einem Abendsegen nach schwedischer Formel: »Ich lieg' in unsers Herren Trost, ein Kreuz mach' ich vor meine Brust, segne mich Sonn' und segne mich Mond und alle Frucht, so die Erde trägt! die Erd' ist meine Brünne, der Himmel ist mein Schild und Jungfrau Maria ist mein Schwert.« Das Geleit und die Wache, worein sich hier die Gestirne noch mit den Engeln und andern christlichen Schutzmächten teilen, ist dann auch gänzlich auf diese übergegangen. So in einem Abendgebete für Kinder im 16. Jahrhundert aufgezeichnet: »Ich will heint (diese Nacht) schlafen gehn, zwölf Engel sollen bei mir stehn, zwen zun Haupten, zwen zun Seiten, zwen zun Füßen, zwen die mich decken, zwen die mich wecken, zwen die mich weisen zu dem himmlischen Paradeise.« Die gleiche Erscheinung überrascht uns in einer ganz andern Weltgegend, im neugriechischen Volksgesange; hier wird die heilige Marina angerufen, dem Kinde zu betten, die heilige Sophia, es in den Schlummer zu singen, aber auch die alte Naturpoesie bricht hervor, wenn in einem andern Liede die Mutter den Schlaf beruft, ihr Söhnlein hinzunehmen, diesem aber drei Wächter aufstellt, die Sonne auf den. Bergen, den Adler auf den Feldern, den tauigen Herrn Boreas auf dem Meere; die Sonne geht unter, der Adler schläft ein, der tauige Boreas geht zu seiner Mutter, die ihn befragt, ob er mit den Sternen, dem Monde, dem befreundeten Morgensterne sich gezankt? mit keinem von allen, einen Goldsohn hat er bewacht in der silbernen Wiege. Ungeteilt hinwieder wird in einem litauischen Liede die Wache von der Sonne versehen:

»Liebe Sonne, Gottes Tochter,
wo so lange säumtest du?
wo so lange weiltest du,
als du von uns geschieden?
»Hinter dem See, hinter dem Hügel
bewacht' ich verwaiste Kinder,
wärmete arme Hirten.«

Freilich fällt die Obhut der Gestirne mit jener der Engel zusammen, denn nach dem Renner hat jeglicher Stern einen Engel, der ihn weiset, und so können auch wir schwache Menschen nicht ohne Leitung der Engel bestehn, wer an das Gestirn sieht, kann bemerken, dass allzeit Augen mannigfachen Farbenglanzes über ihm schweben, wie lebendige Wesen fliegend und singend. Die Engelwache der deutschen Segen hütet auch Haus und Hof; am bestimmten Tage, vor Aufgang der Sonne, unbeschrien, soll man sprechen: »Hier ein! in diese Hofstatt geh' ich hinein, solche Land' beschließt Gott mit seiner eignen Hand, er beschließt sie also fest wohl mit dem süßen Jesu Christ; dieser Giebel oben, der ist mit Engeln überzogen, und dieser Giebel unten, der ist mit Engeln verbunden; Feuer vom Dach! Dieb vom Loch! Räuber von der Tür! unsre liebe Frau tritt heut selbst dafür; das Ave Maria sei (vor der oder die) Tür, das Paternoster der Riegel dafür!« Ein andrer Haussegen: »Mein Haus das sei mir umschweifet mit engelischen Reifen, mein Haus sei mir bedacht mit einer engelischen Wacht; das helf mir Gottes Minne, der sei allzeit Hausvater und Wirth darinne!«

In Brynhilds Willkommsegen wird um Sieg gefleht. Eine besondere Formel zu diesem Zwecke macht sich noch in der dänischen Ballade vom jungen Vonved vernehmlich; die Mutter spricht zum wegreitenden Sohne: »So will ich heute dich zaubersegnen *(galdre)*, nimmer soll irgend ein Mann dir schaden; Sieg in dein hohes Pferd, Sieg in dich selbst allermeist! Sieg in Hand und Sieg in Fuß, Sieg in alle deine Gliedmaßen! Segne dich Gott, der teure, heilige Herr! Er soll dich bewachen und steuern!« Dabei reicht sie ihm ein hartes Schwert. Auch in einer angelsächsischen und mehreren deutschen Formeln verbindet sich der heidnische Zauber mit der christlichen Segnung, der Siegeswunsch mit dem Schwertsegen und der Festigung des Leibes, welche selbst auch als eine geistliche Waffnung dargestellt wird. Angelsächsisch wird die gleiche Benennung gebraucht wie für das nordische Zauberlied: »Siegzauber sing' ich, Sieggürtel bring' ich mir, Wortsieg und Werksieg.« Zugleich aber werden Engel und Evangelisten zum Beistand genommen, Matthäus soll Helm sein, Markus Brünne, Lukas Schwert, Johannes Schild, der Seraphim Wege will der sich Segnende fahren. Deutsche Formeln aus dem 12. Jahrhundert bedienen sich des Ausdrucks *segnen*, haben aber sonst dasselbe Gepräge: »Ich sehe dir nach, ich sende dir nach mit meinen fünf Fingern fünfundfünfzig Engel, Gott sende gesund dich heim, offen sei dir das Siegtor« usw. »Herre Sankt Michael, sei du sein Schild und sein Speer, meine Fraue Sancta Maria sei seine Halsberge!« »Der

Leib sei dir deinen, das Herz sei dir steinen, das Haupt sei dir stählen!« »Mein Haupt sei mir stählen, kein Waffen schneide darein! der heilige Himmeltraut sei heut meine Halsberge!« Unter zwölf zauberkundigen Brüdern in Norwegen, die ein altdänisches Lied aufzählt, ist einer, der alle Tiere im Walde bindet; wurden Pferd und Schwert zum Siege gesegnet, so konnten wohl auch Segenswünsche zugunsten des Weidwerks ergehen, und es wird sich ebenfalls auf eine alte Formel gründen, wenn Walther von der Vogelweide seinem Gönner anwünscht: »Zu fließe ihm aller Sälden Fluss! Kein Wild vermeide seinen Schuss! Seines Hundes Lauf, seines Hornes Dun (Getös) erhalle ihm und erschalle ihm wohl nach Ehren!«

Nicht bloß für den Ausritt des Helden, auch schon für den Eintritt des Kindes in die Welt gab es eine Festnung und Segnung. Es ist bereits des nordischen Zauberliedes gedacht worden, das, bei der Wasserbesprengung des jungen Sohnes gebraucht, denselben schirmt, dass er künftig nicht unterm Kriegsvolk falle, nicht vor Schwertern hinsinke. In einem Heldenliede der Edda eilt Sigmund aus der Schlacht zu seinem neu gebornen Sohne, gibt ihm den Namen Helgi und, neben reicher Beschenkung an Landbesitz, ein bereites Schwert, vermutlich sein eigenes frisch aus der Schlacht. Dazu nehme man, was der Kalender von 1537 unter den Aberglauben aufzählt: »Welche keine blöde, verzagte Kinder haben wollen, da soll der Vater, so die Kinder getauft sind, ihnen ein Schwert in die Hand geben, alsdann sollen sie ihr Lebenlang kühn sein.« Und unmittelbar hernach: »Welcher eine Messe von den dreien Königen darüber ließe von einem Priester lesen oder das Gebet von Karolo dem Großen, so würde das Kind kühn und sieghaftig sein.« Wieder ist hier das Schwert mehr als Sinnbild künftigen Heldentums, es wirkt durch die Berührung sympathetisch, das Gebet vom Heldenkaiser Karl aber ist ein Sieges- oder Schwertzauber in christlicher Gestalt. Dasselbe Verzeichnis alter Volksglauben führt an: Wenn eine schwangere Frau gerne von Turnieren und Stechspielen sagen höre, so trage sie einen Sohn, wenn sie aber zu tanzen begehre und gern auf Instrumenten spielen höre, so gehe sie mit einer Tochter; ferner: »Wann ein Knäblein erst geboren ist, so soll man es zu seinem Vater tragen und stoßen es mit den Füßen vor seine (des Vaters) Brust, so soll das Kind nimmermehr ein bös Ende nehmen; wann eine Frau inne liegt von einer Tochter, so soll man die Tochter setzen auf der Frauen Brust, sprechend: Gott mache Euch (die Tochter) zu einer guten Frauen! So soll sie nimmer Schande von ihrem Leibe haben.« Berührung der Vaterbrust soll Mannestugend, der mütterlichen edle Weiblichkeit einflößen, welch letzteres in der kurzen Wunschformel ausgesprochen ist. Die innige Beteiligung des Gemüts bei solchen symbolischen Handlungen erzeugte den Glauben an ihre Wirksamkeit; selbst zur vollständigen psychologischen Richtigkeit der Volksmeinung wird im folgenden Falle nichts vermisst werden. Vonved empfängt bei der Ausfahrt von seiner Mutter das harte Schwert mit der Segnung zum Siege; im deutschen Heldenliede wird der junge Alphart von seiner Pflegemutter Ute gewaffnet, sie reicht ihm, als er zu Rosse steigt, den Speer und segnet mit der Hand ihm nach, seine jugendliche Gattin hat nur rührende Bitten, dass er sie nicht verlasse, dass er nicht allein auf die Warte reite; nun wird aber im Rittergedichte Wigalois als ein Aberglaube *(ungeloube)* angemerkt: »Es sei manchem Manne leid, wenn ihm ein Weib das Schwert gebe,« und genauer im mehrerwähnten Verzeichnisse: »Wann ein Mann fertig ist und will auf das Pferd sitzen, so soll er sein Schwert oder andre Waffen nicht von seinem Weib nehmen, denn wo er des bedürfen würde, so würd's ihm daran hinderlich sein.« Damit lasst sich erklären, warum Alphart nicht von seiner Neuvermählten, sondern von der Pflegemutter die Waffen nimmt, zugleich aber liegt der gute Grund des Volksglaubens am Tage, der Abschied von der Gattin geht dem Manne zu nah ans Herz, von der Hand des Weibes würde das Schwert weich werden.

Auch die mittelalterlich-christliche Seite der Volkssegen haftet, wie schon von andern bemerkt worden, großenteils in der Sympathie; der feierlichen Berufung auf Ereignisse und Umstände aus der heiligen Geschichte, besonders aus dem Leben des Heilands und der ihm zunächst gestandenen Personen, welche zu irgendeinem besonderen Anliegen eine wenn auch nur entfernte oder gleichnisartige Beziehung gestatten, wird für dieses besondre Bedürfnis hilfreiche Wirkung beigemessen. Das Gebet überhaupt hatte diese Richtung genommen, man begnügte sich nicht, die Macht und Güte Gottes, das Werk der Erlösung oder auch die Fürbitte der Gottesmutter im Allgemeinen anzusprechen, es wurden angelegentlich einzelne, bestimmtere Anhalte aufgesucht. Walther von der Vogelweide bittet im Eingang eines an sich einfachen Morgengebets, dass er heute in Gottes Obhut gehn und reiten möge, dann aber besonders, dass der Heiland um seiner Mutter willen ihm nicht minder schirmende Pflege schenken möge, als die der heilige Engel Gabriel ihr und ihrem Kinde, das in der Krippe lag, so treulich gewidmet. Diese Engelhut über Marias Wochenbette musste dann auch in Segensformeln gegen Diebe ihren Dienst leisten. Den Übergang von dem auf einzelne Anhalte gerichteten Gebete zu den völlig abergläubischen Beschwörungsformeln zeigt am besten ein Segen in Prosa aus dem 12. Jahrhundert, der an Bezügen ersterer Art überaus reich ist und doch die sympathetische Schutzanwendung noch ziemlich im Allgemeinen hält. Derjenige, dem der Segen gilt, wird »heute« (also auch Morgensegen) dem allmächtigen Gotte in dieselbe Treue und Gnade befohlen, womit und worein er seine Mutter dem Johannes, seinen Geist dem Vater befahl, sich Marien zu einer Mutter und sie ihn zu einem Sohn erkor, der gute Jakob seinen Sohn befahl, als er ihn nach Ägypten sandte, der gute Tobias den seinigen, da er ihn nach Medenreich sandte, ferner den heiligen fünf Wunden, dem getreuen Sankt Peter, wie ihm Christ seine Schafe befahl und die Schlüssel des Himmels, den heiligen Worten unsers Herrn: Dass kein Feind dem Gesegneten schaden möge, sichtbar noch unsichtbar, sie, die Feinde, sollen heute gebunden sein, dass sie nicht Augen, Mund, Ohren, Herz haben, womit sie ihm zu Schaden sehen, sprechen, hören, denken mögen, dass ihnen die Hände abgehauen seien und sie nicht Füße haben, ihm zum Schaden zu rühren, zu gehen oder zu stehen, der vielheiligen Rechten unsres Herrn wird sein Leib, seine Seele und seine weltliche Ehre befohlen, dass er ohne Sünde, Schande und Übel mit Freuden leben möge. Dieser Segen gibt einen Vorrat von Berufungen, wie sie in andern Formeln mehr vereinzelt und zu besondersten Zwecken verwendet vorkommen. Die Entsendung des jungen Tobias durch seinen Vater wird zum ausführlichen Reisesegen. Die bezeichnete Form, für sich und andre zu beten, wird nun auf dreierlei Weise tiefer in den Aberglauben getrieben: Einmal hat man die Anknüpfungen, die sich in den heiligen Schriften ergaben, nicht bloß aus der Legende, sondern durch hinzugedichtete Umstände aus dem Leben Jesu und der ihm betrauten Personen für jeden beliebigen Gebrauch vervielfältigt, sodann beließ man es nicht bei Gebet und Segenswunsche mittels solcher Berufungen, sondern es sollte damit nach außen, unmittelbar und tätlich, auf den besondern Fall gewirkt, das vorhandene oder androhende Übel sollte beschworen werden, endlich lag die Wirkung nicht sowohl in der Inbrunst des Anrufs und in der ihm entgegenkommenden Gnade, sondern in der Formel, in den Worten, zur rechten Zeit und mit den vorgeschriebenen Handanlegungen gesprochen. Die Erweiterung der heiligen Geschichte durch willkürliche Hinzudichtungen nahm ihren Anlass zunächst in den Wundern, durch welche der Heiland seinen Erdengang bezeichnet hatte; wie er, »der aller Welt ein Arzt ist«, durch sein gebietendes Wort und die aufgelegte Hand gegen mannigfache Gebrechen und Übel alsbaldige Heilung und Hilfe schaffte, so sollten nun wider jegliche Not Worte seines Mundes überliefert sein, durch die er in besondern Fällen geholfen und denen fortwährend für jedes ähnliche Vorkommnis dieselbe Kraft innewohne. Darum beginnen die Formeln häufig erzählend und schließen mit der Anweisung oder den Beschwörungsworten, die dem göttlichen Munde zugeschrieben werden. Ähnliches ist der Mutter Jesu und andern heiligen Frauen aufgedichtet, ein Augensegen hebt mit der Erzählung an, wie die heilige Ottilia auf einem Steine kniet, weinend, betend, trauernd, dass ihr die Augen ausfaulen, da kommt Maria, Gottes Mutter, befragt die Weinende, hebt ihre göttliche Hand auf und versegnet die kranken Augen; Ottilia selbst wurde wider Augenleiden angerufen und über eine Heilige von der Heiligsten gesprochen, mochte dieser Segen doppelt wirksam erscheinen. Das Verhältnis der Berufung im Gebete zur förmlichen Beschwörung wird sich an Folgendem herausstellen. Ein Segen zur Fahrt:

»Ich trete heut auf den Pfad
den unser Herr Jesus Christus trat,
der sei mir also süß und also gut!
nun helfe mir sein heil'ges rosefarbes Blut
und seine heilige fünf Wunden,
dass ich nimmer werde gefangen oder gebunden usw.
dass alle meine Band'
von mir entbunden werden zuhand,
also unser Herr« Jesus entbunden ward,
da er nahm die Himmelfahrt!«

Diese letztern Zeilen sind ein Beispiel sympathetischer Berufung, der Betende bezieht sich darauf, wie der Heiland die Bande des Grabes gesprengt, und hofft davon die Lösung der Fesseln, die ihm selbst von seinen Feinden bereitet sein möchten.

Tatkräftiger wirkt nach den Eddaliedern der Zaubersang unmittelbar, dass die Fesseln von Händen und Füßen springen. Gegen die Gewalt des Feuers aber, der auch ein nordisches Zauberlied Einhalt gebot, findet man unter den deutschen Segen entschiedene Beschwörungen: »Feuer steh still, um Gottes will! um des Herrn Christi will, Feuer steh still in deiner Glut, wie Jesus Christus gestanden in seinem rosenfarben Blut!« usw. »Sei mir Willkomm, Feuersgast! Feur, ich gebiete dir bei Gottes Kraft, dass du nit mehr nehmest, denn das du hast gefaßt!« usw. »Behalt deine Funken und Flammen, wie Maria ihre Jungfrauschaft!« usw., »Ich gebiete dir, Glut! bei des Herrn Christi Blut, dass du stille stehest und nicht weiter gehest, bis die Mutter Gottes von Himmel einen andern Sohn gebiert!« Abstumpfung feindlicher Waffen, abermals unter den altnordischen Zaubern verzeichnet, kommt in deutschen Formeln teils bei den Festsegnungen des eigenen oder fremden Leibes vor: »Aller meiner Feinde Gewaffen, die liegen heute und schlafen!« usw. oder: »Alle Waffen sein vor dir verschlossen, dass sie das viel gar vermeiden, dass dich ihr keines steche noch schneide!« teils aber auch als Besprechung der Waffen selbst: »Also milde und also linde müssest du heute sein auf meinem Leibe, Schwert und aller, Art Geschmeide (Schmiedwerk), als meiner Frauen Sankte Marien Fachs (Haupthaar) war, da sie den heiligen Christ gebar!« Dänisch, bald erzählend: »Unser Herr Christus ritt in Herren(Heeres)fahrt, da täubt' er alle gezogne Schwert, allen der Waffen, die er sah, nahm er Eck' und Ort (Schneide und Spitze) ab mit seinen zwo Händen und mit seinen zwölf (zehn) Fingern usw. vom Knauf bis zur Spitze hinauf: das Weiße soll nicht beißen, das Rote soll nicht bluten, bevor Christ sich wieder lässt gebären, das ist geschehn und geschieht niemals mehr!« bald auch beschwörend: »Steht, Eck' und Ort, mit demselben Wort, damit Gott schuf Himmel und Erd'!« Der Glaube an die Wunderkraft des Wortes, wie ihn auch in früher angefühlten Formeln das Gürten mit heiligen Worten oder zum Wortsiege ausspricht, hat seinen ersten und tiefsten Grund in dem Wunder der menschlichen Rede selbst, er wurde gepflegt durch das im Bedürfnis der schriftunkundigen Vorzeit gelegene Formelwesen, endlich war die mittelalterliche Behandlung des Schriftworts, die fremde Kirchensprache, nicht dazu geeignet, jenen Glauben vor der Erstarrung im gedankenlosesten Wortdienste zu bewahren. Freidank sagt von der Macht der Worte: »Den Teufel zwinget mancher Mann mit Gottes Worten, der sie kann, dass er (der Teufel) muss sprechen und sagt seine Schande und sein Herzeleid; durch Worte geht eine wilde Schlange zu den Leuten, da sie sich fangen lässt, durch Worte meidet ein Schwert, dass es jemand verwunde, durch Worte vermag ein Eisen niemand zu brennen, und hätt' es den ganzen Tag geglüht; diese Worte sind wie ein Wind gegen jene, die in der Messe sind.« Dass gleichwohl auch zu Beschwörungen der genannten Art göttliche Worte gesucht wurden, davon geben die Formeln überreiches Zeugnis. So üppig aber das Mittelalter an der heiligen Geschichte fortdichtete, so ist doch gerade im Formelwesen, das seiner Natur nach in einer stetigen Überlieferung haftet, die Vermessenheit befremdlich, mit der den geheiligtsten Personen wilde Worte in den

Mund gelegt wurden. Man wird sich diese Erscheinung kaum anders erklären können, als durch den nachgewiesenen Zusammenhang der mittelalterlichen Segen mit dem heidnischen Beschwörungsingen. Auch dieses griff zu den Worten mythischer Wesen, was Thiodhrärir vor Dellings Türe, was Rindr zu Ran sang, das sollte für entsprechende Fälle wirksam sein, die Kunde von Groas Zaubersang, ein alter Naturmythus, wurde, wenn auch nicht mehr verstanden, zur mütterlichen Wandersegnung benutzt, wie man auf christlicher Seite die Anrede des Tobias an den scheidenden Sohn zur Fassung eines Reisesegens tauglich fand. Die Neigung zum Galdern, der Glaube an die Kraft desselben, war dem gechristneten Volke nicht erloschen, aber die alten Formeln konnte man doch nicht mehr oder doch nicht unverändert fortgebrauchen, blieben auch einzelne Naturwesen, mythische Namen und Beziehungen zurück, im Ganzen musste doch auf Ersatz aus dem Gebiete des neuen Glaubens gesorgt werden. Die herkömmliche Grundform der sympathetischen Bezüge behielt man bei und wahrte soweit das Anrecht der Überlieferung, aber auf den Pfaden der vertriebenen Mächte wandelten nun Christus, Maria und all ihr heiliges Gefolge. Das Alte war verdunkelt und das Neue nicht hell geworden, die poetische Kraft der Formeln wich dem Missverständnis, der Unsicherheit und Verwirrung, das ganze Treiben war verdächtig und verrufen, Odins hohe Lieder- und Runenkunde war in den Händen fahrender Leute.

Die Formeln des Heilbittens und Segnens, die ihren Ursprung im ernsten Gemüte hatten, sind aber nicht durchaus in dürrem Aberglauben verkommen, sie verzweigten sich auch in das heitre, gesellige Leben, als Liebesgruß und Wunschdichtung. Den Weg nach dieser Seite bahnen die Neujahrswünsche. War dem anbrechenden Tage, dem Aufgang der Sonne so viele Bedeutung beigelegt, so konnte der größere Umschwung, das wiederkehrende Wachstum des Lichtes in der Wintersonnenwende, nicht unbeachtet bleiben. Der Beginn des neuen Zeitabschnittes war überhaupt eine Aufforderung, den Blick in die Zukunft zu richten, Vorsätze zu fassen und Wünsche zu bilden. Am Julabend wurden im alten Norden beim feierlichen Becher Gelübde auszuführender Taten abgelegt. In Deutschland wird es um den Anfang des 11. Jahrhunderts als heidnische Sitte gerügt, Neujahrs auf dem Kreuzwege oder schwertgegürtet auf dem Dache zu sitzen, um zu sehen und zu entnehmen, was einem im kommenden Jahre begegnen werde; auch das wird den heidnischen Gewohnheiten beigezählt, wenn man beim Jahreseintritt durch Ortschaften und Gassen Sänger und Reigen führe. Des Singens in der

Neujahrsnacht um einen Kranz von lieber Hand ist zuvor gedacht worden. Diesen und ähnlichen Neujahrsgebräuchen schließt sich nun einer an, der sich in förmlichem Wunschsprechen ausprägte, das nächtliche Anklopfen zur Zeit des Jahreswechsels. Hans Rosenblüt und Hans Volz, Dichter des 15. Jahrhunderts, beide zu Nürnberg heimisch, haben für dieses *Klopf an* jeder eine Reihe von Reimsprüchen geliefert. Sie ließen dabei der eigenen Erfindung freien Lauf, standen aber doch unter sichtlichem Einfluss des alten Herkommens und überlieferter Formeln. Von dem Gebrauche selbst kann man sich aus dem einzelnen der Sprüche eine Vorstellung zusammensetzen: zur Neujahrszeit gingen Personen beiderlei Geschlechts, höheren und niederen Standes, sich unkenntlich machend, zum Teil mit Musik und Gesang, nachts in den Gassen umher und klopften an den Türen, während eine Stimme aus dem Fenster sie in diesem Klopfen aufmunterte oder damit abwies und bald die besten Wünsche zum neuen Jahr ihnen zurief, bald mit den schnödesten Worten sie weiter ziehen hieß, was von der Vermutung über die Person des Klopfenden und schon von der Art seines Anklopfens abhängen mochte. Rosenblüt, der schon um 1450 dichtete, hält seine Sprüche, wenn auch nicht ohne launige Beigabe, doch im Ganzen noch ziemlich formelartig und feierlich, dem bisher abgehandelten Segensprechen zugeneigt, namentlich folgende:

»Klopf' an, klopf' an!
ein seligs neus Jahr geh dich an!
Alles, das dein Herz begehrt,
des wirst du zu diesem Jahr gewährt.
Klopf' dannoch mehr!
dass dir widerfahr alle Ehr'
und alle Glückseligkeit,
des helf' uns Maria, die reine Maid!
der lieb Herr Sant Sebold,
der behüt' uns und hab' dich hold!
der lieb Herr Sant Moritz,
der behüt' dir Sinn und Witz!
und die eilftausend Maid'
behüten dich vor allem Herzenleid!
der lieb Herr Sant Veit,
der behüt' dich zu aller Zeit!
der lieb Herr Sant Martein,
der müss' allzeit dein Gefährte sein!

Sant Niclas, der heilig Himmelfürst,
der bescher' dir Wein gnug, wenn dich dürst'!
Gott woll dir geben als viel Ehr'n,
als manig der Himmel hat Stern',
und so viel gute Zeit,
als viel Sandkörnlein im Meere leit,
und darnach das ewig Leben,
dass müss' dir Gott mit Freuden geben!
dass wünsch' ich dir zum neuen Jahr,
sprich amen, dass es werde wahr!«

»Klopf' an, klopf' an!
der Himmel hat sich aufgetan,
daraus ist Hail und Säld' geflossen,
damit werdest du begossen!
Du seist Frau oder Mann,
so wünsch' ich dir, das ich kann:
Gesundheit des Leibs und frischen Muth
und Alles, das deinem Herzen wohl thut,
Schöne, Stärk' und Weisheit viel
und die Kunst aller Saitenspiel';
Hab' dir Samsons Stärk' und Kraft
und König Alexanders Herrschaft,
die Schöne Absalons,
die Weisheit Salomons,
und hab dir friedlichen (fröhlichen) Mut
und Priester Johanns Gut,
und hab' dir Susannen Unschuld
und hab dir aller schönen Frauen Huld!
als manig Stern am Himmel stahn,
als manig gut Jahr geh' dich an,
als manig Tropfen im Meere sein,
so viel heiliger Engel pflegen dein!«

»Klopf' an, klopf' an!
mein Herz hat sich aufgetan,
und wünsch' dir Glück und alles Gut',
gesunden Leib und frischen Mut,
viel guter Jahr' und lang Leben
das müss' dir Gott auf Erden geben!
ich wünsch' dir ein Fräulein wohlgestalt,

das dir im Herzen wohl gefallt
und die dich lieb hab' für ander Knaben,
die sollt du dir zu dem neuen Jahr haben!«

Aus einem verliebten Spruche:

»Dein stolzer Muth und frischer Sinn
der nimmt mir viel Traurens hin,
Dein fröhliches Herz und frische Jugend
ist geneigt auf alle Tugend;
ich lieb' dich sehr und bin dir hold
und lieb' dich für Perlen, Silber und Gold,
das ich auch von dir hoffen bin:
du liebest mich in deinem Sinn;
darum wirf einen Arm auf in der Stille
und tu einen Schrei durch meinen Willen,
dass ich dein Herz gänzlich erfahr!
so hau' (lauf) dahin, dass dich Gott bewahr!«

Bei Hans Folz, dessen Sprüche etwa zwanzig Jahre später fallen, ist der Ton merklich gesunken. Er gebraucht wohl auch noch die alte Segensformel, aber statt dass Rosenblüt das üble Wort nur selten und versöhnlich vorkehrt (in Nr. 3. 6), wiegt jener die guten Wünsche mit höhnischen Abweisungen auf, und diese letzteren sind ein witzloser Erguss der gröbsten, schmutzigsten Schimpfreden und Drohungen. Auch seine günstigen Sprüche haben ein derbes Aussehen.

Dieses nächtliche Anklopfen Unbekannter bei Unbekannten, um eine Losung für das angehende Jahr zu vernehmen, ist ihrem Ursprunge nach wohl nichts anderes, als eine volksfestliche Darstellung des von den einzelnen in der Stille betriebenen Lauschens und Horchens in der Neujahrsnacht. Das von der Kirche missbilligte Neujahrsingen auf den Straßen wird mit diesen nächtlichen Schicksalforschungen unmittelbar zusammengestellt und muss daher in verwandter Bedeutung mit ihnen gedacht werden. Dass es vornherein nicht lediglich auf ein geselliges Spiel abgesehen war, zeigt der feierliche Ton, der noch in einem Teil der Sprüche, besonders bei dem älteren Dichter, vorwaltet. Der Himmel und das Herz erschließen sich in der heiligen Nacht, um ihre Segnungen auf den Anklopfenden auszuschütten. Was dem Gebrauche Heidnisches ankleben mochte, war durch christliche Formeln gereinigt und gesühnt; auch gute Lehren wurden zum neuen Jahre gespendet. Für die schlimmen Orakel wird es früher gleichfalls nicht an ernsterem Ausdruck gefehlt haben; »ein selig's neus Jahr geh dich an!« ist in den günstigen Sprüchen herkömmlich, »ein böses, feiges (tödliches) Jahr« anzuwünschen, war in der Volkssprache des 14. Jahrhunderts, auch außerhalb Neujahrs, nicht ungewöhnlich; Hans Folz kennt noch das böse Jahr, aber in seinen Verwünschungen ist nichts mehr von feierlichem Ernste zu spüren. Auch in guten Wünschen, besonders den auf Liebe bezüglichen, gesellt sich der Scherz zum Ernste; so bei Rosenblüt:

»Ich wünsch' dir das ewig Leben,
das müss' dir Gott mit Freuden geben!
ich wünsch' dir ein Stüble warm
und deinen Buhlen an deinen Arm.«

Hans Folz gibt einem zärtlichen Wunsche den Schluss (Nr. 2):

»So wünsch' ich dich so lang gesund
bis dass ein' Lins' wiegt hundert Pfund
und bis ein Mühlstein in Lüften fleugt
und ein Floh ein Fuder Weins zeucht
und bis ein Krebs Baumwoll' spinnt
und man mit Schnee ein Feuer auzündt;
hiemit ein guts seligs neus Jahr
und hau hin, dass dich Gott bewahr'!«

Doch lässt er auch wieder die Liebende sagen (Nr. 11):

»Du klopfest an in deinem Scherz,
dannoch geht es mir an mein Herz.«

Die ursprüngliche Bedeutsamkeit des Gebrauches hinderte nicht, dass derselbe mehr und mehr in ausgelassenen Mummenschanz umschlug. Vorzüglich aber konnten dabei die Bewerbungen und Neckereien der verliebten Jugend ihr verstecktes Spiel treiben. Gehörte das Kranzsingen in der Neujahrsnacht mit zu den Schicksalfragen, so war freilich ein Blumenkranz, der auf den Liebenden niederfiel, das hoffnungsreichste Wahrzeichen.

Manche Lieder des 15. Jahrhunderts, in welchen der Geliebten ein seliges neues Jahr gewünscht und zugleich von ihr ein schönes Heil erbeten wird, stehen in keiner nachweisbaren Beziehung zu den angeführten Gebräuchen. Wohl aber ist die fantastische Formel zur Hand, wenn der Neujahrsänger sich nach Lust erwünschen möchte, dass er Papst und Kaiser, aller Welt gewaltig, das Meer zu stillen, aller zahmen und wilden Tiere, dazu der Blümlein im Gefilde mächtig sei, dass er regnen und die Sonne scheinen lasse, wenn er wolle, aller kühlen Brunnen Gewalt habe und Schatten vor der Sonne machen könne, einzig um alles in den Willen der Geliebten zu stellen.

Wünsche dieser Art waren übrigens an keinen Jahrestag gebunden, sie waren stets bereit, wo aus innigem Herzen und freundlichem Munde gegrüßt wurde. Der Gruß überhaupt ist ein wohlwollender Wunsch, und wenn ihn die Liebe gibt oder nimmt, erblühen farbenhelle Bilder. Volksmäßige *Liebesgrüße*, poetische Wunschformeln, können im gleichen Zuschnitt von sehr früher Zeit bis zu den gereimten Briefmustern unserer Jahrmärkte aufgewiesen werden. Mindestens aus dem Anfang des 11. Jahrhunderts stammt, nach gelehrter Forschung, das lateinische Gedicht *Ruodlieb*, das Werk eines Mönches zu Tegernsee; in einem der erhaltenen Bruchstücke desselben fragt ein Bote, der für Ruodlieb auf Brautwerbung ausgeschickt war, was die Schöne jenem antworten lasse? Diese Antwort nun, in welcher altdeutsche Reimworte mit den lateinischen Versen verwoben sind, ist folgende: »Von mir aus treuem Herzen sag' ihm soviel Liebes, als jetzt komme Laubes; soviel der Vögel Wonne, sag' ihm meiner Minne; soviel Grases und Blumen, sag' ihm auch der Ehren!« Dass diese Grußformel eine altvolksmäßige sei, dafür sprechen eben die deutschen Reimsätze. Sowie dann, nach dem Erlöschen des ritterlichen Minnesangs, die Volksdichtung wieder hervorbricht, im 15. und 16. Jahrhundert, hört man auch wieder vielfach dieselbe Grußweise; so im Straßburger Kranzliede (Volksl. Nr. 3, Str, 9):

»Jungfrau, ich sollt' Euch grüßen
von der Scheitel bis auf die Füße,
so grüß' ich Euch so oft und dick (vielmals),
als mancher Stern am Himmel blick' (schimmre),
als manche Blume wachsen mag
von Ostern bis an Sant Michels Tag!«

Der Liebesgruß an Ruodlieb ergeht noch durch mündlichen Auftrag, und die Kranzwerber grüßen singend, wobei ihnen verschiedene Formeln zu Gebot stehen. Auch landschaftliche Verschiedenheiten muss der mündliche Gruß gehabt haben; in einem Volksliede grüßt der Ritter das veilchenbrechende Mädchen »nach schwäbischen Sitten«, und der Kranzsänger sagt:

»Jungfrau, ich sollt' Euch danken
mit Schwaben und mit Franken!«

In den Briefmustern, wie sie seit dem 15. Jahrhundert zum Vorschein kommen, findet man die poetischen Grüße gesammelt, für Auswahl und Gebrauch aufbewahrt, doch tragen sie auch hier noch mitunter die Spur vormals mündlicher Grußsendung. Sie sind folgender Art:

»Ich send' dir, liebes Lieb, einen Gruß
auf einer Nachtigallen Fuß,
auf jeglichem Klauen
einen güldnen Pfauen;
als manig gut Jahr geh' dich an,
als ein geleiterter Wagen
gefüllter Rosen mag getragen,
jeglichs Blatt in neun gespalten,
Gott müss' deins jungen Leibes walten!

Ich grüße dich zu dreistund (dreimal),
mein Lieb, in deinen roten Mund,
ich grüß' dich in dein' Äuglein klar,
Gott geb dir viel und gute Jahr!

Meinen Gruß ich Euch sende
ohn' Anbeginn und ohn' Ende
und grüß' Euch nicht allein mit dem Munde,
sondern aus meines Herzens Grunde usw.

So viel Tropfen sind im Meeres Grund,
gegrüßt sei Euer roter Mund usw.
Habet also viel guter Nacht,
als manch roter Mund in dem Jahre lacht,
und also viel guter Zeit,
als Sandes in dem Meere leit.

Ich wünsch' dir, Herzlieb, einen Gruß
von dem Herzen bis auf den Fuß,
von Lilgen ein Bett
und von Rosen eine Deck',
von Muscaten eine Tür,
mit Näglein ein' Riegel dafür!

Und grüß' dich Gott als oft und dick,
als maniger Stern aus dem Himmel blick'
und als manigs Blümel entsprießen mag
von Ostern bis auf Sant Jacobs Tag!

Und lass' Euch Gott als lang leben
bis auf einem Mühlstein wachsen Weinreben,

und müsst als lang mein steter Buhl sein
bis dieselbigen Reben tragen Wein!

Darauf spar' Euch Gott als lang gesund
bis ein Frosch erlauft einen Hund
und ein Zeislein oder ein Fink
das ganze Meer auftrink'!

Auch für gekränkte Herzen gibt es Briefformeln:
Mit solchen Treuen, als du mich meinst,
so mag ich wohl lachen, wann du weinst,
Treu und Stet
hat mir der Wind hin geweht.
Falsch und Verlogen
ist mir herwieder geflogen.

Manchmal wird das Brieflein selbst angeredet und ihm aufgegeben, die Liebste, ihren roten Mund, ihre spielenden Augen und rosafarben Wangen zu grüßen. Ein Liebesbrief mit solchem Auftrag, aus dem 14. Jahrhundert, in bayerischer Mundart, ist auf einen schmalen Pergamentstreifen geschrieben, der bestimmt war, zusammengerollt und umbunden zu werden. Gerne wird auch irgendein Wahrzeichen genannt, durch welches gegrüßt werde: durch einen Seidenfaden, eine Handvoll Seide, eine Handvoll Gerstenkorn, durch grünen Klee. Im Appenzellerlande lässt man noch durch einen Rosmarinstängel, durch ein »Schöppli« Wein usw. grüßen. Diese Formeln stammen vermutlich von alter, symbolischer Botschaftsendung her; auch der schriftlichen Meldung ein sinnbildliches Zeichen beizufügen, hielt man nicht für überflüssig. Gudrun warnt ihre Brüder teils durch Runen, teils durch Wolfhaare, in einen Ring gebunden. Tristan legt auf den Weg, den die Königin kommen muss, einen Haselstab, worauf er geschrieben hat, dass Hasel und Geißblatt nicht getrennt sein können, ohne dass beide hinsterben. Liebesbriefe, die man durch fremde Hand schreiben ließ, schienen wohl noch einer unmittelbaren Beigabe zu bedürfen, und nachmals haftete das Wahrzeichen wenigstens in den Reimen des Briefstils. Laub und Blumenblatt, die in mehreren Grußformeln bildlich verwendet werden, mochten früher auch wirklich dabei sein. Ein halblateinisches Lied in einer Handschrift des 13. Jahrhunderts sagt: »das Mägdlein stand bei einem Baume, schrieb ihre Liebe an einem Laube«; und in einem späteren Weckeliede (Volksl Nr. 85. S. 3) wird gesungen:

Ich brach drei Lilgenblättlein,
ich warf ihr's zum Fenster ein:
»schlafest du oder wachest?
steh auf, feins Lieb, und lass mich ein!«

Blumenhaus, Lilien- oder Lindenblatt stellen sich abermals zum Gebrauche zärtlicher Wünsche und Hoffnungen.

Es geht durch viele Länder und Zeiten ein Märchen von den Wünschen, deren der Mensch auf übernatürliche Weise gewaltig werden kann. Göttliche und geisterhafte Wesen, Zauberer und Heilige, je nach den religiösen und mythischen Vorstellungen der verschiedenen Völker, vergönnen den Sterblichen zum Lohne der Gastfreiheit oder eines andern Dienstes, manchmal auch gezwungen oder auf ungestümes Bitten, eine bestimmte Zahl von Wünschen und Wunschdingen, welche den Frommen und Bescheidenen zum Heile gereichen, den Bösen und Begehrlichen aber zum Unglück ausschlagen oder durch die Torheit und den Frevel der Wunschberechtigten vornherein verkehrt und vereitelt werden. Im Allgemeinen ergeben diese Dichtungen, in Scherz und Ernst, die Lehre, dass es für den Menschen schwierig und gefährlich wäre, selbst der Ordner seines Geschickes zu sein und über die Gaben des Glücks zu gebieten. Deutsche Volksmärchen lassen gerne den Heiland, mit dem Apostel Petrus umherziehend, den Sinn der Leute prüfen und ihnen Wünsche gestatten. Wie er auf seinem Erdengange wider jedes leibliche Gebrechen heilende Segen bereit hat, so verleiht er auch andre Glücksgaben durch sein bloßes Wort, wenn es nur nicht auf undankbaren Boden fällt. Ein Meistergesang auf einem Flugblatte des 16. Jahrhunderts erzählt folgenden Schwank: Dieweil der Herr noch auf Erden war, kam er in ein Dorf, das im Tale liegt und Wintershausen heißt, wo die Bauern mit wildem Geschrei beim kühlen Weine saßen; Sankt Peter bittet seinen Meister, den Bauern einen gemeinsamen Wunsch zu geben, und der Herr gestattet solchen mit der Bestimmung, dass nur einer, den sie unter sich wählen mögen, den Wunsch tun, aber selbst nur halb soviel, als die andern, empfangen soll; nachdem der Schultheiß die Wahl von sich gewiesen, weil er sich nicht mit dem halben Teile begnügen will, kommen sie überein, den Dorfschützen, ihren gemeinen Knecht, wünschen zu lassen, er wird ermahnt, dass er auf ihren Nutzen vereidet sei, auch sie ihm das Korn geben, und verspricht, sich bis morgen frühe des Wunsches zu besinnen; als die Nacht ein Ende nimmt, eilen die Bauern, jeder mit einem Sack, in das Haus des Schultheißen, auch der Schütz bleibt nicht aus und nun werden ihm die mannigfachsten Wünsche vorgeschlagen; ein alter Bauer hat nur das bescheidene Anliegen, im Winter nicht zu erfrieren, andre verlangen, der Schütz solle weiß Brot genug wünschen und süßen Met dazu, Land und Leute nebst ewigem Leben, Scheuern voll Fesen, Rüben für den Winter, Pfennige, Würfel und Kartenspiel, feine Fräulein und dazu den allerbesten Wein, Met und Milch und in der Fasten Zwiebel, jedem eine Gippe (Kittel) von gutem Zwilch nebst gehefteten Stiefeln, damit durch den Kot zu laufen, ferner dass das Korn von selber wachse und dass Erbsen und Flachs alle Jahre wohl geraten, jedem in sein Haus drei oder vier gute Dreschflegel und einen guten Holzschlegel, jedem ein krauses Haar, das sei das Beste, dann noch einen Brei voll fetter Grieben: endlich heißt der Schütz sie näher treten und spricht: »Gott gebe, dass ihr erblinden müsset!« Alsbald sehen sie kein Stück mehr, und der Schütz ist einäugig. Der örtlichen Anknüpfung unerachtet ist es doch die Fabel vom Neidischen und dem Geizigen, die schon Avianus gibt, nur dass bei ihm Jupiter den Phöbus herabsendet, der Menschen beweglichen Sinn zu erkunden.

Die Wünsche kommen sonst am meisten in der Dreizahl vor, doch steigen sie bis auf sieben; auch der Wunschdinge, der Kleinode, mittels welcher man fortwährend gewisser Wünsche mächtig ist und in denen die Begabungen sinnbildlich erscheinen, sind gewöhnlich drei. Der Inbegriff des Wünschbaren, den die ältere Sprache auch einfach mit dem Worte *Wunsch* bezeichnete, kann in der Sonderung unter verschiedene Ziffern gebracht werden. Die Fülle der Wünsche ist ein ungehobner Schatz, in den zur rechten Stunde oder durch besondre Zulassung eine bestimmte Zahl von Griffen getan wird, und es kann, statt aller, an dreien genug sein. Im Nibelungenhort und den drei Kleinoden, die dazu gehören, Wünschelrute, Schwert und Tarnkappe, ist der Vollbestand sowohl, als die Dreiteilung der irdischen Glücksgaben vorgebildet. Als Seitenstück gab es einen dreifachen Ausbund des Übels, man sprach von drei Sorgen, drei Schaden. Bei den Liederdichtern wird die sagenhafte Wunschzahl als ein Bekanntes vorausgesetzt und auf mancherlei Weise damit gespielt. Reinmar von Zweter würde, wenn er dreier Wünsche Gewalt hätte, sie dazu verwenden, dass er den Frauen rechtes Verhalten im Versagen und Gewähren, Unterscheidung des guten Mannes von den falschen wünschte. Wahrscheinlich lag für diese gesuchtere Ausführung bereits eine volksmäßige Grundform vor, die noch in einem nieder- und hochdeutsch vorhandenen Wunschliede des 16. Jahrhunderts auftaucht. Dasselbe zählt sieben Wünsche, stimmt aber in der Formel fast wörtlich mit Reinmar und seine einfache Versweise lautet auch bei letzterem an, schlägt aber hier in einen breitern Strophenbau der Kunstdichtung aus. Im Volksliede wünscht der Singende, wenn er der sieben Wünsche Gewalt hätte, sich selber jung und nimmer alt, alle Seelen frei von der Höllenpein, alle falsche Zungen sprachlos, wieder für sich schöne Jungfrauen und rheinischen Wein, auch allezeit fröhlich und nimmermehr traurig zu sein, Geldes und Guts genug und niemand schuldig sein, jeden zu der Liebsten und sich zu der seinigen; zwischendurch gehen anregende Kehrzeilen: sag mir, hab' ich recht? hab' ich unrecht? (Volksl. Nr. 5. A). Ohne sich an eine Zahl zu binden, wünscht ein Spruchdichter des 14. Jahrhunderts das ganze Jahr hindurch für sich und für die ganze Welt; im buntesten Quodlibet wünscht er Geistlichen und Laien sittliche Besserung, den Bösen Unheil, den Liebenden Linderung ihres Wehs, dem jüngsten Gericht ein frohes Ende, dann wieder in *einem* Zuge, dass er den Streit zwischen Kaiser und Papst auszurichten hätte, dass die Reifen den Reben nicht schädlich sein möchten und dass eine gute, gerade Straße von Speicher bis Einsiedeln ginge, weil ihm die hohen Berge beschwerlich seien, auch vorher schon verkehrt er im Gebiete der unmöglichen Dinge:

»ich wollt', dass durch den Winter kalt
Vögel süngen, jung und alt,
und Viol'n, Rosen und der Klee
schön wüchsen durch den Schnee;
ich wollt' aller Meister Sang
(so wär' mir nit der Winter lang)
wohl verstehn und können;
ich wollt', dass die Brunnen
zu Merzen wären guter Wein,
so möcht' ich des (desto) gesunder sein.«

Doch gesteht er selbst, dass sein Wünschen nicht helfen möge, dass Wünschen eine Kurzweil sei und niemand dadurch gebessert werde. Als eine Kurzweil, ein Gesellschaftsspiel, wurde das Wünschen wirklich getrieben. Ein niederländisches Lied, auch aus dem 14. Jahrhundert, unter mehreren Erzählungen von Herren- und Frauenwünschen, führt in den Kreis einer solchen geselligen Unterhaltung: Vier Herren sitzen in einem weiten Saale bei schönem Feuer und kürzen sich die Zeit, sie essen und trinken und wollen sich damit vergnügen, dass sie in die Wette wünschen, wie jeder am liebsten leben möchte, damit man daran merke, welcher das frommste (wackerste) Herz habe; diese vier Herren sind Helden des Nibelungenliedes, König Gunther, Gernot, Hagen und der milde Rüdeger; Gunther wünscht sich in einen stets maigrünen Wald, an einen klaren Fluss, um dort mit Rittern und Frauen zu jagen und zu fischen, sodann unter Gezelten zu schmausen und zu tanzen. Gernot möchte von Lande zu Lande Turnier und Ehren suchen, armen Rittern die Pfänder lösen und sie in sein Gefolge ziehen, von reichen Burgen zu reichen Städten fahren und die schönen Frauen sehen, die ihm lachend entgegenkämen; Rüdeger wünscht sich mitten unter Blütenbäumen, Blumen und Vogelfang einen Saal von Glas (das schon bekannte Kristallhaus), ausgeschmückt mit Geschichtsbildern *(van ymase?)*, dass es alle, die darein kämen, ein Himmelreich bedünkte, auch einen Stuhl von Elfenbein, so breit, dass er darauf mit den zwei allerschönsten Frauen sitzen könnte, vor sich ein Trinkgeschirr von feinem Golde voll goldener Pfennige, das auch, wie viel er herausnähme, stets voll bliebe, sodass er aller Welt genug geben und alle Bedürftige reich machen könnte; Hagen wollte, dass Scheming und Miming (des Helden Wittig Roß und Schwert) sein wären und er in einer guten Stadt mit den besten tausend Rittern und den tapfersten tausend Knechten läge, auch mit den schönsten tausend Frauen und den reinsten tausend Jungfrauen, die, wenn die Tore der Stadt aufgetan wären, an die Zinnen gingen und die Ritter streiten sähen, nach dem Kampfe wollt' er dann wieder zu den Frauen in den Saal gehn, ihren roten Mund küssen und sich die Wundmale von ihnen heilen lassen. Wenn in diesem Wunschliede das ritterlich höfische Gepräge vorschlägt, so fehlen doch nicht anderweitige Zeugnisse von einer allgemeineren Übung des Wunschspieles. Die deutschen Rätselbücher des 16. Jahrhunderts geben Anweisung zu listigem Verhalten, wenn man mit einem wünschen wolle, sodass, was jeder wünsche, dem andern halb gebühre, oder dass der Wunsch beiden nütze sei; und in Fischarts Verzeichnis der Spiele sind folgende genannt: »Wünsch', das beiden nutzt!« »was wünschest dir von deinem Buhlen?« »drei Wünsch' auf einem Stil.« Dieses letzte berührt sich wieder mit dem Volksgesang, in welchem die Erfüllung des Wunsches als eine aufblühende Blume gedacht ist: so in einem altniederländischen Liede: »Hätt' ich nun drei Wünsche, drei Wünsche also edel, so sollt' ich mir gehn wünschen drei Rosen auf einem Stil: die eine sollt' ich pflücken, die andre lassen stehn, die dritte sollt' ich schenken der Liebsten, die ich habe.« In einem deutschen: »Wollt' Gott, ich möcht' ihr wünschen zwo Rosen auf einem Zweig!« Soferne dann herkömmlicher Gegenstand des Wünschens und Ausdruck irdischer Glücksfälle der unversiegbare Hort ist, kommt auch den Volkssagen von verborgenen Schätzen die Wunderblume zu. Aufgang und kurzes Blühen einer seltenen Blume bezeichnen den kostbaren, leicht verabsäumten Augenblick, in welchem die Pforte des Glückes erschlossen ist: Vom Schatze selbst, wie er sich zur Erlösung hebt und ungelöst von Neuem in die Tiefe sinkt, gebrauchte man die Redensarten: Er blühe, werde zeitig, verblühe. Der Schäfer, am Berge weidend, erblickt die blaue Blume, die er noch nie gesehen, pflückt sie und steckt sie an seinen Hut, da findet er die Berghöhle mit ihren Reichtümern offen stehen, verliert aber beim Herausgehen die Blume, die fortan von den Bergleuten emsig gesucht wird, weil verborgene Schatze rucken; der Jäger wird von wunderlieblichem Dufte, den der Wind ihm zuweht, angezogen und geht in die Nacht hinein irre, bis er endlich in zauberhaftem Leuchten die Wunderblume sieht, unentschlossen bleibt er stille stehn, da verkündet der Seigerschlag aus der Ferne die Mitternachtsstunde und die Blume verschwindet; nur alle hundert Jahre blüht sie in der zwölften Stunde der Johannisnacht und wer reines Herzens ist, kann sie dann pflücken und des Glückes, das sie gewährt, teilhaftig werden.

Den günstigen Wünschen gegenüber stehen die *Verwünschungen* in so festen Formen und geschlossenem Zusammenhang, dass dadurch auch jene noch besser aufgehellt werden. Das Wort des Übelwollenden, des Schwergekränkten, Zürnenden, war nicht weniger mächtig, als das aus gutem Willen, aus liebendem Herzen kam. Darum galt es für bedenklich, dem Unbekannten, dem Feinde, besonders dem todwunden Gegner, den Namen zu nennen und so dem üblen Wunsche preiszugeben. Sigurd verhehlt seinen Namen dem tödlich verwundeten Fafnir: »Darum, weil es im Altertum Glaube war, dass eines sterbenden Mannes Wort vieles vermöchte, wenn er seinen Feind mit Namen verwünschte *(bölvadi)*.« So gab es denn auch Segen wider die böse Zunge, wider das Beschreien, denn eben diesem, sowie dem bösen Auge, gab man zum Teil die Übel schuld, gegen welche die Segensspruche gerichtet sind; der gute Segen war an sich schon eine Abtreibung des schlimmen, aber auch eigens wurde gegen das feindliche Besprechen und Ansehen gebetet und gesegnet. Laut einer Gebetformel aus dem 12. Jahrhundert stiftete man Kerzen auf den Altar und sprach dazu: »Allmächtiger Gott! ich bitte dich durch dein heiliges Haupt und durch alle deine heiligen Werke und durch alle die heiligen Worte, die du den Menschen zu Gnaden je sprachest, empfahe diese Lichter und bind und bezwing heut an diesem Tage alle die Jungen, die meinen Schaden sprechen wollen, oder die mich heute ansehen sollen usw. und kehre ihr aller Zungen und ihre Wort' und ihren Willen an meine Freude und an meine Huld und an meine Minne!« usw. Unter weiteren Bitten sollte man sich über Herz und Hand mit dem Kreuze zeichnen. Kein Wunder, wenn man sich vor Fluchsprüchen segnete, wie sie von heidnischer Zeit her geharnischt anrücken. In nordischem Mythenliede wirbt Skirnir, Freys Diener, für seinen göttlichen Herrn um die schöne Riesentochter Gerdhr, als sie aber der Botschaft nicht stattgeben will, schlägt er sie mit einer Zauberrute, schneidet ihr schlimme Runen und spricht Verwünschungen über sie, welche zwar zunächst auf das besondre mythische Verhältnis sich beziehen, aber doch dabei ein allgemeineres Formelwesen durchklingen lassen: Zornig sei ihr Odin, zornig der Asenfürst (Thôr), Freyr soll sie hassen; Riesen und Götter sollen hören, wie er ihr verbiete und banne jeden Verkehr und Genuss des Lebens; wie eine Distel soll sie sein, die trauernd dahinwelkte. Alte Fluchformel ist es wohl auch, wenn Loki, der aus Ägirs Halle weichen muss, diesem zuruft: »Über all dein Eigentum, das hier innen ist, spiele die Flamme und brenne dich auf den Rücken!« In einem Heldenliede der Edda verwünscht Sigrun ihren Bruder, der ihr den Gemahl erstochen: »Dich sollen alle Eide schneiden, die du Helgi'n geschworen hattest bei Leipturs lichtem Wasser und bei dem urkalten Wellensteine! Das Schiff schreite nicht, das unter dir schreitet, ob auch Wunschwind dahinter wehe! Das Roß renne nicht, das unter dir rennt, ob auch vor deinen Feinden du fliehen müssest! Nicht schneide dir das Schwert, das du schwingest, außer es singe dir selber ums Haupt! dann wär' an dir gerächt Helgis Tod, wenn du wärest ein Wolf in Wäldern draußen, der Hab' entblößt und aller Freude, nicht Speise hättest, wo du nicht auf Leichen sprängst.« Saxo (zweite Hälfte des 12. Jahrhunderts) gibt in lateinischen Versen eine Verwünschung, die über Hading, nachdem er ein wunderbares Tier erschlagen, von einem ihm begegnenden Weibe gesprochen wird: »Ob du Felder durchschreitest, ob auf dem Fluss die Segel spannest, wirst du der Götter Zorn erfahren (*infestos patiere deos*) und über den ganzen Erdkreis die Elemente deinen Vorhaben feindlich sehen; auf dem Felde wirst du stürzen, auf dem Meer umhergeworfen werden, ein ewiger Wirbel wird deiner Irrfahrt Begleiter sein, das Unwetter (*rigor*) wird niemals deine Segel verlassen; kein Dach wird dich decken, das du suchst wird vom Sturme zusammenstürzen, das Vieh wird hartem Frost erliegen; alles wird von der Ansteckung deiner unseligen Gegenwart leiden; wie den Aussatz wird man dich fliehen, wie die schrecklichste Seuche; solche Strafe wiegt die Macht des Himmels zu, denn einen der Himmlischen, in fremden Leib gehüllt, haben deine frevlerischen Hände getötet, Mörder einer Gottheit stehest du hier;

wenn die See dich aufnimmt, wirst du die Wut der losgelassenen Stürme dulden müssen, Westwind, ungestümer Nord- und Südwind werden wettkämpfend dich peitschen, bis du durch frommes Gelübde die göttliche Strenge gelöst und durch Sühne die verdiente Strafe wirst aufgehoben haben.« Hading erfährt auch alles Angedrohte, seine Ankunft bringt jedes Ruhige in Aufruhr, seine Flotte wird vom Sturme verschlungen und das Haus, das er schiffbrüchig betreten will, stürzt plötzlich ein; erst durch ein Opfer, das er dem Frö (Freyr) darbringt, versöhnt er die Götter. In einer isländischen Saga, die übrigens zu den im 14. Jahrhundert erdichteten zu zählen ist, nötigt das alte Zauberweib Busla durch Verwünschungen den König Hring in Ostgothland, seinen Sohn Herraud und dessen Pflegbruder Bosi, die er zum Tode bestimmt hat, freizugeben. Der Sagenschreiber bemerkt, man habe dies hernach Buslas Gebet (*Buslu-bæn*) genannt und dasselbe sei weitkundig geworden, doch seien darin manche Worte, die im Munde zu haben Christenleuten unnütz wäre; auch gibt er solches nur teilweise. Daraus Folgendes: Felsen werden erschüttert, die Welt geängstigt, das Wetter verkehre sich, werde zum Grausen! So werd' ich an die Brust dir stoßen, dass Nattern dein Herz nagen, dass deine Ohren nimmer hören und deine Augen heraus sich kehren; wenn du segelst, breche das Takelwerk, wenn du steuerst, springen die Griffe, die Tücher bersten, das Segel löse sich und alle Taue reißen; wenn du reitest, wirren sich die Zügel, hinke dein Roß, erliegen die Säumer; im Bette sei dir wie in Strohfeuer, auf dem Hochsitz wie auf Meereswoge; Tröll' und Alfe und Zaubernornen, nachbarliche Bergriesen brennen deine Hallen. Die einzelnen Strophen dieser Verwünschung schließen fast durchaus mit dem bedingenden Satze: Außer wenn der König Verzeihung ergehen lasse; gerade wie auch in Saxos Formel am Schlusse noch die Sühnung offen gelassen ist. Wenn bei ihm der lateinische Redefluss, so hat noch mehr in der Saga ein absichtliches Steigern zur Erweiterung einer gemeinsamen, altnordischen Grundform geführt, wie sie in Sigruns Fluche noch einfach und gedrungen hervortritt. Bündig lautet auch in der Ragnarssaga Krakas Abschiedswunsch an ihre treulosen Pflegeeltern: dass ihnen je ein Tag schlimmer sei als der andre, aber der letzte der schlimmste.

Überraschend ist es, dieselben Ausdrücke der Verwünschung, die aus dem alten Norden beigebracht wurden, im romanischen Süden wiederzufinden. Der Troubadour Bertran von Born, aus Perigord, ein Zeitgenosse Saxos (er blühte 1180-1195), richtet an seine Dame, die ihn der Untreue beschuldigt, ein Sirventes, worin er, wenn er je eine andre lieben sollte, sich selbst alles erdenkliche Missgeschick anwünscht: Auf den ersten Wurf mög' er seinen Sperber verlieren, auf seiner Faust sollen Wachtelgeier denselben töten, davonschleppen und vor seinen Augen rupfen; den Schild am Halse, müss' er im Sturme reiten, Helm oder Kappe verkehrt tragen, kurze Zügel führen, die man nicht verlängern könne, und lange Bügel, auf einem niedrigen Harttraber, und in der Herberge find' er einen ungehaltenen Wirt; auf dem Spielbrette will er stets die Unglückszahl werfen; der Wind soll ihm fehlen, wenn er auf dem Meere sei, am Königshofe sollen die Pförtner ihn schlagen, im Gefechte soll man ihn zuerst fliehen sehn; er will Herr einer geteilten Burg sein, im Turme seien ihrer vier Teilhaber, und keiner könne dem andern trauen, sondern stets müss' er Armbrustschützen, Ärzte, Wachen, Knechte und Bogner nötig haben u. a. m. Das Lied nimmt zwar scherzhafte Wendung, aber das Reiten im Sturme, die Hemmungen zu Roß und Schiffe, die Häufung solcher Übelwünsche, stimmen ganz zu den nordischen Formeln. In der ritterlichen Poesie eines dem normandisch-englischen Königshause lehnpflichtigen Landes ist ein germanischer Einfluss allerdings zu erklären. Doch darf bei diesem Formelwesen überhaupt nicht unbeachtet bleiben, dass die feierliche Verfluchung sowohl alttestamentlich, als im römischen Altertum vorhanden war, wie sie denn auch aus dem priesterlichen Gebrauche schon in die klassische Dichtkunst entschieden formelhaft übergegangen ist.

In gangbaren Redeformen wird dem Tage, der Stunde geflucht, da etwas Unseliges geschehen oder geworden, dem Wege, der Unwillkommenes bringt, den Bäumen, darunter ein Unheil ergangen; im Rosengartenliede verflucht Ortwin, dem sein Bruder getötet worden, den Anger, der die Rosen trug. Aber auch diese mehr figürliche Verwünschung, bei welcher an sich unpersönliche Wesen nicht bloß Mittel, sondern Gegenstand des Fluches sind, sammelt sich zu volleren Sprüchen, ergreift die ganze Natur. Nach einer spanischen Romanze reitet Don Gayferos ganz allein durch die Gebirge des Maurenlandes und verwünscht laut zürnend seine Einsamkeit: er flucht dem Wein und dem Brote, dem Brote, das die Mauren essen, und nicht dem der Christenheit, der Mutter, die nur *einen* Sohn gebiert, sodass er, wenn ihn Feinde töten, keinen Rächer hat, dem Ritter, der ohne Knappen reitet und, wenn ein Sporn ihm entfällt, niemand hat, der ihm solchen anschnalle, dem Baume, der einsam auf dem Felde wächst, an dem alle Vögel der Welt rütteln und den trauernden weder Blatt noch Zweig genießen lassen. Ein dänisches Lied lässt den König Waldemar II. der Gegend, wo sein ältester Sohn von dem unvorsichtigen Pfeilschuss eines Dieners auf der Jagd gefallen war (1231), also fluchen: »Fortan soll Revsnäs der Wind treffen, dass sich dort nicht Reh noch Hindin bergen kann; wo Revsnäs vordem tausend Bäume hatte, soll heftiger Frost es versengen; auf Revsnäs, wo vordem Eichen und Buchen standen, soll fortan schlechter Hundslauch wachsen; für die Lust, die man vorhin auf Revsnäs sah, soll fortan kaum ein Dorn gefunden werden!« Der Sage nach stand vormals dichter Wald, wo jetzt nackte Sandbänke sind.

Hingen die altnordischen Verwünschungen von einer Seite mit dem Zauberwesen zusammen, so standen sie nach andrer mit alten Rechtsformeln in Beziehung. Wenn dem Eidbrüchigen geflucht wird, das Schiff solle nicht unter ihm schreiten, das Roß nicht unter ihm rennen, das Schwert ihm nicht schneiden, so hat er dieses selbst schon auf sich geladen, denn auch nach einem Eddaliede geschahn Eide bei Schiffes Borde, Schildes Rande, Rosses Bug und Schwertes Schneide, an eben diesen Gegenständen sollte nun Vergeltung erfolgen; wenn ihm zur Rache gewünscht wird, dass er ein Wolf im Walde sei, so besagten ja die Sicherungsformeln zum Voraus: Der Friedbrecher soll gejagter Wolf sein, soweit Menschen Wölfe jagen, auch soweit Schiff schreite, Schilde blinken. Auch deutsche Verfemungsformeln sind nichts andres als Verwünschungen, von einer richterlichen Gewalt ausgehend, die ihnen äußerlich Kraft geben kann, während die Flüche Einzelner die verzehrende Macht des Zaubers zu Hilfe nehmen; in einer solchen Femformel heißt es: »So verfeme und verführe ich ihn hier von königlicher Macht und Gewalt wegen usw. und weise ihn forthin von den vier Elementen, die Gott dem Menschen zu Trost gegeben und gemacht hat usw. und ich vermaledeie hier sein Fleisch und sein Blut, auf dass es nimmer zur Erde bestattet werde, der Wind ihn verwehe, die Krähen, Raben und Tiere in der Luft ihn verführen und verzehren« usw. Letzteres lautet in Verbannungsformeln: »Und künde dich den Vögeln frei in den Lüften und den Tieren in dem Wald und den Fischen in dem Wasser.«

Bei den Liederdichtern des deutschen Mittelalters finden sich mancherlei Anlaute formelhafter Verwünschung. Wurden ehrenwerte und milde Herren mit Heilwünschen begrüßt, so wurden unwürdige und karge mit Flüchen beworfen. Meister Rumeland bedenkt einen »lottern« (nichtswürdigen) Ritter so: »Dass dein Weib Gott von dir löse! Fische, Vögel, Würme, Tiere, mit den Leuten, erstürmen deiner Freuden Burg! was ich in allen Landen Günstiges kenne *(waz ich kan gediuten gnâde usw.?)*, soll dir gehasst sein! Dich meide Gruß von allen guten Frauen!

Dein Same und deine Saat verdorre, wie dem Berge Gelbon aller Tau versagt ist, der Fluch müsse dir anhaften! Unheil begegne dir, wohin du dich wendest! Schwefel, Pech, Feuer, regne auf dich! Gott soll meinen Unwillen *(anden)* an dir noch besser ›rächen‹!« Der Unverzagte eifert gegen solche, die (um nicht geben zu müssen) sich ärmer stellen, als sie sind: »Eines fremden Mannes Kleid mög' ihre Hand auf ihres Weibes Bette finden, so sind sie doch kleiderreich und entehrt.« Im Minnesang sind es hauptsächlich die *Merker*, die Aufpasser und Angeber verstohlener Minne, denen Unheil gewünscht wird. Heinrich von Beldeke sagt: »In den Zeiten, da die Rosen erzeigten manches schöne Blatt, so flucht man den Freudelosen, die Rüger sind an mancher Statt«; derselbe wünscht dem, der ihm an seiner Frau schade, das Reis, daran die Diebe ihr Ende nehmen, dem Schonenden aber das Paradies; den Neidigen soll der Neid das Herz entzweischneiden. Andre wünschen dem Freudenstörer: Dass er zu einem Steine werde, dass er von Weib und Kind auf das Meer versegeln müsse, oder dass er in der See ertrinke; Rosen und aller Vöglein Sang sollen ihn meiden. Vollständig aber sammelt und formelt sich noch einmal die Verwünschung in zwei Spruchgedichten aus dem 14. Jahrhundert. Das eine berichtet, wie in einer Gesellschaft minniglicher Frauen beschlossen wird, den treulosen Männern zu fluchen, was sofort auf die Weise geschieht, dass zuerst diejenige, die es vorgeschlagen, ihre besten Flüche spricht und hernach alle miteinander einstimmen. Da wird nun dem Unstäten angewünscht: Dass, wenn seine Gesellen um Leib und Leben fechten wollen und er sie in Not sehe, doch seine Zagheit ihn schmählich zurückzubleiben zwinge; dass man auf großen Reisen (Ritterzügen) ihn für den untüchtigsten halte, dass ihm Roß und Pferd (Streitross und Reisepferd) abstehe, wo sonst niemand einen Riemen verliere; dass ihm sein steinhartes Waffenzeug weich, seine Schwertklinge wie Wachs werde, das man knetet, dass seine Harnischringe von ihm faulen und abfallen, dass ihm seines Rosses Gurt in rechter Not aufgehe und er, wenn er einem jämmerlichen Tod entfliehen sollte, in einen Graben falle; dass ihm auf weiter Heide sein Roß rehe (steif) werde, wenn er am allergernsten sähe, dass es ihn aus Nöten trüge; dass er im Feldstreit von seinem Herrn fliehe, dem er geschworen, und so lange verloren sei, bis man ihn bei der Heerschau nach dem Streit in einem Krautgarten liegend finde; dass ihm beim Turnier vor minniglichen Frauen der Rücken zerbläut und die Schlechtesten über ihn Meister werden; dass er beim Ringstechen im Zeug sitze, als hätt' ihn das Schneewasser herbeigeführt, und, mit eines Speerkrönleins Spitze berührt, aus dem Sattel gestochen werde; dass ihm seine Winde- und Vogelhunde erwüten; dass ihm nie ein Jagdhund etwas auftreibe und alle plötzlich schweigen; dass ihm beim Jagen sein Waldhorn nicht schalle, dass es seinen Hall verliere und dumpf werde; dass ihm kein Federspiel gut bleibe und auf der Beize die Krähen und andre Vogel es ihm vertreiben, dass es die Flügel abbreche; dass Heil ihn verlasse bei allen seinen Geschäften, dass er an Leib und Gut verderbe; dass man seinem Eid und seinen Treuen nicht glaube, wo er sie einsetzen will; dass vor ihm allen reinen Frauen graue, dass ihn die Leute vertreiben, bei denen er angesessen sei. Ein Gegenstück zu diesem Spruche bildet nun ein andrer, worin der Dichter selbst, wie er die reinen Frauen höchlich preist, so auch den ungetreuen alles Unheil wünscht: Ihr Lieb kehre sich zu Leide; von ihnen scheide sich jedes werten Mannes Gunst; dem fälsche sich seine Kunst, der lobend von ihnen dichte; ihr Goldgespäng verkehre sich in Blei; ihre Schapel (Kopfbinden) lassen alles Gestein ausfallen; keine Saite tön' ihnen zum Tanze; die Blumen sinken und schrumpfen aus ihrem Kranze; ihre Spiegel betrügen sie, dass ihre Schönheit ihnen unschön erscheine; ihr gelbes Lockenhaar falle von ihren Scheiteln; ihre schattenbreiten Pfauenhüte (Hüte aus Pfauenfedern) schirmen nicht vor der Sonne; die kühlen Brunnen versiegen ihnen im Maien, wenn sie dann reigen wollen, müssen die Rasen falben und die Blumen trübe werden; wohin sie eilen, müssen die Linden ihr Laub fallen lassen; jeglicher Vogel tue, wie ihm nun geboten wird, dass er sich Schweigens befleiße, wo er ihrer eine hören könnte; ihre feinen Perlenöhre verwachsen; dem schmucken Wagen brechen die Achsen, der sie zu Freude tragen solle; zu Helblingen müssen ihre Pfunde unnützlich gedeihen; Heil verlasse sie in allem ihrem Geschäfte; ihr Kräutersamen verderbe in ihrem Wurzgarten; ihre zarten Bräcklein werden wütend auf ihrem Schoß; ihr Gestein verliere seine Kraft und ob eine sich stoße, dass ihr das Auge schwäre, sei ihr der Stein nicht heilkräftig; ihr Sechs verwandle sich in Drei auf ihrem Würfelspiel! – In beiden Sprüchen geschieht die Verwünschung nicht minder gründlich, als in den altnordischen Formeln; Unheil wird im ganzen und im einzelnen angewünscht; das Leben des Mannes und der Frau wird in allen Verhältnissen erfasst; jedes Glück soll getroffen, alle Ehre zerknickt, alle Lust vergällt, jeder Weg zum Heile vertreten werden; ein vollständiges Bild des unseligen Lebens wird aufgestellt. Der Spruchdichter hat dieses mit den Farben und Zügen seiner Zeit ausgemalt, besonders in dem Fluche wider die Frauen ist er selbsttätig, aber die Form ist überliefert und auch die Einzelheiten knüpfen nach vielen

Seiten an älteres an. Das versagende Roß erscheint hier, wie überall; das weichwerdende Schwert und Rüstzeug stimmt mit dem nicht schneidenden Schwerte des Eddaliedes sowie mit der Waffenstumpfung des altnordischen Zaubersangs und der deutschen Sagen, die Flucht aus dem Streite, das Preisgeben der Heergesellen und des Herrn mit einer Stelle bei Bertran von Born und gemahnt auch an das Traugmundslied; das Verstummen der Leithunde und das Verdumpfen des Jagdhorns erläutert als Gegensatz den guten Wunsch Walthers, dass seinem Gönner des Hundes Lauf und des Hornes Laut recht nach Ehren erhalle; das Verkommen des Federspiels, die Gefährdung desselben durch anderes Geflügel gemeinsam mit Bertrans Sirventes; das Versiegen der Brunnen im Mai, das Welken der Blumen im Kranz und auf dem Felde, des Grases und des Laubes, der verbotene Vogelfang, das Verderben der Gartensamen, im Spruche wider die Frauen, weisen auf Entsprechendes in den Minneliedern und auf das Fluchlied Rumelands mit dem ausbleibenden Tau und der verdorrenden Aussaat; das Missgeschick im Würfelspiele wieder auf eine Strophe des Troubadours. Selbst das Verfahren der Frauen, erst einzeln und dann im Chore zu fluchen, hat den Anschein einer herkömmlichen, dem Gerichtswesen verwandten Förmlichkeit. Aus dem Minnesang insbesondere klingt neben den Flüchen gegen die Merker ein Lied des Herzogs Heinrich von Breslau (1270-90) hier an, das in mehrerem mit dem Spruche wider die unsteten Frauen zusammentrifft und, zwar nur allegorisch, auch eine gleichartige Verhandlung darstellt. Der Sänger klagt dem Mai, der Sommerwonne, der lichten Heide, dem glänzenden Klee, dem grünen Walde, der Sonne, der Göttin Venus selbst, die Strenge der Geliebten und verlangt Hilfe; da will der Mai seinen Blumen, den Rosen und Lilien, gebieten, dass sie vor ihr sich zuschließen, die Sommerwonne will der kleinen Vöglein süßen Fleiß gegen ihn verstummen lassen, die Heide will sie fahen, wenn sie nach lichten Blumen eilt, und ihm festhalten, der Klee will ihr in die Augen leuchten, dass sie schielen muss, der grüne Wald will sein Laub abbrechen, sie gebe denn dem Sänger holden Gruß, die Sonne will ihr Herz durchhitzen, dass kein Schattenhut ihr helfe, Venus will ihr alles verleiden, was minniglich geschaffen ist, sie lasse denn ihm Huld ergehen: »O weh!« ruft er da, »ihr zarter Leib der könnt' es nicht erleiden, lasst mich eh' sterben, sie genesen!« Wieder auf andre Weise werden Vogelsang und Schattenhut, worunter im Minnesange meist noch ein Blumenkranz verstanden ist, in zwei Liedern Walthers von Metze (um 1245) beim Übelwünschen beteiligt. In dem einen beklagt der Dichter, dass mancher

Blumen trage, der nicht Laubes wert wäre; manchem Schwachgemuten missgönnt er die Blumen und den Sang der Vögelein: sollt' er wünschen, so wollt' er den Völgein wünschen, dass sie unter sich einig wären, die Leute besser zu scheiden und ihnen so zu singen, wie es um ihr Herz stehe, sodass jeder selbst seinen Wert erkennen müsste: wen die Nachtigall mit Sange grüßte, der dürfte sich des freuen, wem der Kuckuck und ein Distelfinklein sängen, den erkennte man daran als einen Tugendlosen. Das zweite Lied besagt: Hätten die Blumen soviel Gewalt, dass sie Männern und Frauen ständen, wie ihr Herz bestellt ist, so möcht ein Weib den Sinn der Männer und der Mann den der Weiber erkennen: welches dann nicht wandellos wäre, das trüg' einen krummen »Blumenhut«; leider haben die Blnmen nicht diese Kraft; sie kann brechen, wer sie will, und es ist manche Kranzfahrt, wo man bei dem Kranz Unsitte sieht.

Viele Sagen und Lieder nehmen zum Ziele des Wunsches die *Verwandlung*. Werden durch solches Wünschen andre verwandelt, meist in Tiergestalt, so ist dies ein böser Zauber, eine Verwünschung. Das unselige Vermögen, sich oder andre in die Gestalt und wilde Natur des Wolfes, zum Werwolfe, zu verzaubern, findet man im Aberglauben vieler Völker, auch der germanischen. Aber auch das lässt sich nachweisen, dass in den Dichtungen der letztern die Verwandlungen nur bildliche sind und der Aberglaube, wenn er nicht selbst wieder im Missverstehen und der Verdumpfung des poetischen Bildes seinen Ursprung hat, doch eigentlich nur zum Ausdruck eines über ihm stehenden Sinnes verwendet wird. Die Tiergestalt dient zur Bezeichnung mannigfacher Eigenschaften und Zustände des Menschen. Im alten Norden hatte jeder Mensch eine Abspiegelung seiner Gemütsart und Persönlichkeit in einer *Fylgia* (Mitfolge, Begleitung), die besonders Träumenden, häufig in Tiergestalt, ihre Nähe ankündigte und ihm selbst auch seine Zukunft vorbildete; Fylgien der Männer erschienen als Adler, Bär, Wolf, weibliche am liebsten als Schwäne. Ein äußerer Zustand, die Acht, wird durch ein mehrerwähntes Bild aus der Tierwelt, den friedlosen Wolf, dargestellt und man kann den Übergang der alten Rechtssprache in die wunderbare Verwandlungssage Schritt für Schritt verfolgen. Der Landesverwiesene, zum *Waldgang* und damit zum Raubleben Gezwungene, hieß *Wolf (vargr)*, angelsächsisch *Wolfshaupt*, das nordisch-christliche Sonnenlied sagt von zwei solchen Männern: »Nackt wurden sie, gänzlich beraubt *(naemir?)* und liefen wie Wölfe zum Walde«; nach der alten Sühnformel soll der Friedensbrecher: »So weit *wolfflüchtig* und *wolfgejagt* sein, als irgend Männer Wölfe jagen«; Sigrun glaubt denn auch für den Tod des Gemahls an ihrem eidbrüchigen Bruder nur dann Rache zu finden, wenn dieser ein Wolf wäre draußen in Wäldern, des Guts entblößt und aller Lust, nicht Speise hätte, wo er nicht auf Leichen spränge (ebend.), und nun erzählt die Sage von den Völsungen, wie Sigmund und sein Sohn Sinfiötli landflüchtig als Räuber im Walde leben und, was bildlich dasselbe, in Wolfshaut den Wald durchlaufen, Wolfsgeheul oder, wie es im Eddaliede heißt, Wolfslieder anstimmen und Menschen zerreißen. An diese altnordische Vorstellung erinnern noch die normannischen Volkssagen von Robert dem Teufel, der, seiner Frevel wegen geächtet und gebannt, mit einer Schar von Raubgesellen aus einem festen Haus im Walde sein Wesen trieb; das Schloss Roberts, ein wildüberwachsenes Burggetrümmer am Ufer der Seine, umschweift der einstige Inhaber in Gestalt eines von Alter gebleichten Wolfes mit kläglichem Geheul, auch gibt es eine Meute gespenstischer Wölfe *(lubins)*, die zur Nachtzeit scheu umhergehn und im Verschwinden schreien: »Robert ist tot!«

Reich an Verwandlungen sind die schwedisch-dänischen Märchenlieder, besonders erzählen sie, mannigfach wechselnd, wie ein Mädchen, von der boshaften Stiefmutter verwünscht, als schmucke Hindin im Walde geht und durch den Liebsten erjagt und erlöst oder bald von ihm, bald altertümlicher von ihrem Bruder, totgeschossen und nun erst unter der abgestreiften Hülle mit ihren Goldlocken und Goldringen erkannt wird. Die Volksdichtung beschäftigt sich viel mit dem Schicksal verlassener, insbesondre durch stiefmütterlichen Hass in das Elend vertriebener Jungfrauen oder Kinder und es wird davon im Verfolge noch ausführlich' zu handeln sein. Die Darstellungsweise, welche den landräumigen Friedebrecher zum Wolfe geschaffen, bildete schicklich weiter, wenn sie einer ausgewiesenen Stieftochter, auch einem gejagten Wilde, die Gestalt der scheuen Hindin gab; im deutschen Hausmärchen wird, unter gleichen Umständen, das Brüderchen als Rehkälbchen von der kleinen Schwester am Bande durch den Wald geführt. Der gegensätzliche Zusammenhang erweist sich vollständig damit, dass, während die Stieftochter als Hindin gejagt wird, der kräftigere Stiefsohn auch zum Wolfe verwandelt ist und sich nachmals durch das Blut der bösen Zauberin oder ihres Schoßkindes grässlich selbst befreit. Auch zum Waldvogel wird die Jungfrau von der Stiefmutter verwünscht oder sie fliegt erst als solcher auf, wenn sie als Hindin von den Jagdhunden zu sehr bedrängt ist; die Entzauberung geschieht dadurch, dass der Jäger ein Stück aus seiner Brust schneidet und dem wilden Vogel zur Lockspeise reicht, dann steht die schöne Braut vor ihm unter der Linde, deren Laub zum Hochzeitbette gebrochen wird. Anderwärts muss der Stiefsohn als wilder Walrabe umfliegen und erhält durch ein ähnliches Opfer seine rechte Gestalt zurück. Rascher Entschluss, furchtloses Standhalten und Zugreifen, hebt den Zauber des bösen, verwünschenden Wortes. In deutscher Rechtssprache heißt ein Heimatloser *Wildflügel* und im Märchen wird ein im Walde gefundenes Kind *Fundenvogel* genannt. Deutsches mit Nordischem verbunden gibt die Ballade von der Nachtigall, die, auch eine verwünschte Jungfrau, um Mitternacht auf der Linde singt und hier von dem Ritter ergriffen wird, in dem sie ihren Bruder findet, der selbst zum Wolfe verzaubert war. Zur Linde selbst auch, die abwärts im Wald oder auf dem Felde steht, ist die Stieftochter umgeschaffen; einem Mädchen, das dahin gekommen, klagt sie ihre Not, wie sie draußen friere und der Zimmermann nach ihr umschaue, während das Mädchen daheim sich wärme und die Freier um es werben; ihr Bräutigam erlöst sie, indem er die Linde küsst und in die Arme nimmt, oder indem er ihr schönstes Blatt abbricht. Die gescheuchte Hindin, der fliehende Vogel zeigen in milderem Bilde das Umherirren der scheuen Waise, die säuselnde Linde, die nächtlich singende Nachtigall erheben den sanften Klagelaut, den Einsamkeit und Stille aus der Brust der Verlassenen hervorlocken. Die geistigste solcher Wandlungen ist es, wenn in einem deutschen Volkslied ein verführtes, beschämtes Mädchen selbst sich weit hinweg von den Seinigen, in reine Lichtgestalt geborgen wünscht:

»Wollt' Gott, ich wär' ein weißer Schwan!
ich wollt mich schwingen über Berg und tiefe Tal,
wohl über die wilde See,
so wüsst' mein Vater und Mutter nicht,
wo ich hin kommen wär.«

Bedeckt mit einer fremden Gestalt, als flüchtiges Wild, als entfliegender Vogel ausgetrieben, ist der verwandelte Mensch den Blicken der andern entronnen, aus ihrem Kreise verschwunden und verloren. Die Verwünschung verstärkt sich aber dadurch, dass dem Vertriebenen auf seine Flucht noch eine todfeindliche Verfolgung nachgeschickt wird. Auch hierzu lässt es die Tierwelt nicht an Bildern fehlen. Eine alte Fabel erzählt: Gott habe den ersten Eltern nach ihrer Vertreibung aus dem Paradies eine Wünschelrute verliehen, mit welcher sie nur in das Meer schlagen sollten, sobald sie etwas nötig haben würden; Adam schlägt mit der Rute und ein Schaf steigt aus der Flut, Eva schlägt und ein Wolf erscheint, der das Schaf ergreift, Adam schlägt wieder und ein Hund geht hervor, der den Wolf verfolgt; so oft Adam schlägt, zeigen sich zahme, auf jeden Schlag Evas aber wilde Tiere. Diesen Evaschlag führt nun auch die verwünschende Stiefmutter: Indem sie das arme Kind zur kleinen Hindin umschafft, lässt sie zugleich dessen sieben Gespielen zu Wölfen werden, die es zerreißen sollen, aber ihr zum Verdrusse nicht anlaufen. Auch die Verwandlung des Stiefsohns in einen Werwolf ist mit derjenigen seiner Schwester in eine Hindin zusammengehörig zu denken, diese soll durch jenen verfolgt und erwürgt werden. In einer beliebten schottischen Ballade jammert und wünscht ein verstoßenes Weib: »Wären meine sieben Söhne sieben junge Ratten, an der Schlossmauer laufend, und war' ich selbst eine graue Katze, gleich wollt' ich sie alle zerreißen; wären meine sieben Söhne sieben junge Hasen, über jene Wiese laufend, und wär' ich selbst ein Windspiel, bald sollten sie alle zerrissen sein.« Das Verschwinden durch Umwandlung kann aber auch, als ein selbst gewünschtes oder andern zum Heile bewirktes, die rettende, listig behende Flucht ausdrücken, und wenn alsdann Verfolgung stattfindet, so fährt der Flüchtling oft proteusartig von einer Gestalt in die andre. Odin kriecht als Schlange in Suttungs Höhle, um den Dichtermet zu rauben, und fliegt als Adler hinweg, von dem Beraubten in gleicher Hülle verfolgt; in Gestalt eines Falken entfliegt er, als König Heidrek, im Rätselkampf überwunden, mit dem Schwerte nach ihm haut; auch in Falkengefieder holt Loki die geraubte Idun zurück, die er in eine Nuss, nach andrer Lesart in eine Schwalbe, verwandelt hat, und der Riese Thiassi fliegt ihm in Adlerhaut nach. Die Formen der Verwandlung haben an letzter Stelle je ihren besondern Anlass im Naturmythus, unbeschadet jedoch der allgemeineren Bedeutung des Vogelfluges, wonach er die Eile des Entweichens und der Nachfolge verbildlicht. In einem der dänischen Heldenlieder ergreift Hvitting die alte Königsmutter, die ihm sein gutes Schwert in Stücke gezaubert hat, sie verwandelt sich in Kranichsgestalt und fliegt hoch in die Wolken, da eilt auch er in Federhaut ihr nach, sie fliegen drei Tage lang ohne Rast, bis er sie erhascht und zerreißt. Zwei fliehende Kinder in deutschem Märchen blenden ihre Verfolger durch mehrfache Verwandlung: erst wird der Knabe zum Rosenstöckchen und das Mädchen zum Röschen darauf, dann er zu einer Kirche und sie zur Krone (?) darin, zuletzt er zum Teiche, sie die Ente darauf. Polnische Volksmärchen ergeben, neben andrem Gestaltwechsel, einen Briefboten, der sich in einen Hasen, das schon bekannte Muster der Boteneile, dann in ein Reh und, um über das Wasser zu kommen, in eine Krähe wandelt; ferner einen Zauberlehrling, der als Sperling seinem Meister entflieht und von einer schwarzen Krähe, dem verwandelten Zauberer, verfolgt wird, ebenso als Zaunkönig von einem Sperling, worauf er als ein schöner Ring an die Hand der lustwandelnden Königstochter springt; aus dem Ringe, nachdem er zur Erde geworfen ist, entsteht eine große Menge Erbsen, der Hexenmeister lässt einen Schwarm Tauben herbeifliegen, welche die Erbsen auffressen, nur ein Körnchen schiebt sich in die Hand der Schönen und aus ihm fällt wieder eine Menge kleiner, schwarzer Mohnkörner, nun werden Sperlinge versammelt, um den Mohn aufzupicken, und der Zauberer selbst ist unter ihnen, wird aber von der Krähe, wozu sich der Lehrling macht, sogleich totgebissen. Noch mannigfacheren Übergang hat ein schottisches Volkslied: Das Mädchen steht in der Tür und vor ihr, als Bewerber, der Hufschmied, den Hammer in der Hand; sie hebt ihre Hand auf und schwört bei der Erde (*mold*), nicht um eine Kiste voll Goldes wolle sie eines rußigen Schmiedes Weib sein; auch er hebt die Hand auf und schwört bei der Scholle (masa?), um halb soviel oder weniger soll sie seine Liebste werden; da wird sie eine Turteltaube und will in die Luft auffliegen, er aber wird eine andre Taube und sie fliegen als ein Paar; drauf wird sie eine Ente und will im Teiche plätschern, er aber wird ein rotkammiger Entrich; sie wird zu einem Hasen und er zu einem Windspiel; sie zu einem muntern Schimmel und er zu einem vergoldeten Sattel; sie wird ein Schiff und will über die Flut segeln, er ein Steuer (*nail*) und bringt es zum Stillstand; sie ein seidenes Bettuch und er eine grüne Überdecke; dazwischen ruft der Singchor mit dem Schmiede fortwährend der Fliehenden zu, dass sie weile, und freut sich, dass ihr Hochmut bezwungen wird. So hat sich abermals die altertümlich ernste Formel zum geselligen Scherze verflüchtigt; auch im Verzeichnis der Spiele bei Fischart heißt eines; »Du der Has', ich der Wind (das Windspiel).«

Ein Skolion bei Athenäus lautet; »Wär' ich doch nur eine schöne Leier, künstlich aus Elfenbein, trügen mich dann die schönsten Knaben zu Dionysos festlichem Tanz! Wär' ich doch nur ein schöner Dreifuß, zierlich von Gold gemacht, trüge mich dann die schönste Frau reinen Gemütes in ihrer Hand!« Diese poetische Weise, sich unter allerlei Verwandlungen in die Nahe und den eigensten Dienst geliebter Personen zu wünschen, ist auch in unsrem Liederkreise schwunghaft. Selbst die böswilligen Verwünschungen der Stiefmutter im dänischen Volksliede werden durch solche Näherung zum innigen Behagen der Verwandelten; zum scharfen Schwerte geschaffen, hängt sie bei Tag an des Ritters Seite, liegt bei Nacht unter seinem Haupte; zur Schere geworden, ist sie tags in einer Jungfrau Hand und schneidet den weißen Lein, nachts schläft sie in der Jungfrau Kammer, in ihrem vergoldeten Schrein; der letzte Zauber, zur Hindin oder zum Wildvogel, führt sie in den Arm ihres Liebsten. Darum kann auch in einem andern schwedisch-dänischen Liede das Mädchen selbst sich und den Geliebten in solche Verwandlungen wünschen, nur dass sie dafür kein Entgegenkommen findet; aus den verschiedenen Aufzeichnungen des Liedes hier eine Auswahl von Wünschen und ausweichenden Antworten. »Du solltest der schönste Ritter sein, der sitzen könnt' am Tische, und ich wollt' ein Becher von Golde sein und stehen vor dem Ritter. – Es ist so übel, ein Becher zu sein und vor dem Ritter zu stehen, da kommt so mancher trunkne Tor und wirft den Becher zur Erde. – Da solltest du sein der schönste Ritter, der je ein Roß könnte reiten, ich wollte sein ein Schwert von Gold und hängen an seiner Seite. – Es ist so übel, ein Schwert zu sein und hängen an Ritters Seite, da kommt so mancher trunkne Tor und will mit dem Ritter streiten. – Ich wünsche, du wärest der schönste Teich, der schweben könnt' auf dem Sande, ich wollt' ein kleines Entchen sein und schwämm' auf dem blanken Wasser. – Es ist so übel, ein Entchen zu sein, zu schwimmen auf blankem Wasser, da kommen die Schützen, sie schießen dich, so schwimmst du tot zum Lande. – Da solltest du sein die schönste Linde, die stehen könnt' auf der Erde, ich wollt' ein kleiner Grashalm sein und wüchs' an der Linde Wurzel. – Es ist so übel, ein Gras zu sein und an der Wurzel zu wachsen, der Ochse fährt so früh heraus und tritt es unter den Fuß. – Ich wünsche, du wärest ein Apfelbaum, der schönste wohl auf dem Felde, und dass ich ein goldner Apfel wär' und hing an des Baumes Aste. – Es ist nicht gut ein Apfel zu sein, zu hängen an Baumes Aste, da kommt der Hirte mit seinem Stab und schlägt dich herab auf den Boden. – Da solltest du sein der schönste Baum, der stehen könnt' auf der Heide, so wollt' ich eine Nachtigall sein, und bauen darin mein Nestchen. – Es ist so übel, die Nachtigall sein und bauen im Baum ein Nestchen, da horcht so mancher auf ihren Sang und jagt sie von ihrem Sitze. – Ich wünsche, du möchtest ein Vogel sein, der schönste, der wär' in der Welt, und dass ich wär' eine goldne Feder und säß' in des Vogels Brust. – Das wäre nicht gut, Goldfeder zu sein, in des Vogels Brust zu sitzen, es käme der kalte Winterwind und wehte dich nieder vom Zweige.« Ungetrübter und nur leise an die Verfolgungen streifend, ergeht dieses Wünschen in einem schottischen Lied: »O wär' mein Lieb die rote Rose, die auf der Burgmauer wächst, und ich selbst ein Tropfen Tau, herab auf die rote Rose wollt' ich fallen: o wär' mein

Lieb ein Weizenkorn, erwachsen auf dem Feld (*lily lee*), und ich selbst ein winzig Vögelein, mit dem Weizenkorne flög' ich weg; o wär' mein Lieb eine Kiste von Gold und ich der Schlüsselhüter, ich öffnete, wann ich hätte Lust, und in der Kiste wollt' ich sein.« Den frühzeitigen Gebrauch dieser Wunschweise im deutschen Volksgesange bekundet die schon kunstmäßige und sehr ergiebige Ausbeutung derselben in einem der Nithartslieder des 13. Jahrhunderts. Dem Sänger ist eben ein Blick aus zwei spielenden Augen geworden, aber schon wirft die Schöne den dichten Schleier über ihre lichten Wangen, das gibt ihm Anlass zu einer Reihe verliebter Wünsche: »O weh! dass ich nicht ein seiden Risel (Kopftuch) bin, das die Wänglein decken sollte bei so rotem Munde! wenn dann der Wind ein wenig gegen uns wehte, dass sie mich näher hin zu rücken bäte! wär' ich doch der Gürtel, der sie umfing, da sie am Tanze ging! wär' ich der Gern (Streifen), da die Spange liegt, was wollt' ich mehr? wär' ich ein Deckelaken von Hermelin oder ein Mantel von Baldekin (Seidenzeug), den eine Frau gerne trägt, wenn Ritter sie schauen, so würde man mich schön bewahren und unterweilen nahe zu ihr falten! wie gerne wär' ich ein Vogel, der unter ihrem Schleier säße und aus ihrer Hand äße! ein Zeislein möcht' ich sein, so trüge sie mich allzeit, und so wäre mir Trinken aus ihrem roten Munde bereit, durch die Röte säh' ich ihre kleinen weißen Zähne, und vor Freude biss ich sie in ihr Zünglein«; sofort folgen noch minder zarte Wünsche für den ländlichen Nebenbuhler des Dichters: »Engelmar! Du solltest ein großer Esel sein, dass du unmäßige Säcke zur Mühle trügest; sollt' ich dich treiben, so wäre das meine Freude, dass ich dir den Rücken mit Knütteln wohl zerschlüge, die tiefen Wege bergauf, da müsstest du dein Zippelzehen (Zehentrippeln) über den Anger lassen! sollt' ich wünschen, so wärest du ein breiter Fladen, den die Dörper mit den Zähnen zerrissen.« Der Dichter eines Meistergesangs, etwa vom Schlusse des 15. Jahrhunderts, wünscht sich, ein Spiegelglas zu sein, damit die allerschönste Frau täglich ihr goldfarbenes Haar vor ihm ausschmücke; ein goldenes Ringlein, das sie in ihren Händen wüsche; ein braunes Eichhorn, das auf ihren Schoß spränge und in ihren Arm geschlossen würde. Aber auch in den Volksliedern selbst sind Proben solcher Wünsche aufbehalten. Eines, auf Flugblättern des 16. Jahrhunderts, hebt an:

»Wär' ich ein wilder Falke,
so wollt' ich mich schwingen aus,
ich wollt' mich niederlassen
für eins reichen Burgers Haus.

Darinnen ist ein Mägdlein,
Madlena ist sie genannt usw.«

Ein anderes, das in verschiedener Form aufbehalten ist, ruft zum neuen Jahr alle Narren herbei, um in ihrem Geleite närrische Wünsche zu tun:

»Wollt' Gott, ich wär' ein kleins Vögelein,
ein kleins Waldvögelein!
gar lieblich wollt' ich mich schwingen
der Lieben zum Fenster ein.

Wollt' Gott, ich wär' ein kleins Hechtelein,
ein kleins Hechtelein!
gar lieblich wollt' ich ihr fischen
für ihre[n] Tische.

Wollt' Gott, ich war' ein kleins Kätzelein,
ein kleins Kätzelein!
gar lieblich wollt' ich ihr mausen
in ihrem Hause.

Wollt' Gott, ich wär' ein kleins Pferdelein,
ein artlichs Zelterlein!
gar zärtlich wollt' ich ihr traben
zu ihrem lieben Knaben.

Wollt' Gott, ich wär' ein kleins Hundelein,
ein kleins Hundelein!
gar treulich wollt' ich ihr jagen
die Kirsche, Hünlein und Hasen.«

Paarweise Verwandlungen, auf den See die Ente, wie im schwedisch-dänischen Liede, auf das Rosenstöckchen die Rose, sind aus dem deutschen Märchenschatze beigebracht worden; gewünscht wird wieder in einem Lied aus dem 16. Jahrhundert:

»Und wär' mein Lieb ein Brünnlein kalt
und sprang' aus einem Stein,
und wär' ich dann der grüne Wald,
mein Trauren das wär' klein;
grün ist der Wald,
das Brünnlein das ist kalt,
mein Lieb ist wohlgestalt.«

So haben die Verwandlungen, erst aus bösem Willen angewünscht, allmählich wieder zu den freundlichen Wünschen übergeleitet. Schon in dem einen Worte der Rechtsformel: »wolfgejagt (*vargrekinn*)« ergab sich der Anstoß, die Bilder der Heimatflucht, eben den Wolf, die Hindin, den Wildvogel, in Handlung zu setzen und zu stets belebteren Märchendichtungen fortzuführen. Aus den zärtlichen Wünschen der Liebenden gehen notwendig mildere und ruhigere Gestaltungen hervor, als der hungrige Wolf oder das angstvolle Wild, das von Wölfen und Jagdhunden gehetzt wird. Aber auch in den Stillleben der Liebeswünsche zeigt sich eine leise Bewegung, die der einfachen Gruppe dadurch Reiz verleiht, dass man sie entstehen sieht. Am Baumzweig erglüht der Apfel, am Rosenstocke blüht das Röschen auf, in die Rose fällt der Tautropfen, in das Laubdunkel nistet die Nachtigall, im Wasserspiegel taucht das Entchen auf, um das Brünnlein, das frisch aus dem Steine springt, ergrünt ein schattiger Wald. Selbst die Bedrängung wird rege, doch weniger gewaltsam; der Apfel fällt vom Stabe des Hirten, die Nachtigall wird von den Liebhabern ihres Gesanges verscheucht, die Goldfeder vom Winterwinde weggeblasen. Bei den Verwandlungen, wie in der Wunschdichtung überhaupt, dienen die Bilder des Sommers dem guten Wunsche, die des Winters dem bösen. Mit denselben Farben waren schon im Traugmundsliede die Glücks- und die Unglücksseite abgemacht, hier der grüne Klee, dort der weiße Schnee, hier die grünen Matten, der tiefe Strom, dort der bereifte Wald und der graue Wolf. Der Liebesgruß wünscht mit der Fülle des Grases und der Blumen, des Laubes und der Vogelwonne; die Fluchformeln wollen, dass die Brunnen versiegen, Gras, Laub und Blumen fallen, dass Sturmwind den Schiffenden oder Reitenden schlage. Wieder auf Liebeswerbung angewandt, wird mit dem Blumenwunsche geworben, mit dem Sturmfluche verschmäht, wie beides zusammen in einem schottischen Wechselsange zu hören ist:

»O Mägdlein! kannst du lieben mich
und reichst mir deine Hand,
die Blumen meines Gartens all
geb' ich dir zum Gewand.

Die weiße Lilie sei dein Hemd,
sie steht dir recht zur Lust,
die Schlüsselblume (?) deck' dein Haupt,
die Rose deine Brust.

Dein Mantel soll die wilde Nelk',
dein Rock Kamille sein,
die saubre Schürze sei Salat,
der lieblich schmeckt und fein.
Dein Strümpfchen sei ein Blatt von Kohl,
das breit und schlank zumal,
breit muss es an dem Beine sein
und an dem Knöchel schmal.
Die Handschuh sein Mariengold (Ringelblume),
hell glitzernd auf die Hand,
gesprenkelt mit der blauen Blum',
die wächst im Weizenland.
»Aus Sommerblumen ein Gewand,
mein Junge! schufst mir du,
so schneid' ich nun ein andres dir
aus Winterschauern zu.
Dein Hemd sei frischgefallner Schnee,
der steht dir recht zur Lust,
zum Rocke nimm den kalten Wind,
Frostregen auf die Brust.
Das Roß, darauf du reiten magst,
soll Ungewitter sein,
wohlaufgezäumt mit Sturm aus Nord
und scharfem Hagelstein.
Der Hut auf deinem Haupte sei
von Wolken, grau und graus,
und wann du zu Gesicht mir kommst,
so wünsch' ich dich landaus.«

Ein Rückblick auf die gemusterte Folge von Rätselliedern, Handwerks- und Sängergrüßen, Weidsprüchen, Kranzliedern, Liedern von unmöglichen Dingen, Lügenliedern, Wunschliedern, kann es bestätigen, dass alle diese Formen, auch bei verschiedener Grundbedeutung ihres Inhalts, doch in ihrer gemeinsamen Zubildung zu geselligen Zwecken mittels des fantastischen Witzes zusammenhängen und auch im Einzelnen durch beständiges Übergreifen der einen Art in die andre genau verbunden sind. Die mannigfachen Formeln der Begrüßung und Wechselrede stehen nicht als bloßes Beiwerk da, sie haben sich zu selbstständigen Bildungen entwickelt und machen für sich eine Liedergattung aus.

Ist auch der ernstere Ursprung in der unbegrenzten Herrschaft des Fantasiespiels großenteils aufgegangen, so war es doch immer ein poetisches Verdienst, die Vorkommenheiten und Verhältnisse des täglichen Lebens in diesem märchenhaften Lichte sich bewegen zu lassen.

4. Liebeslieder.

Solang es nicht eine greise Jugend gibt, wird stets das *Liebeslied* die Blume der Lyrik sein. Durch alle Teile gegenwärtiger Darstellung des deutschen Volksgesangs ziehen sich Erzeugnisse desselben, die in irgendeiner Form die Liebe zum Inhalt haben; die Lieder der Liebe haben aber auch ihr eigenes Gebiet, ihre besondre Heimatstätte, wo sie wachsen und woher sie stammen, und auf diesem Boden sollen sie jetzt erfasst und zur Beschauung gebracht werden.

Die ersten Spuren volksmäßiger Liebeslieder in deutscher Sprache zeigen sich in Verbot und Verwerfung weltlichen Gesangs. Schon der Bekehrer Bonifazius erklärt Reigen der Laien und Gesänge der Mädchen in der Kirche für unerlaubt. Ein Kapitular Karls des Großen von 789 bestimmt, dass die Nonnen keine *Winelieder* schreiben oder ausschicken sollen dürfen, auch nicht von ihrer Blässe durch Aderlass. *Wine* heißt Freund, Geselle, die Glossen erklären *Winelied* als weltliches Volkslied, und es können darum, ohne Rücksicht auf den Inhalt, gesellige Lieder so benannt sein; dass aber die den Nonnen verbotenen Lieder verliebter Art waren, lässt doch der Zusammenhang der Gesetzesstelle kaum bezweifeln. Otfried, Mönch zu Weißenburg, um 870, sagt in der lateinischen Zueignung seines deutschgereimten Evangelienwerks, er habe solches auf Bitten einiger frommen Männer, besonders aber auf das einer achtbaren Witwe, unternommen, welchen die Üppigkeit und Leichtfertigkeit weltlicher Gesänge zum Ärgernis gereicht. Mit ähnlichen, nur noch stärkeren Ausdrücken sind in Kirchengesetzen desselben Jahrhunderts Tänze und üppige Lieder auf den Straßen und in den Häusern gerügt. Vom Anfang des 11. Jahrhunderts, wenn nicht älter, ist jener Liebesgruß an Ruodlieb, in welchem, mitten aus dem Mönchlatein, *Lieb* und *Laub*, *Wonne* der Vögel und *Minne* deutsch und volksmäßig hervorbrechen. Die dürftigen Anzeigen des ehemaligen Liebesliedes im Volke setzen sich lange nicht bis zu dem Zeitpunkte fort, von welchem an, um die Mitte des 12. Jahrhunderts, der ritterliche Minnesang in aufblühender, fast zwei Jahrhunderte fortwuchernder Fülle sich entfaltet. Dieser Minnesang ist Kunstdichtung im Geist eines einzelnen Standes, er ist aber zugleich das bedeutendste Zeugnis von der volksmäßigen Unterlage, die auch ihm nicht mangeln konnte, von der Beschaffenheit eben jenes vorangegangenen und sonst nur äußerlich angezeigten Volksgesanges. Die Anknüpfung an letztern vermittelt sich durch die einfache, selbst im Reime noch unvollkommene Form und die sinnliche Frische der ältesten

Minnelieder, wie sie unter den Sängernamen *Kürenberg, Aist* u. a. auf uns gekommen sind. So künstlich der Minnesang sich weiterhin ausbildete, so blieb ihm dennoch ein Wahrzeichen angestammter Natürlichkeit in der bald tiefer empfundenen, bald herkömmlich fortgeübten Versetzung der inneren Stimmungen mit den Wandlungen der Jahreszeit. Sein überreicher Liedervorrat kann in dieser Hinsicht auf wenige Grundzüge gebracht werden. Das Einfachste ist, wenn der Sänger sich freut und zur Freude auffordert, dass die glückliche Zeit des Frühlings und der Liebe wieder angebrochen, sodann wenn er das Scheiden dieser schönen Tage betrauert, überhaupt wenn seine Gemütsstimmung mit der Farbe der Jahreszeit zusammentrifft; eine zweite Weise beruht auf dem Gegensatze, wenn der Liebende in der lichten Zeit trauern muss oder in der trüben sich glücklich fühlt, und dieses geht endlich dahin über, dass er, einzig in seiner Liebe befangen, sich über die Jahreszeit und ihren Wechsel gänzlich hinwegsetzt, aber auch hiebei noch des Naturlebens zum Widerhalte bedarf. Im reinen Stile dieser Minneweisen wird auch aller Aufwand der Darstellung, aller Preis und Schmuck der Geliebten lediglich der heitern Frühlingswelt entnommen; die schöne Frau selbst ist die edelste Blüte, die rechte Maienrose, alle Reize der Jahreszeit warten auf sie und vollenden sich in ihr, erst in der Liebe wird die Lenzeslust vollkommen. Einfach in Anlage und Farbengebung, arm in der Wiederkehr desselben Hauptgedankens, ist der Minnesang um so mannigfaltiger in Wendungen und Formen, durch welche der Grundton durchgespielt wird, und innerlich reich in der unerschöpflichen Herzenslust, die so lange hin so viele zum Gesange trieb. Jenes regelrechte Einerlei der Minnedichtung wird aber auch dadurch gebrochen, dass die in ihr verbundenen Elemente, Inneres und Äußeres, sich zwar nicht gänzlich voneinander lossagen, aber jedes überwiegend nach seiner Seite hinarbeiten und so auf der einen an geistiger Entwicklung, auf der andern an natürlicher Lebensfülle gewonnen wird. Diese beiderlei Richtungen, deren Ansätze schon frühe zu bemerken sind, erlangen ihre vollständige Vertretung in zwei liederreichen Dichtern aus der blühendsten Zeit des Minnesangs, Reinmar dem Alten und Nithart. Ersterer zeigt sich bereits um 1194, in einem Lied auf den Tod Leopolds von Österreich, als gereiften Sänger, Nitharts Dichtweise muss nach einer Anspielung Wolframs von Eschenbach vor 1220 schon namenkundig gewesen sein; auch er sang am Hofe der Österreicher. Obgleich nun Reinmar sich den Altmeistern des 12. Jahrhunderts anreiht, sind es doch unter der großen Zahl seiner Minnelieder nur wenige noch, in denen auf Sommer und Winter

Bedacht genommen ist, unter den wenigen aber solche, worin er sagt, dass, wenn Sie nicht helfe, Sommer und Winter beide ihm allzu lang seien, oder dass er mehr zu tun habe, als Blumen zu beklagen. Seine Lieder sind fast blumenlos, aber reich der sinnigsten Herzensworte: er vor allen steigt nieder in die Tiefe des Gemüts, ja, er spricht von einem Gedankenstreit in seinem Herzen. Zwar sind es wirklich noch Gedanken des liebenden Herzens, war aber einmal der sinnliche Schmuck hingegeben, die Beschäftigung im Innern angeregt, so kam man von der farblosen, unmittelbaren Empfindung zum nackten Gedanken, die Betrachtung wandte sich in Reinmars sinnverwandten Nachfolgern immer mehr auch auf andere Angelegenheiten als die der Minne: dem Geist einer neuen Zeit war auch im Gesange der Weg gebahnt.

Nitharts zahlreiche Lieder beginnen fast ohne Ausnahme mit Bildern des Jahreswandels von lebhaftem Farbenspiele. Hieran schließen sich gewöhnlich, wie bei andern, die verliebten Empfindungen des Dichters; diese betreffen aber eine Dorfschöne und sind nur der Übergang zum Hauptinhalte der Lieder, Darstellungen aus dem Leben der üppigen Dörper, Dorfknaben, Dorfsprenzel, Getelinge, des fruchtbaren Tulnerfeldes, mit denen er in mancherlei Eifersucht und Hader kommt, deren Maientänze und andere Vergnügungen in Sommer und Winter, nebst dazu gehörenden Schlägereien, er in kräftigen, reichausgestatteten Gemälden vorführt. So wie diese Lieder, deren Art vielfache Nachfolge fand, durchaus in den Kunstformen des Minnesanges gedichtet sind, so haben sie auch, des volksmäßigen Gegenstandes unerachtet, höfische Bedeutung. Sie gehören der idyllischen Gattung an, welche den höheren Ständen das Vergnügen gewährt, sich mitunter in die natürlich freiere Bewegung des ländlichen Lebens zu versetzen, ohne dass damit der vornehmern Stellung etwas vergeben wird. Nitharts Dorflieder belustigten den Hof zu Wien auf doppelte Weise: die Hoffart, der scheelangesehene Kleiderprunk, die linkische Verliebtheit der Bauern nahm sich in den Formen des höfischen Sanges ebenso ergötzlich aus, als die zierliche Sprache des Frauendiensts und die Überzartheit des Minnelieds in der Anwendung auf die Töchter des Gäus. Immerhin aber bekunden die Lieder dieses Stils eine Hinneigung zum Volksmäßigen; manche, namentlich die auf den Maientanz bezüglichen, verzichten mehr oder weniger auf die parodische Richtung, oder geben sich völlig rückhaltlos der allgemeinen Volkslust hin. Der Kunstsänger wird von seinem Stoff überwältigt, die Bauernschaft erobert den Hof. Walther von der Vogelweide, jüngerer Zeitgenosse Reinmars, älterer Nitharts, gleich ihnen wohlbekannt am Hofe zu Wien, klagt über ungefüge Töne, die das »hofeliche Singen«, die rechte, sittige Freude, von den Burgen verdrängen; meint er damit, wie zu glauben, die Nithartsweise, so sagt er nicht mit Unrecht: bei den Bauern ließ' er sie wohl sein, von daher sei sie auch gekommen.

Die eigentümliche Mischung des Naturgefühls und der verliebten Scholastik des Ländlichen und des ritterlich Höfischen im Minnesang erklärt sich aus der Lebensweise und den gesellschaftlichen Bezügen des Standes, in dem er üblich war. Die Stände waren im deutschen Mittelalter sehr augenfällig geschieden und abgestuft, tiefer liegen die mannigfachen Fäden der Verbindung und Vermittlung. Was dem Standesrechte nach so scharf trennte, Freiheit und Unfreiheit, flocht zugleich, als Dienstverhältnis, die genauesten Bande. Das weite Land bedeckten größere und kleinere, im Hofrecht verbundene Haushalte, aus dem Herrn und seinen Dienstmannen, samt den Angehörigen beider, bestehend. Die Dienstleute, Ministerialen, teils in der unmittelbaren Umgebung des Herrn, teils auf dem zugewiesenen Gute lebend, stammten aus dem untersten Stande der Unfreien, waren selbst unfrei, hatten sich aber dennoch zu solchem Einfluss und Ansehen heraufgearbeitet, dass eben sie die zahlreiche Sippschaft des niederen Adels bildeten. Diesem Dienstadel gehörten vorzugsweise diejenigen Dichter an, die als tonangebende Meister des Minnesangs auftraten; der Frauendienst in ihren Liedern war eine dichterische Fortbildung und Vergeistigung des angeerbten Hofdienstes. Die mitsingenden Herren, Grafen, Fürsten, bis zum König und Kaiser, huldigten dadurch einer ritterlichen Sitte, und auch die Formen der Lehenspflicht wurden im Minnesang angebracht. Je mehr das Dienstwesen, das zugleich ein Schutzverhältnis war, um sich griff, um so stolzer gebarten sich die wenigern, die sich desselben noch erwehrt hatten, die freien Herren, die nicht vor dem Kaiser aufstanden, die »starken« Städte, die freien Landsassen. Wo noch ausnahmsweise eine nicht dienstbare, wohlhabende, wehrhafte Bauernschaft aufrecht war, da stand sie zwar mit dem Adel in keiner Gemeinschaft, reizte vielmehr seine Eifersucht, aber sie bewegte sich rüstig und lebensfroh neben ihm, sang ihre Lieder und sprang ihre Reigen ihm vor der Nase. Die hier ausgehobenen Zustände begründeten für den Minnesang einerseits den höfischen Zuschnitt und die parodische Behandlung des Dorflebens, sie erhielten aber auch andrerseits den Natursinn und einen noch in der Verspottung fühlbaren Hang zur freieren Volkslust. Der Adel wohnte so gut im Freien, als das Landvolk, von seiner Burg aus hörte man den

Gesang der Vögel im nahen Holze oder auf der alten Linde vor dem Tor. Die Jagd war seine Kurzweil, Tanz und Spiel hatten keinen Gelass in der engen Burgstätte. Ritterliche Herren und Dienstleute, freie und dienstpflichtige Bauern hatten ein Gemeinsames, das Leben in Feld und Wald, die Ländlichkeit. Geht auch schon im ältesten Minnesange das Ländliche Hand in Hand mit dem Höfischen, so ist doch die Hofsitte, als künstliche Zubildung des einzelnen Standes, für das Spätere, der frische Naturhauch für das Frühere anzunehmen. Der Gesang hielt gleichen Schritt mit der Gestaltung des geselligen Lebens. Bevor noch die Ministerialen ihrem Stamme, den »armen Leuten« (Rechtsalt. 312), entfremdet waren und am Herrenhofe den Prunk und die ritterliche Zierlichkeit der Staufenzeit sich eingenistet hatte, kam dem Zusammenleben auf dem Lande noch mehr ein hausväterliches Gepräge zu, wie solches an der Grenze des 10. und 11. Jahrhunderts durch die idyllischen Schilderungen im Ruodlieb, jenem Gedichte mit dem Frühlingsgruße, bezeugt wird und noch vielfach in den Weistümern seine Spur gelassen hat. Ebenso überwog gewiss auch im Liede das Gemeingültige, Natürliche. Dieser Voraussetzung entspricht eine geschichtliche Erscheinung von andrer Seite. Der provenzalische Minnesang, dessen erste Urkunden etwa fünfzig Jahre älter sind, als diejenigen des deutschen, heftet, gerade wie dieser, den Ausdruck der Empfindung an den Wandel der Jahreszeit. Über einen der älteren Troubadoure, Peter von Valieres aus Gascogne, besagen die Nachrichten der Liederbücher: Er sei ein Spielmann gewesen und habe Lieder gemacht, wie man sie damals machte, von armem Gehalt, von Blättern und Blumen und vom Gesange der Vögel, weder seine Gesänge haben großen Wert gehabt, noch er selbst. Ähnlicherweise äußert einer der frühesten nordfranzösischen Minnesänger, Thibault von Champagne: Blatt und Blume taugen nichts im Gesange und können nur Leute mittleren Standes vergnügen. Beides weist auf alten volksmäßigen Gebrauch des Singens von Laub, Blumen und Vogelgesang. Der nordfranzösische Kunstgesang ist selbst erst ein Nachklang des provenzalischen, aber auch diesen, mittelbar oder unmittelbar, für das Vorbild des deutschen anzusehen, geht wenigstens nicht für die Auffassung der Natur an, welche nirgends mit solcher Neigung, Frische und Gründlichkeit durchgeführt ist, als bei den deutschen Sängern. Soweit unsre Minnelieder hinaufreichen, findet sich doch nirgends eine Anzeige, dass sie ein neuer, aus der Fremde gekommener Brauch seien, je älter, um so freier sind sie von ritterlicher Förmlichkeit, die allerdings von romanischer Seite sich den deutschen Höfen mitteilte; überall setzen sie das

Singen von Mai und Minne als ein herkömmliches voraus, manche haben es frühzeitig schon hinter sich, und sobald, bei Nithart, das Landvolk hereingezogen wird, ist auch dieses schon völlig im Singen zu Tanz und Blumenkranz begriffen. Provenzalen und Deutsche führen also gleichmäßig auf einen älteren Volksgesang. Erstere gehen urkundlich vor, woher aber bei ihnen, in hohem und niederem Stand, alle die wiederkehrenden Sängernamen deutscher Zusammensetzung? Nicht auf die einzelnen kunstfertigen Träger dieser Namen kann die Frage sich beziehen, wohl aber erinnert sie an die große Einbürgerung germanischer Geschlechter im Süden und stellt der späteren romanischen Einwirkung auf Deutschland eine frühere Stammtafel in umgekehrter Richtung entgegen. Die einfachste Ausgleichung des gegenseitigen Anspruchs gibt übrigens jener gemeinsame Grundton, der, über die Unterschiede des deutschen und romanischen, des ritterlichen und volkstümlichen Gesanges hinaus, ein naturgesetzlicher ist und als solcher nachhielt, soweit der Mensch mit dem gesamten Naturleben inniger verbunden blieb; mit und an dem erwachenden Frühling erfrischt sich Herz und Blut, die Zeit des Grünens und Blühens ist die Zeit der Jugend, der Liebe, des Gesangs.

Nachdem in deutschen Landen der höfische Minnesang verklungen war, fanden die Liebeslieder des Volkes von neuem Gehör und allgemeinere Geltung. Sie haben die gleiche natürliche Grundlage; zum Beweis aber, dass sie nicht ein Nachklang des abgestorbenen Kunstgesanges sind, knüpfen sie sich nicht an seine letzten Erzeugnisse, sondern berühren sich weit mehr mit der vorbemerkten Weise der ältesten Minnelieder, denen eben damit eine weitere Gewähr ihrer volkstümlichen Abstammung zuwächst. Diese Volkslieder sind nun ausführlich darzulegen, und der nur im Umriss vorangestellte Minnesang wird dabei auch in einzelnen Zügen sich verwandt und hilfreich erzeigen.

Die Jahreszeit ist den Minnesängern nicht bloß ein poetischer Widerhall der inneren Stimmung, im Leben selbst eröffnet ihnen der Sommer die glückliche Werbung, der Winter macht ihr ein Ende. Bald ist dies stillschweigende Voraussetzung, bald wird es bestimmter ausgedrückt. Wenn die Blumen den Sommer künden, sendet der Ritter Botschaft an die Erkorne und empfiehlt sich ihr »gen dieser Sommerzeit«; oder er freut sich ihrer Zusicherung, dass er »der Zeit genießen soll«; der Schönen selbst war, seit sie nicht mehr Blumen sah, noch den Sang der Vögel hörte, all ihre Freude verkürzt, ein versäumter Sommer wird zum Voraus von ihr beklagt; der Sänger, der über die Jahreszeit sich hinwegsetzen will, bemerkt eigens, dass er auch über den Sommer hinaus diene. Freilich war nur eben der schönere Jahresteil die günstige Zeit, sich zwanglos nahe zu kommen, Verständnisse anzuknüpfen und wieder aufzunehmen, die Zeit des Blumenlesens und Kränzewindens, der Reigen und Ritterfahrten, aber im Grunde waltet dennoch jene belebende Lenzeskraft. Verbindungen für die schöne Jahreszeit kommen auch weiterhin, mehr volksmäßig, zum Vorschein. Ein Gedicht des 14. Jahrhunderts, mit dem Preise der süßen Maienwonne vor jeder andern Zeit des Jahres anhebend, erzählt von der *Brunnenfahrt*, die alsdann üblich sei; wenn der Mai mit seiner Kraft es bringe, dass aus dürrer Erde grünes Gras und lichte Blüte springe, wenn man die Vögelein in hohem Schall höre, die auch von ihrem Trauern erquickt seien, wenn Berg und Tal in reicher Wonne stehen, dann werde in einen Wald gezogen, Ritter, Knechte und schöne Frauen sammeln sich auf der Aue beim Brunnen, schöne Gezelte werden aufgeschlagen, Singen und Sagen, Tanzen, Rennen, Springen, alle Kurzweil werde da getrieben, auch nehme jedes eines Liebsten wahr, von dem es dahin gebeten sei, mancher gute Gesell finde dort die liebste Frau, nach der sein Herz sich lange gequält und vielmal gerechnet und gezählt bis auf den Tag der Brunnenfahrt, da sie ihm zu sehen worden, je zwei und zwei gehen sie dann mit Armen schön umfangen. Diese lustwandelnden Paare sind es, die anderwärts *Maienbuhlen* genannt werden. In einer frommen Betrachtung für Klosterfrauen aus dem 15. Jahrhundert wiederholen sich mehrfach in geistlichem Sinne die Vorstellungen vom »in Maien fahren« und vom »Maienbuhli«. Der Monat Mai war auch Badezeit, und es gehörte zu den geselligen Förmlichkeiten, dass die Badgäste sich ihre Maienbuhlen nahmen; dies ergibt sich aus einem Reiseberichte des Hans von Waldheim, der im Jahre 1474 zu Baden im Aargau das warme Bad gebrauchte: »Herr Hans von Emß bat mich zu Hause und tat mir viel Ehren und Gutes und gab mir seine Hausfrau zu einem *Maienbuhlen*.« Sprichwörtersammlungen des 16. Jahrhunderts gedenken einer *Knappenehe*, die im Mai geschlossen werde und nicht länger währe denn der Sommer; im Winter, da sie weder Haus noch Hof haben, laufe eines hier, das andre dort hinaus. Diese Maienehe erinnert an die Heirat in ein Blumenhäuschen. Man könnte sie lediglich für einen Hohn auf das leichtfertige Leben heimatloser Leute ansehen, wenn sie nicht in eine Reihe halbgesetzlicher Gewohnheiten einträte. Der merkwürdigste Gebrauch solcher Art sind die noch neuestens im Eifellande beliebten *Mailehen* (Mailienen). Am Abend des ersten Mai versammeln in einigen Dörfern sich die jungen Bursche auf dem Hauptplatze des Dorfes oder auf einer nahegelegenen Anhöhe, um sich die Mädchen zum Tanze bei den Kirchweihen und sonstigen Festen zu bestimmen; nach gepflogenem Rate ruft einer derselben mit lauter, fernhallender Stimme: »Der und die sollen *Mailienen* sein! seid ihr des alle zufrieden?« worauf die Gesellschaft in volltönendem Chore mit Ja! zu antworten hat. Ist keine Übereinstimmung vorhanden, und wird die Stärke der verneinenden Stimmen für hinreichend gehalten, so wird neuer Rat gepflogen, und ein neuer Ruf verkündet die neue Bestimmung, bis reiner, voller Zuruf die Einhelligkeit bekundet; auf ein allgemeines lautes Ja! wird dabei viel gehalten. Wie an diesem Tage jedem die Bahn geöffnet ist, diejenige Tänzerin sich zu erwerben, die er zu haben wünscht, so tritt auch für ihn die Verpflichtung ein, der Erworbenen das Jahr hindurch getreu zu sein, sie und keine andre soll er zum Tanze führen, nur mit ihm und mit keinem andern ohne seine Erlaubnis darf sie tanzen. Auch an einem Sittengerichte fehlt es nicht; ergibt sich, dass ein Mädchen, als sie bei der letzten Kirchweihe den Vortanz um die Dorflinde oder sonst wo mithielt, dieser Ehre nicht mehr würdig war, so wird die Linde oder das Geländer um dieselbe reingewaschen, auch das Pflaster ringsum aufgebrochen und erneuert. Die Verwandtschaft dieser ländlichen Mailehen zu dem ritterlichen Sommerdienste der Minnelieder ist nicht zu verkennen.

Das freudige Gefühl der Jugend und des Frühlings ersprang sich in Tanz und Ballspiel. Wie gewaltig der Tanz in das Leben eingriff, wie genau er mit dem Gesange verbunden war, ist hier nur in Beziehung auf das Liebeslied zu erörtern. Schon die alten kirchlichen Verbote lassen Tänze, üppigen Gesang und teuflische Spiele zusammen auf den Straßen vorgehn. Bei Nithart und andern Minnesängern, die mit dem Volke verkehren, hat die viel betriebene Darstellung der ländlichen Tänze zur Maienzeit wieder einen gemeingültigen Zuschnitt, der ganz wahrscheinlich auch dem älteren Volkslied entnommen ist. Wenn die Vögel singen und die Linde laubt, dann wird alsbald der muntre Sumber (Handtrommel) und die helltönende Liederstimme vernommen, die zum Reigen unter der Linde rufen. Diese Klänge wirken zauberhaft auf die tanzlustigen Mädchen. Der Dichter selbst gefällt sich darin, der verlockende Sänger zu sein, das Mädchen hört ihn singen, ihr Herz spielt ihm entgegen vor Freuden, als woll' es toben, an seiner Hand will sie zur Linde springen. Die Mutter warnt, sie versagt die Feierkleider, es erhebt sich Wortwechsel und Streit, sie schlagen sich gar mit Kunkel und Rechen; das Mädchen erbricht den Kleiderschrein, bände man ihr den Fuß mit einem Seile, sie bliebe nicht, hin springt sie, mehr denn klafterlang; die Mutter selbst wird von Tanzlust ergriffen, wie ein Vogel schwingt sie sich auf; der Winter muss weichen, die Bäume, die grau standen, haben neues Reis, die Alte, die mit dem Tode focht, lebt auf, wie ein Widder springt sie und stößt die Jungen alle nieder. Gegen zwanzig Lieder von Nithart oder unter seinem Namen haben diese Anlage, so jedoch, dass die angeführten Züge mehr oder weniger vollständig, gelinder oder gewaltsamer hervortreten. Auch andere Sänger, in anderer Gegend, üben diese Form, und in einem Minnelied wird dieselbe schon bildlich verwendet, indem der Liebende von seinem ungeduldig fortstrebenden Herzen sagt, es tue der Tochter gleich, die ihre Mutter betrogen.

Über die Art und Weise, wie bei den Volksreigen der Gesang mit dem Tanze verbunden war, geben dieselben Dichter manche Andeutung. Schon auf dem Wege zum Tanzplatz wird gesungen. Nithart beklagt sich wiederholt über die Getelinge, die ihm Feiertags, von der Dorfstraße ab, durch den Anger liefen und die Wiesenmaht zertreten, besonders über einen, der nach Blumen zum Kranze sprang und dazu in einer hohen Weise seine *Winelieder* sang. Hier wieder die Winelieder, welche vierhundert Jahre früher den Nonnen verboten wurden; da der Blumenkranz zur Werbung beim Tanze gehört, so lässt sich auch hier auf verliebten Inhalt dieser Lieder schließen. Auch die Mädchen singen schon beim Auszug zum Maientanze. Der von Stamheim schildert einen solchen: Die Mutter selbst ist, nach vergeblicher Einsprache, dem Töchterlein zum Putze behilflich, die Gespielen scharen sich, als Maien führen sie einen Schleier mit angebundenen Spiegeln, darunter singt aus blütenrotem Munde ein wohlgeschmücktes Mädchen in süßer Weise vor, die andern alle singen nach, so eilen sie in das Tal vor dem Walde, wo der Ball geworfen wird und der Maientanz anhebt, den wieder eines der Mädchen mit seinen Gespielen vorsingt. Vorsingen und Vortanzen waren zwei hohe Ämter. Die Vortänzer gehörten zu den Rüstigen im Gäu und hatten in beim Reigen mannigfache Gewalt, die jungen Dörper führen blutigen Kampf darum, wer den *Leitstab* vortragen und damit den Tanz führen solle. Der Vorsinger wird ausdrücklich genannt, er dünkt sich etwas besondres zu sein, und wenn es auch für stattlich gilt, Geiger, Pfeifer und Sumberschlager beim Tanze vor sich zu haben, so erscheint doch der Gesang des Vorsingers oder der Vorsingerin wichtiger als das vor- oder nachgehende Geigenspiel. Die Nachsingenden hatten im Chore zu antworten, »die andern sungen alle nach«, und wenn auch ihr Anteil nicht genauer angezeigt ist, so fiel ihnen doch jedenfalls die Kehre zu, die bei Tanzliedern nicht leicht gefehlt haben wird, beim Aufschreiben derselben aber wegfallen konnte, da sie nicht eben an das einzelne Lied gebunden war, vielmehr mit diesem oft in sehr loser Beziehung stand. Jene zahlreichen Lieder von der tanzlustigen Tochter oder der Alten, die zum Tanze springt, waren durch ihren Inhalt und meist auch durch einfacheren, raschen Versbau wohl für den Reigensang geeignet, und es heißt am Schluss eines solchen Liedes: »Herr Nithart diesen Reien sang.« Einigen dieser Lieder ist in der Handschrift eine Kehrzeile beigesetzt; darf man nun für Stücke desselben Schlags auch gleichmäßigen Vortrag annehmen, so zeugt eben die vereinzelte Erscheinung der Kehre für die Vernachlässigung derselben in andern Fällen. Ein sonst nicht volksmäßiges Minnelied Hiltbolts von Schwangau, worin des Tanzes mit der Lieben gedacht ist, erweist sich damit auch zum Tanze bestimmt, dass es einen ländlichen, für sich bestehenden Kehrreim hat; auch die langen Tanzleiche Ulrichs von Wintersteten und des Tanhusers schließen mit einem Ausrufe, der bestimmt war, im ganzen Ringe rauschend widerzuhallen: »Schreiet alle Heia hei! nu ist die Sait' entzwei!« oder: »Heia nu hei! nu ist dem Fiedler sein Bogen entzwei!« oder auch: »Mein Herze muss mit der Sait' entzwei!«

Die Fortdauer des Tanzsingens, wie es bei den Minnesängern angezeigt ist, auch in den folgenden Jahrhunderten ergibt sich aus gleichzeitigen Sittenschilderungen. Im Renner um 1300 rühmt eine Bäurin von ihrem Sohne Ruprecht: Er sei ein »frommer Knecht«, trage sein erstes Schwert, einen hohen Hut und zwen Handschuhe, auch sing' er den Maiden allen zu Tanze vor! ebendaselbst heißt es: Jener sei der Maide Rosenkranz, dessen Stimme den Tanz wohl ziere; auch wird den jungen Mädchen ihre Vorliebe für den Trommelschläger vorgeworfen und von der Art des Tanzens gesagt, dass sie erst sachte antreten, dann aber aufspringen, als ob sie toben. Solch wildes Tanzen rügt etwa siebenzig Jahre später der Teichner als einen von den Bauern auf den Adel überkommenen Unfug: Zu Herrn Nitharts Zeiten hievor habe man viel neuer Unsitte mit Geberde und Gewand bei den Bauern gefunden, nun sei es aus der Bauern Hand an die Edeln gekommen; vormals habe man sachte tanzen gesehn, danach habe das Reigen sich erhoben, jetzt sei es nichts denn auf und nieder, er wisse nicht, wie er's nennen solle, doch vergleich' er's am besten dem Volke, das beim Weinpressen (Traubentreten?) auf und nieder hüpfe; noch gedenk' er wohl, dass einer im Reigen ein lauteres Glas voll Weines auf dem Haupte geführt, das fiele jetzt einem Tänzer schwer, der, vom Glase zu geschweigen, sich Mantel, Rock und Kugelhut (Kapuze) vom Halse schütteln könnte. Des Bechers auf dem Haupte gedenkt aber schon Nithart als einer von den Bauern nachgeäfften Hofsitte; Sigenot beut dem Dichter neckend seinen Becher, zieht ihn zurück, setzt ihn ans sein Haupt und schleift auf den Zehen hin, doch hat Nithart das Ergötzen, dass der Becher dem Tanzenden über Augen und Mund in den Busen stürzt. Eine geistliche Betrachtung in einer Handschrift des 15. Jahrhunderts eifert gegen die Sünde des Tanzens überhaupt und insbesondre gegen den verlockenden Tanzgesang »der Frauenbilde«: Die Sängerinnen am Tanze seien Priesterinnen des Teufels und die ihnen antworten, seien seine Klosterfrauen, das Tanzhaus seine Pfarrkirche, die Pfeifer und Lautenschläger seine Meßner; die Tanzlieder seien gemeiniglich von üppigen, unkeuschen Worten und es sei jedem große, schwere Sünde, wer solche schandbare Lieder dichte oder singe, er müsse die Sünden auf seine Seele nehmen, die »aus den Liedern oder Sprüchen gehn«, darum werden auch oft die Dichter, Meistersinger und Vorsingerinnen durch schwere Strafen heimgesucht, was mit Beispielen belegt wird. Diese Sittenpredigt zeugt nicht nur von einem reichen Vorrat damals vorhandener Tanzlieder, deren Inhalt nur zu schwarzgallig angesehen wird, und von dem lebhaftesten Fortbetrieb des Tanzsingens, sondern es wird auch die Form des letzteren als die altübliche bezeichnet, als *Vorsingen* und *Antworten*, d. h. Nachsingen oder Kehrreimsingen im Chore, auch werden zwei verschiedene Tanzarten genannt, der *umgehende* und der *springende* Tanz, das Tanzsingen aber vorzugsweise bei dem ersteren abgehandelt. Noch am Ende des 16. Jahrhunderts (1598) gibt Neocorus in seiner Geschichte des Landes Dithmarschen eine genaue Beschreibung der Volkstänze, die hier bei einem lange hin freien und an den Bräuchen der Vorfahren festhaltenden Bauernstand in Übung geblieben waren; er bemerkt, dass die Dithmarschen ihre Gesänge fast alle den Tänzen bequemt haben, und im Gegensatze des von fremden Orten neu eingeführten Tanzens zu zweien *(Biparendanz)* schildert er die verschiedenen Arten des alteinheimischen *langen Tanzes*, darin alle, die tanzen wollen, der Reihe nach anfassen; dieser lange Tanz sei zweierlei, erstlich der *Trümmekentanz* (Trommeltanz), der sonderlich mit Treten und Handgebärden ausgerichtet werde, jedoch bei vielen nicht mehr im Gebrauche sei, dazu gehörige Lieder werden angezeigt; der andere lange Tanz gehe fast in Sprüngen und hüpfend, dieser Art seien die allermeisten dithmarsischen Lieder und Gesänge; nicht unfüglich könne jener der Vortrab und dieser der Sprung (er heißt auch anderwärts *Springeltanz*) genannt werden; diese langen Tänze werden also geführt. Der Vorsinger, allein oder unter Beistand eines Mitsingenden, stehe mit einem Trinkgeschirr in der Hand und hebe so den Gesang an, wenn er einen Vers ausgesungen, sing' er nicht fürder, sondern der ganze Haufe wiederhole den Vers, und wenn sie es dann soweit gebracht, da es der Vorsinger gelassen, heb' er wieder an und singe wieder einen Vers; wenn nun dergestalt ein Vers oder zwei gesungen und wiederholt, springe einer hervor, der vortanzen und den Tanz führen wolle, nehme seinen Hut in die Hand und tanze gemächlich umher, fordre sie damit zum Tanz auf, wohl auch mit einem Gehilfen, und darauf fassen sie der Reihe nach an; wie sich nun der Vortänzer nach dem Gesang und Vorsinger richte, so richten sich die Nachtänzer nach ihrem Führer, und zwar alle, wes Staates und Standes sie seien, in solcher Einigkeit, dass ein Vortänzer in die zweihundert Personen an der Reihe führen und regieren könne. Man sieht, die Bauern in Dithmarschen trieben das Tanzsingen damals noch ziemlich auf dieselbe Weise, wie die des Tulnerfeldes um den Anfang des 13. Jahrhunderts. Das Trinkgeschirr in der Hand des Vorsingers erinnert an Weinglas und Becher der Tanzenden bei Nithart und Teichner. Besonders merkwürdig aber ist, dass selbst der vorerwähnte Inhalt so mancher Nithartsreigen in einem dithmarsischen Liede, das als »Springel- oder Langetanz« bezeichnet ist, sich wiederfindet: Gegen die liebe Sommerzeit hört das Mädchen die Pfeifen gehn und die Trommeln schlagen, sie will zum Abendtanze, zum Spiel im Tale, kommt sie nicht dahin, so ist es ihr Tod, die Mutter mahnt ab und heißt das Töchterlein schlafen gehn, dann den Bruder wecken, dass er mit ihr gehe, alles vergeblich, die Tochter eilt zum Tanze, wo sie den Reuter findet, der sie mit einem Kuss empfängt. Der volksmäßigern Versweise unerachtet kann dieses Lied für einen Nachklang Nithartschen Sanges angesehen werden, worin das Mädchen immer auch an der Hand des Ritters zum Tanze springen will, was dort in der Verbindung des Höfischen mit dem Ländlichen besondern Anlass hat, dem dithmarsischen Volksleben aber wenig ansteht. Dass jedoch Nithart selbst, wie oben vorausgesetzt wurde, die Grundform solcher Lieder dem Volke abgeborgt, ist um so glaublicher, als dieselbe Form auch im altfranzösischen, niederländischen und dänischen Volksgesang aufgewiesen werden kann. Der letztere wendet sich der ernsteren Ballade zu: Die Tochter bittet, zum Tanz in der Wachenacht gehen zu dürfen, was die Mutter ungerne gestattet, der König selbst tanzt dort seinen Hofleuten vor und reicht dem Mädchen die Hand zum Reigen, sie soll ein Liebeslied singen, aber ein solches will sie niemals gelernt haben, ein andres stimmt sie an, das hört die Königin auf ihrem Lager, erhebt sich und geht zum Tanze hinaus, der Tänzerin an der Hand des Königs reicht sie ein Horn mit Wein, kaum trinkt das Mädchen davon, so zerspringt sein unschuldiges Herz, hätte die Tochter dem Rate der Mutter gehorcht, es wär' ihr nicht so übel gegangen. In einem Gegenstücke hierzu erwacht die Königin vom Gesang eines Ritters, der am Tanz auf grünem Anger vorsingt, sie meint erst, eine ihrer Jungfrauen schlage die Harfe, heißt dann alle aufstehen und den Rosenkranz aufsetzen, reitet mit ihnen hinaus und tanzt an der Hand des Ritters, muss aber dafür die Eifersucht des Königs erdulden und sitzt am Ende traurig in der Kammer.

Leichtern Mutes ist die aprillustige Königin *(la regine avrillouse)* eines Liedes in der alten Sprache von Poitou. Beim Eintritt der lichten Zeit, um Freude wieder zu beginnen und Eifersucht zu reizen, will sie zeigen, dass sie voll Liebeslust ist: sie lässt bis zum Meere hin alle Mädchen und junge Gesellen zum fröhlichen Tanz entbieten: anderseits kommt der König, den Tanz zu stören, denn er fürchtet, man möcht' ihm die aprillustige Königin stehlen: sie aber kümmert sich nichts um einen Greis, ein flinker Knappe vergnügt sie; wer sie tanzen sähe und den feinen Leib wiegen, der könnte mit Wahrheit sagen, dass nichts auf der Welt dieser freudigen Königin gleichkomme; »hinweg, Eifersüchtige, lasst uns tanzen mitsammen!« lautet der Kehrreim, hier wird im klaren, südlichen April getanzt, dort in den nordischen Balladen sind es die kurzen und heitern Mittsommernächte, in welchen der Reigen gefeiert wird; auch die Kehrzeilen anderer dänischer Lieder lassen den elfenartigen Tanz im Nachttau durchblicken. Selbst in einer isländischen Saga, deren Niederschreibung in das 12. Jahrhundert gesetzt wird, der Batnsdälasaga, findet sich ein Zug der Nithartslieder, die tanzlustige Alte: Ingolf, Thorsteins Sohn, dichtete Liebessänge, er war so schön, dass es in einem Liede hieß, alle jungen Mädchen wollten mit Ingolf tanzen, selbst das alte Weib mit zwei Zähnen im Munde; sterbend wünschte Ingolf, auf einem Hügel nahe am Wege begraben zu werden, damit die Mädchen des Tales um so länger seiner gedenken möchten.

Ein geistliches Reigenlied Thomas Blaurers um 1540, allegorische Umdichtung eines weltlichen, lässt vermuten, dass in letzterem die maienhaft geschmückte Reigenführerin ihren Gespielen vorsang; wie sie eben von einem Jungbrunnen herkomme, worin ihr runzliges Alter zu blühender Jugend gebadet und wiedergeboren sei; hier ist der Wunderquell doch wohl die verjüngende Kraft des Frühlings, frühmorgens im

Mai äußerte der sagenhafte Jungbrunnen seine Wirkung. Am Schlusse des Liedes gibt die Vortänzerin ihren Blumenstrauß ab und singt dazu:

»der Nächsten an dem Reien
schenk'ich zur Letz'den Maien.«

Dies beruht auf einem weiteren Tanzgebrauche, wovon die beigesetzte Anmerkung Kunde gibt: Die Führerin des Reigens hat an ihrem Kranze noch besonders einen Strauß aufgesteckt, den sie, wenn sie geendigt, nimmt und dem Mädchen gegenüber reicht, um ihn aus dem Ringe zu werfen, einen andern Strauß nimmt sie von ihrem Busen und gibt ihn der nächsten am Reigen als ihrer Nachfolgerin.

Das Lauben der Linde ist bei Nithart die Losung zur Tanzfreude. Unter der Linde wird ja gereigt, sie gibt den Tanzenden Schatten. Nur erst drei Blätter grünen auf ihr, und schon springt nach einem alten Volksliede das Mädchen hoch auf:

»Drei Laub auf einer Linden
die blühen also wohl;
sie tät viel tausend Sprünge,
ihr Herz war freudenvoll,
ich gönn's dem Maidlein wohl.«

Auch darin äußert sich die unwiderstehliche Frühlingslust, dass selbst geistliche Personen von ihr hingerissen werden. Zwar ist eben diesen in der vorerwähnten Strafrede das Tanzen, des Ärgernisses wegen, zur Todsünde gerechnet, aber die Lieder finden es ergötzlich, auch heilige Leute zum Sprunge zu bringen. Schon Ulrich von Wintersteten ruft die Pfaffen mit den Laien zum Reigen. Ein altes niederländisches Tanzliedchen mit der Kehrzeile: »Hei! es ist im Mai, hei! es ist im frohen Mai!« singt vom Tanze des Paters mit dem Nönnchen. Im dänischen Kinderspielreime pflückt der Mönch am Sommertag Rosen und will die Nonne haschen, sie springt auf, leicht wie eine Feder, er kommt nach, schwer wie ein Stein, lustig tanzen die zwei. Noch der einsame Klausner hat seinen Frühlingstaumel:

»Da droben auf dem Hügel,
wo die Nachtigall singt,
da tanzt der Einsiedel,
dass die Kutt' in die Höhe springt.«

Der Tanzeifer wuchs mit der Menge von Antretenden. Alle Tanzfähigen eines Dorfes, Tales, eines weiten Umkreises strömten auf dem Anger bei der Linde zusammen, der Reigen bewegte sich auf freier Straße, ja er durchzog die Landschaft und rollte fortlaufend neuen Zustoß auf. Eines Sonntagabends, sagt die Überlieferung, fingen auf der Schlosswiese zu Greyers sieben Personen einen Ringeltanz an, die *Coraula*, wie sowohl der Rundtanz selbst als das Reigenlied hieß, einen Tanz, der erst am Dienstag morgens auf dem großen Marktplatze zu Sanen aufhörte, nachdem sich siebenhundert Jünglinge und Mädchen, Männer und Weiber für und für hatten einreihen lassen, dass das Ganze aussah wie ein Schneckenring; vom untern zum obern Greyserslande hatte der gute Graf Rudolf mitgetanzt und mitgesungen, wenn er müde war, ließ er sich bei seiner Geliebten, der schönen Sennerin Marguita, durch einen seiner Knappen oder Junker vertreten, stieg zu Pferd und ritt dem im hüpfenden Kreise fortrollenden fröhlichen Zuge nach, bis er sich wieder selbst unter die Tanzenden mengte und seine Marguita herzte. Die harmlose Tanzfahrt verwandelt sich auch zum Heereszug und erobert feste Burgen; so in der hessischen Sage von dem Raubschlosse Weißenstein, das die Bauern unter dem Schein eines Schwerttanzes einnahmen, dann in zwei dänischen Liedern. Nach dem einen legen die Belagerer einer uneinnehmbaren Feste Jungfrauenkleider an, tanzen vier Tage lang vor und zurück, zuletzt auf die Burgbrücke, der Pförtner öffnet ihnen das Tor, sie tanzen aus und ein mit gezogenem Schwert unterm Scharlach, tanzen in den Wurzgarten, wo der Burgherr seine Todeswunde empfängt; nach dem andern tanzen schmucke Ritter und Frauen über Gass' und Brücke, einem Vorsänger nachsingend, auf das Schloss hinein, auch die Schwerter unterm Scharlach, noch niemals sah man Schlösser so mit dem Rosenkranze gewinnen. Alle diese sagenhaften Tanzzüge werden an Ausbreitung und innerer Erregung von einem geschichtlich beglaubigten überboten, dem *Johannistanze*, der im Sommer des Jahres 1374 am Rhein, an der Mosel und in den Niederlanden umfuhr. Namentlich Aachen, Köln, Metz, Mastricht, Lüttich, Tongern waren von dieser seltsamen Tanzplage heimgesucht. Männer und Frauen, jung und alt, Mädchen ihre Eltern und Freunde verlassend, liefen von Haus und Kof, von einer Stadt zur andern, hielten in stets wachsender Zahl auf den Straßen, in Kirchen und sonst an geweihten Stätten wilde Tänze, tummelten sich in rasenden Sprüngen, bis sie erschöpft niederfielen und ließen sich dann, um nicht zu zerspringen, mit Fäusten schlagen und mit Füßen treten. Der Taumel war überall ansteckend, brach Zucht und Sitte; zu Köln waren es mehr denn fünfhundert Tänzer und sollen mehr denn hundert Frauen und Dienstmägde nicht eheliche Männer gehabt haben. Die Tanzenden trugen Kränze, waren gegen das Zerspringen mit Tüchern und Knebeln gegürtet, sie wollten nichts Rotes sehen und kein Weinendes, bald war ihnen, als träten sie in einem Blutstrom einher und müssten darum so hoch springen, bald glaubten sie den Himmel offen zu sehen, oder riefen sie im Sprunge:

»Herre Sankt Johann, so so,
frisch und froh,
Herre Sankt Johann!«

Mau hielt dies für Besessensein vom bösen Geist und bediente sich dagegen der priesterlichen Beschwörung. Örtlich beschränkter wiederholte sich die Erscheinung im Jahr 1418 zu Straßburg, viele Hunderte, Männer, Frauen, Kinder, von Sackpfeifern begleitet, tanzten und sprangen hier Tag und Nacht am offenen Markt und auf den Straßen, man nannte diese Plage *Sankt Vits Tanz*, und die Heilung wurde damit versucht, dass man die Befallenen nach den Kapellen des heiligen Vitus zu Zabern und Rotestein zum Messopfer führte. Auch die Einwohner des Breisgaus und der umliegenden Gegend pflegten im 15. Jahrhundert am Vorabend des Johannistages nach der Veitskirche zu Vießen oder nach der Johanniskirche bei Wasenweiler um Schutz gegen diese Krankheit oder um Genesung von derselben zu wallfahrten. Den ganzen Juni hindurch bis zum Feste des Täufers empfanden die Tanzsüchtigen eine unüberwindliche Unruhe und irrten, von ziehenden Schmerzen getrieben, unstet umher, bis am ersehnten Tag ein dreistündiges Tanzen und Toben an den Altären jener Heiligen sie auf Jahresfrist von ihrer Qual befreite. Noch im ersten Viertel des 17. Jahrhunderts wurde die Veitskapelle zu Treffelhausen in Schwaben alljährlich von Frauen besucht, die daselbst, von Musik angeregt, Tag und Nacht in Verzückung tanzten, bis sie erschöpft zu Boden stürzten und, wieder zu sich gekommen, der Unruhe frei waren, die sie einige Wochen lang vor dem St. Veitstage gequält hatte. Die Legende des heiligen Vitus bietet einigen Bezug zum Tanzwesen dar. Dieser fromme Knabe widerstand der Verlockung zum Heidentum, die durch Musik, Tanz und Spiel der Mädchen an ihm versucht wurde; in der Veitskirche zu Mühlhausen am Neckar, die gegen den Schluss des 14. Jahrhunderts erbaut ist, befindet sich ein Altarbild aus derselben Zeit, worauf, neben andern Darstellungen aus der Geschichte des Heiligen, ein lustiger Reigen (mit Musik und einem bekränzten Paar an der Spitze) herankommt, von dessen Anblick aber Vitus sich abwendet und in seine Kammer flüchtet: unter den etwas späteren Wandgemälden im Chor erscheint derselbe Gegenstand. Johannes der Täufer hüpfte mit Freuden im Leibe seiner Mutter. Ein loser Anhalt konnte hier ergriffen werden, denn die angeführten Beobachtungen aus dem 16. und 17. Jahrhundert, von Ärzten der Zeit aufgezeichnet, ergeben für sich schon naheliegenden Anlass, den heiligen Veit und den Täufer Johannes zu Nothelfern zu bestellen, da gegen die ihnen geweihten Tage, den 15. und 24. Juni, der krankhafte Tanztrieb am heftigsten andrängte, wie er denn auch durch die Austobung bei ihren Kapellen heilende Genüge fand. Die Tanzplage von 1374 erhob sich, nach der Limburger Chronik, »zu Mitten im Sommer«, in den Niederlanden erschien sie in der Mitte Julis und währte noch im September und Oktober fort, aber sie kam dahin schon weiterher, war bereits zur Seuche geworden, die Ansteckung gab ihr längere Dauer, aber die Zeit des Ausbruchs ist schon durch den Namen Johannistanz angezeigt. Der Tanzreim der Springenden ruft auch den heiligen Johannes an, aber noch keineswegs zur Heilung, sondern im Jubel der vollsten Befriedigung: »Herre Sankt Johann, so so! *frisch und froh*!« Die Johanniszeit ist hier der Höhepunkt des Tanzrausches, der heilige, der im Mutterleibe sprang, nicht Bändiger, sondern Befreier des ungeduldig anstrebenden Dranges. Als Fest der Sonnenwende war der Johannistag überhaupt vom Volke gefeiert; die großen Reigen auf offener Straße waren, wie sich wiederholt ergeben, zumeist Abendtänze, wie nun bis zu Mittsommer die Abende wuchsen, so konnte bis dahin das Tanzwesen an Umfang und Überreiz sich steigern, weiter nördlich, in Dänemark, fiel ihm auch die kurze, milde Nacht anheim, Mitsommernacht (Wachnacht) war dort die bezauberndste Tanzzeit. Hauptsache bleibt jedoch stets die innere Ergriffenheit, durch Mitteilung und Wetteifer geschärft. Nithart schildert die Tanzanstrengungen eines jungen Dörpers im Dienste seiner Schönen: Wer Spielmann richtet sich, da nimmt sich Löchlin eine Jungfrau an die Hand, ju heia! wie er springt! Herz, Milz, Lung' und Leber schwingt in ihm sich um, er fällt in den Anger, dass ihm Ohren, Nas' und Maul von Blut überwallen, zu beiden Seiten sieht man sein Herz heftig klopfen, ihn hat gedünkt, als wären sieben Sonnen am Himmel und lief' er um wie ein gedrehter Topf, ihm schwindelt' es um den Kopf und er meinte zu versinken. Ein gutes Vorspiel zu einem Johannistänzer, die Schilderung gilt zwar einem Weihnachtstanz, aber was soll erst am grünen Holze werden! Die eigentliche Tanzzeit fällt immerhin in das schöne Jahr, wann die Töchter den Müttern davonspringen, wie es auch die Kölner Chronik vom Johannistanze sagt. Die Tanzlust ist ein Teil der allgemeinen Erregung, welche das erneute Leben der Welt in sinnlich kräftigen Menschen weckt: Sommergrün, Vogelsang, Liebeslied, Reigentanz bilden ein Ganzes der natürlichen Sommerlust: der Sprung zuckt in den Gliedern, Sang und Klang entbinden ihn, der Johannistanz aber ist die Überspannung und das gewaltsamste Übersprudeln des Tanztriebes, der mit dem Frühling erwacht und in der Sommerglut tobend wird. Dem Johannistanz entsprechende Zufälle gab in Unteritalien der Volksglaube dem giftigen Biss einer Erdspinne schuld. Der *Taranteltanz,* von dem die erste Nachricht aus dem 15. Jahrhundert, trat auch im Sommer ein, die Heilung der Erkrankten durch gemeinsamen Tanz war ein Volksfest und hieß die kleine Frauenfastnacht (*il carnevaletto delle donne*). Der Zauber der *Tarantella,* der Tanzweise, die von Trommeln, Pfeifen, Lauten und im Gesang ertönte, riss die Leidenden zu den Bewegungen hin, die, mit Anstand beginnend, zum heftigsten Sprung anstiegen und, bis zur Erschöpfung fortgesetzt, auf ein Jahr oder für immer Genesung gaben. Neunzigjährige Greise warfen bei diesem Klange die Krücken hin und gesellten sich, als strömte verjüngender Zaubertrank durch ihre Adern, den wildesten Tänzern zu. Die Töne der Tarantella waren mannigfach, sie mussten den verschiedenen Stimmungen der Kranken gemäß sein, und ebenso die zugehörigen Gesänge. Eine tiefe Sehnsucht nach dem Meere kam bei manchen zum gewaltsamen Ausbruch, indem sie sich in die blauen Wellen stürzten, wie auch Veitstänzer blindlings in reißende Ströme sprangen, bei andern verriet sich dieselbe nur durch die Annehmlichkeit, die ihnen der Anblick des klaren Wassers in Gläsern gewahrte, sie trugen im Tanze Wassergläser mit wunderlichem Ausdruck ihrer Gefühle umher, oder sie liebten es auch, wenn ihnen inmitten des Tanzplatzes größere Gefäße voll Wassers, umgeben mit Schilf und andern Wassergewächsen, hingestellt wurden, worin sie Kopf und Arme mit sichtbarer Lust badeten. Solche Wasserfreunde hörten gerne von Quellen, rauschenden Wasserfällen, Strömen, nach entsprechender Tonweise singen; man hat noch eine Tarantella, die das Verlangen nach dem Meere ausdrückt: »Zum Meere tragt mich, wenn ihr mich heilen wollt, zum Meere hinweg! so liebt mich meine Schöne; zum Meere, zum Meere! solang ich lebe, lieb' ich dich.« Leidenschaft für und wider gewisse Farben hatten auch diese Tanzsüchtigen, doch liebten sie das Rote, was die Johannistänzer verabscheuten; nach der beliebten Farbe waren denn auch die Tarantellen gestimmt, es gab eine Art derselben, die man *panno rosso,* rotes Tuch, nannte, zu welcher wilde, dithyrambische Gesänge gehörten, eine andre, *panno verde,* grünes Tuch, genannt, die mit dem milderen Sinnesreiz durch die grüne Farbe übereinstimmte, mit idyllischen Gesängen von grünen Gefilden und Wäldern: leider sind die

Gesänge selbst verloren. Einen ahnungsvollen Blick gewähren aber schon diese Nachrichten in den ursprünglichen Zusammenhang des Gesanges und Tanzes mit einem lebendigen Naturgefühle, denselben Zusammenhang, dem wir auch im Leben und Liede des deutschen Volkes nachgegangen sind.

Die einhellige Lust des Sommers und der Liebe fanden wir im Minnesang auf volksmäßiger Grundlage durch Nithart vertreten. Das Leid des liebenden Herzens im Sommer hat einen Meister an Reinmar, den wir zuvor schon jenem gegenübergestellt. Die Trauer zieht nach innen und so ist es auch die vorherrschend elegische Stimmung, die seinen Minneliedern jene geistige Richtung gibt. Aber nicht gänzlich hat sich sein Gesang von der Volksweise abgelöst und auch durch seine Hand läuft ein Faden, der das älteste volksmäßige Liebeslied mit dem nach Abgang der Minnesänger wieder auftauchenden zusammenknüpft. Reinmar sagt einmal, er habe die Minne noch stets in *bleicher Farbe* gesehen. Wenn er damit den Geist seiner Minnedichtung verbildlicht, so ist ihm doch die bleiche Farbe nicht minder auch im wörtlichen und natürlichen Sinne wohlbekannt.

Bleich und rot verkündet in altdeutscher Dichtersprache den inneren Wechsel, die schwankende Bewegung von Leid und Freude, Furcht und Hoffnung, und auch gesondert sind die beiderlei Färbungen naturgetreuer Ausdruck der entsprechenden Gemütszustände. Selbst das Lied der Nibelungen spielt diese Farben durch alle Töne, vom Anhauch der schüchternen Liebe bis zum Erglühen des Zornes und dem Schrecken, der auch Helden entfärbt. Bei Reinmar nun erscheint die Blässe nicht bloß als Anflug des Augenblicks, er lässt eine Frau von der Minne, die ein Ritter ihr ansinnt, sagen: bleich und je zuweilen rot färbe das die Weiber. In einem andern seiner Gesprächlieder wird zu Sommers Anfang eine liebende Frau befragt: Wohin ihre Schönheit gekommen, wer ihr die benommen? sie sei ein wonnigliches Weib gewesen, nun sei sie gar »von ihrer Farbe kommen«: wer des schuldig sei, den möge Gott verderben. Die Frau antwortet: Wovon sollte sie schön und hohen Mutes sein, wie ein ander Weib, da sie den geliebten Ritter meiden müsse, solche Not und andres Leid hab' ihr die Farbe meist benommen, doch treue sie sein Angelöbnis, bald zu kommen, dann werde sie ihn anlachen und, ehe sie von ihm scheide, sprechen: »Gehn wir Blumen brechen auf der Heide!«; soll' ihr diese Sommerzeit mit manchem lichten Tage fern von ihm zergehen, wehe dann der Weibesschöne! oft sagen ihre Freunde, ihr werde nimmer Hilfe werden, doch sie lügen, wenn nur er sie tröste, dann werde man sie nie mehr weinen sehn. Greift man nach den Volksliedern, so zeigt sich ein im 16. Jahrhundert hoch- und niederdeutsch in mancherlei Lesarten verbreitetes (Volkslieder Nr. 88): Ein Mägdlein tritt an ihres Vaters Zinne, sieht hinaus und sieht ihres Herzens Trost daherreiten, er fragt: ob die Sonne sie getrübt, dass sie so bleich geworden? »Warum sollt' ich nicht werden bleich? ich trag' alltag groß Herzeleid, mein Lieb, um dich, und dass du mich verkiesen (aufgeben) willt, das reuet (schmerzt) mich!« Er versichert, sie sei ihm lieber, als alle seine Freunde, sie soll' ihr Sorgen lassen und ihm folgen; dann führt er sie durch den grünen Wald und bricht ihr einen Zweig. Das Lied schließt mit ihrem Wunsche, dass sie als ein weißer Schwan über Land und Meer sich schwingen könnte, damit ihre Freunde nicht wüssten, wo sie hingekommen. Noch in neuester Zeit, unter den Volksliedern des Kuhländchens, kehrt die Frage nach der verlorenen Farbe wieder:

»Ei sag' mir's auch, feins Mägdlein!
wohin hast du deine Farbe?

»ich hab' sie auf einer Eiche
und kann sie nicht erreichen.«

Ei sag' mir's auch, feins Mägdlein!
wohin hast du deine Farbe?

»Ich hab' sie auf einer Esche
und kann sie nicht erhaschen.«

Ei sag' mir's auch, feins Mägdlein,
wohin hast du deine Farbe?

»Ich hab' sie auf einer Wiese (Flieder?)
und krieg' sie nicht mehr wieder.
Und du fragst nach meiner Farbe?
du hast sie mir verdorben.«

Die seltsame Versetzung der Farbe auf eine Eiche usw. scheint der Vorstellung entnommen zu sein, wonach nicht bloß Personen, sondern auch was ihnen anhängt, das Fieber, das Unglück, in den Wald oder auf eine wilde Aue, in oder auf Bäume, verwünscht werden können. In der naheliegenden Schlusswendung weicht dieses letzte Lied von dem Sinne der beiden älteren ab. Dagegen ist die allen dreien gemeinsame, den ganzen Inhalt bestimmende Frage so eigentümlich und doch dabei so gleichmäßig und formelhaft, die Übereinstimmung des ersten mit dem zweiten in der Anlage und in Einzelheiten so augenscheinlich, dass man einen geschichtlichen Zusammenhang nicht füglich ablehnen kann. Das älteste, Reinmars Kunstlied, für das Vorbild der beiden andern anzunehmen, dasselbe nach Zwischenräumen von je drei Jahrhunderten einfacher in der Form und volksmäßiger im Stile, wiederauftauchen zu lassen, ist weit nicht so natürlich, als die Annahme eines schon dem Minnesänger vorgelegenen Gebrauches, Lieder von der bleichen Frauenfarbe zu singen. Hat aber dieser Gebrauch sechs Jahrhunderte nach Reinmar fortgedauert, so darf man auch viere über diesen hinaufgehn und an die Winelieder und Lieder *von der Blässe (de pallore)* gemahnen, die den Klosterfrauen im Jahre 789 verboten wurden.

Das Mädchen unterm Rosenkranz und das bleiche, trauernde, zeigten sich bis daher nur gesondert. Treten sie zusammen, so ist es die ganze jugendliche Liebe, Lust und Leid, Sonnenschein und Wolke. Ein verbreitetes Geschlecht sind die Lieder von *zwei Gespielen*. Schon Nithart gibt ein solches: Zwei Gespielen beginnen einander Kunde zu sagen, die Herzensnot zu klagen: eine spricht, wie sie von Trauer und Unruhe verzehrt werde, weil ein lieber Freund ihr fremd bleibe, die andre rät ihr, Geduld zu haben und die Liebe sorgfältig zu hehlen, wozu sie selbst mithelfen wolle; noch gesteht die erste, dass es ein Ritter von Reuenthal (Nithart) sei, dessen Sang ihr Herz bezwungen. Diese Wechselrede ist in eine Maiklage des Dichters eingefasst, der um ein Heimwesen Sorge tragt, die Schwalbe kleb' ihr Häuslein von Leim, worin sie kurze Sommerfrist weile, Gott mög' ihm ein Haus mit Obdach bei dem Lengebache verleihen. Dasselbe Gesprächlied steht auch unter Waltram von Gresten, doch nicht mit dem ganzen Rahmen, und, statt der Beziehung auf Nithart, mit einer Strophe, worin die beratende Gespiele noch entschiedener auffordert, Maß in der Trauer zu halten, wohlgemut und unverzagt zu sein. Durchgreifend umgearbeitet, mit etwas erweitertem Strophenbau, findet das Lied sich unter dem Namen des von Scharfenberg. Dem Bearbeiter scheint der Gegensatz von Trauer und Frohsinn nicht genügend hervorgetreten zu sein, er lässt, ohne alles Nebenwerk, die Wechselrede fast wörtlich wie bei Nithart beginnen, aber die zwei Gespielen klagen beide, die eine, dass sie den Liebsten zu lange nicht gesehen, die andre, dass sie den Erkorenen gänzlich verloren, und nun setzt sich eine dritte zu ihnen, die nicht wohl empfangen wird, sie heißen dieselbe dahin gehn, wo Freude sei, habe doch ihr Lieb sie nicht verlassen; die dritte gibt sich dann gänzlich der Freude hin über die Liebe und Treue des Mannes, der ihr lieber sei, denn Gold. Anders wieder stellt sich der Gegensatz in einem Ernteliede Burkarts von Hohenvels: Ein Mädchen

224

will reigen (im Erntetanz), im Maien war ihr Freude gar versagt, nun hat ihr Jahr (Dienstjahr) ein Ende, des ist sie froh und hochgemut, wie der Kehrreim lautet:

»Mir ist von Stroh ein Schapel (Kränzlein) und mein freier Mut lieber, denn ein Rosenkranz, so ich bin behut (gehütet)!«

Da jammert ihre Gespiele, dass Gott sie nicht arm, sondern reich geschaffen, wäre sie arm, so wollte sie mit zu Freuden fahren, ihr habe die Muhme das lichte Gewand eingeschlossen, traure sie oder freue sie sich, so werd' es der Minne schuld gegeben. Die Fröhliche spricht ihr zu, mit in die Ernte zu gehn und das Trauren von sich zu treiben:

»ich will dich lehren schneiden,
sei freudenvoll!«

Zuletzt denkt die Reiche sich aus, wie sie Rache nehmen möge: Darf sie nicht lachen gegen einen Vornehmen, so will sie einen Geringen nehmen, der Muhme zuleid. Die Lieder dieser beliebten Weise knüpfen sich bei Nithart und Burkart an die Lust des Volkes, Maientanz und Erntefeier, in allen stützt sich die Strophe, wenn auch kunstmäßig zugebildet, doch sichtlich auf den epischen Vers, der im älteren, volksmäßigeren Minnesange sowohl als dem eigentlichen Volkslieds gangbar ist. Dem Heldenliede selbst mangelt die Gruppe der beiden Gespielen nicht; Hugdietrich, der, vermöge seiner Jugend als Mädchen verkleidet, der Königstochter Hiltburg zur Gespielen gegeben war, will dieselbe verlassen, um von seinem väterlichen Reiche als Brautwerber wiederzukehren, noch einmal sind die Liebenden zusammen beim Morgenmahle:

»Da saßen bei einander die zwo Gespielen do,
Die eine war traurig, die andre die war froh,
Hilteburg die schöne weinte kläglich.
Da freute sich in dem Herzen der König Hugdietrich.«

Der Wechselrede bedarf es hier nicht, schweigend bilden sie den typischen Gegensatz: Lust und Trauer des liebenden Herzens in zwei schönen, jugendlichen Gesichtern sich spiegelnd und gegeneinander abhebend.

Zum Volksgesang übergehend, vernimmt man im Frankfurter Liederbüchlein von 1582 und 1584, wie schon im Antwerpener von 1544, den schon bekannten Anlaut von » *zwo Gespielen*«. Sie gehen über eine grünende Wiese, die eine führt einen frischen Mut, die andre trauert sehr; auf die Frage jener sagt sie den Grund ihrer Trauer: Sie beide haben einen Knaben lieb und damit können sie sich nicht teilen; kann das nicht geschehen, meint die erste, so wolle sie ihres Vaters Gut und ihren Bruder dazu der Gespielen zu eigen geben; der Knabe steht unter einer Linde und hört das Gespräch, hilf Christ vom Himmel! zu welcher soll er sich wenden? wendet er sich zur Reichen, so trauert die hübsche, die Reiche will er fahren lassen und die Hübsche behalten; wenn die Reiche das Gut verzehrt, so hat die Lieb' ein Ende: »Wir zwei sind noch jung und stark, groß Gut woll'n wir erwerben.« Der Gegensatz von froh und traurig geht mit dem von Reichtum und Armut zusammen, wie bei Burkart von Hohenvels, nur dass bei diesem, feiner ausgesonnen, die Arme fröhlich und die Reiche trauernd anhebt. Der nüchterne, wenn gleich ehrbare Bedacht auf Gut und Erwerb hat aber auch beim Volke nicht zur Grundform dieser Liederweise gehört. Viel anders lautet, notdürftig berichtigt, ein Bruchstück unter den Liedern des mährisch-schlesischen Kuhländchens:

»Es gingen zwei Gespielen
bis für den grünen Wald,
die eine die war baarfuß,
die andre sagt', 's wär' kalt.

»Gespiele, liebe Gespiele mein!
was will ich dir nun sagen?
's hat mir ein Baum mit Rosen
mein schönes Lieb erschlagen.«'

»Hat dir ein Baum mit Rosen
dein schönes Lieb erschlagen,
so soll der selbige Rosenbaum
keine rote Rosen mehr tragen!«

Vollständiger und klarer ist die niederländische Fassung in dem Antwerpener Liederbuche von 1544 (Nr. 80):

»Es gingen drei Gespielen gut
spazieren in den Wald,
sie waren alle drei baarfuß,
der Hagel und Schnee war kalt.

Die Eine die weinte sehre.
Die Andre war wohlgemut!
Die Dritte begann zu fragen.
Was heimliche Liebe tut?

»Was habt ihr mich zu fragen,
was heimliche Liebe tut?

es haben drei Reitersknechte
geschlagen mein Lieb zu Tod.«
»Haben drei Reitersknechte
geschlagen dein Lieb zu Tod,
ein andres sollt du dir kiesen
und tragen frischen Mut!«

»Sollt ich einen Andern kiesen,
das tut meinem Herzen so weh,
ade, mein Vater und Mutter!
ihr seht mich nimmermehr.
Ade, mein Vater und Mutter
und mein jüngstes Schwesterlein!
will gehn zur grünen Linde,
dort liegt der Liebste mein.«««

Dass ein solches Lied viel gesungen war, lassen zwei Anfänge vermuten, die zur Bezeichnung der Tonweise geistlichen Liedern vorgesetzt sind, niederdeutsch schon in einer Handschrift des 15. Jahrhunderts:

»Es ritten zwei Gespielen gut
zur Heide pflücken Blumen,
die Eine die ritt all lachend aus,
die Andre die war traurig.«

Hochdeutsch in einem Gesangbüchlein aus dem 16. Jahrhundert:

»Es gingen drei Jungfrauen
dur einen grünen Wald.«

Ähnliche Eingänge beziehen sich eher auf das nach der Frankfurter Sammlung angeführte Lied. Die Einzelstrophe aus dem 15. Jahrhundert hilft gleichwohl mit dazu, das reine und ganze Gepräge dieser Liederform, zu welchem in der Antwerpener Fassung nur weniges mangelt oder zu viel ist, der Betrachtung herzustellen. Als überzählig fällt die *Dritte* hinweg, die schon Scharfenberg hereingezogen: Es sind wieder lediglich die *zwei* Gespielen, fast mit den gleichen Worten, wie zuvor im Hugdietrich:

»Die Eine die war traurig,
die Andre die war froh.«

Die Jahreszeit erlangt nun erst ihr volles Recht, zum grünen Wald und der grünen Linde kommt noch das Blumenpflücken. Morgens im

Wiesentau mit bloßen Füßen zu gehen, galt für gesund, zugleich aber ziehen die Frühlingsschauer mit Hagel und Schnee; das deutsche Bruchstück lässt die eine sommerlich barfuß gehen, während die andre den Frost empfindet, die eine geht nach Blumen, die andre nach der Linde, nicht zum Reigen oder zu traulicher Zusammenkunft, sondern zur Leiche des erschlagenen Liebsten. Diesen zwei Gestalten, dem lachenden Mädchen und dem todbetrübten, gibt eben das wechselnde Frühlingswetter seine zwiefältige Beleuchtung, Sonnenschein und Schneeschauer zumal streifen über die Landschaft und die hinschreitenden Jungfrauen.

Deutsche Liederbücher des 16. Jahrhunderts geben auch ein Gespräch der Mädchen zur Erntezeit, wie bei Burkart von Hohenvels, aber in anderm Sinn, einfacher, inniger (Volksl, Nr. 34):

»Ich hört' ein Sichellein rauschen,
wohl rauschen durch das Korn,
ich hört' ein Maidlein klagen,
sie hätt' ihr Lieb verloren.

»Lass rauschen. Lieb, lass rauschen!
ich acht' nicht, wie es geh';
ich hab' mir ein' Buhl'n erworben
in Veiel und grünem Klee.«

»Hast du ein' Buhl'n erworben
in Veiel und grünem Klee,
so steh' ich hie alleine,
tut meinem Herzen weh.«

Dem verlassenen Mädchen ist das Rauschen der Sichel eine Mahnung an geschwundenes Glück, während das liebesfrohe, leichtgemute noch unter abgemähtem Korn an Veiel und grünen Klee gedenkt, an die Zeit des Frühlings und der zärtlichen Verständnisse.

Französisch findet sich das Lied von den Gespielen in der gedruckten Sammlung von 1538: Der Dichter nach einem schönen Gehölze lustwandelnd, begegnet drei Jungfrauen, die von ihren Liebsten sprechen; die eine weint und klagt, ob sie denn, um zu lieben, sterben müsse? Ihre jüngste Schwester redet ihr zu, sich das aus dem Sinne zu schlagen, es sei Torheit, so sehr einen Fremden zu lieben, der sie vergesse; jene dagegen erklärt es für unmöglich, sich dessen zu entschlagen, der ihr auf dieser Welt am besten gefalle, ihn habe sie geliebt und werd' ihn lieben, sollt' es ihr Leben kosten. Reicher und glänzender, obgleich auf Kosten der ursprünglichen Bedeutung, sind die Darstellungen, zu denen schon im 13. Jahrhundert die erzählende Dichtkunst Nordfrankreichs den Gegensatz der lachenden und trauernden Schönheit, samt demjenigen des heiteren und stürmischen Himmels, verarbeitet hat; aber auch hier bedingt eben die künstliche Aus- und Umdichtung ein um so früheres Vorhandensein der einfachen Anlage.

Das Abenteuer vom Trabe *(lais del trot)*:Lorois, ein Ritter der Tafelrunde, reitet eines Morgens im April von seiner Burg über die Wiese voll weißer, roter und blauer Blumen dem Walde zu und schwört, nicht umzukehren, bis er dort die Nachtigall gehört. Nahe schon am Walde, sieht er aus demselben gegen achtzig schöne Fräulein daherreiten, sommerlich gekleidet, das Haupt mit Rosen und Heckdornblüten bekränzt, manche der Wärme wegen mit gelöstem Gürtel, die losgebundenen Locken am blühenden Antlitz niederfallend; ihre weißen Zelter gehen sanft und rasch zugleich, jeder zur Seite reitet ihr Freund, reich geschmückt, fröhlich und wohlsingend, sie küssen und kosen, sprechen von Minne und Rittertum: Vor solchem Wunder bekreuzt sich Lorois und noch sieht er eine gleiche Schar der ersten folgend vorbeiziehn. Kaum hernach erhebt sich im Walde großes Getös von schmerzlicher Wehklage, wieder kommen hundert Jungfrauen herausgeritten, auf schwarzen, magern, unerträglich hart trabenden Kleppern, die Zaumriemen von Lindenbast, die Sättel zerbrochen und geflickt *(reloiés)*, die Reitkissen mit Stroh gefüttert und es verstreuend, sodass man zehen Meilen weit der Spur folgen könnte; die Jungfrauen reiten ohne Stegreif, mit bloßen schrundigen Füßen, in schwarzer Kutte, die ihnen die Arme nur bis zum Ellenbogen deckt; sie leiden schwere Pein, über ihnen donnert und schneit es, gewaltiges Sturmwetter tobt; Hintennach kommen noch hundert Männer in gleicher Bedrängnis wie die durchgeschüttelten Jungfrauen; einer Nachreitenden, die so hart einhertrabt, dass ihr die Zähne zusammenschlagen, nähert sich Lorvis und befragt sie, was dies für Leute seien? Sie vermag kaum zu sprechen, so heftig stößt auch das angehaltene Pferd, doch gibt sie seufzend Bescheid: Die vorderen, fröhlichen Jungfrauen sind solche, die in ihrem Leben der Minne redlich dienten und nun zum Lohne dafür nichts denn Freude haben und selbst im Wintersturme nicht ohne Sommer sind; die Klagenden, Harttrabenden aber, mit trübem, bleichem Angesicht, die ohne Begleiter reiten, sind diejenigen, welche nie etwas für die Liebe taten, nie zu lieben sich herabließen, jetzt müssen sie ihren Hochmut entgelten und haben weder Sommer noch Winter Rast und Erleichterung, wenn irgendeine Frau von ihnen und ihrem Leiden reden hört, so hüte sie sich vor allzu später Reue, liebt sie nicht im Leben, so wird sie mit ihnen fahren. Der Ritter kehrt in seine Burg zurück, erzählt, was er erfahren, und entbietet den Mädchen, dass sie sich vor dem Traben hüten, da Zelten (Passgang) viel angenehmer sei. Die Bretonen haben davon ein Lai gemacht, welches man das Lai vom Trabe nennt. Das Lai der erzählenden nordfranzösischen Kunstdichter beruht im Allgemeinen auf dem altern, singbaren Lai, der bretonischen oder normandischen Volksballade, und auf solchen Vorgang wird auch hier ausdrücklich hingewiesen. Der ritterlichen Kunstdichtung darf man unbedenklich die untergelegte Beziehung und Nutzanwendung auf den höfischen Minnedienst, den scharenhaften und reichausgemalten Aufzug der beiden Gegensätze aufrechnen; denkt man sich aber das ganze vereinfacht und auf volksmäßige Grundzüge zurückgeführt, so bieten sich wieder das rosige und das bleiche, lachende und trauernde Mädchengesicht, der Frühlingstag mit Blumenglanz und Sonnenwärme, Schnee und Unwetter, je der entsprechenden Stimmung zugeteilt, also nahezu wieder das prunklose niederländische Volkslied.

Wie glückliche Liebe stets im Sonnenscheine fährt, ist auch in einer Stelle des altfranzösischen Parzival ausgeführt: Ein andrer Held der Tafelrunde, Caradoc, König von Nantes, wird auf der Jagd von einem Ungewitter überfallen und birgt sich vor dem Regen unter einer dicht belaubten Eiche: dort sitzt er in Gedanken an seine Liebe, als er durch den Wald her eine Helle gegen sich kommen sieht und daraus den süßesten Vogelsang vernimmt, mitten in der Heitre zieht ein großer Ritter (Alardin vom See) mit einer schönen Jungfrau, die auf einem weißen Maultiere sitzt, die kleinen Vögelein, Nachtigallen, Lerchen, Drosseln, fliegen über ihnen fröhlich von Aste zu Aste und singen, dass es durch den Wald erschallt: so ziehen sie nur eines Schwertes lang an Caradoc vorüber, der sie grüßt, ohne Antwort zu erhalten, rasch fahren sie dahin und Caradoc spornt sein Roß ihnen nach, vier Meilen weit jagt er in Regen und Wind vergeblich hinterher, wahrend jene in der Heitre und dem hellen Gesänge der mitfliegenden Vögel voranreiten.

Zwei Gespielen wieder sind Gegenstand der altfranzösischen Erzählung von *Florance* und *Blancheflor*. Eines Sommermorgens gehn zwei Jungfrauen, gleich an Schönheit und Geburt, in einen Garten, um sich zu vergnügen, sie tragen Mäntel, die von zwei Feen auf einer Insel gewoben sind, der Zettel (*estain*) von Schwertlilien, der Eintrag von Mairosen, die Säume von Blüten, das Gebräm von Liebe, die Schleifen mit Vogelsang befestigt: sie kommen an einen sanft fließenden Bach und spiegeln darin ihre Farbe, die oft von Liebe wechselt, dann setzen sie sich unter einen

Ölbaum am Ufer, die eine spricht: Solange der Baum belaubt sei, werd' er geliebt und wertgehalten, wenn das Laub gefallen, hab' er viel von seiner Schönheit verloren, so ergeh' es dem Mädchen, das seine Schönheit einbüße: die andre bemerkt: Ehre sei ihr lieber als Reichtum; so plaudern sie einträchtig wie Schwestern, bis Florance fragt, wem Blancheflor ihr Herz geschenkt habe? Diese wird bleich und rot, gesteht aber, dass ein trefflicher Schüler ihr Herz besitze. Darüber wundert sich die Freundin und rühmt sich ihres Liebsten, der ein schöner Ritter sei. Gegenseitig erheben und verkleinern sie nun den Stand des Schulgelehrten und des Ritters in Beziehung auf den Dienst der Minne, und zuletzt bescheiden sie sich auf einen bestimmten Tag an den Hof des Liebesgottes, um dort ein Urteil einzuholen. Als der Tag gekommen, schmücken sie sich köstlich mit Röcken von lauter Rosen, Gürteln von Veilchen, Schuhen von gelben Blumen, Hüten von frischer, duftiger Heckdornblüte, besteigen zwei Zelter, weißer denn Schnee, die Zäume von Gold, das Gebiss von Bernstein, die Brustriemen mit Glöcklein von Gold und Silber, die durch Zauber eine neue Minneweise tönen, jeder noch so Kranke, der sie hörte, würde alsbald geheilt sein; die Sättel sind von Elfenbein mit zierlichen Stegeisen, die Reitkissen mit Veilchen gefüllt; nach Mittag sehen sie Turm und Schloss des Gottes der Minne, doch nicht aus Stein gemauert, er ruht auf einem Rosenbette, die Latten mit Gewürznelken festgenagelt, die Sparren von Ahorn (*sicamor*), die Mauern umher von Bogen, mit denen der Liebesgott schießt; die Mädchen steigen ab und werden von zwei Vögeln zu dem Gotte geführt, der sich erhebt und sie artig begrüßt. Er setzt sie neben sich und lässt sich ihren Handel vortragen. Sofort versammelt er die Barone seines Hofs und verlangt ihren Ausspruch; der Sperber, der Falke, der Häher sprechen zugunsten des Ritters, Drossel, Lerche und Nachtigall zum Vorstande des Schülers, ja die Nachtigall erbietet sich zum Zweikampf, den der Papagei annimmt, und sie reichen dem König ihre Handschuhe, damit er den Kampf bestätige; auf sein Geheiß wappnen sie sich ungesäumt, ihre Helme sind von Klapperrosen (*passe-rose*), ihre Wämser von Ringelblumen, die Schwerter Rosen, nach hitzigem Gefechte muss der Papagei sein Schwert übergeben und den Schülern den Vorzug in der Liebe zuerkennen; Florance weint, ringt jammernd die Hände und sinkt tot nieder; da versammeln sich alle Vögel und bestatten sie mit großem Gepräng, setzen ihr einen Stein, den sie mit Blumen bestreuen, und schreiben darauf: »Hier ist Florance begraben, die des Ritters Freundin war.«

Eine zweite Bearbeitung desselben Stoffes, nur als Bruchstück, nennt die beiden Gespielen Eglantine und Hueline, erstere nach der Heckenrose, sie geht ausführlicher auf das verschiedene Leben der beiden Stände ein, weiß dagegen nichts von den feenhaften Blumenkleidern und lässt ungewiss, ob die Vögel zum Gerichte berufen seien, da sie bei der Ankunft am Liebeshofe abbricht.

Auch eine mittellateinische Behandlung, der Streit zwischen Phyllis und Flora, in langzeiligen Reimstrophen, vom Anfang des 13. Jahrhunderts, steht zur Vergleichung, sie ist sinnig und gewandt, berührt sich selbst im Einzelnen mit beiden französischen Gedichten, überbietet dieselben in umständlicher Streitrede über Ritter und Kleriker und ersetzt den Feenzauber durch mythologische Ausstattung.

Gegen das Ende des 13. Jahrhunderts lässt ein deutscher Dichter, Heinzelin von Konstanz, dieselbe Kampffrage verhandeln. Zu Nacht im Winter belauscht er durch ein Wandfenster das Gespräch zweier Gespielen, deren eine dem Ritter, die andre dem Pfaffen den Vorzug in der Liebe zu behaupten sucht; der Pfaffe wird als ein solcher bezeichnet, der zwar so genannt sei, aber noch keine der hohen Weihen habe, zum Unterschied der priesterlichen Pfaffen; die Streitenden vereinigen sich zur Berufung an die Minne, welche billig in diesen Sachen Richterin sei, und es wird ein »gemeiner Tag genommen,« der gerichtliche Austrag aber wird nicht erzählt und der Dichter spricht nur den Wunsch aus, dass er auch dabei heimlich zugegen sein könnte. Dass der Streit hier im Winter vorgeht, von dem eine anmutende Schilderung vorangeschickt ist, erscheint als ausgedachte Abweichung von dem herkömmlichen Eingange, jedoch nur um mit einer neuen Wendung auf denselben zurückzukommen, indem der Dichter versichert, er habe durch sein geheimes Fenster in ein Paradies gesehen, des lichten Maien volle Blüte habe sich ihm in der blühenden, vom Wandel der Jahreszeit unberührten Jugend der beiden Gespielen gezeigt. Ein späteres deutsches Streitgespräch zwischen zwei Schwestern, deren jüngere einen Bürgerssohn, die ältere einen Ritter liebt, findet wieder im grünen, blumigen Maien statt und endigt überraschend damit, dass Frau Minne als Schulmeisterin auftritt und der älteren Schwester auf die schneeweiße Hand Streiche gibt. Unter allen diesen Darstellungen ist die vollständige altfranzösische hier die erheblichste, sie mag in ihren Arabesken etwas überladen sein, knüpft sich aber mittels dieser an die Volksdichtung, in welcher Anzüge aus Blumen und Feierlichkeiten der Vögel wohl bekannt sind, während der Streit über Gelehrten- und Ritterstand mit dem Siege des erstern zusamt dem Liebesgotte, der seiner Flügel wegen zu den Vögeln verordnet ist, nach dem Hof und der Schule weist. Die Streitfrage ist zu trocken für die fantastische Fassung, um nicht für eingelegt angenommen zu werden, das Blumenwesen in den Namen und im Schmucke der Mädchen setzt einen Gegenstand der Wechselrede voraus, mit dem es, einfacher und bedeutsamer zugleich, in dichterischem Einklänge stand.

Ein deutsches Lied besagt:
»Es nahet sich der Sommerzeit,
da hub sich manch seltsamer Streit
der Blümlein auf grüner Heide,
das ein ist weiß, das andre rot,
ihr Färb ist mancherleie.« (Volksl. Nr. 185.)

Gab es einen Wettstreit der roten und weißen Blume, bezeichnet in den Mädchennamen die Weißblume, das Widerspiel der farbigen, so führt dies, auf Angelegenheiten der Minne bezogen, zu dem bekannten Gegensatze von bleich und rot, es sind abermals die zwei Gespielen im Frühling, die liebesfrohe und die trauernde, die rote und die weiße Heckenrose oder die Rose und die Lilie. *Floire* und *Blanchefleur* hießen auch die beiden Kinder, deren Liebessage im Mittelalter so berühmt war. Am gleichen Frühlingstage geboren, werden sie nach dieser wonnigen Zeit der Knabe *Floire*, Flos, Blume, das Mädchen *Blanchefleur*, Blankflos, Weißblume genannt. Frühe schon sind sie einander innig zugetan und sollen deshalb, da Blankflos dem König nicht ebenbürtig ist, getrennt werden. Sie wird in fernes Land verkauft, auf einem Turm eingeschlossen trauert sie um ihren Gespielen. Doch dieser erkundet sie, und wie er zu ihr in den Turm gelangt, ist der Mittelpunkt des Gedichts. Am Maitage sollen den Jungfrauen Rosen dahin gebracht werden, da wird Flos in rotem, blumengleichem Kleide, mit Rosen bekränzt, in den Korb gelegt und mit den Blumen zugedeckt, die beiden Träger finden den Korb ungewöhnlich schwer und meinen, die Rosen seien nass im Taue gelesen worden, denn Blankflos habe sie lieber nass als trocken: wie sehr sie traure, wenn sie diese Rosen sehe, werd' ihr große Freude widerfahren, und so geschieht es auch, als die lebende Blume aus dem Korbe springt. Die weiße Blume, von der hier nur der Name des trauernden Mädchens zeugt, ist an früherer Stelle wirklich bezeichnet: Der für tot ausgegebenen Blantflos hatte man ein Grabmal errichtet mit den Bildern der beiden Kinder, wie Flos der Gespielen eine Rose bietet und sie ihm eine Lilie. Eine Darstellung dieser Sage ist so eingeleitet:

In der Zeit, so die Blumen entspringen, die Vögel im Walde singen und nach dem April der Mai herannaht, da gesellt sich alles was lebt; Ritter und Frauen kommen da in einen Baumgarten, Blumenschein und Vogelsang gibt ihnen Trost, unter hohen Bäumen bei einem wonniglichen Brunnen, reden sie zwei und zwei von Minne, die zu dieser Zeit allen den Sinn einnimmt; zwei Schwestern, lieblichen Angesichts und hoher Geburt, sitzen beisammen und sagen Wunderbares und Sinniges von Minne, der Schall umher wird stille und alle lauschen, wie die eine jetzt von zwei Liebenden erzählt, deren Leben durch Minne bedrängnisvoll war und freudenreich. Dieses Vorspiel, in der Weise der oben geschilderten Brunnenfahrten, zeigt nochmals zwei Gespielen von Lieb und Leid der Minne redend, das sich ihnen im Anblick der aufblühenden Blumen zur traurig frohen Geschichte von Flos und Blankflos gestaltet. Dass neben und wohl auch vor den ausführlichen Erzählungen einfacher und volksmäßiger von den Blumenkindern gesagt und gesungen wurde, bezeugt ein altfranzösisches Wächterlied, worin die Schöne äußert, sie würde dem Freund aus einem süßen Liebesliede von Blancheflor singen, wenn sie nicht Verrat fürchtete, sodann der Schwank vom Wettstreite zweier Fahrenden, deren einer sich rühmt, wie er ebenso wohl von Blancheflor als von Floire zu erzählen wisse.

Der gemeinsamen Unterlage des Minnesangs und des volksmäßigen Liebeslieds, wie solche bisher in einer steten Wechselbeziehung der Gemütsstimmung zu den Wandlungen und Farben der äußern Natur aufgezeigt worden, sind nun auch die übrigen Liederbildungen einzuordnen oder anzureihen, welche für diesen Abschnitt weiter Beachtung erheischen.

Mannigfach und weitgreifend ist in der alten Liederdichtung die Bedeutsamkeit der Blumen. Dass um den Blumenkranz gesungen wurde, dass er beim Reigen der Schmuck war, hat sich bereits ergeben: er gehört mit zu den Beziehungen des schönen Sommers, und im Winter wird geklagt: »Ich kann im Walde nicht ein grünes Kränzel finden, womit soll meiner Freuden Trost ihr lockicht Haar bewinden?« Nithart lässt gerne, wenn er die Maientänze schildert, die vielen Rosenkränze durchschimmern, und wenn die Tänzer mit einer Schlägerei schließen, sagt er, da seien viel Rosenkränze zerhauen oder verstreut worden. Dieses Kränzetragen beim Tanze hängt aber mit mancherlei verliebtem und eifersüchtigem Treiben zusammen. Der Kranz, der die Tänzerin schmücken soll, wird ihr von einem Bewerber überreicht oder zugeschickt; Walther meldet in einem besondern Liede, wie er der Schönen einen

Blumenkranz angeboten, den sie zum Tanze tragen möge, und wie sie errötend, mit verschämten Augen, die Blumen angenommen und ihm gedankt, was ihm weitere Hoffnung gibt; Nithart hat bei Sommersankunft dem Dorfmädchen ein Rosenschapel gesandt und ein Paar roter Tanzschuhe über den Rhein mitgebracht, oder das Mädchen bietet ihm beim Tanz ein Kränzlein und gewinnt ihm damit die roten Schuhe ab. Auch werden Kränze gegeneinander ausgetauscht oder den Tänzerinnen gewaltsam und tölpisch entrissen, woraus dann blutiger Kampf erwächst, selbst der ungeschickte Knecht, der sein Kränzel von roten Blumen den Maiden versagt, wird von den andern gerauft. Es werden aber auch Kränze genannt, welche Sinnbilder des Versagens und der schnöden Abweisung sind, der *Strohkranz* und der *Nesselkranz*, beide gegensätzlich zum Rosenkranze. Zwar ist dem tanzlustigen Mädchen ein Schapel von Stroh und der freie Mut lieber, denn ein Rosenkranz bei strenger Hut, allein eben damit ist gesagt, dass der Strohkranz an sich etwas sehr Unwertes sei. Bestimmter in obigem Sinne spricht ein Volkslied (Volkst. Nr. 51. S. 5):

»ich hab' der Lieben so lang gedient,
was gab sie mir zu Lohn?
einen Kranz von Haberstroh.«

Ein Gedicht in Handschriften des 15. Jahrhunderts erzählt, wie ein Liebhaber seine Schöne gebeten, ihm durch ein Kränzlein ihre Gesinnung kundzugeben, wie sie dann mit einem Kranze von Stroh auf dem Haupte dem Erschreckenden entgegenkommt und ihm solchen anbietet, zuletzt aber sich erbitten lässt, den dürren Kranz in das Feuer zu werfen. Nach einem der Texte des Rosengartenliedes lässt Kriemhild den Bernerhelden entbieten: Sie möchten lieber daheim einen Kranz von Nesseln tragen, als zu Burgund die lichten, roten Rosen; der Nesselkranz in der sichern Heimat ist nicht so misslich, als der Rosenkranz im Kampfgarten. Dem Bauernsohne, der zu hoch wirbt, lässt ein Volkslied eben jenen Kranz empfehlen (Volksl. Nr. 252. S. 1, 2):

»O Baurnknecht, lass die Röslein stehn!
sie sind nicht dein;
du trägst noch wohl von Nesselkraut
ein Kränzelein.

»Das Nesselkraut ist bitter und sauer
und brennet mich,

verloren hab' ich mein schönes Lieb,
das reuet mich.«"

In einem andern Liede heißt es von dem Unbescheidenen, der allzu unverhohlen zu der Liebsten geht (Volksl. Nr. 86. S. 3):
»was gibt sie ihm zu Lohne?
ein Rosenkränzelein,
ist grüner denn der Klee.«

Ein Rosenkranz, grüner denn Klee, oder, nach andern Lesarten, grüner denn das Gras, grünend wie der Wald, hat so ziemlich das Aussehen eines Nesselkranzes.

Am meisten befassen die Lieder sich damit, wie die Blumen zum Kranz in Wald und Feld gewonnen werden, mit dem Blumenlesen, Rosenbrechen, Kränzewinden. Das erste Laub, die erste Blume werden von den Minnesängern begierig in wahrgenommen. In späteren Nithartsliedern wird das erste Veilchen von dem Finder, der laut zu singen beginnt, auf der Burg gemeldet, worauf die Herzogin von Bayern an seiner Hand mit Pfeifern und Fiedlern herbeieilt, um den Sommer zu grüßen! inzwischen hat aber schon ein Bauer das Veilchen abgebrochen, es wird auf den Tanzbühel getragen und auf eine Stange gesteckt, um welche die Dörper fröhlich tanzen und springen. Mit dem einen leis überraschenden Veilchen geht ein ganzer Sommer auf, wie es die Meldung des Finders ausspricht: »Wohlauf, wer mit mir will den ersten Viol schauen! hat uns der Winter leidgetan, des werden wir nun getröstet; bald kommt der lichte, frohe Sommer, mit klarer Sonne bekleidet, die Vögel auf grüner Heide und in den Ästen singen süßen Schall, Kalander, Drossel, Nachtigall und ihre Genossen freuen sich der lieben Zeit!« oder auch einfach: »Ihr sollt alle froh sein, ich hab' den Sommer funden!« Bei Nithart ist es auch ein beliebter Ausdruck für das Wunder der anbrechenden Sommerzeit, dass der schwarze Dorn weiß erblüht, dass Blüte aus hartem Holze dringt. Wenn aber das erste Veilchen und die ausschlagende Schwarzdornblüte zunächst die Verjüngung der Natur ankündigen, so ist es die Rose, die den liebenden Herzen ansagt, dass ihre Stunde gekommen sei. Dietmar von Aist singt: »Ich sah da Rosenblumen stahn, die mahnen mich der Gedanken viel, die ich hin zu einer Frauen han.« Milon von Sevelingen lässt eine schöne Frau bei den Boten des Sommers, den roten Blumen gemahnt werden, dass ein Ritter ihr seinen Dienst entboten, dass ihm das Herz traure und sie ihn gegen dieser Sommerzeit erfreuen solle. Nach einer andern Strophe aus dem 12. Jahrhundert sind die zwei köstlichsten Dinge: die lichte Rose und die Minne des Liebsten, ohne den es keine Sommerwonne gibt. Die Rose wird auch mit der Linde verbunden, die nicht minder im Minnesange verästet und verzweigt ist. Der liebste Baum, die schönste Blume vereinigen sich dem von Trostberg zum Bilde weiblicher Vollkommenheit, die trefflichen Eigenschaften seiner Geliebten ehren das ganze Geschlecht, wie wenn in einem Wald eine Linde lichte Rosen trüge, sodass von ihrer Schönheit und ihrem süßen Dufte der ganze Wald geziert wäre; jedoch wird im späteren Titurel gesagt: Es wäre töricht, die duftige Rose zu verschmähen, weil ihr Vater nicht ein breiter Lindenbaum sei, denn Kaiser und Kaiserin achten die Rose für eine edle, werte Blume. Die vielsagenden Blumen sind aber am schönsten, wenn ihnen, wie Nithart sie schildert, der Tau in die in Augen fällt; in solcher Frische sollen sie zum Kranze gebrochen werden, den der Liebende der Geliebten bringt, oder von den maifrohen, tanzlustigen Mädchen selbst. Bald eilen zu diesem Blumenbrechen die Gespielen miteinander hinaus, die beim Reigen zusammen sein wollen, bald nimmt ein Bewerber die Gelegenheit wahr, sich der einsamen Blumenleserin hilfreich zu gesellen. Zu solchem vertraulichen Gange wird auch in den Liedern eingeladen, so von Walther: »Weißer und roter Blumen weiß ich viel, die stehen so fern in jener Heide; wo sie schön entspringen und die Vögel singen, da sollen wir sie brechen beide!« und damit hat er den Hilferuf eines verliebten Kunstgenossen auf sich gezogen: »Höre, Walther, wie es mir steht, mein trauter Geselle von der Vogelweide! Hilfe such' ich und Rat, die Wohlgetane tut mir viel zuleide; könnten wir ersingen beide, dass ich mit ihr bräche Blumen an der lichten Heide!« Zusammen in die Blumen, nach Rosen gehn, Rosen lesen, Blumen brechen, um ein Kränzlein ringen, sind leichte Verhüllungen kühnerer Wünsche; König Wenzel von Böheim rühmt sich, dass er die Rosen nicht brach und ihrer doch Gewalt hatte.

Die Blumen werden auch bei den Begegnungen im Grünen dadurch in Mitschuld gezogen, dass sie das verstohlene Glück beifällig begrüßen. Wo zwei Liebende sich umarmen, da sprießen Knospen aus dem Grase, da lachen die Rosen, lachen Blumen und Gras, krachen die Bäume, singen die Vögel. Der Freude blüht und erklingt ja die Welt. Die Rosen lachen aber nicht bloß, sie werden auch gelacht. Das Lachen ist in der älteren Sprache wohl auch die Wirkung des Lächerlichen im heutigen Sinne, das Belachen seltsamer Erscheinungen, noch mehr aber ist es Bezeichnung aller Freundlichkeit und Freude vom leisen Anlächeln bis zum Ausbruche der vollsten Herzenslust. Allen diesen Abstufungen des Lachens und den Gemütsstimmungen, aus denen es hervorgeht, dienen die Blumen und vor allen die freudige Rose zum Sinnbild. Besonders ist das Lachen (Lächeln) schöner Frauen den Minnesängern rosig und rosenbringend: »Wer kann Trauern bass verschwächen (mindern), denn ihr zartes röselichtes Lachen!« »Rosenrot ist ihr das Lachen, der viellieben Frauen mein.« »Wenn die Heide bar der Blumen liegt, da noch seh ich Rosen, wenn ihr rotes Mündel lachet.« »So oft ich meine Frau ansehe, ist mir, wie alles Rosen trage.« Zwei Stellen der Nithartslieder sprechen davon, dass der lachende Frauenmund Rosen und andere Blumen streuen könne. So ergibt sich der Übergang zu dem Rosenliede des Grafen von Toggenburg: Blumen, Laub, Klee, Berg und Tal und des Maien sommersüße Wonne sind ihm gegen die Rose fahl, die seine Fraue trägt: die lichte Sonne erlischt in seinen Augen, wenn er die Rose schaut, die aus einem roten Mündel blüht, wie die Rosen aus des Maien Taue: wer hier jemals Rosen brach, der mag wohl in Hochgemüte (Freude) schweben: was je der Sänger Rosen sah, nimmer sah er doch so lose (liebliche) Rose; was man der bricht im Tal, da sie die schönen machet, alsbald ihr roter Mund eine tausendmal so schöne lachet. Dass dieses Rosenlachen der schönen Frau nicht Erfindung des einzelnen Dichters sei, sondern eine schon vorhandene Vorstellung, spielend angewandt und ausgesponnen, zeigt der bisherige Zusammenhang. Die in Schwaben noch jetzt blühenden oder in oberdeutschen Urkunden vorkommenden Namen *Rosenlächler, Rosenlacher, Blumlacher* zeugen von der Volksmäßigkeit des Ausdrucks in diesen Gegenden, »Wenn er lacht, dann schneit es Rosen,« ist ein niederländisches Sprichwort. Auch ein neugriechisches Volkslied gibt einem schönen Mädchen zum Abzeichen:

Und wenn sie lacht, so fallen ihr die Rosen in die Schürze.

Das Erheblichste jedoch ist, was wieder ein altdeutscher Dichter darbietet. Heinrich von der Neuenstadt, ein Wiener Arzt, der um den Anfang des 14. Jahrhunderts den Roman von Apollonius von Tyrus aus dem Lateinischen deutsch reimte, wirft der Minne vor, dass sie oft den Edeln hasse und sich einem Unmenschen hingebe; zum Belege dessen fragt er: »Wo sah man Rosen lachen?« und erzählt nun, wie ein krüppelhafter Bettler eine schöne Königin um ihre Minne bat, die sie manchem Ruhmreichen versagt hatte, und wie er über die Gewährung so froh ward, dass er zu hüpfen begann: Das sah *der rosenlachende Mann* und lachte, dass Berg und Tal, Laub und Gras voll Rosen war. Der rosenlachende Mann ist hier als ein schon bekanntes Wesen eingeführt. Sein Lachen gilt nicht, wie es scheinen möchte, der seltsamen Geschichte, noch der drolligen Gebärdung des Bettlers, es ist kein Auslachen, sondern ein Mitlachen, Widerhall und Abglanz der jubelnden Freude des unverhofft Beglückten. Wie das Wort besagt, ist er eben nur Blumenlacher, ein Schöpfer der Rosen durch Freundlichkeit und Freude. Dem frohlockenden Bettler sollen Berg und Tal erblühen, da muss der Rosenlacher sich einstellen. Dieser eigentliche und unmittelbare Beruf aber, das Blumenschaffen, deutet auf einen namenlos noch umgehenden freundlichen Frühlingsgeist der verschollenen Göttersage.

Die Volkslieder sind, wie der Kunstgesang, voll Blumenbrechens. Fischart sagt: »Das weiß ich, wann einen die Ros' anlächelt, dass er's gern abbräch; ich brech' immerhin, auf das alte Liedlein:

»Die Röslein sind zu brechen Zeit,
derhalben brecht sie heut!
und wer sie nicht im Sommer bricht,
der bricht's im Winter nicht.«

Dieser Lehre gemäß wird auch in einem Liede der niederdeutschen Sammlung zum Gang in die Rosen eingeladen:

»Lieb, wollt Ihr mit mir reiten?
Lieb, wollt Ihr mit mir gahn?
ich will Euch, Süßlieb, leiten,
wo die roten Röselein stahn.

»Ich will nicht mit Euch reiten,
ich will nicht mit Euch gahn,
mein Vater würde mich schelten,
meine Mutter würde mich schla'n.«

Warum würd' er Euch schelten?
warum würd' sie Euch schla'n?
Ihr habt ja den roten Röselein
keinen Schaden getan.«

Eine Fahrt in die Maiblumen findet sich im französischen Liederbuche von 1538: »Mein Vater ließ ein Schloss erbauen, nicht groß, doch schön, die Zinnen von Gold und Silber: auch hat er drei schöne Pferde, der König hat nicht so schöne, das eine grau, das andre schwarz, aber das kleine das schönste, das soll mein Feinslieb und mich zum Spiele tragen, in den Maiblumen werden wir ruhen und spielen, ein Kränzlein winden für Feinslieb und mich.« Wieder in deutschen Liedern sind gebrochene Blumenblätter oder Blumen ins Fenster geworfen, das Zeichen, dass der Liebende draußen harre (Volksl. Nr. 85. S. 3):

»Ich brach drei Lilgenblättlein,
ich warf ihr's zum Fenster ein:
»schlafest du »der wachest?
steh auf, feins Lieb, und lass mich ein.««

Oder:

»Er tät ein Röslein brechen,
zum Fenster stieß er's hinein:
»tust schlafen oder wachen,
Herzallerliebste mein?«

 Neben dieser leichtfertigern Weise schlagen aber die Volkslieder auch einen Ton an, der den Kunstdichtern fremd geblieben ist. Nithart und seine Genossen schmücken ihre Landmädchen lieblich genug mit Jugendreiz, Blumen und Feierkleidern, namentlich gibt der von Stamheim ein lachendes Frühlingsbild vom Auszuge der Mädchenschar zu Reigen und Ballspiel, auch lassen diese Sänger die lebensfrohe Tochter fleißig durch die Mutter warnen und ausschmälen, aber das Endziel ist immer, dass die junge Dörferin an der Hand des verlockenden Ritters dahinspringt, oft die Mutter zugleich. Dem Hofe diente gerade dieses zur Belustigung, um das weitere Geschick der Hineilenden war er unbekümmert. Die Volksansicht nimmt es ernster, ihr ist die Jungfrau, die zum Tanz oder nach Blumen geht, eine nachdenkliche Erscheinung. Im ersten Jugendglanze, zaghaft und ahnungsvoll, für die gefährliche Lust sich schmückend, ist sie ein Trost der Augen, aber auch ein Gegenstand der frommen Scheue, der Besorgnis und des leisen Mitleids, ein bekränztes Opfer. Es ist in alter Poesie herkömmlich, die jungfräuliche Schönheit, von Sonne, Regen, Wind und Staub unberührt, in heiligem Dunkel erblühen und dann eines Morgens in reinstem Glanze hervorgehen zu lassen. Im Gudrunliede lässt der König Hagen sein Kind Hilde so aufziehen, dass die Sonne dasselbe nicht bescheint, noch der Wind es anrührt, Kriemhild, noch niemals von Sifrid gesehen, tritt endlich aus ihrer Kammer, wie der rote Morgen aus trüben Wolken. Die Tochter des Heidenkönigs im Gedichte von Sankt Oswald ist in eine Kammer verschlossen, wo nur durch die gläsernen Fenster der Tag sie bescheint: Wenn sie zu Tische geht, wird über ihr ein rot und weißes Seidentuch getragen, damit nicht Wind noch Sonnenschein ihr nahen könne. Ein serbisches Heldenlied meldet von dem Wundermädchen Rossanda:

»Aufgewachsen war die Maid im Käfig,
aufgewachsen, sagt man, fünfzehn Jahre,

hatte nimmer Mond gesehn noch Sonne:
aber jetzo kam es aus, das Wunder!«

Einem Mädchen, das weiß und schön ist, wie Tag und Sonne, wird im deutschen Märchen zugerufen:

»Deck' dich zu, mein Schwesterlein,
dass Regen dich nicht nässt,
dass Wind dich nicht bestäubt,
dass du fein schön zum König kommst!«

Wunderbare Begabungen, Perlenweinen und Goldkämmen, sind von solcher Bewahrung von Luft und Sonnenstrahl abhängig. Überall dichterischer Ausdruck der ängstlichen Pflege, die darauf verwendet wird, den zartesten Schmelz der Jugend und Unschuld unangehaucht zu erhalten. Wie das Mädchen selbst, soll auch die Rose beschaffen sein, die von seiner Hand gebrochen wird. In einem deutschen Liede des 16. Jahrhunderts fragt eine wunderschöne Jungfrau, die nach Rosen geht, den Begegnenden: wie man dieselben brechen soll? breche man sie gegen Abend, so seien sie bleich von Farbe, breche man sie gegen Morgen, so hab' ein andres sie vorweggenommen; sie erhält den Bescheid:

»Die Roslein soll man brechen
zu halber Mitternacht,
dann seind sich alle Blätter
mit dem kühlen Tau beladen,
so ist es Rösleinbrechens Zeit.«

Dasselbe Lied schildert dann auch den Gang zum Tanze:

»Es wollt' ein Mägdlein früh aufstehn,
an einem Abendtanze gehn,
sie leuchtet' also ferne
gleichwie der Morgensterne,
der vor dem Tag aufgeht.«

Die Rosen, tauig aus der Nacht kommend, der Stern der dämmernden Frühe sind gleichmäßig Darstellungen der frischesten, morgendlich aufglänzenden Schönheit. Aber auch der stille Morgengang in die Blumen bleibt nicht ohne die Mahnungen und Ansprüche der Liebe. Alte französische Liedchen kennen den bezaubernden Luftkreis, der die Jungfrau zusamt dem Blumen tragenden Garten oder Gehölz umweht und dessen leisem Hauche ihr eigenes Herz halb zagend sich aufschließt. »Schön' Alis stand frühmorgens auf, kleidet' und schmückte sich, ging in einen Baumgarten, fand da fünf Blümlein, machte daraus ein Kränzlein von blühender Rose; um Gott, hebt euch von hinnen, ihr, die ihr nicht liebet!« Diese Notwendigkeit, zu lieben, und den Bann über die Nichtliebenden sprechen auch zerstreute Tanzzeilen aus: »Wer bin ich denn? seht mich an! und muss man mich nicht lieben?« »Ich hüte das Holz, dass niemand ein Blumenkränzlein von dannen trage, wenn er nicht liebet.« »Alle, die verliebt sind, kommen zum Tanze, die andern nicht!« »Die ihr liebt, tretet hieher! dorthin, die ihr nicht liebt!« Schüchtern pflückt das Mädchen nur eine Blume: »Gestern frühe stand ich auf, in unfern Garten trat ich, drei Liebesblumen fand ich da, eine nahm ich, zwei ließ ich stehn, meinem Freunde will ich sie schicken, der darüber lustig und froh sein wird.« Noch inniger mischen sich Blumenlust und Liebesseufzer in kleinen spanischen Liedern: »Vom Rosenstrauche komm' ich, Mutter! komme vom Rosenstrauch; an den Ufern jener Furt sah ich den Rosenstrauch knospen, komme vom Rosenstrauch; an den Ufern jenes Stromes sah ich den Rosenstrauch blühen, komme vom Rosenstrauch; den Rosenstrauch sah ich blühen, pflückte Rosen mit Seufzen, komme vom Rosenstrauch.« »Mein schwarzbraun Mädchen betracht' ich, wie es im Garten den Zweig des Weißen Jasmins bricht.« »Wer ist das Mädchen, welches die Blumen pflückt, wenn es keinen Liebsten hat? Das Mädchen pflückte die blühende Rose, der kleine Gärtner fordert ihr Pfänder ab, wenn es keinen Liebsten hat.« Wieder die Strafbarkeit des Nichtliebens. Die Gefahr zeigt sich aber auch dringender, die Pfändung gewaltsamer. In einer schottischen Ballade weifen drei Schwestern die Stäbchen, welche nach dem grünen Walde gehen soll, um Rosen zu pflücken zum Schmucke des Gemachs, und der jüngsten, der das Los zufällt, wird das zur Ursache all ihres Wehs; in andern Balladen wird das Mädchen im Walde zur Rede gestellt, dass es ohne Erlaubnis Rosen breche, und muss mit Leben oder Freiheit büßen, muss ein Pfand lassen, den Goldring, den grünen Mantel oder die jungfräuliche Ehre; ein Goldring kann wieder gekauft, ein Mantel wieder gesponnen werden, aber die Ehre bleibt für immer verloren. In deutschwendischer Darstellung soll Else, als sie morgens im Walde Gras geschnitten, dem Herrn des Waldes ein Pfand geben, sie bietet erst ihr Sichelchen an, dann ihren silbernen Fingerring, nur ihr Rautenkränzlein gibt sie nicht und sollte sie darum das Leben lassen. Ein anderes deutsches Lied unternimmt es, zu schildern, wie ein greiser Ritter dem Mädchen, das auf seiner Wiese grast, ein Pfand abringen will: »rührst du mich mit dem eisgrauen Barte, so sterb' ich!« ruft sie aus, bricht einen Rosenzweig ab und wehrt sich damit.

Die bedenklichste Gefährde liegt stets im jugendlichen Leichtsinne selbst, darum lassen es die Lieder nicht an Warnungen fehlen. Eines aus dem Kuhländchen sucht besonders vom sonntäglichen Rosenbrechen zu unheiligem Gebrauch abzuschrecken. Annelein geht in den Rosengarten, bricht Rosen und macht ein Kränzlein am Sonntag unter der heiligen Messe, aber wie sie die erste Seide windet, kommt der Böse geschlichen und fragt:

»Machst du denn der lieben Kirch' einen Kranz?
oder machst du deinem Schönlieb einen Kranz?
»Ich mach' wohl nicht der Kirch' einen Kranz,
ich mach' wohl meinem Schönlieb einen Kranz.««

Alsbald wird sie in einen andern Rosengarten gebracht, wo sie den feuersprühenden Wein trinken muss. Freundlicher ist die Mahnung, die einem Mädchen auf dem Wege zum Rosenbrechen zugeflüstert wird:

»Es wollt' ein Mägdlein tanzen gehn,
sucht' Rosen auf der Heide;
was fand sie da am Wege stehn?
eine Hasel, die war grüne.

Nun grüß dich Gott, Frau Haselin!
von was bist du so grüne?
»Nun grüß' dich Gott, feins Mägdelein!
von was bist du so schöne?«

Von was dass ich so schöne bin,
das kann ich dir wohl sagen:
ich ess' weiß Brot, trink' kühlen Wein,
davon bin ich so schöne.

»Isst du weiß Brod, trinkst kühlen Wein
und bist davon so schöne,
auf mich so fällt der kühle Tau,
davon bin ich so grüne.«

Hüt' dich, hüt' dich, lieb Hasel mein
und tu dich wohl umschauen!
ich hab' daheim zween Brüder stolz,
die wollen dich abhauen.

»Und haun sie mich im Winter ab,
im Sommer grün' ich wieder:

verliert ein Mägdlein ihren Kranz,
den findt sie nimmer wieder.«

Dieses Lied von altertümlichem Tone findet sich gleichwohl in keiner älteren Aufzeichnung, und die mündlichen Überlieferungen sind teils mangelhaft, teils überladen, sodass man aus der Vergleichung mehrerer die reine Gestalt desselben entnehmen muss. Von seinem früheren Dasein zeugt aber auch äußerlich eine umschreibende englische Bearbeitung in einer Handschrift des 16. Jahrhunderts, wo der warnende Strauch ein blühender Hagedorn ist. Nach wendischer Fassung wird das Mägdlein beim Grasen im grünen Holze von einem kleinen Ast ins Gesicht geschlagen und droht, durch seine zwei Brüder ihn wegschneiden zu lassen, das Ästlein entgegnet, im Frühling schlag' es doch wieder aus, seine Sprossen werden dann viel grüner noch und frischer stehn, aber um verlorene Mädchenehre sei es auf immer geschehen. Den Ursprung der Schönheit, worunter besonders die blühende Farbe verstanden ist, im Genusse des guten Brotes kennt schon der Meier Helmbrecht, der es zu den Segnungen des Ackerbaues rechnet, dass dadurch manche Frau »geschönet« werde; in einer schottischen Ballade wird ein von Schönheit leuchtendes Mädchen gefragt, woher sie das Wasser genommen, das sie so weiß wasche? und ein Minnesänger hat über dem brennend roten Munde seiner Geliebten den Einfall, sie habe wohl eine rote Rose gegessen. Das früher ausgehobene Gespräch der Jungfrau mit der Nachtigall führt auf dieselbe Lehre, wie das mit der Hasel, nur wird in jenem mehr der grünende, in diesem der winterliche Baum vorgehalten; das Mädchen sagt der Nachtigall, Reif und Schnee werden ihr das Laub von der Linde streifen, die Nachtigall entgegnet:

»Und wann die Lind' ihr Laub verliert,
behält sie nur die Äste
(a. so trauern alle Äste),
daran gedenkt, ihr Mägdlein jung,
und haltet eur Kränzlein feste.«

Minder passend wird solches auch der Hasel in den Mund gelegt, und schon im Gespräche zwischen Florance und Blancheflor wird in gleichem Sinne von einer der Gespielen an das traurige Aussehen des entlaubten Baumes erinnert. Die Rose selbst wird angerufen, um Weisung und Kunde zu geben. Ein Mädchen will sich nicht günstig erweisen, als wenn ihr drei Rosen gebracht werden, die im Winter aufgeblüht sind, und sie werden ihr gebracht:

»Da sie die roten Röslein sah,
gar freundlich tät sie lachen:
so sagt mir, edle Röslein rot,
was Freud' könnt ihr mir machen?«««

Die gebrochenen Rosen verkünden ihr das gleiche Schicksal (Volksl. Nr. 113, B. S. 6). Dietmar von Aist lässt sich durch die Rosen, die er an vertrauter Stelle blühen sieht, den Gedanken an die Geliebte mahnen; im Volksliede sollen sie noch bestimmter das Gewissen der Liebe, die Treue, wach erhalten:

»Es stehn drei Rosen in jenem Tal,
die rufet, Jungfrau, an!
Gott gesegen' Euch, schöne Jungfrau,
und nehm' kein andern Mann!«

Sie stärken auch dadurch die Treue, dass sie vom Leben und Geschicke des fernen Freundes Zeugnis geben; dem Mädchen im Walde fallen drei Röslein in den Schoß:

»Nun sag', nun sag', gut Röslein rot,
lebet mein Buhl' oder ist er tot?

»Er lebet noch, er ist nit tot,
er liegt vor Münster in großer Not.

Er liegt zu Köln wohl an dem Rhein,
er schenkt den Landsknechten tapfer ein.«««

Im dänischen Liede von Ritter Aage und Jungfrau Else wird auch dem Toten noch Kunde von Lieb und Leid der überlebenden Braut: ist sie frohen Mutes, so ist sein Grab voll roter Rosenblätter, grämt sie sich, so ist sein Sarg wie mit geronnenem Blute gefüllt. Dem strengeren Sinne der Volkslieder gemäß gehört es zur Vollständigkeit dieser Reihe, dass auch die Unglückliche, die, den Blumenkranz verscherzt hat, ihre Klagen erhebe:

»Da zog sie ab ihr Kränzelein,
warf's in das grüne Gras:
»ich hab' dich gerne tragen,
dieweil ich Jungfrau was.«

Auf hub sie wohl ihr Kränzelein,
warf's in den grünen Klee:
»gesegen' dich Gott, mein Kränzelein,
ich seh' dich nimmermehr.«««

Tiefer geht ein Lied aus den Sammlungen des 16. Jahrhunderts, auch im Volksmunde noch unerloschen:

»Traut Hänslein über die Heide ritt,
er schoss nach einer Taube,
da strauchelt' ihm sein apfelgrau Roß
über eine Fenchelstaude.

»Und strauchel' nicht, mein graues Roß!
ich will dir's wohl belohnen,
du must mich über die Heide tragen
zu Elselein, meinem Buhlen.«

Und da er auf die Heide kam,
da begegnet' ihm sein Buhle:
»kehr' wieder, kehr' wieder, mein schönes Lieb!
der Wind der weht so kühle.«

Und dass der Wind so kühle weht,
so hat mich noch nie gefroren;
verloren hab' ich mein' Rosenkranz,
den will ich wiederum holen.

»Hast du verlorn dein' Rosenkranz,
willt du ihn wiederum holen,
bis Montag kommt uns der Krämer in's Land,
kauf' dir, schöns Lieb, ein' neuen!«

Am Montag, da der Krämer kam,
er bracht' nicht mehr denn alte:
»setz', schöns Lieb, einen Schleier auf
und lass den lieben Gott walten!«

Der uns dies neu Lied erstmals sang,
er hat's gar wohl gesungen,
er hat's den Mägdlein auf der Lauten gespielt,
die Saiten sind ihm zersprungen.«

 Dem Ausreitenden strauchelt das Roß, ein übles Vorzeichen, das zur Umkehr mahnt: bald begegnet ihm auf der Heide, über die der kalte Wind weht, sein schönes Lieb, das nicht den Frost empfindet, aber um den abgewehten Rosenkranz klagt. Dieses Bild gebrochener Treue, verlorener Ehre, wird weiter verfolgt. Ein Winterhauch ist nun auch der bittere Hohn aus gekränktem Herzen, die gesprungenen Saiten, wie am Schlüsse des Vonvedliedes, entsprechen dem Misslaute des zerrissenen

Liebesglücks. Der Blumenkranz, der seine vollkommene Geschichte hat, schwankt vom Anfang an zwischen zwei verschiedenen Bedeutungen, er bezeichnet die jugendliche Freude und die jungfräuliche Unschuld, diese finden zwar ihre Einheit in der morgenfrischen, tauglänzenden Jugendblüte, aber die Verbindung ist nicht ungefährlich, und wenn die Jugendlust vorschlägt, zerflattert das aufgelöste Gewinde. Soweit die sinnbildliche Benützung der Blumen bisher dargelegt worden, ging dieselbe einfach und unmittelbar aus der poetischen Anschauung hervor. Die Blumen als Symbole jugendlicher Anmut und Frischheit, Liebe und Freude sind für sich verständlich. Die Rose waltet vor, weil sie die Blume der Blumen ist, die vollkommenste Darstellung dieser Eigenschaften und Zustände. Dem Gegensatze von Liebeslust und Liebestrauer, des freudeblühenden und des kummerbleichen Mädchens, schien ein Streit der roten und der weißen Blume, der Rose und der Lilie, zu entsprechen. Das Veilchen hat seine Bezeichnung als erste früheste Blume, noch einige andre Blumen sind im Minnesange genannt, das mannigfache Farbenspiel der Blumen und Blätter wird ausgemalt, aber auf eine besondre Bedeutung der einzelnen Farben und Namen nicht weiter eingegangen. Erst mit dem Anfang des 14. Jahrhunderts gestaltet sich eine vollständige Farbenlehre, die jeder einzelnen Farbe für die Angelegenheiten der Liebe einen besondern Sinn beilegt und diesen auch je auf die Färbung der Blumen überträgt. Das 15. Jahrhundert entfernt sich noch weiter von dem unmittelbaren sinnlichen Eindruck, indem es sprechende Blumennamen auf die Empfindungen und Geschicke der Liebenden anwendet. Diesen beiderlei Weisen, die zum Teil auch miteinander verbunden sind, fehlt es zwar nicht gänzlich an natürlichen Anlässen, in ihrer Durchführung aber sind sie künstlich ausgesonnen, beruhen auf willkürlicher Übereinkunft oder bewegen sich in dürrer Wortspielerei, sodass sie nur als Abartungen der Poesie betrachtet werden können. Da sie gleichwohl auch dem volksmäßigen Liede sich reichlich mitgeteilt haben, so dürfen sie hier nicht unerörtert bleiben.

Die Auslegung der *sechs Farben* ist Gegenstand eines Gedichtes aus der Mitte des 14. Jahrhunderts. Der Dichter wird von einer minniglichen Frau befragt, was jede der verschiedenen Farben meine, worein jetzt, nach einem durch alle Lande üblichen »Funde«, die Männer sich kleiden, um damit kundzugeben, wie sie gegen ihre Freundinnen gesinnt seien. Er gibt folgende Aufschlüsse: *Grün* sei ein Anfang, und der Träger dieser Farbe gebe zu erkennen, dass er noch frei von Minne sei; *rot* bedeute die Not des Minners, der wie feurige Kohle brenne; *blau* bezeichne

Stetigkeit, Treue; wer *weiß* trage, lasse die Hoffnung merken, die sich seiner Liebe aufgetan; *schwarz* meine Zorn und Trauer über vergeblichen Dienst und über die Untreue der Geliebten; *gelbe* Farbe, die selten getragen werde, sei der Minne Sold, »das reiche, minnigliche Gold«, verkünde die erlangte Gewährung. Die Frau macht zu jeder Auskunft ihre Bemerkungen: den Gebrauch des Grünen erklärt sie für einen »klugen Fund« (eine Erfindung), sonst aber findet sie, dass die Farbe der Röcke nicht immer der Wahrheit entspreche, auch kann sie nicht gutheißen, dass man Lieb' und Leid so zur Schau stelle, vormals habe man sein Glück schweigend und allein getragen, zuletzt ermahnt sie den Dichter, seiner Liebsten treu zu bleiben und es niemals mit falscher Farbe zu halten. Der grünen Farbe besonders ist ein Gedicht ähnlicher Art gewidmet. Durch den wonniglichen Wald kommt der Dichter auf eine vom Maientau bedeckte Aue, wo er Blumen mancher Farbe findet: »rot, weiß, in braun gemengt, gelb, blau, durch grün gesprengt«; daselbst trifft er eine Frau, die sich für eine Liebhaberin der grünen Farbe erklärt und von ihm die Eigenschaften derselben gründlich erfahren will; er zählt diese rühmend auf, namentlich dass Grün, als Farbe der nahenden Sommerzeit, die Welt freudenvoll mache, und dass es in der Liebe ein fröhlicher Anfang sei; wer sich Grün auserwählt, der habe sich dem Maien zugewandt und Freude begonnen, Grün sei Ursprung aller Dinge. Auch in einer allegorischen Dichtung wird diese Farbenlehre dargestellt: Die Minne sendet dem Dichter, der bereits ihre Macht empfunden, eine Frau zu, die ganz in Braun gekleidet ist und ihm die Lehre gibt, zu schweigen und was ihm Gutes werde, in sein Herz zu verschließen, sie selbst nennt sich »Verschwiegen immermehr« (immerfort)«, weshalb sie auch braune Kleider trage, und fordert den Minnelehrling auf, zu weiterer Unterweisung ihr zu folgen; er wird in einen Saal geführt, um welchen Berg und Tal wie Klee ergrünen und dessen Wände von Smaragd glänzen, darin empfängt ihn eine andre Frau, deren Gewand von grasgrünem Samt geschnitten ist, diese rät ihm, mit Bedacht anzuheben, in Grün zu beginnen, keine Frucht könne vollwachsen, sie hebe denn mit Grün an, Grün sei den Augen gut, von Grün entsprieße weiße Blüte, sie selbst heiße: »der Freuden ein Beginnen«; sofort geleitet sie ihn auf ein weißes Feld, wo in einem Gezelt von weißer Seide mit Knöpfen von Perlen eine Frau sitzt, die in Hermelin und Lilien gekleidet ist und die dem »Wildfang«, wie ihn die Führerin nennt, einen Brief liest, wonach kein besser Ding ist als hoffen, wie denn auch ihr Name »Hoff' für Trauren!« lautet; sie bringt ihn nach anderem Lande, wo er vor einem großen

Heer eine Frau auf rotem Pferde daherreiten sieht, ihr Reitzeug leuchtend von Gold und Rubin, ihr Mantel von rotem Scharlach, ihr Gewand brennendrot, das Feld umher ist mit Rosen bestreut, und die stolze Frau, nachdem sie abgestiegen, erhebt ein reiches Lob der roten Farbe: Mit Rot gehe die Sonne auf, Rot sei der Welt Wonne, in Rot entzünde sich das liebende Herz, wo zwei Liebende den Bund der Treue schließen, da erglühen sie in Röte; noch sagt sie ihm ihren Namen: »die Lieb' entzündet«, und führt ihn dann weiter zu einem himmelblauen Hause, wo viele blau gekleidete Männer und Frauen zusammen rufen: »bleib stet!« und die Herrin des Hauses: »Wank' nimmer nicht!« genannt, in saphirblauem Gewände, den vor ihr Knienden zu treuer Liebe mahnt und einsegnet, ihn sogar als Kaiser im blauen Orden grüßt: doch sitzt er nicht lange auf seinem Herrscherstuhl, als eine *schwarze* Frau zornmütig herankommt, den Stuhl daniedereißt und den erschrockenen Kaiser gebunden nach ihrem Heimwesen führt, wo sie ihm, wie so manchem andern, eine Klammer anschmiedet; vergeblich fragt der Gequälte nach *Gelb*, Gelingen, aber doch gibt die strenge Frau, die nicht näher benannt wird, ihn am Ende los, nachdem auch unter schwarzem Kleide sein Herz blau geblieben ist. Dieser Gattung von Gedichten reiht sich endlich eines an, worin noch einmal zwei liebende Jungfrauen, eine frohe, von Lieb' und Treue singende, und eine traurige, händeringende, Zwiegespräche halten und auch äußerlich durch die Farbe der Kleider, rot und grau, unterschieden sind, anstatt jener natürlichen und poetischen Gegensätze, der blühenden und der bleichen Gesichtsfarbe, der roten und der weißen Blume. Volksmäßige Lieder des 15. und 16. Jahrhunderts geben Zeugnis, wie sehr die Bekanntschaft mit den Farbenregeln verbreitet war. Bald werden die bedeutsamen Farben der Reihe nach ausgespielt, so besonders in einem Liebesliede, dessen sieben Gesätze je einer Farbe gewidmet sind und dabei meist dem obigen Lehrgange folgen, indem sie von Grün zu Weiß, Rot und Blau vorschreiten, dann Grau und Gelb einschieben und mit Schwarz endigen: auch in nachstehenden Strophen eines Liedes aus dem 15. Jahrhundert auf eine ungetreue Schöne zu Heidelberg:

»Und da ich meinen Buhlen hät,
da trug ich blau, bedeutet »stät«,
die Farb' ist mir benommen;
nun muss ich tragen schwarze Farb',
die bringt mir keinen Frommen.

Schwarze Farb', die will ich tragen,
darin will ich mein Buhlen klagen,
ich hoff', es währt' nit lange;
schneid' ich mir ein grüne Farb',
die ist mit Lieb' umfangen.

Grüne Farb' ist ein Anfang;
weiße Farb', hab' immer Dank!
wo findt man deinesgleichen?
wer ein' stäten Buhlen hat,
der soll nit von ihm weichen,«

Grau und braun sind hiernächst noch aufgeführt. Öfter jedoch werden nur einzelne Farben beigezogen, was mit einem ungesuchten Ausdrucke der Empfindung sich eher verträgt. Ein solches Lied hebt an:

»Wohl Heuer zu diesem Maien
in grün will ich mich kleiden,
den liebsten Buhlen, den ich hab',
der will sich von mir scheiden;
das macht allein sein Untreu,
sein wankelmüth'ger Sinn;
Hab' Urlaub, fahr dahin!« (Volksl. Nr. 66. Pf.)

Der treulos Aufgegebene will sich grün kleiden, weil er sich wieder frei fühlt und mit dem nahenden Sommer ein neues Liebeleben beginnen kann, er geht selbst mit über in den fröhlich aufgrünenden Mai. In gleichem Sinne denkt der Heidelberger Sänger auf ein grünes Gewand und spricht diese Meinung noch auf andre Weise aus:

»Schöne Frau, ist das der Lohn,
den ich um Euch verdienet han
mit Tanzen und mit Springen,
so will ich diesen Sommer lang
mit andern Vögeln singen,

Geduldiger singt ein andrer:

»In Schwarz will ich mich kleiden,
und leb' ich nur ein Jahr,
um meines Buhlen willen,
von dem ich Urlaub hab';
Urlaub hab' ich
ohn' alle Schulden,
ich muss gedulden.«

In einem französischen Liede klagt der Liebende zum Abschied: »Ach! wo sind die Farben, die wir zu tragen pflegten? Gelb ist mir entgegen, Grau muss ich lassen, für allen Entgelt muss ich Schwarz tragen«; doch behält auch er sich vor, wenn seine Liebe ihn täusche, mit dem kommenden Maimond andre anzuknüpfen. Braune Tracht zum Zeichen des Schweigens, Veilchenblau als Farbe der Stetigkeit und ähnliches mehr findet sich in den Liedern zerstreut. Eine Schöne beschwert sich, dass derjenige, der im Gedanken an sie Braun, Blau und Weiß getragen, nun einer andern zu Dienst in Braun, Weiß und Grün gehe: hier ist Blau ausgefallen und mit Grün vertauscht, die Farbe der Treue mit jener der Freiheit und eines neuen Anfangs. Wer Ausleger der sechs Farben verdankt seine Kenntnis von der Kraft derselben einem Grafen von Hohenberg, der Sänger des Heidelberger Liedes nennt sich einen Hofmann, höfischen Geschmacks ist überhaupt diese Livrei der Liebe. Da nun schon im Mittelalter Frankreich das Muster aller Hofsitte war, so werden auch die Vorgänge des ausgebildeten Farbenwesens dort zu suchen sein.

Aber selbst in diesem hofmassigen Zuschnitte hat die Deutung und Anordnung der Farben sich im Einklange mit dem sinnlichen Eindruck und der natürlichen Erscheinung derselben zu halten gewusst. Besonders erinnert die beschwichtigende und erfrischende Kraft der grünen Farbe an die Wirkungen des *panno verde*; diesem unmittelbaren Eindruck aber gesellt sich die Anschauung, dass aus dem Grünen der ersten Frühlingsfarbe alles weitere entsprießt, und hiernach die bildliche Beziehung, die so oft ausgesprochen wird, dass Grün der *Anfang* sei; das Naturbild setzt sich fort, indem aus Grün die weiße Blüte sich entfaltet, aus dem Zustande der unbestimmten Empfänglichkeit das erste, zarte Hoffen; hierauf folgt das brennende Rot, der heftige Reiz des *panno rosso*, das naheliegende Wahrzeichen der Leidenschaft; diese Flammenfarbe sänftigt und sammelt sich im Blau der Treue; gedämpfter noch ist Braun, die Farbe der Behutsamkeit und des Schweigens; Gelb und Schwarz stehen sich gegenüber, jenes ein prunkender, festlicher Glanz, bezeichnet das Gelingen, das Gold der Minne, dieses mit seinen finstern Schatten eignet sich, von selbst verstanden, dem Missmut und der Trauer.

Der Naturfilm, dem eine lehrhafte Auslegung der Farben und die Anwendung dieser Lehre auf die Wahl der Kleider nicht genügen konnte, nahm seinen Ausweg dahin, dass er die Farben in Blumen verwandelte. Dieser Weg war schon gewiesen, indem man aus Grün die weiße Blütenfarbe hervorgehen ließ. Das Reich der Farben ist nun ein Frühling, der in seinen Blumen alles sinnige Farbenspiel zur Entfaltung bringt; ja es ist wohl gedenkbar, dass eben am bunten Schmelz der Blumenwelt die nachsinnende Vergleichung und verliebte Deutung der Farben vornherein sich entwickelt hat. Hierher fällt ein Lied vom Anfang des 15. Jahrhunderts, das zwischen Kunst- und Volksgesang die Mitte hält. Des Sängers Herz freut sich dem Mai entgegen, der Blümlein mancher Farbe bringt, rot, weiß, schwarz und blau, doch ist ihm blau das liebste, blau bedeutet stet! das rote Blümlein brennt in Liebe, das weiße wartet auf Gnade, das schwarze bringt Klage, wenn er sich von der Liebsten scheiden muss: Er segnet sie, die ihm das blaue Blümlein gab. Die grüne Farbe, die hier vermisst wird, ist in einem ähnlichen Liede des Grafen Hugo von Montfort, dessen Gedichte mit den Jahreszahlen 1396 bis 1414 versehen sind, vorangestellt: Vieles, womit die Welt sich nährt, fängt der Mai mit Grünem an, manch Blümlein, rot und blau in Blau, ist 'lieblich entsprungen, dabei findet man Grau, und Grün drängt sich dazwischen, Blümlein gelb, braun und weiß sind mit Maientau begossen, doch geht dem Dichter ein rotes Mündlein über Blumenschein, seine weiße Zähne glänzen daraus, braune Brauen, klare Augen solcher Blumen nimmt er wahr, den Schönen glänzt ihr Haar über Blumengelb, Blau steht in ihrem Herzen, in Gesundheit grünt sie. So wird die Geliebte selbst, leiblich und geistig, ein Inbegriff von Blumen aller Farben. Ein gleichzeitiges Lied im Volkstone beginnt erst noch farblos:

»Mein Herz hat sich gesellet
zu einem Blümlein fein,
das mir wohl gefället,
durch Lieb' so leid' ich Pein.«

Dann aber spielt dieses Blümlein (Str, 4: »Es ist ein' Jungfrau schön«) in sechserlei Farben:

»Mein Herz hat sich gesellet
zu einem Blümlein rot,
das mir wohl gefället,
durch Lieb' so leid' ich Not.

Mein Herz hat sich gesellet
zu einem Blümlein weiß« usw.

Auf gleiche Weise durch Braun, Grün, Grau (Blau?) bis zu Gelb, wobei der Sänger Gewährung hofft: der Kehrreim ist ein jubelnder Mairuf, vermutlich älteren Ursprungs:

»He he! warum sollt' ich trauren!
nun rühret mich der Mai;

schlag, schlag, schlag auf mit Freuden!
mein Trauren ist entzwei.«

Zu besondrem Ansehen gelangt um diese Zeit das *blaue Blümlein.* Es lag in der lehrhaft allegorischen Richtung damaliger Dichtkunst, die Farbe der Stetigkeit, einer sittlichen Eigenschaft, vorzüglich hochzuhalten. Der Graf Johann von Habsburg, in der Mordnacht zu Zürich 1350 ergriffen, ward daselbst in den Wellenberg, den nun abgebrochenen Wasserturm, gelegt, hier lag er in das dritte Jahr gefangen und machte das Liedlein: »Ich weiß ein blaues Blümelein.« Nur diesen Anfang haben die Chromken aufgezeichnet, das Lied als wohlbekannt voraussetzend. Dass mit dem blauen Blümlein, von dem fortan viel gesungen wird, zuerst das Veilchen gemeint war, deuten noch Liederstellen aus dem 15. Jahrhundert an. Der schon angeführten, wonach *Veielblau die Farbe der Stetigkeit* ist, entspricht eine andre, worin ebendarum das Veilchen vor allen Frühlingsblumen gerühmt wird. Einmal kann auch auf die blaue Kornblume geraten werden, als Ersatz entgangener Maiblüte. Noch müssen beide zurückstehn vor dem beliebten *Vergissmeinnicht.* Dieses glänzt nicht bloß im reinsten Blau der Treue, sondern es mahnt auch in seinem Namen zur Beständigkeit des liebenden Gedenkens. Mit dem Vergissmeinnicht aber eröffnet sich eine neue Botanik der Liebe, eine Reihe von Kräutern und Blumen, deren spruchartige Namen mannigfache Beziehung auf Liebesverhältnisse gestatten und nun auch emsig in den Liedern ausgebeutet werden: *Vergissmeinnicht, Wohlgemut, Augentrost, Äugelweib, Jelängerjelieber, Tag und Nacht, Ehrenpreis, Hab' mich lieb, Maßlieb, Denk' an mich, Wegweis, Wegwart, Wermut, Schabab.* Die meisten und gebrauchtesten unter diesen Namen sind zwar nicht in ihrem Ursprünge sinnsprüchlich, sondern aus dem unmittelbaren Wohlgefallen an den zierlichen Gewächsen und aus der Beobachtung ihrer natürlichen Beschaffenheit hervorgegangen. Das kleine, niedrigstehende Vergissmeinnicht will nicht übersehen sein, ebenso Denk' an mich, Hab' mich lieb; dagegen ist Jelängerjelieber eine Artigkeit, die dem Blümchen gesagt wird, ebenmäßig Augentrost, Augenweide; Tag und Nacht bezeichnet die Teilung in lichte und dunkle Hälfte; Schabab, eine späte Blüte, verkündet den Abzug des Sommers. Aber die verblümte Anwendung solcher Namenbildungen lag gänzlich im Geschmacke der Zeit, lauten sie doch nahezu wie jene der allegorischen Frauen: Verschwiegen immermehr, Hoff' für Trauren, Wank' nimmer nicht! So wird Vergissmeinnicht die Mahnung zur Beständigkeit, Wohlgemut die Losung der Freude, Augentrost ein Mittel gegen Traurigkeit, Jelängerjelieber ein

Ausdruck zunehmender Verliebtheit, Schabab ein Zeichen der schnöden Abweisung und des Verleidetseins. Ein Lied solchen Inhalts führt nacheinander das blaue Vergissmeinnicht, das braune oder weiße Habmichlieb, den rosinroten Herzentrost (für Augentrost?) und den Wohlgemut auf, aber all diese erfreulichen Blumen sind von Reif und kalten Winden gefalbt, abgemäht, verdorrt; nur das weiße Blümlein Schabab blieb dem Liebenden zu tragen, doch er hofft auf einen neuen Sommer, wo Reif und Schnee, den neidischen Klaffern dienstbar, vergessen, der lichte Mai die Blümlein mancher Farbe wiederbringt und er, den Klaffern zuleide, von Liebesarmen umfangen ist (Volksl. Nr. 54). Dieses Lied hebt an:

»Weiß mir ein Blümli blaue
von himmelblauem Schein,
es steht in grüner Aue,
es heißt Vergissnitmein« usw.

und man wird damit an jenes: »Ich weiß ein blaues Blümelin« usw. des Grafen von Habsburg erinnert, doch lässt sich aus diesem Anklange nicht weiter folgern, indem das andre Lied nur erst in Aufzeichnungen des 16. Jahrhunderts vorhanden und das Spiel mit derlei Blumennamen, gleich diesen selbst, nicht bis in die Mitte des 14. Jahrhunderts mit Bestimmtheit nachweisbar ist. Noch Hug von Montfort und der zunächst vor ihm erwähnte Sänger deuten die Blumen und besonders die blaue nicht nach ihren Namen, nur nach den Farben. Beim Vergissmeinnicht trifft zwar die Bedeutung der Farbe mit dem Wortlaute zusammen, sonst aber deckt die Farbenlehre sich keineswegs mit dem Namensinne; Weiß kann nicht zugleich Farbe der Hoffnung und des unseligen Schabab sein. Einmal kundbar, wird nun aber die neue Namendeutung mit aller Freude eines besonders sinnreichen Fundes betrieben. Nicht allein sind derselben ganze Lieder eigens gewidmet, auch sonst können die Sänger nicht umhin, in Frühlingsschilderungen der edlen Kräuter Wohlgemut, Vergissmeinnicht und andrer bedeutsam zu gedenken oder in zärtlicher Huldigung um ein Kränzlein aus solchen zu bitten, selbst die schöne Graserin wird um einen so sinnschweren Kranz ersucht. Außerdem bietet das 15. Jahrhundert einen Unterricht in Prosa über die Bedeutung von allerlei Blättern und Blumen: Diese sollen ebenso mit Bedacht getragen werden, wie man schon im 14. Jahrhundert die Farbe der Kleidung vielsagend wählte, und zwar nimmt dasselbe Baumblatt oder Blümchen verschiedenen Sinn an, je nachdem man es von selbst oder auf Empfehlung der geliebten Person angesteckt hat; sprechende Blumennamen sind hier im gleichen Sinne aufgefasst wie in den Liedern, aber die meisten der aufgezählten Gewächse finden weder in der Farbe noch im Namen ihre Beutung, sondern in noch viel künstlicheren und versteckteren Beziehungen. Zum Beispiel diene das Laub der Linde, die selbst hier noch in ihrem volksfreundlichen Wesen erscheint: »Wer lindin Laub trägt, der gibt zu erkennen, er wolle sich mit der Menge freuen und mit Niemand besonder, wann (weil) die Linde gewöhnlich auf der Gemein (Almende) staht, da sich die Menge bei freuet, und gibt doch insunderheit Niemand kein' Frucht.«

Wie Kranz und Blume, so wird auch der Garten als Bild der Liebe gebraucht. Bei den Minnesängern und in Volksliedern älteren Stils werden die Blumen in Wald und wilder Aue gebrochen, kaum einmal, bei Nithart, aus dem Garten geholt. Der Baumgarten, dessen die Rittergedichte häufig gedenken, dient auch im Minnesänge zuweilen der Begegnung mit schönen Frauen. In der Heldensage namhaft ist der *Rosengarten*, besonders der zu Worms, woselbst noch jetzt ein Werder am Rheine so genannt wird: Ebenso hießen auch anderwärts die der Volkslust im Freien gewidmeten Plätze. Der sagenhafte Rosengarten zu Worms ist ein Anger, mit Rosen wohl bekleidet, eine Meile lang und eine halbe breit, statt der Mauer mit einem Seidenband umgeben; dort hat die schöne Kriemhild jedem, der einen der zwölf Hüter des Gartens besiegt, einen Kranz von Rosen, dazu ein Halsen und ein Küssen ausgesetzt: eine Kranzwerbung mit dem Schwerte, wie nachher im Kranzsingen mit Liedern geworben wird, und die Meistersänger ihre Kunst als einen Rosengarten, der von zwölf Altmeistern gehütet wird, darstellen. »Im Rosengarten rein« wurde zum sprichwörtlichen Ausdruck für Behagen, Wohlleben, sorglose Fröhlichkeit, gewonnenes Spiel; in diesem Sinne sagt ein Lied des 15. Jahrhunderts:

»Du erfreust mir's Herz im Leib,
wohl in dem Rosengarte
dem Schlemmer sein Zeitvertreib!«

und wie zu Worms der streitbare Mönch Ilsan durch die Rosen watet oder im Rosengarten sich walgt, so heißt es in einem Bergreihen:

»Dein rosenfarber Mund
macht mich, Feinslieb, gesund,
erst lieg ich in den tollen vollen roten Rosen.«

Allmählich verengt sich der freiere Gartenraum zum wohloerzäunten Wurz- und Blumengärtlein. Schon Walther von der Vogelweide spricht bildlich von der liebenden Pflege guter Kräuter in einem grünen

Garten; Burkart von Hohenvels ebenso vom Würzegarten der Sälde, in dem eine tadellose Frau Rosen nebst andern Blumen und heilsamen Kräutlein brechen könne. Im Renner werden die Gedanken aus der Zeit in die ewige Freude mit denen eines erblindeten Mannes verglichen, der noch den Tag zu erleben sich sehnt, da er die lichte Sonne wieder sehe und bei seinen Freunden sitze, mit ihnen vertraulich esse und trinke und kurzweilen gehe bei schönen Frauen im Wurzgarten. Besonders freuen sich dann bürgerliche Sänger des 15. und folgenden Jahrhunderts einer freundlichen Zusammenkunft oder eines Spaziergangs bei lieblichem Sonnenschein mit der Schönsten in ihrem Gärtlein; dort weist sie den Liebenden in die Rosen oder setzt ihm ein Kränzlein von roten Rosen auf. Die Bildersprache, die hier nur mitgeht, ist vollständiger in einem volksmäßigen Liede durchgeführt, das im 16. Jahrhundert sehr verbreitet war:

»Jungfräulein, soll ich mit Euch gahn
in Euern Rosengarten?« usw.

Die Jungfrau erwidert: der Gartenschlüssel sei wohl verborgen und behütet, der Knabe bedürfe weiser Lehre, dem sich der Garten aufschließen soll; dennoch kommt der Bewerber dahin und trifft die Schöne, wie sie mit heller Stimme singt, dass es im Garten erschallt und die Vögel in den Lüften den Widerhall geben, verstummend und errötend grüßt er sie, wird aber mit dem Vorwurf heimgewiesen, dass er ihr die liebsten Blümlein zertreten wolle, da kehrt er um und sieht im Weggehen, wie die Jungfrau in ihrem Gärtlein allein steht und sich die goldfarben Haare schmückt, mit ihrem roten Munde gibt sie ihm den Segen. Nithart spricht bereits vom Zaunflechten um den Wurzgarten der Minne; sich ein Gärtlein gezäunt haben, scheint herkömmliches Bild für ein gesichertes und abgeschlossenes Einverständnis in der Liebe gewesen zu sein. So beginnt ein Volkslied (Vollst. Nr. 51):

»Ich zäunt mir nächten einen Zaun,
darum bat mich mein Gespiel,
wohl um ein freundlichs Wurzgärtlein,
darinn war Freuden viel,
das wonnigliche Spiel.«

Dieses Gärtlein ist märchenhafter Art:
»es klingen die Äst' von rotem Gold,
die Vögelein singen wohl:
»meins Feinslieb hat mich hold!«

Wenn es dann weiter heißt, das Wurzgärtlein sei Wohl verzäunt, es sei noch nicht offenbar, und wenn sofort aufgefordert wird, es offenbar zu machen, so ist damit eine Rätselaufgabe bezeichnet, das Wort der Lösung aber, auch unausgesprochen, kein andres als wieder die Liebe. Ähnliches in einem andern Liede:

»Ich will gähn in den Garten,
umzeunt mit rotem Gold,
darinn meins Liebes warten,
ich bin ihm von Herzen hold;
es kommt gar schier, es säumt sich nit,
es will mir nichts versagen,
was ich es freundlich bitt'.«

Auch fremde Gewürzbäume zieren den Garten der Liebsten (Volksl. Nr. 30. S. 3).

»In meines Buhlen Garten
da stehn zwei Bäumelein,
das eine trägt Muscaten,
das andre Nägelein;«

ihr selbst beim Haupte steht ein goldner Schrein, worin das junge Herz des Liebenden verschlossen ist, zu ihren Füßen fließt ein Jungbrunnen, daraus er manch stolzen Trunk getan. Das vom 16. Jahrhundert bis heute viel bekannte Lied dieses Inhalts hatte früher wahrscheinlich den Eingang:

»Nach Osterland (Ostland) will ich fahren,
da wohnt mein süßes Lieb« usw.

und versetzte so den Liebesgarten nach dem fabelhaften Osten, wie anderwärts von dem wundersamen Schloss und Walde oder von dem Baum in *Osterreich* (Morgenland) gesungen wird, der Muskatenblumen trägt und dessen erste Blume des Königs Tochter bricht (Volksl. Nr. 93. S. 1). Dagegen blühen die sinnigen Kräutlein Wohlgemut, Vergissmeinnicht usw., nach einem der Spruchgedichte, sehr angemessen im Wurzgarten, der mit einem künstlich in Herzform gezogenen Hage verzäunt ist.

Eines der angeführten Lieder (Nr. 54) lässt alle die heitern Blümlein von Reif und andrem Ungemach verderben und nur das herbstliche Schabab übrig bleiben. Die erfrorenen Blumen, das verwüstete Gärtlein sind auch anderwärts Bilder des durch Trennung oder Untreue zerstörten Liebesglücks und fehlen darum nicht in den Abschiedsliedern, einer zahlreichen Gattung, in der bald das schmerzliche Lebewohl treuer Liebenden, bald der bittre Scheidegruß des gekränkten und erkalteten Herzens ausgesprochen wird. Den Gegensatz glücklicher Zeit und herber Trennung drückt ein alter Kehrreim in wenigen Zügen so aus: »Veilchen, Rosenblumen!« dann:

»Berg und Tal, kühler Schnee:
Herzlieb! Scheiden, das tut weh.«

Treue Liebe will nicht geschieden sein:

»Hat uns der Reif, hat uns der Schnee,
hat uns erfrört den grünen Klee,
die Blümlein auf der Heiden;
wo zwei Herzlieb bei'nander sind,
die Zwei soll man nit scheiden!«

Dennoch geschieht es und die Klage wird laut (Volksl. Nr. 67):

»Ach Gott, wie weh tut Scheiden!
hat mir mein Herz verwundt,
so trab' ich über die Heiden
und traur' zu aller Stund';
der Stunden, der sind also viel,
mein Herz trägt heimlich Leiden,
wiewohl ich oft fröhlich bin.

Hat mir ein Gärtlein gebauen
von Veiel und grünem Klee,
ist mir zu früh erfroren,
thut meinem Herzen weh,
ist mir erfroren bei Sonnenschein
ein Kraut Jelängerjelieber,
ein Blümlein Vergissnitmein.

Sollt' mich meins Buhln erwegen (begeben),
als oft ein ander tut,
sollt' führen ein fröhlichs Leben,
darzu ein' leichten Mut,
das kann und mag doch nit gesein;
gesegen dich Gott im Herzen!
es muss geschieden sein.«

Selbst die sonst trostreiche Wohlgemut wird aufgefordert, mitzutrauern:

»Gründ' meine Wort, Jungfräulein zart,
dieweil ich dich muss meiden!
klag' Sonn' und Mond, klag' Laub und Gras,
klag' Alles, das der Himmel beschloss!
klag' Röslein fein,
klag' kleins Waldvögelein,
klag' Blümlein auf der Heiden!
klag' auch die braune Wohlgemuth!
ach Gott! wie weh mir's Scheiden tut!«

Bitterer lautet Folgendes:

»Hat mir zu Freuden ausgesät,
ein Andrer hat mir's abgemäht,
das macht das Wetter unstet,
ein leichter Wind, der mir's hinweht',
ein großer Guss führt's all dahin,
schafft dass ich so traurig bin.«

Hier stimmt auch ein, was in einer dänischen Ballade der Pilger singt, dem, als er von einer Romfahrt nach Hause kommt, seine Frau nicht entgegengeht: »Ich pflanzt' in meinem Wurzgarten Rosen und edle Lilien, nun ist dort andres zwischen gewachsen, wider meinen Willen; ich habe gepflanzt einen Wurzgarten mit Rosen und edlen Blumen, nun ist dort andres zwischen gewachsen, derweil ich in Rom war; in meinen Garten ist ein Hirsch gewöhnt, die Blumen tritt er nieder, er will verwüsten die einzige Wurz, die mir das Herz erfreut.« Die Frau hat schwer zu büßen, dass ihr Mann zu Rom das Reimen lernte, schuldbewusst gibt sie die Schlüssel ab und verlässt das Haus.

»Ich pflanzet' in mein Wurzgärtlein
wohl Rosen und edle Lilgen,
nun wuchs mir Andres zwischenein,
ist nicht mit meinem Willen.

Ich habe gepflanzt ein Wurzgärtlein
mit Rosen und edeln Blumen;
nun wuchs mir Andres zwischenein,
derweil ich war zu Rome.

In meinem Garten geht ein Hirsch,
tritt nieder alle Blüte,
verwüstet mir die einz'ge Wurz,
die mir gab Hochgemüte.«

Deutlicher wird jetzt ein weiteres deutsches Lied (Volksl, Nr, 47):

»Nun fall, du Reif, du kalter Schnee,
fall mir auf meinen Fuß!
das Mägdlein ist nit über hundert Meil'
und das mir werden muss.

Ich kam für Liebes Kämmerlein,
ich meint', ich wär' allein,
da kam die Herzallerliebste mein
wol zu der Tür hinein.

»Gott grüße dich, mein feines Lieb!
wie steht unser beider Sach'?
ich seh's an deinen braun' Äuglein wol,
du trägst groß Ungemach.

Die Sonne ist verblichen,
ist nimmer so klar als vor;
es ist noch nicht ein halbes Jahr,
da ich dich erst lieb gewann.«

Was soll mir denn mein seines Lieb,
wenn sie nit tanzen kann?
führ' ich sie zu dem Tanze,
so spottet mein Jedermann.

Wer mir will helfen trauren,
der recke zween Finger auf!
ich seh' viel Finger und wenig Treu'
ade! ich fahr' dahin.« (drum hör' ich Singens auf,)

    Diese eisigen Gefühle der Enttäuschung, der erstorbenen Liebe, der sittlichen Zernichtung des geliebten Gegenstandes sind den Volksliedern eigentümlich. Wie im Liede vom verlorenen Rosenkranz, auf der ahnungsvollen Fahrt zu der Liebsten der kühle Wind über die Heide weht, so findet hier der rückkehrende Wandrer es seiner Stimmung gemäß, dass Reif und Schnee auf seinen Fuß fallen; die Entdeckung ist dieselbe, wie dort; da erbleicht ihm die Sonne, er verhöhnt sich selbst und misstraut auch denen, die er zur Mittrauer auffordert. Das Trauernhelfen gehört zu den genossenschaftlichen Pflichten des Mittelalters und berührt sich hier mit den Formen der Eideshilfe, im Minnesänge wird mehrfach zum mithelfenden Gnaderuf, Lobsingen, Wünschen und Danken aufgefordert, aber auch das Helfen mit Klage und Trauer ist sonst bezeugt und wird in folgenden Abschnitten noch weiter vorkommen.

Gleich andern Befreundeten wird die ganze Natur in Mittrauer gezogen, sie soll den menschlichen Kummer widerhallen und abschatten. In der vorhin angeführten Strophe sollen Sonn' und Mond, Laub und Gras, Waldvöglein und Blumen, alles, was der Himmel umschließt, mit dem Scheidenden klagen, dem Enttäuschten erbleicht die Sonne. Nach einer altdeutschen Legende ruft schon Adam nach der Vertreibung aus dem Paradies: »Ich bitte dich, Wasser Jordan und die Fische, die hier inne sind, und in den Lüften euch Vögelein und euch Tiere all zusammen, dass ihr mir helfet weinen und mein großes Leid klagen!« Da lässt das Wasser sein Fließen und alle Geschöpfe helfen ihm klagen. Sie bleiben auch fortan nicht unempfindlich beim Leide der Menschen: »die wilden Vögel betrübet unsere Klage«, sagt Walther, eine Vergeltung des Mitleids, das ihrem Ungemache gezollt wird; dem ungeliebten Mädchen will die Linde trauern helfen; dann im litauischen Volkslied:

»Ach wehe, wehe! mein Gott, du lieber!
wer wird uns helfen den Bruder betrauren?

Die Sonne sprach, sich herniederlassend:
»ich werd' euch helfen den Bruder betrauren.

Neun Morgen will ich in Nebel mich hüllen
und an dem zehnten auch gar nicht aufgehn.«

Ferner im niederdeutschen Liede von Egmonts Tode (Volksl. Nr. 355. S. 25):

»Des von Egmunden schön Gemahl
mit Tränen netzete ihren Saal,
mit Klage das Lied tät enden,
auch höret(e) auf die Nachtigall
zu singen in dem grünen Tal,
Mond und Sonn' tät erblinden.«

Die nordische Sage von Baldur, den alle Wesen, lebendige und unbelebte, aus den Wohnungen der Todesgöttin weinen sollen, deutet an, dass man von großer Klagehilfe außerordentliche Wirkungen erwartete. Über die Notwendigkeit des Scheidens wird in den Liedern auf den Zug der Heerstraße, des Stromes mit den Schiffen, des Winters verwiesen:

»Zwischen Berg und tiefem Tal
da liegt ein' freie Straße,
(a. da fließt ein schiffreich Wasser)
wer seinen Buhlen nit haben woll',
der mag ihn wol fahren lassen.

Ach! Süden-, Nord- und Westerwind
die halten selten stille,
und wann zwei Herzlieb' scheiden solln
g'schieht wider beider Willen.«

Der Wandrer zieht hin, aber das Herz steht stille (Volksl. Nr. 33):

»Dort hoch auf jenem Berge
da geht ein Mühlenrad,
das malet nichts denn Liebe
die Nacht bis an den Tag;
die Mühle ist zerbrochen,
die Liebe hat ein End,
so gesegen dich Gott, mein feines Lieb!
jetzt fahr' ich ins Elend.«

Andre Abschiedslieder entschlagen sich gänzlich der Bilder und Naturanklänge. Das wahre Wehe, die innigste Empfindung verschmähen allerdings oft jeden andern Ausdruck, als den unmittelbarsten. Der Schmerz des Scheidens ist ein Gefühl, dem eben diese einfachsten Laute zusagen. So schon bei Kürenberg:

»Es geht mir von dem Herzen, dass ich weine,
ich und mein Geselle müssen uns scheiden.«

Vergeblich wäre es auch, die einfachen Klagerufe der Volkslieder zu überbieten, jenes sprichwörtliche: »Scheiden tut weh!« oder das wiederkehrende:

»Ach Scheiden, immer Scheiden,
wer hat dich doch erdacht?
hast mir mein junges Herze
aus Freud' in Trauren bracht.«

Dagegen bezeichnen manche Scheidelieder, wie sie im 16., zum Teil schon im 14. Jahrhundert gangbar waren, durch ihre Farblosigkeit mehr nur das Schabab der poetischen Anschauungsweise. Statt aller können die drei in jener Zeit berühmtesten, durch angesehene Tonsetzer gehobenen genannt werden: »Entlaubet ist der Walde« usw., »Ich stund an einem Morgen«, usw. und: »Innsbruck, ich muss dich lassen« usw. Das erste derselben verkündet nur eben noch in der Anfangszeile den Winter der Liebe, im Übrigen sind sie durchaus bildlos. Treuherzig, aber nüchtern, lässt der Scheidende der Geliebten gute Lehren zurück (Nr. 68. S. 3):

»Sei weis', lass dich nit affen,
der Klaffer seind so viel:
halt dich gen mir rechtschaffen!
treulich dich warnen will:
hüt' dich vor falschen Zungen,
darauf sei wohl bedacht!
sei dir, schön's Lieb, gesungen
zu einer guten Nacht!«

Oder auch (Nr. 69. A. S. 3):

»nun müss dich Gott bewahren,
in aller Tugend sparen,
bis dass ich wiederkomm'.«

Wenn die Schöne sich bereit erklärt mitzuziehen, lein Weg sei ihr zu ferne, so rät er wohlmeinend ab (Nr. 79. S. 6):

»Der Knab', der sprach mit Sitten:
»mein Schatz ob allem Gut,
ich will dich freundlich bitten,
nu schlag's aus deinem Mut!
gedenk' wohl an die Freunde dein,
die dir kein Arges trauen
und täglich bei dir sein!««

Dennoch hat diese rechtschaffene Gesinnung ihre eigentümliche Kraft; man glaubt dem wackern Knaben, wenn er versichert (Nr. 69. S. 3):

»ich will dich nicht aufgeben,
dieweil ich hab' das Leben,
und hätt' ich des Kaisers Gut.«

Man spürt, in einem vierten Liede, das treue Herz des nachrufenden Mägdleins (Nr. 71. S. 2):

»Ach, reicher Christ, gib mir das Glück:
wo er reit in dem Lande,
bewahr' ihm seinen graden Leib
Vor Leid und auch vor Schande!
das will ich immer danken Gott
allzeit und alle Stunde,
wann ich gedenk', dass ihm wol geht;
mein herz in großem Trauren steht,

kein Liebrer soll mir werden
(a. der Liebst' muss er mir bleiben).«

Der alte Grundton des Liebesliedes, der Einklang mit der Natur, der sich im höfischen Minnesänge behauptet hatte und mit dessen Erlöschen ursprünglicher im Volksgesange wieder aufgetaucht war, ließ sich auch von der bürgerlichen Nüchternheit des 16. Jahrhunderts nicht völlig verdrängen. Während die Liederbücher dieser Zeit sich mit Liebesgesängen füllen, denen selbst die bedeutsame Kleiderfarbe und die Sinnblume noch zu lebendig sind, dagegen ein Spiel mit dem freundlichen A oder dem herzigen M, den Namensbuchstaben der Geliebten, anmutig erscheint, zeigt sich doch mitten darunter nicht bloß ein Überrest echter älterer Volkslieder, sondern auch eine Anzahl eigner Erzeugnisse des 16. Jahrhunderts, in welchen das gefährdete Naturgefühl noch einmal sein Heil versucht und sich mit dem innern Gehalte der neuen Richtung erfreulich verbunden hat. In den Liedern dieses Gewächses ist die Sommerlust fröhlich mit Maß, die Werbung sittig, schalkhaft in Ehren und zutulich mit löblicher Absicht, die Gesinnung auch in der Liebe gottergeben. An die ältere Volksweise anknüpfend, sind sie dennoch gemachter und gezierter, weitläufiger und in der Form künstlicher, doch nicht so weit, dass ihnen frischer Sinn und muntre Beweglichkeit abginge. Besungen wird der lustvolle Mai, der das Geblüt erneut, wo die Lerche sich mit hellem Schall erschwingt, die Nachtigall alle Vögel übersingt und der Kuckuck mit seinem Rufe jedermann fröhlich macht, die Mägdlein abends reigen und man zu den Brunnen spazieren geht, wo alle Welt mit Reisen fern und weit Freude sucht, wo die Wälder grünen und die Bäume blühen:

»Des Morgens in dem Taue
die Meidlein grasen gahn,
gar lieblich sie anschauen
die schönen Blümlein stahn,
daraus sie Kränzlein machen
und schenken's ihrem Schatz,
den sie freundlich anlachen
und geben ihm ein' Schmatz.
Darumb lob' ich den Summer,
darzu den Meien gut,
der wendt uns allen Kummer
und bringt viel Freud' und Mut;
der Zeit will ich genießen,

dieweil ich Pfennig hab',
und wen es will verdrießen,
der fall die Stiegen ab!«

Dann steht auch im Garten das Blümlein Vergissmeinnicht, dann blühen Wohlgemut und andre bedeutsamere Kräuter:

»Das Kraut Jelängerjelieber
an manchem Ende blüht,
bringt oft ein heimlich Fieber,
wer sich nicht dafür hüt't;
ich hab' es wohl vernommen,
was dieses Kraut vermag,
doch kann man dem vorkommen,
wer Maßlieb braucht all' Tag!«

Es scheint hierbei an ein altkluges Blümlein Maßlieb gedacht zu sein; Maßhalten, aber beständig sein, das ist die vernünftige Liebe dieser Liedergattung. Weiter bringt der Mai verliebte Träume oder führt mit der Liebsten im Wurzgärtlein zusammen, wo sie dem Dichter einen Rosenkranz verehrt. Sie ist auch wohl selbst das Heideröslein:

»Sie gleicht wohl einem Rosenstock,
drum g'liebt sie mir im Herzen,
sie trägt auch einen roten Rock,
kann züchtig, freundlich scherzen,
sie blühet wie ein Röselein,
die Bäcklein wie das Mündelein!
liebst du mich, so lieb' ich dich,
Röslein auf der Heiden!

Der die Röslein wird brechen ab,
Röslein auf der Heiden!
das wird wohl tun ein junger Knab',
züchtig, fein bescheiden,
so stehn die Steglein auch allein,
der lieb' Gott weiß wohl, wen ich mein':
gedenk' an mich, wie ich an dich,
Röslein auf der Heiden!
Beut mir her deinen roten Mund,
Röslein auf der Heiden!
ein' Kuss gib mir aus Herzensgrund,
so steht mein Herz in Freuden.

behüt' dich Gott zu jeder Zeit,
allstund und wie es sich begeit (begibt)!
küss' du mich, so küss' ich dich,
Röslein auf der Heiden!

Ein Tanzlied singt von den höflichen Sprüngen, den freundlich umfahenden Ärmlein, den warmen Händlein und andern Reizen des herumgeschwungenen Mägdleins, der jugendlichen Fröhlichkeit und Liebeslust wird überall nichts vergeben, aber das Ziel ist stets eine dauernde, eheliche Verbindung. Vom Heideröslein wird gesagt:

»Sie g'liebet mir im Herzen wohl,
in Ehren ich sie lieben soll:
bescheert Gott Glück,
geht's nicht zurück,
Röslein auf der Heiden!«

Der flinken Tänzerin wird zugerufen:

»Narre mich nur nicht!
willt du mir was verheißen,
so halt mir solches frei!
damit dass man nicht zu mir spricht:
durch den Korb ich g'fallen sei.

Wer ist auf Erden,
der es so treulich meine
mit dir, als eben ich,
weißt du sonst Ein'n, so will ich dann
ganz willig scheiden mich.

Lass dich bewegen
die schöne Melodei,
das ist Trommetenklang,
auf dass ein Eh' mit uns fürgeh'
Und hab' ein' Anefang!«

Von dem Lustwandel im Gärtlein heißt es:

»Uns ward auf dieser Erd' nicht bass,
dann dass wir sammen kamen
spazieren in dem grünen Gras
in Gott des Herren Namen« usw.

und auch hier lautet der Endeswunsch:

»Lieblich ist dieses Mägdelein,
mei'm Herzen doch verwandt,
Gott geb' mir die ich jetzund mein'
an meine rechte Hand,
dass ihr zart junger Leib
mein fromm eheliches Weib
möcht' werden auf Erben
in Freud' und Kreuz daneben,
bis dass ich mit ihr seliglich
ende mein junges Leben!«

Der Gang im irdischen Mai setzt sich bis in den ewigen fort:

»Die schöne Sommerzeit,
mein feines Lieb und Saitenspiel
ist über alle Freud',
erquickt das Herz, welchs leidet Schmerz,
nimmt weg traurigen Mut,
ist über Geld und Gut;
so will es Gott bescheeren Dem,
der ihn drum bitten tut.

Roth Röslein auf der Heid,
die Blümlein schön in dieser Welt
geben viel Zierlichkeit,
darzu auch das viel liebe Gras
ist alles hübsch und fein:
ich und die Liebste mein
wollen nach der Zergänglichkeit
bei (ei)nander im Himmel sein.«

Rechtschaffene Liebe wird als von Gott selber gewollt, als unter seiner Vorherbestimmung und besondern Obhut stehend betrachtet, eine Ansicht, von der sich bei den Minnesängern kaum einzelne, halbernste Andeutungen vorfinden, die hingegen durch nachstehendes Volkslied mit älterem Naturglauben vermittelt ist:

»Schein' uns, du liebe Sonne,
gib uns ein' (den) hellen Schein!
schein' uns zwei Lieb' zusammen,
die gern bei (ei)nander wollen sein!

Dort fern auf jenem Berge
da liegt ein kalter Schnee,

der Schnee kann nicht zerschmelzen,
denn Gottes Wille der muss' ergehn.
Gotts Wille der ist ergangen,
zerschmolzen ist uns der Schnee;
Gott g(e)segen' euch, Vater und Mutter!
ich seh euch nimmermehr.«

Die Sonne wird in den Segen vielfach um Beistand angerufen; dem Ausreisenden, dem Wohltäter wird angewünscht, dass Sonne, Mond und Sterne ihm zum Heile scheinen. Wie nun die Sonne dem einzelnen Wanderer zum Glücke leuchtet, so wird sie im obigen Liede gebeten, zwei Liebenden, die auf geschiedenen Wegen gehn, ihren hellen Schein zu geben, sie zusammenzuscheinen. Von dem Glauben an solch stilles, geheimnisvolles, der Liebe dienliches Wirken des himmlischen Lichtscheins sind auch sonst Zeugnisse vorhanden. Walafrid, aus der eisten Hälfte des 9. Jahrhunderts, fordert in einem lateinischen Gedichte die Freundin auf, sich beim reinen Schimmer des Mondes unter den freien Himmel zu stellen, damit derselbe mit seinem einen Glanze die getrennten Lieben umfasse; dies erinnert an das Rätsel von der Gemeinschaft des Taues und des Windes zwischen zwei Freunden, die einander ferne sind. Hartmann, im Erec lässt den Sonnenschein als Dienenden zwei »Gelieben«, die am Mittag zusammen ruhen, durch das Fensterglas scheinen und das Gemach mit Lichte versorgen, damit eines das andere ansehen könne. Man glaubt in diesen Stellen die Worte einer gemeinsamen, im Volkslied am reinsten erhaltenen Minneformel zu vernehmen. Die Vorstellung von der Wirksamkeit des Scheinens äußert sich auch darin, dass der heilige Sonnenschein als persönliches Wesen zur Beschwörung gezogen wird; in Volksliedern versichert der Liebhaber, der eingelassen werden will: »Ich kann schleichen recht wie der Mondschein,« »ich kann gehen wie der Sonnenschein.« Wie schon in heidnischem Segenssprüche den Naturmächten höhere Gottheiten beigefügt sind, so ist auch im Liede die Sonne allein noch nicht genügend, Gottes Wille muss ergehen, wenn der Schnee schmelzen soll. Der Schnee macht das Gebirg unwegsam, ihn muss nach Gottes Willen die Sonne schmelzen, damit die Liebenden zusammen kommen. Dies ist der Gedankengang des Liedes, gleichwohl hat das Zusammenscheinen seinen Sinn für sich und ebenso kommt der hemmende Schnee auch gesondert vor:

»Es ist ein Schnee gefallen
und es ist noch nit Zeit,

ich wollt' zu meinem Buhlen gehn,
der Weg ist mir verschneit;«

ein selbstständiges, sprichwortartiges Gesätz, welches Liedern vorangestellt wird, in denen es dem Liebesweiber hinderlich geht. Vom Abwarten bessern Geschickes überhaupt wird anderswo gesagt:

»Das Vöglein singt, Zeit Rosen bringt,
läg' schon der Schnee im Garten
und regnet' es Hellebarten.«

Unter jenen Liedern des 16. Jahrhunderts, denen die Liebe für eine Fügung des Himmels gilt, hat nun auch eines den Eingang des Volksliedes vom Sonnenschein umschreibend sich angeeignet:

»du edler Sonnenschein,
schein mir den Weg zu ihr!
nach ihr steht mein' Begier,
der Schein tut mich sonst kränken,
das mag man glauben mir.«

Gleich hieraus wird die Allerliebste um ihre Hand gebeten und dabei wieder das Volkslied benützt:

betracht's, bedenk's gar fein,
wie freundlich ich es mein'
doch muss Gotts Will' geschehen,
bei dem es steht allein.«

Eigentümlich aber ist dem umschreibenden Liede, dass, wenn der Wunsch des Liebenden nicht auf Erden erfüllt werden kann, seine Hoffnung auf jenseits steht:

»kann sie mir denn nicht werden
durch falsch' untreue Leut',
hoff' ich und denk' mit Fleiß,
dass ich in solcher Weis'
will mit und bei ihr leben
im ew'gen Paradeis.«

Wie im vorigen an den Sonnenschein, so knüpft sich auch an den schönen Mai die gottvertrauende Liebe; das Lied: »Mir liebt im grünen Maien« usw. (Volksl. Nr. 59) ist der vollständigste und innigste Ausdruck des Glaubens, dass der Bund der Herzen im Himmel geschlossen werde; im grünen Mai, dessen die ganze Christenheit froh ist, denkt der Dichter an die fern von ihm unter Blumen wandelnde Geliebte, die er schon im sehnsuchtvollen Herzen kennt und fühlt, die ihm aber erst durch Gottes Gabe zur rechten Stunde werden und so auf ewig die Seinige sein wird; die sprechendsten Stellen sind folgende (Volksl. Nr. 59. S. 2 ff.):

»O Mei, du edler Meie,
der du den grünen Wald
so herrlich tust bekleiden
mit Blümlein manigfalt,
darinn sie tut spazieren
die Allerliebst' und Wohlgestalt'.

Ach Gott! du wollst mir geben
in diesem Meien grün
ein fröhlich g'sundes Leben
und auch die Zart' und Schön'!
die du mir, Gott, hast g'schaffen
kann mir doch nicht entgehn.

Es wird mir doch auf Erden,
weil die Welt ist so weit,
ein feins brauns Mägdlein werden,
Gott weiß die rechte Zeit,
nun will ich Der erwarten,
die mir mein Herz erfreut.

Grüß' mir sie Gott in Freuden,
Gott geb' gleich wo sie sei!
die ich jetzund soll meiden,
derselben ich mich freu';
bei allen andern schön'n Jungfraun
hab' ich sie lieb allein.

Will das Vertrauen setzen
auf Gott den Herren mein,
doch kann mein Herz ergetzen
die Allerliebste mein,
hat mir's Gott anders auserkorn,
so will ich ewig bei ihr sein.«

Auf einem alten Flugblatt ist diesem Lied ein Name unten aufgedruckt: Georg Grünewald. Nach einer Schwänkesammlung aus der Mitte des 16. Jahrhunderts hieß Grünewald ein Singer am Hofe des Herzogs Wilhelm von München, »ein berühmter Musikus und Komponist«, dabei

»ein guter Zechbruder« (Volksl. Nr. 238). In letzterer Eigenschaft und nach sonstigen Verhältnissen wird er weiterhin zu besprechen sein. Hier ist zu beachten, dass die Lieder der zuletzt abgehandelten Gattung zum größten Teil ein gewisses Handzeichen an sich tragen, welches den Namen Grünewalds durchblicken lässt, dass sie, wie in den Gedanken und der Sinnesart, so auch in Ausdruck und Rhythmus durchaus zusammenhängen und am Schluss eines kleinen Gedichtes von gleichem Tone Jörg Grünewald sich offen nennt. Jenes Wahrzeichen aber besteht darin, dass öfters und zumeist am Ende der Lieder, mitunter etwas befremdlich, des *grünen Waldes* Erwähnung geschieht. Schon im Eingange des eben angeführten Mailiedes mögen der grüne Mai, der grüne Wald nicht umsonst ihr Beiwort führen. Vernehmlicher sprechen die letzten Zeilen des Ganges im Gärtlein:

»Nun hab' ich mein Spazierengehn
in Freuden hie vollendt:
was mein Gott will, das muss bestehn,
der hat mein Herz erkennt;
derselb' es auch erhalt'!
gleichwie im *grünen Wald*
fein singen und springen
die kleinen Waldvöglein,
so g'schicht allhie auf dieser Erd'
Alles zum Lobe sein.«

Auch der Sonnenschein kehrt am Schlusse eines Abschiedslieds in solcher Verbindung wieder:

»Also muss ich mich scheiden hin;
wenn ich gleich jetzund traurig bin,
nach trübseliger Zeit
kommt gerne wieder Freud;
wenn Gott der Herr lässt scheinen
sein lieben Sonnenschein (a. sein helle liebe Sonn')
in *grünen Wald*,
alsdann kommt bald
wiederum Freud und Wonn'.«

Endlich im Kehraus des Tanzliedes behält sich der Sänger seinen guten Trost bevor:

»bis dass verdirbt, verdorrt und stirbt
der schöne *grüne Wald*.«

Aus dem grünen Walde stammt die alte, naturtreue Volksdichtung, der letzte Sänger dieser Weise geht in den grünen Wald wieder auf.